O NOVO CPC E O PROCESSO DO TRABALHO

DOS PROCESSOS NOS TRIBUNAIS E DOS MEIOS DE IMPUGNAÇÃO DAS DECISÕES JUDICIAIS

BRUNO FREIRE E SILVA
NATÁLIA XAVIER CUNHA

O NOVO CPC E O PROCESSO DO TRABALHO

V

DOS PROCESSOS NOS TRIBUNAIS E DOS MEIOS DE IMPUGNAÇÃO DAS DECISÕES JUDICIAIS

LTr®

LTr Editora Ltda.

Rua Jaguaribe, 571
CEP 01224-003
São Paulo, SP — Brasil
Fone: (11) 2167-1101
www.ltr.com.br
Julho, 2021

Projeto Gráfico e Editoração Eletrônica: Peter Fritz Strotbek - The Best Page
Projeto de Capa: Danilo Rebello
Impressão: Grafnorte

Versão impressa: LTr 6331.7 — ISBN 978-65-5883-065-8
Versão digital: LTr 9809.5 — ISBN 978-65-5883-078-8

Dados Internacionais de Catalogação na Publicação (CIP)
(Câmara Brasileira do Livro, SP, Brasil)

Silva, Bruno Freire e

O novo CPC e o processo do trabalho : dos processos nos tribunais e dos meios de impugnação das decisões judiciais / Bruno Freire e Silva, Natália Xavier Cunha. — São Paulo : LTr, 2021.

Bibliografia.
ISBN 978-65-5883-065-8

1. Direito processual do trabalho — Brasil 2. Processo civil — Legislação — Brasil 3. Recursos (Direito) — Brasil I. Cunha, Natália Xavier. II. Título.

21-70443 CDU-347.9:331(81)(094.4)

Índice para catálogo sistemático:

1. Brasil : Código de processo civil e processo do trabalho : Direito 347.9:331(81)(094.4)

Cibele Maria Dias - Bibliotecária - CRB-8/9427

Dedico à minha sogra Clara Vianna Meirelles
(in memorian*) pelo carinho e amor que sempre me acolheu*
e pelo exemplo de vida que deixou para toda família.

Bruno Freire e Silva

Dedico essa obra a todos os meus professores e guias na trajetória
acadêmica e profissional. Vocês sabem o quanto são importantes.

Natália Xavier Cunha

Sumário

CAPÍTULO V — DOS EMBARGOS DE DECLARAÇÃO

CAPÍTULO VI — DOS RECURSOS PARA O SUPREMO TRIBUNAL FEDERAL E PARA O SUPERIOR TRIBUNAL DE JUSTIÇA

Seção I — Do Recurso Ordinário

Seção II — Do Recurso Extraordinário e do Recurso Especial

Subseção I — Disposições Gerais

Subseção II — Do Julgamento dos Recursos Extraordinário e Especial Repetitivos

Seção III — Do Agravo em Recurso Especial e em Recurso Extraordinário

Seção IV — Dos Embargos de Divergência

LIVRO COMPLEMENTAR
DISPOSIÇÕES FINAIS E TRANSITÓRIAS

Apresentação

O campo fértil da ampla e permanente interação do processo do trabalho com o processo civil tem sido o marco teórico delimitador desta obra do Advogado e Professor Bruno Freire e Silva, desdobrada em vários volumes.

Este, em especial, escrito em parceria com a também Advogada Natália Xavier Cunha, ganha particular destaque frente aos demais, diante da temática nele tratada: a disciplina normativa da ordem dos processos nos tribunais, os incidentes destinados à formação dos precedentes judiciais, os demais processos e os recursos nos tribunais.

A importância se justifica pela reduzida disciplina normativa contida na CLT, a revelar não a ocorrência de "silêncio eloquente", mas a opção legislativa pela simplicidade original nela prevista, conquanto incabível, atualmente, pela complexidade que assumiram as questões jurídicas no campo do Direito do Trabalho e no processo que viabiliza a sua concretização, autorizadora da frequente invocação, supletiva e subsidiariamente, do CPC.

Significa dizer que o predicado da simplicidade que acompanha o processo do trabalho desde a sua origem e o caracteriza no desenrolar do procedimento próprio da primeira instância, tão elogiado, não tem lugar na dinâmica da atuação **nos** e **dos** tribunais, a exigir preparo técnico específico e conhecimento aprimorado das rígidas regras e princípios disciplinadores do exercício da jurisdição a eles atribuída, objetivos perseguidos no texto.

Outro ponto merecedor de relevo diz respeito ao sistema destinado à formação de precedentes. Implantado no processo laboral por meio da Lei n. 13.015/2014, pouco tempo antes da vigência do Código de Processo Civil de 2015, foi neste Diploma Normativo aprimorado, ampliado e aperfeiçoado por meio do que o Professor Fredie Didier Jr. denomina de Microssistema de Formação Concentrada de Precedentes Obrigatórios, uma das mais importantes e destacadas inovações e que mereceu cuidadosa análise em capítulo próprio, sempre na perspectiva do "diálogo" com a realidade processual trabalhista.

Novidade também referenciada com cores distintas é a reclamação. Até então calcada em fonte constitucional, limitada à preservação da competência, garantia da autoridade das decisões dos tribunais e restrita ao Supremo Tribunal Federal (art. 102, I, "l", CRFB) e ao Superior Tribunal de Justiça (art. 105, I, "*f*", CRFB), essa espécie de ação ganhou nova estatura no CPC, ao tornar-se cabível também nos demais tribunais, inclusive no Tribunal Superior do Trabalho (hipótese posteriormente incorporada no texto constitucional por meio da EC n. 92/2016 — § 3º do art. 111-A), e destinar-se ao controle da jurisprudência estabilizada nos precedentes judiciais, seja por meio das súmulas vinculantes e decisões do Supremo Tribunal Federal em controle concentrado de constitucionalidade, seja nos acórdãos dos demais tribunais que fixarem teses jurídicas prevalecentes nos incidentes que integram o mencionado Microssistema (incisos III e IV do art. 988 do CPC).

A sistemática recursal e as ações de competência originária dos tribunais completam o escopo da obra e reforçam o seu caráter abrangente, diante da necessidade de ser aprofundado o estudo desses temas pela relevância que possuem na seara processual do trabalho. Exemplifique-se apenas com a ação rescisória, tão importante "remédio jurídico" apto a desconstituir decisão transitada em julgado e, não raras vezes, o único ou último meio capaz de viabilizar a correção de ilegalidades praticadas em processo.

Convém alertar para a imprescindibilidade de serem observadas as especificidades do processo do trabalho, o que não passou despercebido ao olhar atento dos Autores. Diga-se de passagem, essa é — e deve ser — uma preocupação constante da doutrina: a reafirmação da sua autonomia, calcada em princípios, regras, doutrina e jurisdição próprios, a dar-lhe corpo e substância, forma e conteúdo; não é ele, pois, um mero "coadjuvante" na dogmática processual; também é protagonista.

Se esses aspectos já tornam a obra de indispensável leitura para tantos quantos desejem aprofundar-se na dialógica relação entre os dois ramos do processo, esse predicado mais ainda é reforçado pela qualificação dos Autores. À origem comum da advocacia, somam-se a titulação de Doutor, o primeiro, e Mestra, a segunda; em ambos, a experiência no magistério, a representar sólida formação acadêmica autorizadora da análise crítica do Direito; a participação em entidades de classe, que lhes empresta maturidade institucional; e a pesquisa científica, que os habilita investigar, com profundidade, cada um dos institutos jurídicos.

São essas as credenciais que apresento ao leitor, com a convicção de ser um daqueles livros que ficarão longe da estante, por ser de consulta permanente, sobretudo pelas suas qualidade e atualidade.

Boa leitura!

Cláudio Mascarenhas Brandão
Ministro do Tribunal Superior do Trabalho. Doutorando em Ciências Jurídicas da Universidade Autônoma de Lisboa. Mestre em Direito pela Universidade Federal da Bahia. Membro da Academia Brasileira de Direito do Trabalho (Cadeira n. 39). Membro da Academia de Letras Jurídicas da Bahia (Cadeira n. 59). Membro do Instituto Baiano de Direito do Trabalho. Membro do Instituto Brasileiro de Direito Processual. Membro correspondente da Academia Paulista de Letras Jurídicas.

Prefácio

O quinto volume da coleção O NOVO CÓDIGO DE PROCESSO CIVIL E O PROCESSO DO TRABALHO trata *Dos Processos nos Tribunais e dos Meios de Impugnação das Decisões Judiciais.* Nosso colega do departamento de Direito Processual, BRUNO FREIRE E SILVA, com quem dividimos a matéria Precedentes no Direito Processual Civil Brasileiro do programa de pós-graduação em Direito da UERJ — Universidade do Estado do Rio de Janeiro, escreveu em coautoria com a Mestre em Direito Processual pela PUC-MG, a advogada NATÁLIA XAVIER CUNHA.

Trata-se, por certo, de um excelente trabalho sobre o importante tema da relação entre o Código de Processo Civil e o Direito Processual do Trabalho. E, neste volume em particular, ao tratar dos processos nos tribunais, concentra as suas energias em inovações que passaram a ser fundamentais, como no sistema de precedentes, instituto que representa uma das maiores apostas do Código de Processo Civil (CPC) de 2015.

No cenário mundial e nacional, pode-se constatar a busca incessante do desenvolvimento e fortalecimento de novos instrumentos processuais, dentro de uma perspectiva de modernização e aperfeiçoamento dos instrumentos de acesso à Justiça e de efetividade do processo. Busca-se celeridade, isonomia, segurança jurídica e eficiência nos julgamentos, especialmente de questões comuns, pois estas acabam obstruindo as vias de circulação do Judiciário, encontram soluções judiciais muitas vezes díspares para questões jurídicas idênticas ou semelhantes, desnorteando os profissionais do direito e o cidadão. Clama-se, incessantemente, pela racionalização da Justiça, tanto no que diz respeito à sua gestão processual, como no seu sentido material. Caminha-se para o fortalecimento dos precedentes, exigindo-se coerência e estabilidade, bem como a sua observância, em termos verticais e horizontais, pelos órgãos judiciais.

Dentro deste cenário, a função uniformizadora e pacificadora dos tribunais passa a se destacar sobremaneira, para que as grandes questões sejam resolvidas de maneira macro e norteadora, para os órgãos judiciários e para toda a sociedade. Com os novos institutos, como o Incidente de Resolução de Demandas Repetitivas (IRDR) e o Incidente de Assunção de Competência (IAC), ao lado dos Recursos Repetitivos (RRs), das Ações Diretas de Constitucionalidade (ADCs) e de Inconstitucionalidade (ADINs), das Súmulas e outros precedentes qualificados, construiu-se um verdadeiro sistema brasileiro de precedentes, compatível com o primado da lei e de acordo com as normas estabelecidas.

A entrada em vigor do Código de Processo Civil não tem, naturalmente, o condão de modificar automaticamente a realidade complexa, a cultura preestabelecida e o quadro de assoberbamento dos tribunais, com a consequente perda na qualidade e na duração excessiva dos processos. Por isso, o papel da doutrina em formar as gerações atuais e futuras para os desafios de transformar a realidade atual, construindo um sistema mais harmônico, que propicie segurança jurídica para a sociedade e uma prestação jurisdicional mais isonômica, eficiente e efetiva.

Por outro lado, o presente livro possui o valor de cotejar as normas do CPC com as especificidades da área trabalhista, analisando e sistematizando o que possui caráter geral e como combinar, ou não, os institutos do novo CPC com as previsões do Processo do Trabalho. Os autores buscaram descortinar os princípios e as regras da Teoria Geral do Processo e o que pode ou não ser aplicado nos tribunais trabalhistas e no âmbito recursal dos processos e conflitos laborais. Tarefa hercúlea a que se dedicaram BRUNO FREIRE E SILVA e NATÁLIA XAVIER CUNHA.

Neste trabalho, os autores levaram adiante o enorme desafio de pesquisar, analisar e escrever sobre um tema importantíssimo e atual não apenas para o Direito Processual brasileiro, mas também para o direito estrangeiro, pois vários países, como Alemanha, Inglaterra, Portugal, Espanha e Estados Unidos, têm experimentado soluções semelhantes. O resultado foi esta belíssima obra, que foi forjada de modo pioneiro e inovador, pois escrita em momento no qual o novel instituto se encontra em vigor há pouco tempo e a produção doutrinária ainda extremamente incipiente e tímida sobre a incidência no âmbito do Processo do Trabalho.

Sinto-me honrado e distinguido com o convite formulado para apresentar o presente livro. Devo, contudo, conter-me na tarefa, pois não há comentário que se faça suficiente para substituir o bom vinho ou a boa obra. Recomendo, assim, em benefício do próprio leitor, que se passe, imediatamente, a sorver o resultado desta, indispensável para os estudiosos do Direito Processual do Trabalho.

Aluisio Gonçalves de Castro Mendes
Professor Titular de Direito Processual Civil da Universidade do Estado do Rio de Janeiro (UERJ)
Professor Titular de Direito Processual da Universidade Estácio de Sá (UNESA)
Desembargador Federal do Tribunal Regional Federal da 2ª Região
Especialista, Mestre, Doutor e Pós-Doutor em Direito
Diretor do Instituto Carioca de Processo Civil (ICPC)
Diretor do Instituto Brasileiro de Direito Processual (IBDP)
Diretor do Instituto Iberoamericano de Direito Processual (IIDP)
Membro da Associação Brasil-Alemanha de Juristas (DBJV)
Membro da *International Association of Procedural Law* (IAPL)
Membro da Academia Brasileira de Letras Jurídicas (ABLJ)

Introdução e Justificativa

Conforme exposto no primeiro volume dessa coleção, a ausência de estudos sobre a aplicação subsidiária e agora supletiva do processo comum ao processo do trabalho, além da insegurança jurídica pela falta de uniformidade nessa heterointegração de normas, nos encorajou a escrever comentários da nova codificação processual civil para os operadores da Justiça do Trabalho, já tendo lançado quatro volumes sobre o tema: Parte Geral, Processo de Conhecimento, Procedimentos Especiais e Tutela Jurisdicional Executiva. O primeiro e o quarto volumes escrevi sozinho e o segundo e terceiro em coautoria, respectivamente com Manoella Rossi Keuneck e Marcus de Oliveira Kaufmann.

Para concluir o 5º e último volume da coleção, que trata dos últimos artigos do Código, introduzidos no Livro intitulado "Dos Processos nos Tribunais e dos Meios de Impugnação das Decisões Judiciais" contamos com a coautoria de Natália Xavier Cunha. A metodologia adotada foi a mesma dos outros volumes: exame do que foi alterado em cada artigo do Novo Código de Processo Civil em consonância com o disposto na Consolidação das Leis do Trabalho e legislação processual trabalhista, com o fim de nos posicionarmos sobre a correta aplicação dos dispositivos no processo do trabalho. Para tanto, continuamos a nos guiar pela interpretação realizada pelos Tribunais Regionais do Trabalho e Tribunal Superior do Trabalho, além das súmulas elaboradas por essa Corte Superior (que inclusive publicou a Instrução Normativa n. 39 sobre o tema) e enunciados produzidos em Fóruns de Processualistas Civis e Trabalhistas que temos participado em todo o país.

Especificamente para esse volume, que trata de recursos, ações de impugnação de decisões judiciais, além do novíssimo sistema de precedentes vinculantes implantados no ordenamento jurídico, também precisamos nos valer bastante dos Regimentos dos Tribunais, especialmente do Tribunal Superior do Trabalho, em razão da obra ser voltada aos operadores do Direito do Trabalho.

O modelo de interpretação da aplicação do Novo Código de Processo Civil, artigo por artigo, ao processo do trabalho, como já alertados nas demais obras, continua a ser uma tentativa de minimizar a insegurança jurídica gerada na heterointegração das normas, por meio de uma modesta contribuição ao estudo do controvertido tema, tão debatido nos últimos anos e potencializado pela recente Reforma Trabalhista (Lei n. 13.467/2017).

No presente volume analisamos todo o novo sistema recursal brasileiro e de precedentes judiciais vinculantes, além das ações de impugnação de decisões judiciais, o que inclui a competência originária e ordem dos processos nos Tribunais, incidentes de assunção de competência, arguição de inconstitucionalidade, conflitos de competência, homologação de decisão estrangeira e concessão do exequatur à carta rogatória, incidente de resolução de demandas repetitivas e incidente de julgamento de recursos repetitivos, ação rescisória, reclamação, as disposições gerais sobre recursos e os recursos em espécie que incluem o agravo de instrumento, agravo interno, embargos de declaração, recurso ordinário, recurso extraordinário, agravo em recurso extraordinário e embargos de divergência.

Após cinco anos da promulgação do Código, conseguimos finalizar esse projeto que esperamos possa trazer uma contribuição para a ciência jurídica, especialmente para os operadores do direito do trabalho que precisam utilizar na sua rotina diária dois diplomas normativos, cuja integração nem sempre é realizada de forma simples. Assim, aguardamos as críticas da comunidade jurídica para aperfeiçoamento do presente livro e dos demais volumes que integram a coleção "O Novo CPC e o Processo do Trabalho".

Bruno Freire e Silva

Natália Xavier Cunha

Livro III — Dos Processos nos Tribunais e dos Meios de Impugnação das Decisões Judiciais

Título I — Da Ordem dos Processos e dos Processos de Competência Originária dos Tribunais

CAPÍTULO I — DISPOSIÇÕES GERAIS

Artigo 926
Os tribunais devem uniformizar sua jurisprudência e mantê-la estável, íntegra e coerente. § 1º Na forma estabelecida e segundo os pressupostos fixados no regimento interno, os tribunais editarão enunciados de súmula correspondentes a sua jurisprudência dominante. § 2º Ao editar enunciados de súmula, os tribunais devem ater-se às circunstâncias fáticas dos precedentes que motivaram sua criação.

A valorização da jurisprudência não é uma novidade. Conforme sustenta Miguel Reale, o "ato de julgar não se reduz a uma atividade passiva diante dos textos legais"(1), mas exige uma postura mais ativa do Poder Judiciário. Nas palavras de Luiz Guilherme Marinoni "o juiz deixa de ser um servo da lei e assume o dever de dimensioná-la na medida dos direitos positivados na Constituição"(2). Em sintonia, Lucas Buril de Macêdo leciona que:

> [...] reforça-se a necessidade de uma metodologia diferente da dedutiva, impondo-se uma prática mais argumentativa, direcionada ao balanceamento dos princípios e valores para solução mais justa dos casos concretos e suas singularidades. [...] As características apontadas reforçam o papel dos juízes no Direito, eis que o trabalho Judiciário passa a ser considerado essencial para o equilíbrio e fechamento do sistema(3).

Tendo em vista que as legislações nem sempre conseguem se fazer claras e completas em razão da impossibilidade de completude do ordenamento jurídico, não há como se exigir que a interpretação jurídica se limite à declaração da lei e sua estrita subsunção ao caso concreto, pois a decisão judicial é, em sua última análise, a própria norma jurídica(4).

Esse é também o posicionamento sustentado por Hermes Zaneti Jr., para quem as normas não coincidem com os textos, mas são frutos da interpretação de diversos dispositivos do ordenamento jurídico, somente adquirindo seu significado quando individualizadas e aplicadas pelo intérprete(5). No mesmo sentido é o magistério de e Tereza Arruda Alvim Wambier, segundo a qual:

> A complexidade das sociedades contemporâneas, somada ao acesso à justiça, que se tornou real, já demonstraram com veemência que o direito positivo, pura e simplesmente considerado, não é um instrumento que baste para resolver os problemas que se colocam diante do juiz. Hoje, entende-se que o direito vincula o juiz, mas não a letra da lei, exclusivamente. É a lei interpretada à luz dos princípios jurídicos; é a jurisprudência, a doutrina: estes são os elementos do sistema ou do ordenamento jurídico. Deles, deste conjunto, emergem as regras que o jurisdicionado tem que seguir.(6)

---

(1) REALE, Miguel. *Lições preliminares de direito.* 27. ed. São Paulo: Saraiva, 2006. p. 168.

(2) MARINONI, Luiz Guilherme. *Precedentes Obrigatórios.* 5. ed. São Paulo: Revista dos Tribunais, 2016. p. 37.

(3) MACÊDO, Lucas Buril de. *Precedentes Judiciais e o Direito Processual Civil.* Salvador: JusPodivm, 2019. p. 143.

(4) CUNHA, Natália Xavier. *Uniformização de Jurisprudência Trabalhista e o Sistema de Precedentes Vinculantes.* Curitiba: CRV, 2019.

(5) ZANETI JR. Hermes. **O valor vinculante dos Precedentes:** teoria dos precedentes normativos formalmente vinculantes. 4. ed. Salvador: JusPodivm, 2019.

(6) WAMBIER, Teresa Arruda Alvim. Precedentes e evolução do direito. In: WAMBIER, Teresa Arruda Alvim (Coord.). *Direito Jurisprudencial.* São Paulo: Revista dos Tribunais, 2012, p. 11-96. p. 26.

Percebe-se que a função jurisdicional exerce papel de extrema relevância no Estado Democrático de Direito, sendo certo que apenas por meio da atividade interpretativa é possível subsumir a integralidade do ordenamento jurídico ao caso concreto. Imperiosa, pois, é a necessidade de interpretação jurídica à luz da Constituição Federal e seus princípios, bem como a aplicação do diálogo de fontes, a fim de propiciar a mais justa prestação jurisdicional(7). Nas palavras de Carlos Maximiliano:

> O magistrado não procede como insensível e frio aplicador mecânico de dispositivos; porém como órgão de aperfeiçoamento destes, intermediário entre a letra morta dos Códigos e a vida real, apto a plasmar, com a matéria-prima da lei, uma obra de elegância moral e útil à sociedade(8).

Ao ampliar a margem interpretativa dos magistrados e valorizar a jurisprudência como fonte de direito, contudo, alarga-se igualmente a possibilidade de divergência na solução de casos iguais, o que pode provocar considerável insegurança. Ocorre que, em um Estado Democrático de Direito que se vale de um modelo constitucional de processo, não se pode mais admitir que a decisão judicial seja "um produto volitivo subjetivo da inteligência de um único intérprete do ordenamento jurídico e da Constituição"(9), sendo fundamental a uniformização da interpretação jurídica.

A incerteza quanto ao posicionamento do Poder Judiciário acerca de uma temática também enseja a desmoralização do próprio ordenamento jurídico e de toda a confiança que esse deveria promover. Nesse sentido, o Ministro José Roberto Freire Pimenta salienta que:

> Se hoje a vinculação estrita dos juízes à letra da lei já não é possível nem desejável, a abertura desse amplo espaço de atuação e de interpretação aos juízes traz, inevitavelmente, um perigo muito grande: a possibilidade de que as mesmas normas sejam interpretadas e aplicadas de modo diferente por juízes diversos, trazendo um grau enorme de insegurança jurídica e impedindo que os atores sociais pautem sua conduta e façam suas escolhas de vida com base naquilo que eles razoavelmente considerem ser determinado pela ordem jurídica em vigor. Com isso, o Direito como um todo, deixa de ser capaz de desempenhar sua função precípua, de ordenar e de regular as relações sociais(10).

Tem-se, nessa perspectiva, que a uniformização da jurisprudência revela-se necessária e obrigatória para salvaguardar princípios fundamentais essenciais à ordem jurídica, a saber, os **princípios da segurança jurídica, proteção da confiança e da isonomia**, o que amplamente valorizado pelo Código de Processo Civil de 2015.

Não se pode olvidar, também, que a estabilização da jurisprudência, em um contexto de multiplicação de demandas e litigiosidade habitual(11)(12), racionaliza o sistema, honrando com o **princípio da razoável duração do processo** (art. 5º, LXXVIII da CR/88).

(7) Conforme ressalta Vitor Salino de Moura Eça, as lacunas existentes na legislação não importam apenas a ausência específica de normas, sendo perceptível, muitas vezes, lacunas ontológicas, decorrente falta de sintonia das normas vigentes com o ordenamento jurídico, assim como lacunas axiológicas, decorrentes de normas cuja aplicação revela-se injusta ou insatisfatória, o que invoca os magistrados a buscarem a integração sistêmica, com fulcro no diálogo de fontes. EÇA, Vitor Salino de Moura. *Direito Processual do Trabalho*. São Paulo: LTr, 2019. p. 30-31. Deve-se observar, ademais, nos termos sustentados por Canotilho, que os magistrados estão submetidos não apenas à lei, mas a todas as fontes de direito reconhecidas, dentre as quais se inserem os precedentes vinculantes. CANOTILHO, José Joaquim Gomes. *Direito Constitucional e Teoria da Constituição*. 3. ed. Coimbra: Almedina, 1998. p. 617-618.

(8) MAXIMILIANO, Carlos. *Hermenêutica e aplicação do direito*. 16. ed. Rio de Janeiro: Forense, 1996. p. 59.

(9) BARROS, Flaviane de Magalhães. A fundamentação das decisões a partir do modelo constitucional de processo. In: INSTITUTO DE HERMENÊUTICA JURÍDICA. *Revista do Instituto de Hermenêutica Jurídica:* 20 anos de constitucionalismo democrático — e agora? Porto Alegre, v. 1, n. 6, p. 131-148, 2008. p. 131.

(10) PIMENTA, José Roberto Freire. A reforma do sistema recursal trabalhista pela Lei n. 13.015/2014 e o novo papel dos precedentes judiciais na justiça brasileira: contexto, premissas e desafios. *Revista do Tribunal Superior do Trabalho*, Brasília, v. 81, n. 3, p. 95- 164, jul./set. 2015. p. 125.

(11) Para Rodolfo de Camargo Mancuso "litigantes habituais são aqueles sujeitos que trabalham em economia de escala com os processos judiciais, possuem departamento jurídico próprio ou escritórios de advocacia estruturados para a gestão de conflitos de massa, com o intuito de ganhar o maior tempo possível com a duração dos processos, correndo poucos riscos financeiros pelo resultado de demandas individuais. Eles podem diluir os riscos da demanda por maior número de casos, o que diminui o peso de cada derrota, que será eventualmente compensado por algumas vitórias". MANCUSO, Rodolfo de Camargo. *Acesso à justiça:* condicionantes legítimas e ilegítimas. São Paulo: Revista dos Tribunais, 2011. p. 45.

(12) Sobre a litigância habitual na Justiça do Trabalho brasileiro recomenda-se a leitura da obra intitulada "Litigância habitual e política pública de regulação trabalhista" de autoria de Vicente de Paula Maciel Júnior e Rubens Goyatá Campante. CAMPANTE, Rubens Goyatá; MACIEL JÚNIOR, Vicente de Paula. *Litigância habitual e política pública de regulação trabalhista*. Belo Horizonte: Globalprint, 2017.

O Capítulo em questão pode ser considerado uma grande novidade do Código de Processo Civil de 2015, uma vez que impôs formalmente aos Tribunais o dever de uniformização de sua jurisprudência.

As novas disposições legais traduzem a clara intenção de acabar com as injustiças decorrentes da dissidência jurisprudencial, racionalizando as decisões, o que pode ser aferido pela leitura da exposição de motivos do CPC/15, segundo a qual, "uma vez firmada jurisprudência em certo sentido, esta deve, como norma, ser mantida, salvo se houver relevantes razões recomendando sua alteração"[(13)].

Nessa perspectiva, a legislação quebrou paradigmas, instituindo um 'Sistema de Precedentes Vinculantes' inspirado em institutos do Sistema *Common Law*[(14)], o que exige muito estudo e ampla compreensão por parte dos operadores do direito.

Trata-se da concretização de uma progressiva evolução no que se refere à valorização da força normativa da jurisprudência, revelando paulatino amadurecimento sistêmico, o que poder ser observado pela redação dos arts. 926, 927 e 928, que ora se analisa.

Consoante dispõe o *caput* do art. 926, foi imposto aos Juízes e Tribunais o dever de "uniformizar sua jurisprudência e mantê-la estável, íntegra e coerente".

Para Daniel Amorim Assumpção Neves, trata-se de dever moral dos magistrados de, ao evidenciar que seu posicionamento destoa daquele majoritariamente sustentado, se submete ao entendimento firmado pela colegialidade, o que é considerado "moralmente elogiável"[(15)].

Tem-se como estável aquilo que pouco se altera ou, quando o faz, se dá de maneira branda e justificada, causando poucos danos ao jurisdicionado. Nos termos do **Enunciado n. 453 do Fórum Permanente de Processualistas Civis — FPPC**: "A estabilidade a que se refere o *caput* do art. 926 consiste no dever de os tribunais observarem os próprios precedentes. "[(16)]

A integridade[(17)], por sua vez, pode ser compreendida como a unidade dos Tribunais, que não poderão manter posicionamentos contraditórios ou conflitivos. No entendimento de Lucas Buril de Macêdo[(18)]:

> [...] o Judiciário, em comando direcionado especialmente aos tribunais, deve ser compreendido como um só e, consequentemente, as orientações que são oferecidas aos jurisdicionados, especialmente pelos precedentes judiciais, não podem ser observadas de forma particularizada ou destacada dessa realidade. Por isso mesmo, os tribunais precisam considerar o que foi por eles dito anteriormente e justificar qualquer dissenso, tanto interno, em relação ao órgão prolator do precedente contrário, como também externo, quando o precedente advir de outro órgão judicante.

Ao final, a coerência foi inserida como elemento a ser perseguido e deve ser compreendida como desdobramento da racionalidade e da universalização do ordenamento jurídico. Conforme esclarece Hermes Zaneti Jr., essa se

(13) BRASIL. Congresso. Senado. *Anteprojeto do Novo Código de Processo Civil*. Exposição de Motivos. Brasília, 2010. Disponível em: <http://www2.senado.leg.br/ bdsf/bitstream/handle/id/496296/000895477.pdf?sequence=1>. Acesso em: 15 abr. 2019.

(14) Sistema Jurídico de origem anglo-saxônica· Desenvolvido na Inglaterra, o Sistema é hoje amplamente adotado pelo Reino Unido, parte dos Estados Unidos e Canadá, bem como por outras ex-colônias do Império Britânico, sendo considerado um dos principais Sistemas Jurídicos da atualidade. Trata-se de um direito tipicamente jurisprudencial (*Case law*), que prioriza a justiça no caso concreto, sendo certo que a lei *(Statute)*, desempenha uma função secundária e complementar.

(15) NEVES, Daniel Amorim Assumpção. *Manual de Direito Processo Civil*. 8. ed. Salvador: JusPodivm, 2016. p. 1.301.

(16) FPPC. *Enunciados*. Disponível em: <http://civileimobiliario.web971.uni5.net/wp-content/uploads/2017/07/Carta-de-Florian%C3%B3polis.pdf>. Acesso em: 31 jan. 2020.

(17) **Enunciado n. 456 do FPPC:** "Uma das dimensões do dever de integridade consiste em os tribunais decidirem em conformidade com a unidade do ordenamento jurídico.";

Enunciado n. 457 do FPPC: "Uma das dimensões do dever de integridade previsto no *caput* do art. 926 consiste na observância das técnicas de distinção e superação dos precedentes, sempre que necessário para adequar esse entendimento à interpretação contemporânea do ordenamento jurídico. " FPPC. *Enunciados*, Disponível em: <http://civileimobiliario.web971.uni5.net/wp-content/uploads/2017/07/Carta-de-Florian%C3%B3polis.pdf>. Acesso em: 31 jan. 2020.

(18) MACÊDO, Lucas Buril de. O regime jurídico dos precedentes judiciais no Projeto do Novo Código de Processo Civil. *Revista de Processo*, v. 237, p. 369-401, nov. 2014, p. 374.

concretiza por meio do trabalho de conferência entre o conteúdo da decisão atual e das decisões anteriores, bem como pela racional adequação dos julgados à integralidade dos textos normativos e da Constituição Federal, requisitos para sua universalização e possível aplicação aos casos futuros.[(19)(20)]

Toda a valorização da jurisprudência e a exigência de sua uniformização não é novidade no Processo do Trabalho que, ao longo do tempo, desenvolveu diversos métodos uniformizadores[(21)], no intuito de promover a segurança jurídica e a isonomia[(22)].

Essa imposição já se encontrava prevista, por exemplo, desde o ano de 1998 no § 3º do art. 896 da CLT[(23)], ganhando maior relevo após o advento da Lei n. 13.015 de 2014, que, alterando o supracitado dispositivo, instituiu o Incidente de Uniformização de Jurisprudência - IUJ, na Justiça do Trabalho e criou mecanismos para sua real efetivação[(24)], *in verbis:*

> § 3º Os Tribunais Regionais do Trabalho procederão, obrigatoriamente, à uniformização de sua jurisprudência e aplicarão, nas causas da competência da Justiça do Trabalho, no que couber, o incidente de uniformização de jurisprudência previsto nos termos do Capítulo I do Título IX do Livro I da Lei n. 5.869, de 11 de janeiro de 1973 (Código de Processo Civil).

Apesar de o regramento previsto no § 3º ter sido revogado pela Lei n. 13.467/2017 — Reforma Trabalhista, o dever de uniformização de jurisprudência insculpido no art. 926 do CPC permaneceu plenamente compatível com o Processo do Trabalho, principalmente para combater a dissidência jurisprudencial fortemente presente na Justiça Especializada, com o fim de obter efetividade e segurança na prestação jurisdicional.

Outros importantes dispositivos celetistas também corroboram o dever de uniformização jurisprudencial, a exemplo dos arts 896-B e 896-C da CLT, que disciplinam o Incidente de Recursos de Revista Repetitivos — IRR, mecanismo que propicia a estabilidade, integridade e coerência das decisões dos Tribunais.

A Instrução Normativa n. 39 do TST[(25)] também reforçou essa uniformização jurisprudencial, ao trazer no bojo de seu art. 3º diversos dispositivos do Código de Processo Civil aplicáveis ao Processo do Trabalho, dentre os quais o dispositivo 926 e seus parágrafos, também ratificado pelo art. 169 do Regimento Interno do TST[(26)].

§ 1º: Na linha determinada pelo *caput* do art. 926, seu § 1º designa aos Regimentos Internos dos Tribunais a edição de enunciados de súmulas correspondes à sua jurisprudência dominante.

Nesse diapasão, para melhor compreensão do tema, faz-se necessário, primeiramente, diferenciar súmula de jurisprudência. Conforme assente em trabalho anterior:

> [...] a Jurisprudência pode ser entendida como gênero, que se desdobra em institutos frutos de sua estabilização no tempo e no espaço. Sob essa perspectiva, as Súmulas podem ser compreendidas como produtos de métodos

(19) ZANETI JR. Hermes. *O valor vinculante dos Precedentes:* teoria dos precedentes formalmente vinculantes. 4. ed. Salvador: JusPodivm, 2019.

(20) **Enunciado n. 454 do FPPC:** "Uma das dimensões da coerência a que se refere o *caput* do art. 926 consiste em os tribunais não ignorarem seus próprios precedentes (dever de autorreferência)";

Enunciado n. 455 do FPPC: "Uma das dimensões do dever de coerência significa o dever de não contradição, ou seja, o dever de os tribunais não decidirem casos análogos contrariamente às decisões anteriores, salvo distinção ou superação".

(21) A exemplo dos Prejulgados, Enunciados, Súmulas, Orientações Jurisprudenciais e Precedentes Normativos.

(22) **Enunciado n. 323 do FPPC:** "A formação dos precedentes observará os princípios da legalidade, da segurança jurídica, da proteção da confiança e da isonomia".

(23) **Art. 896, § 3º da CLT:** "Os Tribunais Regionais do Trabalho procederão, obrigatoriamente, à uniformização de sua jurisprudência, nos termos do Livro I, Título IX, Capítulo I do CPC, não servindo a súmula respectiva para ensejar a admissibilidade do Recurso de Revista quando contrariar Súmula da Jurisprudência Uniforme do Tribunal Superior do Trabalho".

(24) A inovação e sua consequente observância pelos Tribunais Regionais resultaram na edição de diversas Súmulas, o que possibilitou a redução das decisões dissonantes acerca de uma mesma controvérsia jurídica, promovendo mais isonomia aos julgados. Ademais, assegurou a legítima expectativa dos jurisdicionados quanto às consequências de suas condutas perante a justiça de cada regional. A título de exemplo, após a instituição do IUJ pela Lei n. 13.015, o TRT da 3ª Região editou 33 súmulas e 23 teses jurídicas prevalecentes no período de quatro anos, o que é consideravelmente mais expressivo do que as 33 súmulas editadas ao longo dos 15 anos anteriores à edição da supracitada Lei. MINAS GERAIS. TRT da 3ª REGIÃO. Súmulas. 2019. Disponível em: <https://portal.trt3.jus.br/internet/jurisprudencia/uniformizacao-de-jurisprudencia/ sumulas>. Acesso em: 27 ago. 2019.

(25) BRASIL. Tribunal Superior do Trabalho. *Resolução Administrativa n. 203, de 15 de março de 2016.* Edita a Instrução Normativa n. 39, que regulamenta o procedimento do Incidente de Julgamento dos Recursos de Revista e de Embargos à SBDI-1 repetitivos. Disponível em: <http://www.trtsp.jus.br/geral/tribunal2/ TST/Instr_Norm/IN_38.html>. Acesso em: 14 maio 2019.

(26) BRASIL. Tribunal Superior do Trabalho. *Resolução Administrativa n. 1.937, de 20 de novembro de 2017.* Aprova o Regimento Interno do Tribunal Superior do Trabalho. 2017b. Disponível em: <https://juslaboris.tst.jus.br/bitstream/ handle/20.500.12178/116169/2017_ra1937_ri_tst_rep01.pdf?sequence=10&isAllowed=y>. Acesso em: 15 maio 2019.

de Uniformização de Jurisprudência desenvolvidos ao longo dos anos. Instituída nos anos 60 pelo Supremo Tribunal Federal, as Súmulas passaram a se fazer presentes em todos os Tribunais do país, consubstanciando a Jurisprudência dominante dos órgãos e servindo-se como ferramenta facilitadora de julgamentos.(27)

Inequívoco, pois, que as súmulas concretizam a jurisprudência dominante de um Tribunal, contudo, dentro da nova realidade sistêmica, deve-se atentar ao disposto no **§ 2º do art. 926**, que estabelece que esses verbetes "devem ater-se às circunstâncias fáticas dos precedentes que motivaram sua criação". Nesse sentido conclui Humberto Theodoro Jr. que "embora o sistema de súmulas não exija a identidade dos casos sucessivos, não pode deixar de levar em conta a situação fático-jurídica que conduziu à uniformização da tese que veio a ser sumulada"(28).

Assim, após o advento do CPC/15, as súmulas ganharam nova forma, não podendo mais se figurar como enunciados gerais e abstratos, devendo se ater aos fatos, circunstâncias e fundamentos oriundos da decisão judicial que as originou, sob pena de ir de encontro aos pilares(29) do instituído 'Sistema de Precedentes Vinculantes'(30).

No mesmo sentido conclui Alexandre Freitas Câmara que: "O novo CPC busca, assim, evitar que os enunciados de súmulas sejam tratados como se fossem textos normativos equivalentes aos das leis, isto é, textos dissociados de fatos"(31).

Mantidas as súmulas no ordenamento jurídico, essas deverão reproduzir, pois, a "tese que serviu de fundamento ao entendimento dominante no tribunal acerca de determinado problema jurídico", isso é, "a *ratio decidendi* em que os precedentes se fundamentaram."(32).

Insere-se, nesse ponto, o conceito de *ratio decidendi*, importado do *common law* e de suma importância para ampla compreensão e aplicação do Sistema de Precedentes Vinculantes.

A *ratio decidendi* pode ser compreendida como a principal parte da decisão, aquela que consubstancia a sua fundamentação determinante e razão de ser. Nas palavras de Tereza Arruda Alvim Wambier, a *ratio* seria, pois, a "proposição jurídica, explícita ou implícita, considerada necessária para a decisão"(33). Adverte, pois, Lucas Buris de Macêdo que "ao se falar no dever de aplicar determinado precedente, quer se dizer, mais propriamente, o dever de aplicar a sua *ratio decidendi* ou a norma jurídica (*legal rule*) dele decorrente"(34).

Feitas essas considerações, observe-se que, apesar de o **§ 1º do art. 926** prever a permanência das súmulas no ordenamento jurídico nacional, no novo modelo instituído as decisões vinculantes proferidas em sede de IRR, IRDR e IAC (métodos uniformizadores, que serão analisados oportunamente — arts. 1.036 a 1.041; 976 a 986; 947), revelam-se, paulatinamente, mais completas e fidedignas ao comando do § 2º, pois de sua análise é possível extrair com melhor precisão sua *ratio decidendi*. Essa conclusão é ratificada por Eduardo Cambi e Mateus Vargas Fogaça(35), ao sustentar que "[...] na medida em que o precedente possui força obrigatória, a súmula perde sua própria razão de existir".

Assim, as próprias decisões proferidas em sede de IRR, IRDR e IAC serão fontes de direito e objetos de análise e aferição da *ratio decidendi* a ser utilizada em casos futuros análogos, tornando-se desnecessária a formulação de enunciados ou súmulas correspondentes.

---

(27) CUNHA, Natália Xavier. *Uniformização de Jurisprudência Trabalhista e o Sistema de Precedentes Vinculantes*. Curitiba: CRV, 2019, p. 168.

(28) THEODORO JÚNIOR, Humberto. *Curso de Direito Processual Civil*. Volume III. 47. ed. Rio de Janeiro: GEN, 2015. p. 754.

(29) Podem ser considerados pilares do Sistema de Precedente Vinculantes o dever de fundamentação das decisões, a publicidade, a existência de mecanismos de distinção — *distinguishing*, e superação — *overruling*, bem como a vinculatividade.

(30) Nessa perspectiva é o **Enunciado n. 166 do Fórum Permanente de Processualistas Civis – FPPC**, que assim preceitua: "A aplicação dos enunciados das súmulas deve ser realizada a partir dos precedentes que os formaram e dos que os aplicaram posteriormente".

(31) CAMARA, Alexandre Freitas. Superação da jurisprudência sumulada e a modulação de efeitos no novo código de processo civil. p. 83-118. *In* JAYME, Fernando Gonzaga; MENDES, Aluísio; NUNES, Dierle (Coord.). *A nova aplicação da Jurisprudência e Precedentes no CPC/2015*. Estudos em homenagem à professora Teresa Arruda Alvim São Paulo: Revista dos Tribunais. 2017. p. 93.

(32) THEODORO JÚNIOR, Humberto. *Curso de Direito Processual Civil*. Volume III. 47. ed. Rio de Janeiro: GEN, 2015. p. 753.

(33) WAMBIER, Tereza Arruda Alvim. *Estabilidade e adaptabilidade como objetivos do direito:* Civil Law e Common Law. Revista de Processo, São Paulo: Revista dos Tribunais, v. 172, p. 121, jun. 2009. Disponível em: <http://egov.ufsc.br/portal/ conteudo/estabilidade-e-adaptabilidade-como-objetivos-do-direito-civil-law-e-common-law>. Acesso em: 27 ago. 2019. p. 133.

(34) MACEDO, Lucas Buril de. Contributo para definição de *ratio decidendi* na teoria brasileira dos precedentes judiciais. p. 216-238. In: *Precedentes*. Coleção Grandes temas do Novo CPC. Coordenadores FREDIE Didier Jr; Leonardo Carneiro da Cunha; Jaldemiro Rodrigues de Ataíde Jr; Lucas Buris de Macêdo. Salvador: JusPodivm, 2015. p. 217.

(35) CAMBI, Eduardo; FOGAÇA, Mateus Vargas. Sistema dos precedentes judiciais obrigatórios no Novo Código de Processo Civil. In: ATAÍDE Jr., Jaldemiro Rodrigues de *et al*. (Org.). *Precedentes*. Coleção Grandes Temas do Novo CPC. v. 3., 2. ed. Salvador: JusPodivm, 2016, p. 335-356. p. 346.

No Processo do Trabalho a situação das súmulas se agrava. Isso porque, apesar de o § 1º determinar que o procedimento para edição de súmulas será estabelecido pelos Regimentos Internos dos Tribunais, a Reforma Trabalhista interferiu nessa atribuição, alterando o art. 702, I, *"f"*, da CLT[36], para estabelecer critérios objetivos e mais que rígidos para criação, alteração e cancelamento de Súmulas e outros enunciados de Jurisprudência[37], tornando-as quase impossíveis.

Essa percepção já havia sido demonstrada em trabalho anterior, que assim discorreu:

> [...] trata-se da consecução cumulativa de requisitos extremamente rígidos, o que torna mais difícil a uniformização da jurisprudência dos tribunais, pois, até que se preencham todos os critérios elencados, o Tribunal persistirá com entendimentos divergentes sobre casos iguais, provocando patente insegurança jurídica a (*sic*) nível regional e nacional[38].

Apesar de a alteração legislativa em comento não ter sido bem recebida por todos e sua constitucionalidade ainda estar pendente de análise[39], não se pode olvidar a existência de outros métodos aptos à uniformização de jurisprudência dos Tribunais e cuja operacionalização não foi afetada pela redação do art. 702 da CLT, os quais foram consagrados e regulados pelo CPC de 2015 e serão objeto de análise e discussão neste trabalho.

Feitas essas considerações e, valendo-se sobretudo do disposto no inciso XXIII do art. 3º da IN n. 39 do TST, entende-se pela aplicação do dispositivo no Processo do Trabalho.

Artigo 927

Os juízes e os tribunais observarão:

I – as decisões do Supremo Tribunal Federal em controle concentrado de constitucionalidade;

II – os enunciados de súmula vinculante;

III – os acórdãos em incidente de assunção de competência ou de resolução de demandas repetitivas e em julgamento de recursos extraordinário e especial repetitivos;

IV – os enunciados das súmulas do Supremo Tribunal Federal em matéria constitucional e do Superior Tribunal de Justiça em matéria infraconstitucional;

V – a orientação do plenário ou do órgão especial aos quais estiverem vinculados.

§ 1º Os juízes e os tribunais observarão o disposto no art. 10 e no art. 489, § 1º, quando decidirem com fundamento neste artigo.

§ 2º A alteração de tese jurídica adotada em enunciado de súmula ou em julgamento de casos repetitivos poderá ser precedida de audiências públicas e da participação de pessoas, órgãos ou entidades que possam contribuir para a rediscussão da tese.

§ 3º Na hipótese de alteração de jurisprudência dominante do Supremo Tribunal Federal e dos tribunais superiores ou daquela oriunda de julgamento de casos repetitivos, pode haver modulação dos efeitos da alteração no interesse social e no da segurança jurídica.

§ 4º A modificação de enunciado de súmula, de jurisprudência pacificada ou de tese adotada em julgamento de casos repetitivos observará a necessidade de fundamentação adequada e específica, considerando os princípios da segurança jurídica, da proteção da confiança e da isonomia.

§ 5º Os tribunais darão publicidade a seus precedentes, organizando-os por questão jurídica decidida e divulgando-os, preferencialmente, na rede mundial de computadores.

(36) **Art. 702, I, f da CLT:** Ao Tribunal pleno compete, em única instância: estabelecer ou alterar súmulas e outros enunciados de jurisprudência uniforme, pelo voto de pelo menos dois terços de seus membros, caso a mesma matéria já tenha sido decidida de forma idêntica por unanimidade em, no mínimo, dois terços das turmas em pelo menos dez sessões diferentes em cada uma delas, podendo, ainda, por maioria de dois terços de seus membros, restringir os efeitos daquela declaração ou decidir que ela só tenha eficácia a partir de sua publicação no Diário Oficial.

(37) Pendente análise da constitucionalidade do art. 702, I, *"f"*, da CLT, pelas ADC n. 62 e ADI n. 6.188, em trâmite perante o STF. BRASIL. Supremo Tribunal Federal. *ADI n. 6.188 – 7000279-11.2019.1.00.0000.* Distribuído em: 05 jul. 2019. Relator: Ricardo Lewandowski. Disponível em: <http://portal.stf.jus.br/processos/detalhe.asp?incidente=5731024>. Acesso em: 06 jul. 2019; BRASIL. Supremo Tribunal Federal. *ADC n. 62 – 0019258-43.2019.1.00.0000.* Autuado em: 18 mar. 2019. Relator: Min. Ricardo Lewandowski. Disponível em: <http://portal.stf.jus.br/processos/detalhe.asp?incidente=5654198>. Acesso em: 20 jun. 2019.

(38) CUNHA, Natália Xavier; EÇA, Vitor Salino de Moura. Segurança Jurídica e Jurisprudência Trabalhista. *Revista de Direito do Trabalho.* São Paulo: RT, v. 192, p. 45-58, 2018.

(39) Obra revisada em abril de 2021.

Conforme exposto no tópico anterior, nos comentários ao art. 926, o Código de Processo Civil de 2015 consolidou o dever de Uniformização de Jurisprudência dos Tribunais, valorizando os fatos e fundamentos das decisões precedentes, que devem nortear os novos julgamentos, de modo a manter a estabilidade, integridade e coerência do ordenamento jurídico.

Nada obstante, nem toda decisão judicial se consubstancia precedente e tem o condão de vincular o julgamento de casos futuros análogos ou similares(40). Nesse sentido, o art. 927 do CPC/2015 enumerou as decisões e institutos a serem obrigatoriamente observados pelos Juízes e Tribunais.

O dispositivo apresenta algumas polêmicas que suscitam divergências doutrinárias, como o caráter taxativo ou exemplificativo do rol de decisões e institutos considerados "Precedentes Vinculantes", bem como classificação quanto à sua vinculatividade e observância obrigatória.

Quanto ao primeiro aspecto, Luiz Guilherme Marinoni sustenta que o rol constante do art. 927, deve ser considerado apenas exemplificativo, pois "consiste apenas na lembrança de alguns precedentes, além de Súmulas e controversas decisões tomadas em incidentes de natureza *erga omnes*, que deverão ser observadas pelos juízes e tribunais. "(41)

Por outro lado, juristas como Daniel Amorim Assumpção Neves e Cesar Zucatti Pritsch(42) entendem pela taxatividade do rol, embora esse último também ateste como "Precedente Vinculante", os Recursos Extraordinários com Repercussão Geral, nos termos previstos no inciso II do § 5º do art. 988 do CPC(43), tese com a qual se coaduna.

No que tange à divergência relativa aos graus de vinculação dos institutos e decisões elencados nos incisos do art. 927, Cesar Zucatti Pritsch e Alexandre Câmara(44) consideram os incisos I, II, e III, além das decisões em Recurso Extraordinário com Repercussão Geral, como "Precedentes Vinculantes" ou "Precedentes Vinculantes em sentido estrito" — tendo em vista que a sua inobservância possibilita a tomada de medida repressiva específica, a saber, a Reclamação.

Os incisos IV e V do art. 927 do CPC, por sua vez, revelam-se mais polêmicos, por não ensejarem uma ação coativa específica em caso de eventual descumprimento, sendo considerados por Alexandre Câmara como "Precedentes Meramente Argumentativos"(45) — sem força impositiva, e para Cesar Zucatti Pritsch, "Precedentes Obrigatórios", ao revés de vinculantes.

Nesse sentido leciona Humberto Theodoro Jr.:

> Quando a jurisprudência é vinculante, a sua infringência enseja reclamação da parte prejudicada ao tribunal que deferiu o respectivo enunciado, o qual promoverá o necessário para que a força de sua jurisprudência seja restabelecida e respeitada. Se os precedentes não gozam de tal força, a parte, inconformada com sua inobservância, terá de impugnar a decisão pelas vias recursais ordinárias ou extraordinárias, para tentar escapar da opção do julgador, se for o caso de esta não se apoiar em razão de direito suficiente.(46)

A despeito de questões classificatórias e malgrado os posicionamentos apresentados, valendo-se da interpretação estrita e gramatical do *caput* do art. 927 do CPC, tem-se que os Juízes e Tribunais "observarão" os institutos ali entabulados, sendo dotados, pois, de vinculatividade. Nessa toada é o **Enunciado n. 170 do Fórum Permanente de Processualistas Civis — FPPC**: "As decisões e precedentes previstos nos incisos do *caput* do art. 927 são vinculantes aos órgãos jurisdicionais a eles submetidos".

(40) **Enunciado n. 315 do FPPC:** "Nem todas as decisões formam precedentes vinculantes".

(41) MARINONI, Luiz Guilherme. *Precedentes Obrigatórios*. 5. ed. São Paulo: Revista dos Tribunais, 2016. p. 288.

(42) NEVES, Daniel Amorim Assumpção. *Manual de Direito Processo Civil*. 8. ed. Salvador: JusPodivm, 2016; PRITSCH, Cesar Zucatti. *Manual de Prática dos Precedentes no Processo Civil e do Trabalho*. Atualizado conforme o CPC 2015 e Reforma Trabalhista. São Paulo: LTr, 2018.

(43) Pritsch entenda que, por lapso técnico o acórdão em sede de Recurso Extraordinário com Repercussão Geral não foi expressamente incluído no rol dos arts. 927 e 588, *caput*, do CPC, sendo, contudo, reconhecido como "precedente vinculante", inclusive protegido por Reclamação, conforme se depreende do inciso II do § 5º do art. 988 do CPC, incluído pela Lei n. 13.256/2016.

(44) PRITSCH, Cesar Zucatti. *Manual de Prática dos Precedentes no Processo Civil e do Trabalho*. Atualizado conforme o CPC 2015 e Reforma Trabalhista. São Paulo: LTr, 2018; CÂMARA, Alexandre Freitas. *O novo Processo Civil brasileiro*. 2. ed. rev. e atual. São Paulo: Gen Atlas, 2015.

(45) CÂMARA, Alexandre Freitas. *O novo Processo Civil brasileiro*. 2. ed. rev. e atual. São Paulo: Gen Atlas, 2015. p. 436.

(46) THEODORO JÚNIOR, Humberto. *Curso de Direito Processual Civil*. Volume III. 47. ed. Rio de Janeiro: GEN, 2015. p. 756.

No que tange à observância vertical (entre instâncias) e horizontal (entre os órgãos fracionários de um mesmo Tribunal, assim leciona Cláudio Brandão:

> A partir da análise dos novos incidentes processuais por ela criados, ou dos antigos que foram alterados, pode-se concluir que, uma vez provocado, caberá ao tribunal eliminar a diversidade de interpretações possíveis em torno da questão jurídica posta ao seu exame e fixar uma única, a qual se imporá, de modo obrigatório, nos planos horizontal (internamente ao tribunal) e vertical (instâncias inferiores).(47)

Superadas as questões preliminares relativas ao *caput*, passa-se à análise dos incisos.

O **inciso I** do dispositivo estabelece como 'Precedentes Vinculantes' as decisões do Supremo Tribunal Federal em julgamentos de controle concentrado de constitucionalidade, a saber, em ADC, ADI e ADPF. Trata-se de vinculatividade já disposta no art. 102, I, *"a"*, e §§ 1º e 2º, da Constituição Federal, bem como no § 3º do art. 10 da Lei n. 9.882/99(48), que determinam a observância *erga omnes* dessas decisões.

Deve-se observar, contudo, que, até então, eram apenas os dispositivos das decisões em ADC, ADI e ADPF que, ao transitarem em julgado, vinculavam todos os órgãos jurisdicionais (donde se inclui a Justiça do Trabalho e seus Tribunais(49)), administração direta e indireta. Contudo, com o advento do CPC de 2015, e a incorporação de um Sistema de Precedentes Vinculantes, toda a fundamentação determinante das decisões — *ratio decidendi*(50), passou a ser obrigatoriamente observada(51).

O **inciso II** apresenta os enunciados de Súmulas Vinculantes como objeto de observância obrigatória pelos Juízes e Tribunais. Pelo que se observa, foi ratificada a vinculatividade advinda da Constituição Federal, já estabelecida no art. 103-A da Carta Magna, desde o advento da Emenda Constitucional n. 45(52), sobre a observância obrigatória desses enunciados, inclusive pela Justiça do Trabalho.

Ressalta Humberto Theodoro Jr.que "A diferença entre a súmula comum e a vinculante reside em que a autoridade desta se protege por meio de reclamação (art. 988, IV), em qualquer tempo, enquanto aquela, embora de observância obrigatória, não conta com uma tutela tão enérgica e específica"(53).

O **inciso III**, por sua vez, apresenta três modalidades decisórias consideradas vinculantes, produzidas por meio de um sistema de formação concentrada de Precedentes Vinculantes, a saber, os acórdãos em Incidente de Assunção de Competência (IAC), acórdãos em Incidente de Resolução de Demandas Repetitivas (IRDR) e acórdãos em julgamentos de Recurso Extraordinário e Especial Repetitivos — (IRR).

---

(47) BRANDÃO, Cláudio. Incidente de julgamento de Recurso de Revista Repetitivos. In: DIDIER Jr., Fredie; BRANDÃO, Cláudio; MALLET, Estêvão (Coords.). *Processo do Trabalho:* coleção repercussões do novo CPC. Salvador: JusPodivm, 2015, p. 617-677. p. 673.

(48) **Art. 10, § 3º:** "A decisão terá eficácia contra todos e efeito vinculante relativamente aos demais órgãos do Poder Público". BRASIL. Lei n. 9.882, de 3 de dezembro de 1999. Dispõe sobre o processo e julgamento da arguição de descumprimento de preceito fundamental, nos termos do § 1º do art. 102 da Constituição Federal. 1999b. Disponível em: <http://www.planalto.gov.br/ccivil_03/leis/l9882.htm>. Acesso em: 29 jun. 2019.

(49) **Art. 15 da IN n. 39/TST:** "O atendimento à exigência legal de fundamentação das decisões judiciais (CPC, art. 489, § 1º) no Processo do Trabalho observará o seguinte: I – por força dos arts. 332 e 927 do CPC, adaptados ao Processo do Trabalho, para efeito dos incisos V e VI do § 1º do art. 489 considera-se 'precedente' apenas: [...]; c) decisão do Supremo Tribunal Federal em controle concentrado de constitucionalidade".

(50) A *Ratio Decidendi* pode ser compreendida como a principal parte da decisão, aquela que consubstancia a sua fundamentação determinante e razão de ser. Nas palavras de Tereza Arruda Alvim Wambier, a *Ratio* seria, pois, a "proposição jurídica, explicita ou implícita, considerada necessária para a decisão. " WAMBIER, Tereza Arruda Alvim. Estabilidade e adaptabilidade como objetivos do direito: *Civil Law* e *Common Law. Revista de Processo*, São Paulo, Revista dos Tribunais, v. 172, p. 121, jun. 2009. Disponível em: <http://egov.ufsc.br/portal/ conteudo/estabilidade-e-adaptabilidade-como-objetivos-do-direito-civil-law-e-common-law>. Acesso em: 27 ago. 2019. p. 133.

(51) **Enunciado n. 168 do FPPC:** "Os fundamentos determinantes do julgamento de ação de controle concentrado de constitucionalidade realizado pelo STF caracterizam a *ratio decidendi* do precedente e possuem efeito vinculante para todos os órgãos jurisdicionais".

(52) **Art. 103-A da CR/88:** "O Supremo Tribunal Federal poderá, de ofício ou por provocação, mediante decisão de dois terços dos seus membros, após reiteradas decisões sobre matéria constitucional, aprovar súmula que, a partir de sua publicação na imprensa oficial, terá efeito vinculante em relação aos demais órgãos do Poder Judiciário e à administração pública direta e indireta, nas esferas federal, estadual e municipal, bem como proceder à sua revisão ou cancelamento, na forma estabelecida em lei". BRASIL. *Lei n. 11.417, de 19 de dezembro de 2006*. Regulamenta o art. 103-A da Constituição Federal e altera a Lei n. 9.784, de 29 de janeiro de 1999, disciplinando a edição, a revisão e o cancelamento de enunciado de Súmula Vinculante pelo Supremo Tribunal Federal, e dá outras providências. 2006. Disponível em: <http://www.planalto.gov.br/ccivil_03/_ato2004-2006/2006/lei/l11417.htm>. Acesso em: 08 abr. 2019.

(53) THEODORO JÚNIOR, Humberto. *Curso de Direito Processual Civil.* Volume III. 47. ed. Rio de Janeiro: GEN, 2015. p. 761.

Certo é que o Código de Processo Civil de 1973 já trazia regramento próprio para o IAC e IRR, não existindo, contudo, a obrigatória observância de suas decisões. A esse respeito, o Código de 2015 inovou ao impor a vinculatividade desses julgados, o que pode ser também aferido pela redação do parágrafo terceiro do art. 947 e art. 1.040 do CPC, respectivamente.

O Incidente de Resolução de Demandas Repetitivas (IRDR), por sua vez, foi inaugurado no ordenamento jurídico nacional pelo CPC/15 e disciplinado de maneira mais robusta que os demais incidentes pelos arts. 976 a 987, que serão oportunamente analisados.

A obrigatoriedade das decisões proferidas no bojo dos incidentes processuais, trazidos pelo inciso III do art. 927, aplica-se também ao Processo do Trabalho, que prevê as mesmas modalidades de incidentes, além de encontrar respaldo no inciso XXIII, do art. 3º e incisos II e III, do art. 7º, da IN n. 39 do TST(54), que atestam a sua compatibilidade com o processo laboral.

O **inciso IV** traz a lume as já conhecidas súmulas de jurisprudência dos Tribunais Superiores — STF e STJ —, até então dotadas de caráter apenas persuasivo. Sob a ótica da literal redação do *caput* do art. 927, por sua vez, a partir do CPC/15, esses enunciados tornaram-se de observância obrigatória, desde que atendidos os requisitos do art. 926, § 2º do CPC.

No que tange à sua aplicação ao Processo do Trabalho, por força do art. 7º, I da IN n. 39 do TST, pode-se concluir que as súmulas de jurisprudência oriundas do Tribunal Superior do Trabalho também figuram como "Precedentes Vinculantes":

> Art. 7º Aplicam-se ao Processo do Trabalho as normas do art. 332 do CPC, com as necessárias adaptações à legislação processual trabalhista, cumprindo ao juiz do trabalho julgar liminarmente improcedente o pedido que contrariar:
>
> I – enunciado de súmula do Supremo Tribunal Federal ou do Tribunal Superior do Trabalho (CPC, art. 927, inciso V);

Deve-se, contudo, observar o já disposto no § 2º do art. 926 do CPC, isto é, para que as súmulas exerçam força obrigatória elas não podem, como outrora, consubstanciar normas gerais e abstratas, estando adstritas aos fundamentos dos precedentes que as originaram(55). Nessa toada, quanto às súmulas anteriores ao Novo CPC, entende-se que, nos termos esclarecidos pelo Enunciado n. 115 do Fórum Nacional de Processo do Trabalho — FNPT(56):

> CPC, ART. 927. PRECEDENTES. SÚMULAS DO STF E TST ANTERIORES AO NCPC. INAPLICABILIDADE DO CARÁTER OBRIGATÓRIO. As Súmulas do Supremo Tribunal Federal e do Tribunal Superior do Trabalho anteriores ao início de vigência do Novo CPC não se inserem dentro do conceito de precedentes estabelecido pelo art. 927 do CPC.

Como dito, no caso das súmulas não há remédio processual específico que imponha a sua observância pelos Magistrados. O seu caráter vinculante decorre de imposições sistêmicas espalhadas por toda a legislação, a exemplo do inciso I do art. 332 do CPC, que possibilita o indeferimento liminar de pedidos que contrariem enunciados de Súmulas e o inciso IV do art. 932 do CPC, que aponta como incumbência do relator negar provimento a recurso contrário a Súmula.

Ao final, o **inciso V** traz expressão genérica, a saber, "orientação do plenário ou do órgão especial aos quais estiverem vinculados".

Certo é que o dispositivo consubstancia uma cláusula de tessitura abertura, apta a contemplar as diversas orientações firmadas no plenário ou órgão fracionário de um Tribunal, preparadas para vincularem os futuros julgados.

Como exemplos podemos citar as decisões em Arguição de Inconstitucionalidade suscitadas nos Tribunais e decididas pelo seu Pleno, bem como as súmulas de jurisprudência regionais, todas vinculantes no âmbito de sua jurisdição.

---

(54) **Art. 7º da IN n. 36/TST:** "Aplicam-se ao Processo do Trabalho [...]. II – acórdão proferido pelo Supremo Tribunal Federal ou pelo Tribunal Superior do Trabalho em julgamento de recursos repetitivos (CLT, art. 896-B; CPC, art. 1046, § 4º); III – entendimento firmado em incidente de resolução de demandas repetitivas ou de assunção de competência".

(55) Nesse sentido, sustenta Juraci Mourão Lopes Filho que "não é possível compreender o precedente apenas em termos unilaterais, que coloquem a corte ou o juiz posterior em mera posição de execução de uma norma já posta pela camada superior. Há uma construção dialética a partir de uma equiparação hermenêutica de casos. [...] Reduzir o precedente à norma consiste em excluir os elementos do julgado que lhe dão nota de identidade na própria ordem jurídica, e que os torna relevante para o Direito ao lado das normas legislativas e constitucionais". LOPES FILHO, Juraci Mourão. O novo código de processo civil e a sistematização dos precedentes judiciais. 147-174. In: *Precedentes.* Coleção Grandes temas do Novo CPC. Coordenadores FREDIE Didier Jr; Leonardo Carneiro da Cunha; Jaldemiro Rodrigues de Ataíde Jr; Lucas Buris de Macêdo. Salvador: JusPodivm, 2015. p. 154.

(56) FNPT. *Enunciados.* Disponível em: <http://fnptrabalho.com.br/enunciados-anteriores/>. Acesso em: 03 fev. 2020.

A esse respeito, Élisson Miessa preconiza que "os membros fracionários de um tribunal devem observar os precedentes proferidos pelo plenário ou órgão especial do próprio tribunal (horizontal), assim como os demais órgãos de instância inferior (vertical). " [(57)] O Enunciado n. 167 do Fórum Permanente de Processualistas Civis - FPPC, também converge com essa assertiva e assim dispõe:

Enunciado n. 167 do FPPC: Os Tribunais Regionais do trabalho estão vinculados aos enunciados de suas próprias Súmulas e aos seus precedentes em incidente de assunção de competência ou de resolução de demandas repetitivas.

No mesmo sentido coaduna o art. 7º da IN n. 39 do TST, ao consagrar a aplicabilidade do inciso ao Processo do Trabalho:

Art. 7º Aplicam-se ao Processo do Trabalho [...]

IV - enunciado de súmula de Tribunal Regional do Trabalho sobre direito local, convenção coletiva de trabalho, acordo coletivo de trabalho, sentença normativa ou regulamento empresarial de observância obrigatória em área territorial que não exceda à jurisdição do respectivo Tribunal (CLT, art. 896, *"b"*, a *contrario sensu*).

Nos termos em que foi exposto, a *novel* legislação inaugurou um Sistema de Precedentes Vinculantes, trazendo a lume, em seu art. 927, as decisões judiciais e institutos considerados como de observância obrigatória por todos os Juízes e Tribunais do país.

Para correta compreensão e aplicação da nova sistemática, faz-se necessário, entretanto, observar o disposto nos §§ 1º a 5º do art. 927, que passam a ser analisados.

Consoante exposto no **§ 1º**, ao se valerem dos "Precedentes Vinculantes" para julgamento de novos casos, os Magistrados deverão observar o art. 10 do CPC, isso é, não poderão decidir com "base em fundamento a respeito do qual não se tenha dado às partes oportunidade de se manifestar", privilegiando, assim, os princípios constitucionais da ampla defesa e do contraditório (art. 5º, LV)[(58)]. Ainda, deverão observar o disposto no § 1º do art. 489 do CPC, que disciplina a devida fundamentação das decisões judiciais[(59)].

A fundamentação das decisões judiciais, direito fundamental do jurisdicionado[(60)], é também inerente ao devido processo legal e, especialmente, ao devido processo constitucional[(61)], uma vez que as partes devem compreender os motivos pelos quais sua pretensão foi acolhida ou rejeitada pelo Magistrado, figurando-se, assim, como um dos sustentáculos do Sistema de Precedentes Judiciais.

---

(57) MIESSA, Élisson. *Nova realidade:* Teoria dos Precedentes Judiciais e sua Incidência no Processo do Trabalho. Revista Eletrônica do Tribunal Regional do Trabalho da 9ª Região, Curitiba, v. 5, n. 49, p. 9-57, abr. 2016. p. 57.

(58) **Enunciado n. 2 do FPPC:** "Para a formação do precedente, somente podem ser usados argumentos submetidos ao contraditório".

Enunciado n. 459 do FPPC: "As normas sobre fundamentação adequada quanto à distinção e superação e sobre a observância somente dos argumentos submetidos ao contraditório são aplicáveis a todo o microssistema de formação dos precedentes".

Enunciado n. 460 do FPPC: "O microssistema de aplicação e formação dos precedentes deverá respeitar as técnicas de ampliação do contraditório para amadurecimento da tese, como a realização de audiências públicas prévias e participação de *amicus curiae*".

(59) **Art. 489, § 1º do CPC:** "Não se considera fundamentada qualquer decisão judicial, seja ela interlocutória, sentença ou acórdão, que: I - se limitar à indicação, à reprodução ou à paráfrase de ato normativo, sem explicar sua relação com a causa ou a questão decidida; II - empregar conceitos jurídicos indeterminados, sem explicar o motivo concreto de sua incidência no caso; III - invocar motivos que se prestariam a justificar qualquer outra decisão; IV - não enfrentar todos os argumentos deduzidos no processo capazes de, em tese, infirmar a conclusão adotada pelo julgador; V - se limitar a invocar precedente ou enunciado de Súmula, sem identificar seus fundamentos determinantes nem demonstrar que o caso sob julgamento se ajusta àqueles fundamentos; VI - deixar de seguir enunciado de súmula, jurisprudência ou precedente invocado pela parte, sem demonstrar a existência de distinção no caso em julgamento ou a superação do entendimento".

(60) **Art. 93, IX da CR/88:** "todos os julgamentos dos órgãos do Poder Judiciário serão públicos, e fundamentadas todas as decisões, sob pena de nulidade, podendo a lei limitar a presença, em determinados atos, às próprias partes e a seus advogados, ou somente a estes, em casos nos quais a preservação do direito à intimidade do interessado no sigilo não prejudique o interesse público à informação".

(61) O devido processo constitucional é aquele que consubstancia garantias como o contraditório, ampla argumentação e fundamentação das decisões, a fim de que o processo seja, de fato, efetivo quanto à entrega dos direitos violados, não se servindo apenas como um meio idealizado de atingir a celeridade processual. DIAS, Ronaldo Brêtas de Carvalho; FIORATTO, Débora Carvalho. *Conexão entre os princípios do contraditório e da fundamentação das decisões na construção do estado democrático de direito.* 2010. Disponível em: <https://www.e-publicacoes.uerj.br/index.php/redp/article/view/23088>. Acesso em: 26 ago. 2019.

Trata-se de comando que exerce funções de suma relevância, pois é da fundamentação das decisões precedentes que poderá ser extraída a *ratio decidendi*[(62)] a ser observada em situações futuras semelhantes (função prospectiva[(63)]). Por outro lado, a coerente fundamentação dos julgados que se valem de Precedentes Vinculantes é essencial para justificar a correta aplicação daquela *ratio* no processo *sub judice* (função retrospectiva/ explicativa)[(64)].

Nesse sentido, expõem Paulo Sarno Braga, Fredie Didier Jr. e Rafael Alexandria de Oliveira:

> Considerando que a eficácia normativa do precedente judicial é hoje um dado de nosso sistema jurídico, bem como que, em um sistema de precedentes, a motivação é a pedra de toque, núcleo mesmo — até porque é nela que está o precedente —, é imprescindível exigir maior qualidade na fundamentação dos atos decisórios.
>
> [...] Mais do que nunca, é necessário valorizar a função extraprocessual da fundamentação, percebendo que ela não serve apenas à justificação, para as partes envolvidas naquele processo específico, da solução alcançada pelo órgão jurisdicional. Num sistema em que se valorizam os precedentes judiciais, a fundamentação serve também como modelo de conduta para aqueles indivíduos que não participam, nem nunca participaram, daquele processo específico, haja vista que o precedente poderá ser por eles invocado (ou invocado em seu desfavor) para justificar e legitimar sua conduta presente (ou questioná-la).[(65)]

Outra expressão importada do *common law* é o *Overruling*. Trata-se de técnica que permite a revogação de um Precedente por razões de grave injustiça decorrente de erro de julgamento ou em virtude da modificação das condições que lhe deram origem[(66)]. Luiz Guilherme Marinoni sustenta, ainda, a admissão de *Overruling* quando "[...] a evolução tecnológica, ao gerar nova realidade, impõe a reconfiguração da doutrina ou da teoria que fundamenta o precedente. O mesmo ocorre quando os valores sociais, que sustentam o precedente, são modificados"[(67)].

A técnica de revogação ou alteração de precedentes — *Overruling* está consubstanciada no *Códex* Processualista, que dispõe no § 2º e seguintes do art. 927 as suas peculiaridades, deixando clara a possibilidade de participação da população, órgãos e entidades, além da imperiosa fundamentação adequada e específica das decisões[(68)(69)].

O **§ 2º**, por exemplo, disciplina que a "alteração de tese jurídica adotada em enunciado de súmula ou em julgamento de casos repetitivos poderá ser precedida de audiências públicas e da participação de pessoas, órgãos ou entidades que possam contribuir para a rediscussão da tese".

Como se observa, trata-se de procedimento facultativo, mas deveras salutar à nova sistemática processual, por propiciar o maior diálogo e participação social na consolidação dos posicionamentos judiciais acerca de temas relevantes. Nessa perspectiva, plenamente compatível e aplicável ao Processo do Trabalho, o que novamente encontra respaldo no art. 3º, XXIII, da IN n. 39 do TST, e também no art. 289 de seu Regimento Interno (aplicável à revisão de posicionamentos, por força do art. 303):

(62) Para revisitar a conceituação e importância da *ratio decidendi* no âmbito do Sistema de Precedentes Vinculantes, retomar ao comentário do art. 926 do CPC nesta obra.

(63) Frederick Schauer ressalta o aspecto prospectivo dos precedentes. Sustenta que o olhar do julgador não se volta mais, tão somente, para as decisões pretéritas. Suas decisões presentes deve ter um olhar atento para o futuro, o que "envolve a responsabilidade especial que acompanha o poder de comprometermos o futuro antes de chegarmos lá". SCHAUER, Frederick. Precedente. p. 49-86. In: *Precedentes*. Coleção Grandes temas do Novo CPC. Coordenadores FREDIE Didier Jr; Leonardo Carneiro da Cunha; Jaldemiro Rodrigues de Ataíde Jr; Lucas Buris de Macêdo. Salvador: JusPodivm, 2015. p. 50-51.

(64) CUNHA, Natália Xavier. *Uniformização de Jurisprudência Trabalhista e o Sistema de Precedentes Vinculantes*. Curitiba: CRV, 2019.

(65) BRAGA, Paula Sarno; DIDIER JR., Fredie; OLIVEIRA, Rafael Alexandria de. *Curso de Direito Processual Civil:* teoria da prova, direito probatório, decisão, precedente, coisa julgada e tutela provisória. Salvador: JusPodivm, v. 2, 11. ed. 2016. p. 484.

(66) LUNDMARK, Thomas. *Charting the divide between Common and Civil Law*. New York: Oxford University Press. 2012.

(67) MARINONI, Luiz Guilherme. *Precedentes Obrigatórios*. 5. ed. São Paulo: Revista dos Tribunais, 2016. p. 93-94.

(68) **Enunciado n. 322 do FPPC:** "A modificação de precedente vinculante poderá fundar-se, entre outros motivos, na revogação ou modificação da lei em que ele se baseou, ou em alteração econômica, política, cultural ou social referente à matéria decidida".

Enunciado n. 659 do FPPC: "O relator do julgamento de casos repetitivos e do incidente de assunção de competência tem o dever de zelar pelo equilíbrio do contraditório, por exemplo, solicitando a participação, na condição de *amicus curiae*, de pessoas, órgãos ou entidades capazes de sustentar diferentes pontos de vista".

(69) Para melhor compreender o overruling, verificar comentário ao art. 986 do CPC, nesta obra.

Art. 289. Para instruir o procedimento, pode o relator fixar data para, em audiência pública, ouvir depoimentos de pessoas com experiência e conhecimento na matéria, sempre que entender necessário o esclarecimento de questões ou circunstâncias de fato subjacentes à controvérsia objeto do incidente de recursos repetitivos

O § 3º, por sua vez, elucida a possibilidade de modulação dos efeitos das decisões que alteram a jurisprudência dos Tribunais, observado o interesse social e a segurança jurídica[70].

Certo é que, tradicionalmente, alteração da Jurisprudência tem efeitos *ex tunc* - retroativos, abrangendo fatos e processos anteriores, ainda não transitados em julgado. Isso se dá porque o princípio *tempus regit actum* leva em consideração, *a priori*, tão somente a preservação da lei vigente à época do ato jurídico, nada dispondo acerca da jurisprudência pacificada naquele tempo.

Esse posicionamento é bastante criticado em razão da real possibilidade de provocar insegurança jurídica e quebra da legítima confiança dos jurisdicionados quanto ao ordenamento jurídico e às condutas nele pautadas. A insegurança se intensifica sobremaneira se levado em consideração que não mais se trata de alteração de jurisprudência persuasiva, mas de jurisprudência vinculante, que gera legítima expectativa de direito.

É justamente no ensejo de privilegiar a segurança jurídica que o § 3º traz a possibilidade de modulação dos efeitos das decisões que firmam novo entendimento jurisprudencial. Essa prerrogativa também pode ser extraída do art. 14 do CPC, que dispõe: "A norma processual não retroagirá e será aplicável imediatamente aos processos em curso, respeitados os atos processuais praticados e as situações jurídicas consolidadas sob a vigência da norma revogada". Nesse caso, a interpretação do dispositivo se dá no sentido de que as normas processuais devem ser compreendidas como gênero, donde se enquadram os Precedentes Vinculantes.

Mais uma vez, o art. 3º, XXIII da IN n. 39 do TST, ampara a aplicação do dispositivo ao Processo do Trabalho, o que também encontra respaldo no art. 296 do seu Regimento Interno:

Art. 296. Caberá revisão da decisão firmada em julgamento de recursos repetitivos quando se alterar a situação econômica, social ou jurídica, caso em que será respeitada a segurança jurídica das relações firmadas sob a égide da decisão anterior, podendo o Tribunal Superior do Trabalho modular os efeitos da decisão que a tenha alterado.

Com fincas na já explanada fundamentação específica e adequada das decisões — um dos pilares do "Sistema de Precedentes Judiciais" — exigida pelo § 1º do art. 927 e disciplinada pelo art. 489, § 1º do CPC, o **§ 4º** aduz que quando da alteração de jurisprudência pacífica, também haverá a "necessidade de fundamentação adequada e específica, considerando os princípios da segurança jurídica, da proteção, da confiança e da isonomia".

Ao final, a fim de se garantir a segurança jurídica almejada e legitimar a observância obrigatória dos Precedentes, imperiosa se faz a sua publicação e devida divulgação pelos Tribunais, sem as quais a sua vinculatividade se torna ineficaz.

Consoante fundamentam André Frederico de Sena Horta e Dierle Nunes "[...] uma das garantias da fiscalidade do sistema processual, ao lado da fundamentação, seguramente é a devida publicidade de toda atividade processual, com ênfase para a decisória"[71]. Nessa linha, a *novel* legislação processual insculpiu no § 5º do art. 927, que: "Os tribunais darão publicidade a seus precedentes, organizando-os por questão jurídica decidida e divulgando-os, preferencialmente, na rede mundial de computadores."

O art. 979 do CPC, por sua vez, dispôs em seu *caput* que: "A instauração e o julgamento do incidente serão sucedidos da mais ampla e específica divulgação e publicidade, por meio de registro eletrônico no Conselho Nacional de Justiça", e em seu § 1º, que "os tribunais manterão banco eletrônico de dados atualizados com informações específicas sobre questões de direito submetidas ao incidente, comunicando-o imediatamente ao Conselho Nacional de Justiça para inclusão no cadastro".

Sob essa perspectiva, o Conselho Nacional de Justiça — CNJ, instituiu o banco nacional de dados, com informações da Repercussão Geral, dos casos repetitivos (IRR e IRDR) e dos IACs do STF, STJ, TST, TSE, STM, dos Tribunais Regionais Federais, dos Tribunais Regionais do Trabalho e dos Tribunais de Justiça dos Estados e do Distrito Federal.

---

(70) **Enunciado n. 608 do FPPC:** "O acórdão que revisar ou superar a tese indicará os parâmetros temporais relativos à eficácia da decisão revisora".

(71) HORTA, André Frederico; NUNES, Dierle. Os precedentes judiciais e sua adequada divulgação: em busca da correta compreensão da publicidade de julgados no CPC/15. *Revista do Tribunal Superior do Trabalho*, Brasília, v. 82, n. 3, p. 77-100, jul./set. 2016. p. 77.

Ato contínuo, exigiu que todos os supracitados Tribunais organizassem um Núcleo para Gerenciamento de Precedentes (NUGEP), no âmbito de suas estruturas administrativas, com atribuições específicas impostas pelo Conselho, justamente com o objetivo de resguardar a ampla publicidade e acesso aos Precedentes Vinculantes.

Exatamente nesse sentido é o entendimento firmado no Enunciado n. 591 do FPPC, que estabelece:

Enunciado n. 591 do FPPC: O tribunal dará ampla publicidade ao acórdão que decidiu pela instauração do incidente de arguição de inconstitucionalidade, incidente de assunção de competência ou incidente de resolução de demandas repetitivas, cabendo, entre outras medidas, sua publicação em seção específica no órgão oficial e indicação clara na página do tribunal na rede mundial de computadores.

Trata-se de procedimento compatível e aplicável ao Processo do Trabalho que, inclusive, possui NUGEPs em seus Tribunais. O TST, outrossim, prevê em seu Regimento Interno, a publicação de sua jurisprudência, nos arts. 183 e 184[72].

Artigo 928

Para os fins deste Código, considera-se julgamento de casos repetitivos a decisão proferida em:

I - incidente de resolução de demandas repetitivas;

II - recursos especial e extraordinário repetitivos.

Parágrafo único. O julgamento de casos repetitivos tem por objeto questão de direito material ou processual.

Para resumir a sistemática processual de formação concentrada de Precedentes Vinculantes oriundos de demandas repetitivas, o art. 928 do CPC intitulou como "julgamento de casos repetitivos" as decisões proferidas em sede de Incidente de Resolução de Demandas Repetitivas — IRDR (art. 976 e seguintes) e Recurso Especial e Extraordinário Repetitivos — IRR (art. 1.036 e seguintes).

Nos termos do Enunciado n. 345 do Fórum Permanente de Processualista Civis:

Enunciado n. 345 do FPPC: O incidente de resolução de demandas repetitivas e o julgamento dos recursos extraordinários e especiais repetitivos formam um microssistema de solução de casos repetitivos, cujas normas de regência se complementam reciprocamente e devem ser interpretadas conjuntamente.

Tratam-se de incidentes processuais disciplinados pelo CPC, mas igualmente aplicáveis ao Processo do Trabalho por força do disposto no inciso XXIII do art. 3º da IN n. 39 do TST, além de as modalidades estarem também previstas no Regimento Interno do TST (art. 280-297 e 305-307)[73] e na CLT, art. 896-B e 896-C. Referidos incidentes serão oportunamente analisados neste trabalho.

Registre-se, desde logo, que o inciso II, do art. 928 do CPC, pode e deve ser compreendido de maneira ampliada para abranger, na seara laboral, o julgamento dos Recursos de Revista, Embargos e Recursos Extraordinários Repetitivos.

Nos termos constantes no parágrafo único, tem-se que referidos incidentes processuais e, por óbvio, à uniformização da interpretação jurídica abrange tanto questões de direito material, quanto de direito processual.

---

(72) **Art. 183 do Regimento Interno do TST:** "A jurisprudência do Tribunal será divulgada pelas seguintes publicações: I - Diário Eletrônico da Justiça do Trabalho; II - Revista do Tribunal Superior do Trabalho; III - periódicos autorizados, mediante registro; IV - sítio do Tribunal Superior do Trabalho na rede mundial de computadores. Parágrafo único. São repositórios autorizados para indicação de julgados perante o Tribunal os repertórios, revistas e periódicos registrados de conformidade com o ato normativo editado pela Presidência, além do sítio do Tribunal Superior do Trabalho na rede mundial de computadores".

Art. 184 do Regimento Interno do TST: "As súmulas, as orientações jurisprudenciais, os precedentes normativos e as teses jurídicas firmadas nos incidentes de recursos repetitivos, de assunção de competência e de resolução de demandas repetitivas, datados e numerados, serão publicados por 3 (três) vezes consecutivas no Diário Eletrônico da Justiça do Trabalho, com a indicação dos respectivos precedentes, observado o mesmo procedimento na revisão e no cancelamento. Parágrafo único. As súmulas, as orientações jurisprudenciais, os precedentes normativos e as teses jurídicas firmadas nos incidentes de recursos repetitivos, de assunção de competência e de resolução de demandas repetitivas cancelados ou alterados manterão a respectiva numeração, com a nota correspondente, tomando novos números as que forem editadas".

(73) **Art. 280 do Regimento Interno do TST:** "As normas do Código de Processo Civil relativas ao julgamento dos recursos extraordinário e especial repetitivos aplicam-se, no que couber, aos recursos repetitivos (arts. 894, II, e 896 da CLT)".

Art. 305 do Regimento Interno do TST: "Será cabível o incidente de resolução de demandas repetitivas, nos termos da legislação processual aplicável, com relação às causas de sua competência originária e recursal ordinária. [...]".

Podemos citar como exemplo de precedente vinculante na seara do Direito Processual a impossibilidade de aplicação da multa do art. 523, § 1º, do CPC (antigo art. 475-J) na execução trabalhista (Tema 4[74]) e, como exemplo de precedente vinculante de natureza material a impossibilidade de cumulação dos adicionais de periculosidade e insalubridade (Tema 17[75]), ambos firmados em sede de julgamento de IRR no âmbito do TST.

CAPÍTULO II — DA ORDEM DOS PROCESSOS NO TRIBUNAL

Artigo 929

Os autos serão registrados no protocolo do tribunal no dia de sua entrada, cabendo à secretaria ordená-los, com imediata distribuição.

Parágrafo único. A critério do tribunal, os serviços de protocolo poderão ser descentralizados, mediante delegação a ofícios de justiça de primeiro grau.

O capítulo em questão trata da ordem dos processos nos Tribunais, iniciando-se por seu registro e distribuição.

Trata-se de procedimento destinado aos Tribunais da Justiça Comum, podendo também ser aplicado subsidiariamente aos recursos e processos originários direcionados aos Tribunais Regionais do Trabalho, porquanto inexiste no ordenamento trabalhista comando específico nesse sentido. Observe-se, contudo, que as questões relacionadas à ordem dos processos nos Tribunais do Trabalho são deliberadas por seus respectivos Regimentos Internos, que devem ser observados.

No que tange ao registro de entrada dos autos, trata-se de procedimento de suma importância para verificação da tempestividade do ato processual e, ainda, a imediata distribuição coaduna o princípio da celeridade, essencial no processo do trabalho.

A descentralização dos serviços de protocolo constantes do parágrafo primeiro, por sua vez, também é compatível com o processo do trabalho. Nada obstante, a Justiça do Trabalho se encontre majoritariamente abarcada por Processos Eletrônicos, ou, ao menos, contam com plataformas de protocolo *on-line*, sendo desnecessário e, em muitos casos, inexistente, local para protocolo físico.

Artigo 930

Far-se-á a distribuição de acordo com o regimento interno do tribunal, observando-se a alternatividade, o sorteio eletrônico e a publicidade.

Parágrafo único. O primeiro recurso protocolado no tribunal tornará prevento o relator para eventual recurso subsequente interposto no mesmo processo ou em processo conexo.

Tal como disposto em relação ao art. 929 do CPC, o comando narrado é destinado aos Tribunais da Justiça Comum, podendo, contudo, ser aplicado subsidiariamente aos recursos e processos originários direcionados aos Tribunais do Trabalho, observadas as disposições regimentais sobre a temática.

Quando da distribuição, imperiosa se faz a observância dos requisitos que a legitimam, a saber: alternatividade, publicidade e sorteio, sendo o último atualizado no novo Código para constar que ocorrerá de forma eletrônica.

Nos termos do parágrafo único, também se aplica subsidiariamente ao Processo do Trabalho a prevenção do magistrado relator que conhecer primeiramente de um recurso protocolado. Consoante ressalta Manoel Antonio Teixeira Filho[76], a prevenção pode ser compreendida como a atribuição da lei "ao juiz ou ao órgão fracionário a competência em razão de já haver praticado algum ato nos autos ou em autos contendo a matéria que se vincula aos autos anteriores em virtude de conexão (CPC, art. 55) ou continência (CPC, art. 56)."

(74) **Tema 4 - Tese firmada:** A multa coercitiva do art. 523, § 1º do CPC (antigo art. 475-J do CPC de 1973) não é compatível com as normas vigentes da CLT por que se rege o processo do trabalho, ao qual não se aplica.

(75) **Tema 17 - Tese firmada:** O art. 193, § 2º, da CLT foi recepcionado pela Constituição Federal e veda a cumulação dos adicionais de insalubridade e de periculosidade, ainda que decorrentes de fatos geradores distintos e autônomos.

(76) TEIXEIRA FILHO, Manoel Antonio. *Comentários ao Novo Código de Processo Civil sob a perspectiva do Processo do Trabalho*. São Paulo: LTr, 2015. p. 1.038.

Trata-se de inclusão destinada a aplicar o instituto da prevenção em sede recursal, o que já está previsto no art. 286 do CPC no que tange ao primeiro grau de jurisdição, o que também é abarcado por diversos Regimentos Internos.

Artigo 931

Distribuídos, os autos serão imediatamente conclusos ao relator, que, em 30 (trinta) dias, depois de elaborar o voto, restitui-los-á, com relatório, à secretaria.

O procedimento em comento é deliberado pelos Regimentos Internos dos Tribunais do Trabalho, podendo variar de uma Região para outra.

Observe-se que a imediata conclusão ao relator nem sempre ocorre na seara trabalhista, havendo hipóteses em que os autos serão primeiramente remetidos ao Ministério Público do Trabalho para ulterior deliberação do Relator.

Ainda, diferentemente do Processo Civil em que após a restituição dos autos pelo relator o presidente designa dia para julgamento (vide art. 934 CPC), a figura do revisor não foi dispensada em todas as modalidades recursais da esfera trabalhista. Nesse sentido é o § 1º do art. 119 do Regimento Interno do TST, segundo o qual "Nenhum processo poderá ser incluído em pauta sem que dele conste o visto do relator e do revisor, se houver".

Outra observação relevante diz respeito a exigência de "relatório", o que não se aplica às lides trabalhistas que tramitam sob o rito sumaríssimo, o qual dispensa esse requisito, nos termos do art. 895, § 1º, IV da CLT.

Ao final, não há na legislação trabalhista estipulação de prazo de 30 dias para restituição dos autos à secretaria. Embora aplicado subsidiariamente ao Processo do Trabalho, ressalte-se que o prazo estabelecido no dispositivo em comento pode, eventualmente, não ser cumprido em razão do excesso de serviço, hipótese em que o fato deverá ser informado pelo relator por meio de despacho nos autos.

Artigo 932

Incumbe ao relator:

I – dirigir e ordenar o processo no tribunal, inclusive em relação à produção de prova, bem como, quando for o caso, homologar autocomposição das partes;

II – apreciar o pedido de tutela provisória nos recursos e nos processos de competência originária do tribunal;

III – não conhecer de recurso inadmissível, prejudicado ou que não tenha impugnado especificamente os fundamentos da decisão recorrida;

IV – negar provimento a recurso que for contrário a:

a) súmula do Supremo Tribunal Federal, do Superior Tribunal de Justiça ou do próprio tribunal;

b) acórdão proferido pelo Supremo Tribunal Federal ou pelo Superior Tribunal de Justiça em julgamento de recursos repetitivos;

c) entendimento firmado em incidente de resolução de demandas repetitivas ou de assunção de competência;

V – depois de facultada a apresentação de contrarrazões, dar provimento ao recurso se a decisão recorrida for contrária a:

a) súmula do Supremo Tribunal Federal, do Superior Tribunal de Justiça ou do próprio tribunal;

b) acórdão proferido pelo Supremo Tribunal Federal ou pelo Superior Tribunal de Justiça em julgamento de recursos repetitivos;

c) entendimento firmado em incidente de resolução de demandas repetitivas ou de assunção de competência;

VI – decidir o incidente de desconsideração da personalidade jurídica, quando este for instaurado originariamente perante o tribunal;

VII – determinar a intimação do Ministério Público, quando for o caso;

VIII – exercer outras atribuições estabelecidas no regimento interno do tribunal.

Parágrafo único. Antes de considerar inadmissível o recurso, o relator concederá o prazo de 5 (cinco) dias ao recorrente para que seja sanado vício ou complementada a documentação exigível.

O art. 932 do CPC traz uma previsão mais completa dos poderes e deveres dos relatores do que seu antecessor art. 557 do CPC/73.

No Direito Processual do Trabalho, por sua vez, essas diretrizes estão regulamentadas nos Regimentos Internos dos Tribunais, sendo aplicáveis os dispositivos civilistas naquilo em que compatível, conforme se vê.

Plenamente aplicável ao Processo do Trabalho o disposto no **inciso I**, cabendo, pois, ao relator, dirigir e ordenar o processo, inclusive em relação à produção de prova, hipótese em que deve se observar o disposto nos §§ 1º a 4º do art. 938 do CPC, respaldado pelo art. 10 da Instrução Normativa n. 39 do TST, abaixo transcrita. A possibilidade de produção de provas no âmbito de um Tribunal consiste em importante inovação do CPC.

Quanto à possibilidade de autocomposição das partes, sabe-se que essa pode e deve ser tentada em todas as fases do Processo do Trabalho, cabendo também ao relator a sua homologação, quando for o caso. Apesar do princípio da conciliação que rege esse processo especial, não se pode olvidar a advertência de Jorge Luiz Souto Maior[(77)] de que:

> Na ânsia de auferir um resultado processual qualquer, sem interferência do magistrado, o art. 932 chama a conciliação de "autocomposição", impondo ao relator do recurso a incumbência de homologá-la, como se não pudesse recusar o resultado atingido pelas partes, desprezando, pois, as implicações de ordem pública, que no processo do trabalho são muitas, como se sabe.

A previsão de apreciação do pedido de tutela provisória pelo Relator (**inciso II**) também se aplica subsidiariamente ao Processo do Trabalho, ressaltando-se que os Regionais podem trazer regramento próprio, assim como o disposto no § 2º do art. 311 do Regimento do TST, que aduz "§ 2º O relator poderá apreciar a liminar e a própria tutela provisória requerida, ou submetê-las ao órgão julgador competente".

O disposto no **inciso III** acerca do não conhecimento de recurso que não tenha impugnado especificamente os fundamentos da decisão recorrida encontra igual respaldo na Súmula n. 422 do TST, que assim declara:

> **Súmula n. 422 do TST:**
>
> RECURSO. FUNDAMENTO AUSENTE OU DEFICIENTE. NÃO CONHECIMENTO (redação alterada, com inserção dos itens I, II e III) – Res. n. 199/2015, DEJT divulgado em 24, 25 e 26.06.2015. Com errata publicada no DEJT divulgado em 1º.07.2015
>
> I – Não se conhece de recurso para o Tribunal Superior do Trabalho se as razões do recorrente não impugnam os fundamentos da decisão recorrida, nos termos em que proferida.
>
> II – O entendimento referido no item anterior não se aplica em relação à motivação secundária e impertinente, consubstanciada em despacho de admissibilidade de recurso ou em decisão monocrática.
>
> III – Inaplicável a exigência do item I relativamente ao recurso ordinário da competência de Tribunal Regional do Trabalho, exceto em caso de recurso cuja motivação é inteiramente dissociada dos fundamentos da sentença.

Observe-se, contudo, que além das hipóteses elencadas no inciso, o relator poderá negar seguimento a recurso que não contiver os requisitos objetivos e subjetivos como legitimidade, interesse recursal, representação regular e outros, por se tratarem de matéria de ordem pública, consistente em condições da ação e pressupostos processuais para o desenvolvimento regular do processo. É o que rege o § 14 do art. 896 da CLT: "O relator do recurso de revista poderá denegar-lhe seguimento, em decisão monocrática, nas hipóteses de intempestividade, deserção, irregularidade de representação ou de ausência de qualquer outro pressuposto extrínseco ou intrínseco de admissibilidade".

Nos termos do **inciso IV**, caberá também aos relatores dos Processos Trabalhistas negar provimento a recurso que for contrário a: a) súmula do Supremo Tribunal Federal, do Superior Tribunal de Justiça ou do próprio tribunal; b) acórdão proferido pelo Supremo Tribunal Federal ou pelo Superior Tribunal de Justiça em julgamento de recursos repetitivos; c) entendimento firmado em incidente de resolução de demandas repetitivas ou de assunção de competência".

Essa possibilidade demonstra a existência de gatilhos sistêmicos que estimulam a observância obrigatória de alguns precedentes judiciais elencados no art. 927 do CPC (especificamente seus incisos III e IV, já comentados).

---

(77) SOUTO MAIOR, Jorge Luiz. *O conflito entre o novo CPC e p processo do trabalho.* Disponível em: <https://www.trt7.jus.br/escolajudicial/arquivos/files/busca/2015/O_conflito_entre_o_processo_do_trabalho_e_o_novo_CPC.pdf>. Acesso em: 02 mar. 2020.

Em sentido contrário, o **inciso V** traz as mesmas hipóteses elencadas nos itens 'a', 'b' e 'c' do inciso IV, possibilitando ao relator dar provimento do recurso, após o contraditório (apresentação de contrarrazões), quando a decisão recorrida for contrária a elas.

Ambos os dispositivos são necessários para a sustentação do Sistema de Precedentes Vinculantes e podem ser aplicados no Processo do Trabalho, conforme o anterior art. 557 do CPC/73. O TST já previa tal aplicação na Súmula n. 435 ainda sob a égide do Código Anterior, mencionando o antigo art. 557 do CPC:

Súmula n. 435 do TST. Art. 557 do CPC. APLICAÇÃO SUBSIDIÁRIA AO PROCESSO DO TRABALHO. Aplica-se subsidiariamente ao processo do trabalho o art. 557 do Código de Processo Civil.

Na verdade tal aplicação deve ser supletiva, diante da existência na CLT de previsão para decisões monocráticas do relator, como no § 14 do art. 896 acima transcrito.

Pois bem. Quanto ao **inciso V**, assim restou consolidado o Enunciado **n.** 81 do Fórum Permanente de Processualistas Civis — FPPC[(78)]:

Enunciado n. 81 do FPPC: Por não haver prejuízo ao contraditório, é dispensável a oitiva do recorrido antes do provimento monocrático do recurso, quando a decisão recorrida: (a) indeferir a inicial; (b) indeferir liminarmente a justiça gratuita; ou (c) alterar liminarmente o valor da causa.

Ainda, também são aplicáveis ao processo do trabalho o disposto nos incisos VI e VII, além de outras determinações sobre o tema que sejam estabelecidas no Regimento Interno (inciso VIII), consoante narrado alhures.

No que se refere ao incidente de desconsideração da personalidade jurídica instaurado no Tribunal e deliberado pelo Relator, a Instrução Normativa n. 39 do TST regulamentou em seu art. 6º, § 1º, III, o cabimento de Agravo Interno em face da decisão interlocutória do relator que acolher ou rejeitar o incidente.

A possibilidade prevista no parágrafo único para sanar irregularidades que ensejam o não conhecimento do recurso encontra equivalente no Processo do Trabalho, como se observa do § 11 do art. 896 da CLT, *in verbis*: "Quando o recurso tempestivo contiver defeito formal que não se repute grave, o Tribunal Superior do Trabalho poderá desconsiderar o vício ou mandar saná-lo, julgando o mérito".

Conforme corretamente concluiu o Fórum Permanente de Processualistas Civis — FPPC no Enunciado n. 82:

Enunciado n. 82 do FPPC: É dever do relator, e não faculdade, conceder o prazo ao recorrente para sanar o vício ou complementar a documentação exigível, antes de inadmitir qualquer recurso, inclusive os excepcionais.

O § 11, do art. 896, da CLT, como o parágrafo único do art. 932 do CPC/2015 estão em consonância com o princípio da instrumentalidade das formas, que deve ser observado tanto no processo civil como no processo do trabalho.

Nesse diapasão, no que tange a possíveis irregularidades sanáveis relativas ao preparo recursal, diferentemente da determinação insculpida no § 4º art. 1.007 do CPC, a saber, a intimação do recorrente que não comprovou no ato de interposição do recurso o recolhimento do preparo, na pessoa de seu procurador, para realizá-lo em dobro, sob pena de deserção, no Processo do Trabalho, não pode ser limitada apenas à complementação do valor do preparo (custas), prevista no § 2º, como equivocadamente previu o art. 10 da Instrução Normativa n. 39 do TST, a saber:

Art. 10. Aplicam-se ao Processo do Trabalho as normas do parágrafo único do art. 932 do CPC, §§ 1º a 4º do art. 938 e §§ 2º e 7º do art. 1007. Parágrafo único. A insuficiência no valor do preparo do recurso, no Processo do Trabalho, para os efeitos do § 2º do art. 1.007 do CPC, concerne unicamente às custas processuais, não ao depósito recursal.

De toda sorte, quanto à aplicação dos dispositivos no processo do trabalho, existem decisões em sentidos diversos no tocante à aplicação do § 4º do art. 1.007 ao processo do trabalho.

O Tribunal Regional do Trabalho da 17ª Região já decidiu pela não aplicação do dispositivo:

CUSTAS PROCESSUAIS – NÃO COMPROVAÇÃO DO PAGAMENTO – DESERÇÃO – INAPLICABILIDADE DO ART. 1.007, § 4º, DO NCPC — Segundo disposição do art. 10 da Instrução Normativa n. 39, aplicam-se ao Processo do Trabalho os §§ 2º e 7º, do art. 1.007, do NCPC, os quais tratam especificamente da necessidade de notificação do recorrente quando verificada a insuficiência no valor do preparo e

(78) FPPC. *Enunciados*. Disponível em: <http://civileimobiliario.web971.uni5.net/wp-content/uploads/2017/07/Carta-de-Florian%C3%B3polis.pdf>. Acesso em: 31 jan. 2020.

equívoco no preenchimento da guia das custas, ou seja, hipóteses em que seja possível corrigir o vício sanável de ato processual que não foi realizado segundo os ditames da lei. Todavia, verificando-se que a Guia de Recolhimento da União – GRU juntada aos autos pelo recorrente não veio acompanhada do respectivo comprovante de pagamento, não há falar em mera insuficiência no recolhimento de custas ou irregularidade de preenchimento, mas de total ausência de pagamento, sendo descabido falar em abertura de prazo para corrigir ato processual que sequer existiu no processo. Logo, por não preenchido um dos requisitos extrínsecos de admissibilidade, não merece o recurso ultrapassar a barreira do conhecimento. (TRT 17ª R. – ROT 0000904-04.2017.5.17.0009 – Relª Wanda Lucia Costa Leite Franca Decuzzi – DJe 10.09.2019 – p. 886)

Já o Tribunal Regional do Trabalho da 18ª Região respalda a aplicação do § 4º ao processo do trabalho, com a consequente concessão de prazo para regularização do preparo recursal:

EQUÍVOCO NO TRANCAMENTO DO RECURSO – Ao interpor recurso ordinário, a reclamada não realizou o preparo recursal corretamente, hipótese em que o Juízo deveria determinar o cumprimento do disposto pelo art. 1.007, § 4º, do CPC, conferindo-lhe o prazo legal para suprir a irregularidade, o que não ocorreu. Em vista disso, determina-se o retorno dos autos ao juízo de origem a fim de que seja a empresa notificada para realizar o preparo recursal em dobro, no prazo de 5 (cinco) dias, conforme disposto no § 4º do art. 1.007 do CPC e OJ n. 140 do TST, sob pena de deserção do seu recurso ordinário. Provido. PEDIDO DE EFEITO SUSPENSIVO. Não prosperam as alegações da reclamada, haja vista que o reclamante não requereu a execução provisória da decisão. Rejeitado. (TRT 08ª R. – AIRO 0000385-13.2019.5.08.0202 – Relª Julianes Moraes das Chagas – DJe 31.10.2019 – p. 1.537)

Artigo 933

Se o relator constatar a ocorrência de fato superveniente à decisão recorrida ou a existência de questão apreciável de ofício ainda não examinada que devam ser considerados no julgamento do recurso, intimará as partes para que se manifestem no prazo de 5 (cinco) dias.

§ 1º Se a constatação ocorrer durante a sessão de julgamento, esse será imediatamente suspenso a fim de que as partes se manifestem especificamente.

§ 2º Se a constatação se der em vista dos autos, deverá o juiz que a solicitou encaminhá-los ao relator, que tomará as providências previstas no caput e, em seguida, solicitará a inclusão do feito em pauta para prosseguimento do julgamento, com submissão integral da nova questão aos julgadores.

Trata-se de dispositivo que não encontra correspondente no CPC/73 e traz a possibilidade do reconhecimento de fato superveniente à decisão recorrida que pode influenciar o julgamento do recurso interposto. Logicamente o princípio da vedação da decisão surpresa deve ser exatamente observado nos termos previstos no art. 10 do CPC: "O juiz não pode decidir, em grau algum de jurisdição, com base em fundamento a respeito do qual não se tenha dado às partes oportunidade de se manifestar, ainda que se trate de matéria sobre a qual deva decidir de ofício".

Inexistente regulamento específico na legislação trabalhista, não temos dúvida quanto à aplicação subsidiária do art. 933 do CPC no processo laboral, diante da compatibilidade procedimental com esse processo especial. Já tivemos a oportunidade de invocar o uso do Instituto numa ação de um expatriado que pleiteava uma estabilidade de emprego de um período que trabalhou na Venezuela, sob o argumento de a lei local prever tal garantia para quem tivesse filho. Ocorre que após a interposição do recurso contra sentença que reconheceu tal estabilidade, obtivemos uma decisão proferida por uma instância administrativa do Ministério do Trabalho que negou a referida estabilidade em razão da excludente prevista na própria lei, de exercício de cargo de confiança. Levamos esse fato superveniente ao conhecimento do Tribunal para reforçar a necessidade provimento de nosso recurso.

Pertinente esclarecer, contudo, que a ocorrência de fato superveniente ou questões que devem ser apreciadas de ofício não enseja o pronunciamento em sede de recursos de natureza extraordinária (como Recurso Especial, Recurso Extraordinário e modalidades específicas do Processo do Trabalho como, Recurso de Revista e Embargos ao TST), porquanto nesse momento processual é vetado decidir qualquer matéria fática probatória muito menos não apreciada pelas instâncias inferiores, sendo imperioso o prequestionamento.

Artigo 934

Em seguida, os autos serão apresentados ao presidente, que designará dia para julgamento, ordenando, em todas as hipóteses previstas neste Livro, a publicação da pauta no órgão oficial.

Ressalte-se, incialmente, que diferentemente do Processo Civil, em que após a restituição dos autos pelo relator o presidente designa dia para julgamento, a figura do revisor não foi dispensada na esfera trabalhista. Nesse sentido é o § 1º do art. 119 do Regimento Interno do TST, segundo o qual "Nenhum processo poderá ser incluído em pauta sem que dele conste o visto do relator e do revisor, se houver".

Nesse sentido, vencidas as fases antecedentes, os autos serão apresentados ao presidente, que designará dia para julgamento, ordenando, em todas as hipóteses previstas neste Livro, a publicação da pauta no órgão oficial (nos termos do art. 272 do CPC).

Trata-se de dispositivo atento ao princípio da publicidade que, ao dar ciência às partes interessadas e envolvidas da data do julgamento, possibilita a inscrição e comparecimento dessas últimas para sustentação oral, quando a modalidade recursal assim permitir (conforme regulamentação pelos Regimentos Internos).

Artigo 935

Entre a data de publicação da pauta e a da sessão de julgamento decorrerá, pelo menos, o prazo de 5 (cinco) dias, incluindo-se em nova pauta os processos que não tenham sido julgados, salvo aqueles cujo julgamento tiver sido expressamente adiado para a primeira sessão seguinte.

§ 1º Às partes será permitida vista dos autos em cartório após a publicação da pauta de julgamento.

§ 2º Afixar-se-á a pauta na entrada da sala em que se realizar a sessão de julgamento.

Em continuidade ao disposto no art. 934 do CPC, e ainda em atenção ao princípio da publicidade e ampla defesa, restou determinado que entre a data de publicação da pauta e a sessão de julgamento decorrerá, pelo menos, o prazo de 5 dias — o denominado quinquídio (ampliação do prazo de 48 horas previsto no CPC/73), o que também é observado na seara laboral.

A determinação não se aplica, contudo, aos processos que, por algum motivo, não tenham sido apreciados na sessão anterior e o seu julgamento tiver sido expressamente adiado para sessão seguinte, o que também encontra respaldo no Regimento Interno do TST (art. 122, § 2º). Nada obstante, o Regimento também traz outra exceção à regra civilista, aplicável em seu âmbito de jurisdição, consoante pode se aferir dos artigos abaixo transcritos:

> **Art. 122, § 1º:** Quando o exigirem a urgência e a natureza do processo, por iniciativa do Presidente do órgão colegiado competente, e em havendo expressa concordância das partes, poderá ser dispensada a sua inclusão em pauta.
>
> **Art. 123, Parágrafo único:** Para deliberar sobre matérias não constantes da pauta, é necessária a autorização de pelo menos 2/3 (dois terços) dos Ministros, em votação preliminar.

Nos termos do § 1º do artigo em comento, a vista dos autos é permitida apenas em cartório (ou secretaria), não sendo autorizada a sua carga. No Processo do Trabalho, cujos novos processos já são integralmente eletrônicos, assim como é grande parte dos processos em trâmite, observa-se a presença de computadores disponíveis para pesquisa processual.

Exige-se, também, conforme § 2º do art. 935, que a pauta de julgamento seja afixada na entrada da sala em que se realizará a sessão de julgamento. Para Manoel Antonio Teixeira Filho(79), no Processo do Trabalho, uma vez publicada a pauta a tempo e modo, a ausência de afixação dessa na porta do local em que será realizada a sessão não acarretará nulidade.

Sobre o tema, já deliberou o Fórum Permanente de Processualistas Civis em seus Enunciados ns. 84 e 198, abaixo transcritos:

> **Enunciado n. 84 do FPPC:** A ausência de publicação da pauta gera nulidade do acórdão que decidiu o recurso, ainda que não haja previsão de sustentação oral, ressalvada, apenas, a hipótese do § 1º do art. 1.024, na qual a publicação da pauta é dispensável.
>
> **Enunciado n. 198 do FPPC:** Identificada a ausência ou a irregularidade de publicação da pauta, antes de encerrado o julgamento, incumbe ao órgão julgador determinar sua correção, procedendo a nova publicação.

(79) TEIXEIRA FILHO, Manoel Antonio. *Comentários ao Novo Código de Processo Civil sob a perspectiva do Processo do Trabalho.* São Paulo: LTr, 2015. p. 1.042.

Artigo 936

Ressalvadas as preferências legais e regimentais, os recursos, a remessa necessária e os processos de competência originária serão julgados na seguinte ordem:

I – aqueles nos quais houver sustentação oral, observada a ordem dos requerimentos;

II – os requerimentos de preferência apresentados até o início da sessão de julgamento;

III – aqueles cujo julgamento tenha iniciado em sessão anterior; e

IV – os demais casos.

O dispositivo em comento diz respeito à ordem do julgamento dos recursos nas sessões de julgamento presenciais. Diz-se presenciais, pois, diversos Tribunais[80] têm realizado sessões virtuais, cuja regulamentação não encontra respaldo no CPC, mas em seus Regimentos Internos diante da autorização do Conselho Nacional de Justiça.

Apesar de compatível com o Processo do Trabalho, a aplicação do art. 936 do CPC não é estritamente observada, porquanto os regramentos relativos à ordem de julgamento encontram-se, via de regra, regulamentados pelos Regimentos que, nem sempre, seguem a mesma sequência do dispositivo civilista, de forma que a aplicação do dispositivo faz apenas de forma supletiva.

Ressalte-se que, nos termos do inciso II, as preferências legais e regimentais devem ser apresentadas até o início da sessão, embora também possam ser determinadas de ofício.

Como a aplicação do dispositivo é apenas supletiva, complementar, imprescindível o exame do regimento do Tribunal do Trabalho onde ocorre o julgamento.

Artigo 937

Na sessão de julgamento, depois da exposição da causa pelo relator, o presidente dará a palavra, sucessivamente, ao recorrente, ao recorrido e, nos casos de sua intervenção, ao membro do Ministério Público, pelo prazo improrrogável de 15 (quinze) minutos para cada um, a fim de sustentarem suas razões, nas seguintes hipóteses, nos termos da parte final do caput do art. 1.021:

I – no recurso de apelação;

II – no recurso ordinário;

III – no recurso especial;

IV – no recurso extraordinário;

V – nos embargos de divergência;

VI – na ação rescisória, no mandado de segurança e na reclamação;

VII – (VETADO);

VIII – no agravo de instrumento interposto contra decisões interlocutórias que versem sobre tutelas provisórias de urgência ou da evidência;

IX – em outras hipóteses previstas em lei ou no regimento interno do tribunal.

§ 1º A sustentação oral no incidente de resolução de demandas repetitivas observará o disposto no art. 984, no que couber.

§ 2º O procurador que desejar proferir sustentação oral poderá requerer, até o início da sessão, que o processo seja julgado em primeiro lugar, sem prejuízo das preferências legais.

§ 3º Nos processos de competência originária previstos no inciso VI, caberá sustentação oral no agravo interno interposto contra decisão de relator que o extinga.

§ 4º É permitido ao advogado com domicílio profissional em cidade diversa daquela onde está sediado o tribunal realizar sustentação oral por meio de videoconferência ou outro recurso tecnológico de transmissão de sons e imagens em tempo real, desde que o requeira até o dia anterior ao da sessão.

(80) O STF e o STJ já aplicam essa modalidade de sessão para o julgamento de agravos regimentais e embargos de declaração, a critério do Ministro Relator. O denominado "Plenário Eletrônico" também está regulamentado pelo Regimento Interno do TST (arts. 132 a 136).

O artigo em comento continua a regulamentar os procedimentos realizados na sessão de julgamento e sua sequência no tempo. Dispõe que após a exposição da causa pelo relator, o presidente dará a palavra, sucessivamente, ao(s) recorrente(s), ao(s) recorrido(s), bem como ao Ministério Público (nas hipóteses cabíveis), pelo prazo improrrogável de 15 (quinze) minutos para cada um, a fim de sustentarem suas razões.

Observe-se novamente que o regramento é compatível com o Processo do Trabalho, não sendo, contudo, integralmente observado. Isso porque, a regulamentação das sessões de julgamento pode variar de acordo com o disposto nos Regimentos Internos dos Tribunais Regionais do Trabalho espalhados pelo país, podendo se observar, a título de exemplo, que prazo para sustentação oral pode não ser necessariamente de 15 (quinze minutos)[81].

Diferentemente do trâmite exposto no *caput* do artigo, por exemplo, dispõe o art. 145, § 1º do Regimento Interno do TST que:

Art. 145, § 1° do Regimento Interno do TST:

Ao proferir seu voto, o relator fará um resumo da matéria em discussão e antecipará sua conclusão, hipótese em que poderá ocorrer a desistência da sustentação, ante a antecipação do resultado. Havendo, porém, qualquer voto divergente daquele anunciado pelo relator, o Presidente voltará a facultar a palavra ao advogado desistente. Não desistindo os advogados da sustentação, o Presidente concederá a palavra a cada um dos representantes das partes, por 10 (dez) minutos, sucessivamente.

As modalidades recursais constantes dos incisos I a IX do art. 937 do CPC são passíveis de sustentação oral, pelo que imperiosas algumas adaptações.

No Processo do Trabalho inexiste **Apelação** (I), sendo o Recurso Ordinário a modalidade recursal a ela equivalente (art. 895 da CLT).

O **Recurso Ordinário**, previsto no inciso II e regulado pelo art. 1.027 do CPC, não se confunde, por sua vez, com seu homônimo trabalhista, inexistindo correspondência. No Processo do Trabalho, o recurso cabível em face das decisões proferidas em única ou última instância pelo Tribunal Superior do Trabalho — TST, será o Recurso Extraordinário, no qual a sustentação oral é permitida (IV).

O **Recurso Especial** previsto no inciso III e direcionado ao Superior Tribunal de Justiça — STJ, encontra correspondente na seara laboral e consiste no Recurso de Revista, direcionado ao TST (art. 896 da CLT).

Os **Embargos de Divergência** previstos no inciso V e regulados pelo art. 1.043 do CPC podem ser comparados aos Embargos ao TST (art. 894 da CLT), embora esses últimos tenham hipóteses de cabimento mais abrangentes. Assim como no Processo Civil, no Processo do Trabalho há previsão de sustentação oral nessa modalidade recursal, o que encontra respaldo também no art. 161 do Regimento Interno do TST.

Nas **ações rescisórias, mandado de segurança e reclamações** (VI), todas aplicáveis à seara trabalhista, também há possibilidade de realização de sustentação oral das razões recursais pelo recorrente e recorrido.

Mais uma vez, a modalidade recursal prevista no inciso VIII e regulada pelo art. 1.015 do CPC, a saber, Agravo de Instrumento, não se confunde com seu homônimo trabalhista, sendo certo que no processo do trabalho não existe recurso próprio cabível em face de decisões interlocutórias, conforme preceitua o § 1º do art. 893 da CLT: "§ 1º Os incidentes do processo são resolvidos pelo próprio Juízo ou Tribunal, admitindo-se a apreciação do merecimento das decisões interlocutórias somente em recursos da decisão definitiva". As exceções à regra encontram-se elencadas na Súmula **n.** 214 do TST.[82]

Por sua vez, o Agravo de Instrumento previsto no Processo do Trabalho encontra-se regulado pelo art. 897, *"b"*, da CLT, sendo interposto em face das decisões que denegarem a admissibilidade de recursos. Quando direcionados ao TST, não será oportunizada sustentação oral, conforme consta de seu Regimento Interno (art. 161), assim como nos Tribunais Regionais, como se pode observar das previsões de seus Regimentos Internos.

(81) O TRT da 3ª Região, por exemplo, estabelece o prazo máximo de 10 minutos, conforme consta do art. 104 de seu Regimento Interno.

(82) **Súmula n. 214 do TST:** DECISÃO INTERLOCUTÓRIA. IRRECORRIBILIDADE. Na Justiça do Trabalho, nos termos do art. 893, § 1º, da CLT, as decisões interlocutórias não ensejam recurso imediato, salvo nas hipóteses de decisão: a) de Tribunal Regional do Trabalho contrária à Súmula ou Orientação Jurisprudencial do Tribunal Superior do Trabalho; b) suscetível de impugnação mediante recurso para o mesmo Tribunal; c) que acolhe exceção de incompetência territorial, com a remessa dos autos para Tribunal Regional distinto daquele a que se vincula o juízo excepcionado, consoante o disposto no art. 799, § 2º, da CLT.

O inciso IX, cláusula de tessitura aberta, possibilita a sustentação oral em outras hipóteses previstas em lei ou regimentos. Nessa senda, pertinente é a referência ao Agravo de Petição, recurso cabível em face das decisões em execução (art. 897, *"a"*, da CLT), que também admitem a realização de sustentação oral.

Consoante prevê o **§ 1º**, quando se tratar de julgamento de Incidente de **Resolução de Demandas Repetitivas — IRDR**, deverá ser observado o regramento específico disposto no art. 984 do CPC, o qual tem total aplicação no processo do trabalho diante da omissão da CLT. Observe-se que nesses casos, não apenas as partes do processo originário e o Ministério público poderão sustentar, como quaisquer interessados, inclusive como *amicus curiae*[83], tudo nos termos do dispositivo citado.

Consta do **§ 2º** que o procurador que desejar sustentar poderá requerer, até o início da sessão, que o processo seja julgado em primeiro lugar, sem prejuízo das preferências legais. Nada obstante, conforme exposto alhures, na seara laboral essa ordem é regulada pelos Regimentos Internos dos Tribunais e pode variar em cada Região.

Quanto ao **§ 3º** que se refere ao **Agravo Interno**, a modalidade recursal tem correspondente no processo do trabalho para decisões monocráticas de relatores, mas no procedimento laboral não há sustentação oral.

Ao final, em razão das novas tecnologias cada vez mais utilizadas nos Tribunais, e também em atenção à economia processual, é permitido ao advogado com domicílio profissional em cidade diversa da sede do Tribunal realizar sua sustentação oral por meio de "videoconferência ou outro recurso tecnológico de transmissão de sons e imagens em tempo real". Nesse caso, o requerimento deve se dar até o dia anterior à sessão, a fim de propiciar os devidos trâmites para a conexão.

É importante consignar que tal procedimento, em razão da Pandemia do Coronavírus que impôs um isolamento social, passou a ser adotado no TST e nos Tribunais Regionais do Trabalho, ensejando alguns protestos dos advogados tendo em vista problemas de inclusão digital e não regulamentação da entrega de memoriais.

Artigo 938

A questão preliminar suscitada no julgamento será decidida antes do mérito, deste não se conhecendo caso seja incompatível com a decisão.

§ 1º Constatada a ocorrência de vício sanável, inclusive aquele que possa ser conhecido de ofício, o relator determinará a realização ou a renovação do ato processual, no próprio tribunal ou em primeiro grau de jurisdição, intimadas as partes.

§ 2º Cumprida a diligência de que trata o § 1º, o relator, sempre que possível, prosseguirá no julgamento do recurso.

§ 3º Reconhecida a necessidade de produção de prova, o relator converterá o julgamento em diligência, que se realizará no tribunal ou em primeiro grau de jurisdição, decidindo-se o recurso após a conclusão da instrução.

§ 4º Quando não determinadas pelo relator, as providências indicadas nos §§ 1º e 3º poderão ser determinadas pelo órgão competente para julgamento do recurso.

O procedimento em comento diz respeito ao julgamento de questões preliminares que precedem o julgamento do mérito recursal. Muitas vezes, conforme exposto, a decisão relativa à questão preliminar irá impedir o julgamento imediato do mérito, pois o processo poderá ser extinto (ex: ausência de interesse processual), ou a decisão preliminar será incompatível com o julgamento imediato do mérito (ex: necessidade de produção de provas), que será postergado. Nos termos do **Enunciado n. 652 do Fórum Permanente de Processualistas Civis — FPPC**: "Cada questão preliminar suscitada será objeto de votação específica no julgamento".

Observa-se corriqueiramente a alegação de vícios processuais, notadamente no que tange aos requisitos de admissibilidade recursal, como o pagamento de custas por exemplo. Nesses casos, conforme consta do **§ 1º**, quando o vício for sanável, tanto o relator quanto o órgão responsável pelo julgamento do recurso (*vide* § 4º) determinarão a realização ou a renovação do ato processual, o que pode se dar, inclusive, no âmbito do próprio Tribunal, com respaldo nos princípios da celeridade e economia processual.

(83) Expressão do latim, que significa "amigo da corte". Diz respeito a terceiros, que não assumem a figura de parte, mas auxiliam o órgão jurisdicional, trazendo-lhe mais elementos para robustecer a decisão a ser proferida, o que, por consectário, contribui para a qualidade das decisões judiciais. NÚÑES NOVO, Benigno. *Análise da figura do* amicus curiae *trazida pelo Código de Processo Civil.* A origem, conceito, a natureza jurídica e quais são os limites e os direitos que o abarcam. 18 mar. 2018. Disponível em: <https://www.direitonet.com.br/artigos/exibir/10419/Amicus-Curiae>. Acesso em: 23 maio 2019.

O conceito *vício sanável*, contudo, é controvertido. O Fórum Permanente de Processualistas Civis — FPPC, por sua vez, definiu algumas hipóteses do que seria considerado um *vício sanável*:

Enunciado n. 332 do FPPC: Considera-se vício sanável, tipificado no art. 938, § 1º, a apresentação da procuração e da guia de custas ou depósito recursal em cópia, cumprindo ao relator assinalar prazo para a parte renovar o ato processual com a juntada dos originais.

Enunciado n. 332 do FPPC: Em se tratando de guia de custas e depósito recursal inseridos no sistema eletrônico, estando o arquivo corrompido, impedido de ser executado ou de ser lido, deverá o relator assegurar a possibilidade de sanar o vício, nos termos do art. 938, § 1º.

Como se percebe, trata-se de dever e não faculdade do julgador, que deverá conceder prazo ao recorrente para sanar o vício ou complementar a documentação exigível, ao invés de inadmitir o recurso, o que também é corroborado pelo **Enunciado n. 82, do FPPC e Enunciado n. 3 do 1º Encontro da União dos Fóruns Trabalhistas de Processo — UFTP**(84), além de estar em sintonia com o novo princípio da primazia do julgamento de mérito.

Esse dever é igualmente aplicável quando da apreciação de um Incidente de Resolução de Demandas Repetitivas, não podendo o incidente ser considerado inadmissível de plano(85), seja no processo civil ou no processo do trabalho.

Na hipótese de ser necessária a produção de prova (por exemplo, quando alegado em sede preliminar a nulidade por cerceamento de defesa), o relator converterá o julgamento em diligência, que se realizará no Tribunal ou em primeiro grau de jurisdição, decidindo-se o recurso após a conclusão da instrução, nos termos do § 3º e **Enunciado n. 646 do FPPC**(86). Como já dito, a possibilidade de produção de provas no âmbito do Tribunal consiste em positiva novidade do CPC.

Consoante consta do art. 10 da Instrução Normativa n. 39 do TST(87), referido dispositivo e seus parágrafos são plenamente aplicáveis ao Processo do Trabalho, pois plenamente compatíveis com seus princípios, especialmente a celeridade e economia processual.

O **Enunciado n. 199 do FPPC** ratifica a Instrução Normativa nos seguintes termos: "No processo do trabalho, constatada a ocorrência de vício sanável, inclusive aquele que possa ser conhecido de ofício pelo órgão jurisdicional, o relator determinará a realização ou a renovação do ato processual".

Artigo 939

Se a preliminar for rejeitada ou se a apreciação do mérito for com ela compatível, seguir-se-ão a discussão e o julgamento da matéria principal, sobre a qual deverão se pronunciar os juízes vencidos na preliminar.

O art. 939 do novo CPC complementa o artigo anterior e trata da hipótese de a preliminar suscitada ser rejeitada ou seu julgamento ser compatível com a imediata apreciação do mérito, hipótese em que todos os julgadores deverão se pronunciar, independente do voto proferido quanto à preliminar.

Nos termos do **Enunciado n. 652 do Fórum Permanente de Processualistas Civis — FPPC**: "Cada questão preliminar suscitada será objeto de votação específica no julgamento".

O dispositivo tem total aplicação no processo do trabalho.

(84) **Enunciado n. 3 da UFTP:** As nulidades verificadas pelo relator no recurso não justificam a baixa dos autos se podem ser sanadas por provocação às partes e por simples decisão saneadora. A solução de baixa dos autos preconizada no § 1º do art. 938 do CPC somente opera não sendo possível o saneamento no juízo *"ad quem"*, por efeito do princípio da primazia da decisão de mérito, celeridade processual e dever de auxílio. *Enunciados.* Disponível em: <https://fr-fr.facebook.com/www.ForumNacionaldeProcessodoTrabalho/posts/3542210715789391?__tn__=K-R>. Acesso em: 13 abr. 2020.

(85) **Enunciado n. 657 do FPPC:** O relator, antes de considerar inadmissível o incidente de resolução de demandas repetitivas, oportunizará a correção de vícios ou a complementação de informações.

(86) **Enunciado n. 646 do FPPC:** Constatada a necessidade de produção de prova em grau de recurso, o relator tem o dever de conversão do julgamento em diligência.

(87) BRASIL. Tribunal Superior do Trabalho. *Resolução Administrativa n. 203, de 15 de março de 2016.* 2016. Edita a Instrução Normativa n. 39, que dispõe sobre as normas do Código de Processo Civil de 2015 aplicáveis e inaplicáveis ao Processo do Trabalho, de forma não exaustiva. Disponível em: <http://www.trtsp.jus.br/geral/tribunal2/ TST/Instr_Norm/IN_38.html>. Acesso em: 14 maio 2019.

Artigo 940

O relator ou outro juiz que não se considerar habilitado a proferir imediatamente seu voto poderá solicitar vista pelo prazo máximo de 10 (dez) dias, após o qual o recurso será reincluído em pauta para julgamento na sessão seguinte à data da devolução.

§ 1º Se os autos não forem devolvidos tempestivamente ou se não for solicitada pelo juiz prorrogação de prazo de no máximo mais 10 (dez) dias, o presidente do órgão fracionário os requisitará para julgamento do recurso na sessão ordinária subsequente, com publicação da pauta em que for incluído.

§ 2º Quando requisitar os autos na forma do § 1º, se aquele que fez o pedido de vista ainda não se sentir habilitado a votar, o presidente convocará substituto para proferir voto, na forma estabelecida no regimento interno do tribunal.

Trata-se de regramento relativo à vista regimental nas sessões de julgamento dos Tribunais. Conforme disposto, poderá o relator ou outro Magistrado votante solicitar nova vista dos autos antes de proferir o seu voto (diz-se nova, pois antes de ser pautado o julgamento, todos os Magistrados tiveram a oportunidade de analisar integralmente os autos para formar seu convencimento).

Geralmente essa necessidade decorre de alguma discussão travada entre os Magistrados durante a Sessão, ou de uma sustentação oral que seja capaz de gerar dúvida no julgador ou que apresente fato superveniente à sentença *a quo*.

A vista dos autos se dá pelo prazo máximo de 10 (dez) dias, após o qual o recurso deverá ser reincluído em pauta para julgamento na sessão seguinte à data da devolução. Nos termos do Enunciado n. 649 do Fórum Permanente de Processualistas Civis — FPPC:

Enunciado n. 649 do FPPC: A retomada do julgamento após devolução de pedido de vista depende de inclusão em nova pauta, a ser publicada com antecedência mínima de cinco dias, ressalvada a hipótese de o magistrado que requereu a vista declarar que levará o processo na sessão seguinte.

Nada obstante, nem sempre o prazo legal é respeitado, "havendo casos em que os autos somente retorna à sessão, para julgamento, muitos meses depois, sem que haja justificativo legal para esse retardamento", como bem observou Manoel Antonio Teixeira Filho(88).

Ao final, observe-se que, nos termos do § 2º, se aquele que fez o pedido de vista ainda não se sentir habilitado a votar, poderá o Presidente convocar Magistrado substituto para proferir o voto, na forma estabelecida no Regimento Interno do respectivo Tribunal.

Na seara Trabalhista a vista regimental é tratada, via de regra, nos Regimentos Internos dos Tribunais Regionais e do TST, podendo sofrer variações no procedimento aplicável. Nada obstante, o inciso XXIV, do art. 3º da Instrução Normativa n. 39 do TST(89), aponta esse dispositivo como aplicável ao processo do trabalho, pois compatível com este, notadamente em razão do disposto no art. 147 do Regimento Interno do TST.

Artigo 941

Proferidos os votos, o presidente anunciará o resultado do julgamento, designando para redigir o acórdão o relator ou, se vencido este, o autor do primeiro voto vencedor.

§ 1º O voto poderá ser alterado até o momento da proclamação do resultado pelo presidente, salvo aquele já proferido por juiz afastado ou substituído.

§ 2º No julgamento de apelação ou de agravo de instrumento, a decisão será tomada, no órgão colegiado, pelo voto de 3 (três) juízes.

§ 3º O voto vencido será necessariamente declarado e considerado parte integrante do acórdão para todos os fins legais, inclusive de pré-questionamento.

---

(88) TEIXEIRA FILHO, Manoel Antonio. *Comentários ao Novo Código de Processo Civil sob a perspectiva do Processo do Trabalho*. São Paulo: LTr, 2015. p. 1.047.

(89) BRASIL. Tribunal Superior do Trabalho. *Resolução Administrativa n. 203, de 15 de março de 2016*. 2016. Edita a Instrução Normativa n. 39, que dispõe sobre as normas do Código de Processo Civil de 2015 aplicáveis e inaplicáveis ao Processo do Trabalho, de forma não exaustiva. Disponível em: <http://www.trtsp.jus.br/geral/tribunal2/ TST/Instr_Norm/IN_38.html>. Acesso em: 14 maio 2019.

O art. 941 do Novo CPC dispõe sobre o resultado do julgamento.

Nos termos do § 1º, o voto poderá ser alterado até o momento da proclamação do resultado pelo presidente, salvo aquele já proferido anteriormente por Magistrado afastado ou substituído. Proferidos os votos, o presidente da sessão anunciará o resultado do julgamento, designando para redigir o Acórdão o próprio relator ou, se vencido esse, o Magistrado responsável pelo primeiro voto divergente e vencedor.

Observe-se que o dispositivo não regulamenta a hipótese em que a conclusão de todos os votos converge, mas a razão de decidir é diversa. Nesse caso, o Fórum Permanente de Processualistas Civis — FPPC deliberou em seu **Enunciado n. 653** que: "Divergindo os julgadores quanto às razões de decidir, mas convergindo na conclusão, caberá ao magistrado que primeiro deduziu o fundamento determinante vencedor redigir o acórdão".

Referido procedimento revela-se aplicável ao Processo do Trabalho, pois compatível com o procedimento laboral, inclusive com a redação dos arts. 150 e 151 do Regimento Interno do TST[90], que assim dispõe:

> **Art. 150.** Para apuração da votação, havendo várias conclusões parcialmente divergentes, os votos deverão ser somados no que coincidirem. Permanecendo a divergência, sem possibilidade de nenhuma soma, serão as questões submetidas à apreciação, duas a duas, eliminando-se, sucessivamente, as que tiverem menor votação e prevalecendo a que reunir, por último, a maioria de votos.
>
> **Art. 151.** Findo o julgamento, o Presidente proclamará a decisão e, se vencido o relator, designará redator do acórdão o Ministro prolator do primeiro voto vencedor.
>
> Parágrafo único. Considera-se vencido o voto que, não obstante tenha apontado o mesmo resultado do voto vencedor, divergiu do seu fundamento determinante, reputando-se vencedor o voto que inaugurou o fundamento prevalecente.

Nada obstante, ainda que o resultado do julgamento seja unânime, será obrigatória a inclusão no Acórdão de todos os fundamentos empregados para fundamentar o voto de cada um dos Magistrados (**Enunciado n. 597 do FPPC**). Será igualmente imposta, nos termos do § 3º do dispositivo em comento, a transcrição do voto vencido, considerado parte integrante do Acórdão para todos os fins legais, inclusive de pré-questionamento.

A omissão quanto aos fundamentos divergentes ensejará a oposição de Embargos de Declaração, nos termos do **Enunciado n. 598 do FPPC**: "Cabem embargos de declaração para suprir a omissão do acórdão que, embora convergente na conclusão, deixe de declarar os fundamentos divergentes." Inerte o Tribunal e omisso o Acórdão, esse poderá ser considerado nulo, conforme entendimento da SDI-II do TST (RO-7956-69.2016.5.15.0000)[91].

Ressalta-se nesse tópico a importância da consignação de todos os fundamentos decisórios, sejam vencedores ou vencidos. A completude do julgamento propicia a devida observância do art. 489, § 1º do CPC[92], que trata dos fundamentos da decisão judicial, além de estar em consonância com o Sistema de Precedentes Vinculantes, que se vale da aferição dos fundamentos não isonômicos para promoção da Uniformização Jurisprudencial dos Tribunais, bem como para eventual e futura superação das suas decisões já estabilizadas.

Conforme ressalta Humberto Theodoro Jr., a regra também se revela essencial para facilitação do prequestionamento, requisito de admissibilidades do recurso especial e extraordinário e, no Processo do Trabalho, também do Recurso de Revista[93].

Ainda, nos termos do **§ 2º** do dispositivo em comento, "o julgamento de apelação ou de agravo de instrumento, a decisão será tomada, no órgão colegiado, pelo voto de 3 (três) juízes."

(90) BRASIL. Tribunal Superior do Trabalho. *Resolução Administrativa n. 1.937 de 20 de novembro de 2017*. Aprova o Regimento Interno do Tribunal Superior do Trabalho. 2017. Disponível em: <https://juslaboris.tst.jus.br/bitstream/ handle/20.500.12178/116169/2017_ra1937_ri_tst_rep01.pdf?sequence=10&isAllowed=y>. Acesso em: 15 maio 2019.

(91) TST considera nula decisão majoritária sem as razões de voto vencido. *TST*. Disponível em: <https://www.tst.jus.br/noticias/-/asset_publisher/89Dk/content/tst-considera-nula-decisao-majoritaria-sem-as-razoes-de-voto-vencido>. Acesso em: 13 abr. 2020.

(92) **Art. 489 do CPC.** São elementos essenciais da sentença: [...] § 1º Não se considera fundamentada qualquer decisão judicial, seja ela interlocutória, sentença ou acórdão, que: I – se limitar à indicação, à reprodução ou à paráfrase de ato normativo, sem explicar sua relação com a causa ou a questão decidida; II – empregar conceitos jurídicos indeterminados, sem explicar o motivo concreto de sua incidência no caso; III – invocar motivos que se prestariam a justificar qualquer outra decisão; IV – não enfrentar todos os argumentos deduzidos no processo capazes de, em tese, infirmar a conclusão adotada pelo julgador; V – se limitar a invocar precedente ou enunciado de súmula, sem identificar seus fundamentos determinantes nem demonstrar que o caso sob julgamento se ajusta àqueles fundamentos; VI – deixar de seguir enunciado de súmula, jurisprudência ou precedente invocado pela parte, sem demonstrar a existência de distinção no caso em julgamento ou a superação do entendimento.

(93) THEODORO JÚNIOR, Humberto. *Curso de Direito Processual Civil*. Volume III. 47. ed. Rio de Janeiro: GEN, 2015. p. 748.

No Processo do Trabalho, contudo, a Apelação corresponde ao Recurso Ordinário, também deliberado pelo voto de três Magistrados (como ordinariamente são tomadas as decisões pelos órgãos fracionários dos Tribunais), ao passo que o Agravo de Instrumento não possui correspondência nessa Justiça Especializada (observe-se que o Agravo de Instrumento previsto no art. 897, *"b"*, da CLT, não equivale ao Agravo de Instrumento do art. 994, II do CPC).

Artigo 942

Quando o resultado da apelação for não unânime, o julgamento terá prosseguimento em sessão a ser designada com a presença de outros julgadores, que serão convocados nos termos previamente definidos no regimento interno, em número suficiente para garantir a possibilidade de inversão do resultado inicial, assegurado às partes e a eventuais terceiros o direito de sustentar oralmente suas razões perante os novos julgadores.

§ 1º Sendo possível, o prosseguimento do julgamento dar-se-á na mesma sessão, colhendo-se os votos de outros julgadores que porventura componham o órgão colegiado.

§ 2º Os julgadores que já tiverem votado poderão rever seus votos por ocasião do prosseguimento do julgamento.

§ 3º A técnica de julgamento prevista neste artigo aplica-se, igualmente, ao julgamento não unânime proferido em:

I - ação rescisória, quando o resultado for a rescisão da sentença, devendo, nesse caso, seu prosseguimento ocorrer em órgão de maior composição previsto no regimento interno;

II - agravo de instrumento, quando houver reforma da decisão que julgar parcialmente o mérito.

§ 4º Não se aplica o disposto neste artigo ao julgamento:

I - do incidente de assunção de competência e ao de resolução de demandas repetitivas;

II - da remessa necessária;

III - não unânime proferido, nos tribunais, pelo plenário ou pela corte especial.

O procedimento tratado neste artigo foi inspirado nos Embargos Infringentes previstos nos arts. 530 a 534 do CPC de 1973, e excluídos do Diploma de 2015(94).

O seu objetivo é possibilitar a revisão de julgamentos não unânimes em sede de Apelação (*caput*), Ação Rescisória (§ 3º, I) e Agravo de Instrumento (§ 3º, II), mas, diferentemente dos referidos Embargos Divergentes, essa revisão é realizado *de ofício* e não por meio da interposição de recurso.

A título de esclarecimento, no Processo do Trabalho os Embargos Infringentes estão previstos na letra *"a"*, do inciso I, do art. 894 da CLT, sendo cabíveis em face das decisões não unânimes que conciliarem, julgarem ou homologarem conflitos em dissídios coletivos. Dessa forma, em nada se assemelham àquele recurso previsto no CPC/73 ou ao procedimento constante do art. 942, em comento.

Esclarecida a natureza dos institutos, conforme já disposto quando da análise do art. 941 do CPC, no Processo do Trabalho a Apelação corresponde ao Recurso Ordinário, previsto no art. 893, II da CLT. Contudo, ainda que possam ser considerados recursos equivalentes, os procedimentos de votação e julgamento dispostos no presente art. 942 do CPC, não se aplicam ao processo laboral, como corretamente decidiu o TST no inciso IX, do art. 2º da Instrução Normativa n. 39(95). Falamos corretamente, pois o dispositivo não está em sintonia com o princípio da celeridade que rege o processo do trabalho.

No que tange à Ação Rescisória, igualmente inaplicável, porquanto no Processo do Trabalho tais ações são julgadas pela Seção Especializada em Dissídios Individuais — SDI e, por óbvio, por mais de três julgadores, nos termos dispostos nos Regimentos Internos dos Tribunais (ex.: art. 78 do Regimento Interno do TST)(96).

---

(94) Nos termos do **Enunciado n. 466 do FPPC**: A técnica do art. 942 não se aplica aos embargos infringentes pendentes ao tempo do início da vigência do CPC, cujo julgamento deverá ocorrer nos termos dos arts. 530 e seguintes do CPC de 1973.

(95) BRASIL. Tribunal Superior do Trabalho. *Resolução Administrativa n. 203, de 15 de março de 2016*. 2016. Edita a Instrução Normativa n. 39, que dispõe sobre as normas do Código de Processo Civil de 2015 aplicáveis e inaplicáveis ao Processo do Trabalho, de forma não exaustiva. Disponível em: <http://www.trtsp.jus.br/geral/tribunal2/ TST/Instr_Norm/IN_38.html>. Acesso em: 14 maio 2019.

(96) BRASIL. Tribunal Superior do Trabalho. *Resolução Administrativa n. 1.937, de 20 de novembro de 2017*. Aprova o Regimento Interno do Tribunal Superior do Trabalho. 2017. Disponível em: <https://juslaboris.tst.jus.br/bitstream/ handle/20.500.12178/116169/2017_ra1937_ri_tst_rep01.pdf?sequence=10&isAllowed=y>. Acesso em: 15 maio 2019.

Ao final, considerando que o Agravo de Instrumento não possui correspondência nessa Justiça Especializada (o Agravo de Instrumento previsto no art. 897, b da CLT não equivale ao Agravo de Instrumento do art. 994, II do CPC), a revisão do julgamento não unânime dessa também não se aplica ao Processo do Trabalho.

Sobre a incompatibilidade do instituto com o processo laboral, interessante é a reflexão feita por Manoel Antonio Teixeira Filho[97], ao sustentar que esse procedimento retardaria a proclamação dos resultados de julgamentos na Especializada Trabalhista, que sempre seriam adiados; que não existem Magistrados suficientes para participar de todas as sessões designadas; e que, por possuírem os Recursos Ordinários, em regra, diversos pedidos, haveria inevitavelmente o desmembramento da sessão de julgamento em relação apenas a uma parte dos pedidos e encerramento, na primeira sessão, em relação a outros pleitos, o que dificultaria sobremaneira, podendo implicar, ainda, em decisões conflitantes.

Artigo 943

Os votos, os acórdãos e os demais atos processuais podem ser registrados em documento eletrônico inviolável e assinados eletronicamente, na forma da lei, devendo ser impressos para juntada aos autos do processo quando este não for eletrônico.

§ 1º Todo acórdão conterá ementa.

§ 2º Lavrado o acórdão, sua ementa será publicada no órgão oficial no prazo de 10 (dez) dias.

O dispositivo em comento traz novamente regras procedimentais acerca do julgamento nos Tribunais, dispondo, nesse caso, das formalidades relativas à lavratura dos Votos, Acórdãos e demais atos processuais, sejam eles oriundos de processos físicos ou eletrônicos, nesses últimos com previsão de documento e assinatura eletrônica.

A exigibilidade de os Acórdãos conterem uma Ementa, isso é, um resumo das principais matérias decididas, geralmente localizada em sua parte superior, está disposta no § 1º do art. 943.

Como as Ementas tem o condão de condensar brevemente os fundamentos e decisões tomadas em determinado processo, essas auferem caráter informativo, sendo essenciais para apuração da jurisprudência de determinado Órgão ou Tribunal. Dessa forma, a fim de lhes atribuir publicidade, essas devem ser publicadas no órgão oficial, nos exatos termos do § 2º do artigo ora comentado.

Sobre as Ementas, o Fórum Permanente de Processualistas Civis — FPPC, deliberou em seu **Enunciado n. 654** que: "Erro material identificado na ementa, inclusive decorrente de divergência com o acórdão, é corrigível a qualquer tempo, de ofício ou mediante requerimento".

No Processo do Trabalho, as Ementas também são comumente utilizadas, no entanto, não são obrigatórias quando o processo encontra-se submetido ao Rito Sumaríssimo. Nos termos do inciso IV, do § 1º, do art. 895 da CLT, o Recurso Ordinário no Procedimento Sumaríssimo:

> [...] terá acórdão consistente unicamente na certidão de julgamento, com a indicação suficiente do processo e parte dispositiva, e das razões de decidir do voto prevalente. Se a sentença for confirmada pelos próprios fundamentos, a certidão de julgamento, registrando tal circunstância, servirá de acórdão.

Os processos submetidos ao julgamento do TST, por sua vez, regem-se pelo disposto em seu Regimento Interno[98], que preceitua acerca da obrigatoriedade das Ementas:

> **Art. 166.** Os acórdãos da Seção Especializada em Dissídios Coletivos serão publicados na íntegra, no órgão oficial; os dos demais colegiados terão publicadas apenas a ementa e a parte dispositiva.
>
> **Art. 168.** São elementos essenciais do acórdão:
>
> I - a ementa, que, resumidamente, consignará as teses jurídicas prevalecentes no julgamento, para cada tema recursal;

(97) TEIXEIRA FILHO, Manoel Antonio. *Comentários ao Novo Código de Processo Civil sob a perspectiva do Processo do Trabalho.* São Paulo: LTr, 2015. p. 1049.

(98) BRASIL. Tribunal Superior do Trabalho. *Resolução Administrativa n. 1.937, de 20 de novembro de 2017.* Aprova o Regimento Interno do Tribunal Superior do Trabalho. 2017. Disponível em: <https://juslaboris.tst.jus.br/bitstream/handle/20.500.12178/116169/2017_ra1937_ri_tst_rep01.pdf?sequence=10&isAllowed=y>. Acesso em: 15 maio 2019.

Artigo 944

Não publicado o acórdão no prazo de 30 (trinta) dias, contado da data da sessão de julgamento, as notas taquigráficas o substituirão, para todos os fins legais, independentemente de revisão.

Parágrafo único. No caso do *caput*, o presidente do tribunal lavrará, de imediato, as conclusões e a ementa e mandará publicar o acórdão.

O dispositivo traz regras procedimentais relativas ao prazo para publicação do Acórdão (trinta dias) e as consequências de seu não cumprimento.

A ausência de publicação no prazo estipulado implicará a sua substituição, para todos os fins legais (inclusive para início da contagem de prazo para interposição de recursos), por notas taquigráficas. Deverá, ainda, o Presidente do Tribunal, de imediato, lavrar as conclusões, a Ementa e mandar publicar o Acórdão.

No Processo do Trabalho, por sua vez, as notas taquigráfica não são capazes de substituir o Acórdão, não sendo aplicado o dispositivo em questão, tudo nos termos do inciso X, do art. 2º da IN n. 39 do TST[99], que assim determina.

Artigo 945

(Revogado pela Lei n. 13.256, de 2016).

A redação original do artigo em comento dispunha que:

Art. 945. A critério do órgão julgador, o julgamento dos recursos e dos processos de competência originária que não admitem sustentação oral poderá realizar-se por meio eletrônico.

§ 1º O relator cientificará as partes, pelo Diário da Justiça, de que o julgamento se fará por meio eletrônico.

§ 2º Qualquer das partes poderá, no prazo de 5 (cinco) dias, apresentar memoriais ou discordância do julgamento por meio eletrônico.

§ 3º A discordância não necessita de motivação, sendo apta a determinar o julgamento em sessão presencial.

§ 4º Caso surja alguma divergência entre os integrantes do órgão julgador durante o julgamento eletrônico, este ficará imediatamente suspenso, devendo a causa ser apreciada em sessão presencial.

Referido dispositivo foi revogado, ainda no curso de sua *vacatio legis*, pela Lei n. 13.256/2016, que alterou diversos artigos do Código de Processo Civil.

Revogado o artigo, por óbvio, sua disposição não é aplicável ao Processo do Trabalho.

Observe-se, contudo, que a sustentação oral realizada por meio eletrônico já se faz presente em alguns Tribunais Regionais do Trabalho, a fim de facilitar a presença de advogados e jurisdicionados que atuam em localidades distintas da sede do Tribunal. Trata-se, inevitavelmente, de medida de economia processual.

Situações excepcionais também podem evidenciar a necessidade de as sustentações orais ocorrerem por meio eletrônico, a exemplo do que pôde ser observado ao longo da Pandemia da Covid-19, no ano de 2020, em que aglomerações não eram indicadas, sendo as sessões de julgamento realizadas apenas virtualmente[100].

(99) BRASIL. Tribunal Superior do Trabalho. *Resolução Administrativa n. 203, de 15 de março de 2016.* Edita a Instrução Normativa n. 39, que dispõe sobre as normas do Código de Processo Civil de 2015 aplicáveis e inaplicáveis ao Processo do Trabalho, de forma não exaustiva. Disponível em: <http://www.trtsp.jus.br/geral/tribunal2/ TST/Instr_Norm/IN_38.html>. Acesso em: 14 maio 2019.

(100) A título de exemplo tem-se o TRT da 3ª Região, que publicou a Resolução GP n. 139, de 7 de abril de 2020, dispondo que enquanto perdurarem as medidas e circunstâncias ocasionadas pela pandemia disseminada pelo novo Coronavírus (Covid-19), as sessões de julgamento dos órgãos colegiados do TRT-MG (turmas, seções especializadas, Órgão Especial e Tribunal Pleno) porão ser realizadas por videoconferência — com possibilidade de sustentação oral — ou na modalidade virtual. TRT-MG regulamenta sessões virtuais e telepresenciais para julgamentos dos órgãos colegiados. TRT da 3ª Região. Disponível em: <https://portal.trt3.jus.br/internet/conheca-o-trt/comunicacao/noticias-institucionais/trt-mg-da-inicio-aos-julgamentos-virtuais-e-por-videoconferencia>. Acesso em: 14 abr. 2020.

Artigo 946

O agravo de instrumento será julgado antes da apelação interposta no mesmo processo.

Parágrafo único. Se ambos os recursos de que trata o *caput* houverem de ser julgados na mesma sessão, terá precedência o agravo de instrumento.

Inicialmente, cumpre esclarecer que o Agravo de Instrumento previsto no Código de Processo Civil não possui correspondência na Justiça Especializada, de modo que o dispositivo não tem aplicação no Processo do Trabalho.

Nada obstante, há recurso trabalhista também denominado Agravo de Instrumento, previsto no art. 897, "*b*", da CLT, cabível em face de decisões que denegarem a admissibilidade de recursos, no intuito de que esses sejam processados, analisados e providos.

Diante de tais considerações, e como a Apelação no Processo Civil corresponde ao Recurso Ordinário trabalhista, o dispositivo em comento pode ser lido da seguinte forma: quando interposto Agravo de Instrumento em face de decisão que denegou seguimento a Recurso Ordinário, esse será julgado, por óbvio, antes do julgamento de mérito do Recurso Ordinário eventualmente processado.

Igualmente, nos termos do parágrafo único, se ambos os recursos forem julgados na mesma sessão, terá precedência, por ordem lógica, o Agravo de Instrumento. Quanto ao processo do trabalho, cumpre transcrever o art. 897, § 7º, da CLT, que dispõe: "§ 7º Provido o agravo, a Turma deliberará sobre o julgamento do recurso principal, observando-se, se for o caso, daí em diante, o procedimento relativo a esse recurso".

CAPÍTULO III — DO INCIDENTE DE ASSUNÇÃO DE COMPETÊNCIA

Artigo 947

É admissível a assunção de competência quando o julgamento de recurso, de remessa necessária ou de processo de competência originária envolver relevante questão de direito, com grande repercussão social, sem repetição em múltiplos processos.

§ 1º Ocorrendo a hipótese de assunção de competência, o relator proporá, de ofício ou a requerimento da parte, do Ministério Público ou da Defensoria Pública, que seja o recurso, a remessa necessária ou o processo de competência originária julgado pelo órgão colegiado que o regimento indicar.

§ 2º O órgão colegiado julgará o recurso, a remessa necessária ou o processo de competência originária se reconhecer interesse público na assunção de competência.

§ 3º O acórdão proferido em assunção de competência vinculará todos os juízes e órgãos fracionários, exceto se houver revisão de tese.

§ 4º Aplica-se o disposto neste artigo quando ocorrer relevante questão de direito a respeito da qual seja conveniente a prevenção ou a composição de divergência entre câmaras ou turmas do tribunal.

O Incidente de Assunção de Competência — IAC foi incluído no CPC de 1973, por meio da Lei n. 10.352/2001, cujo objetivo era a uniformização de posicionamentos dentro de um mesmo Tribunal, ainda que inexistentes recursos repetitivos. O instituto foi mantido pelo ordenamento jurídico e disciplinado no *caput* do art. 947 do CPC de 2015[101].

A regulamentação dispõe que o Incidente será cabível quando o processo envolver relevante **questão de direito** (de cunho material ou processual)[102], **com grande repercussão social, sem repetição em múltiplos processos**, hipótese em que a prevenção ou a composição de divergência entre Câmaras ou Turmas do Tribunal se mostre conveniente. Além disso, nos termos do Enunciado n. 467 do Fórum Permanente de Processualistas Civis — FPPC, o Ministério Público deverá ser obrigatoriamente intimado do IAC.

(101) Nos termos do **Enunciado n. 655, do FPPC**: Desde que presentes os requisitos de cabimento, os incidentes de uniformização de jurisprudência pendentes de julgamento na vigência do CPC/2015 deverão ser processados conforme as regras do incidente de resolução de demandas repetitivas ou do incidente de assunção de competência, especialmente as atinentes ao contraditório.

(102) Nos termos do **Enunciado n. 600, do FPPC**: O incidente de assunção de competência pode ter por objeto a solução de relevante questão de direito material ou processual.

Observe-se que o Código atual alterou a expressão "interesse público" para "grande repercussão social", o que abrange, dentre outras, a repercussão jurídica, econômica ou política da questão debatida (Enunciado n. 469 do FPPC). Por outro lado, manteve o termo jurídico indeterminado "tema relevante", o que certamente pode ensejar discricionariedade na delimitação e aplicação do Incidente.

O dispositivo delimita, ainda, que o procedimento não será utilizado em questões discutidas em múltiplos processos, o que corroborado pelo Enunciado n. 334 do FPPC, que aduziu: "Por força da expressão "sem repetição em múltiplos processos", não cabe o incidente de assunção de competência quando couber julgamento de casos repetitivos."

Nos termos dispostos no **§ 1º**, atendidos os pressupostos para sua instauração, o Relator do processo, por **iniciativa própria ou a requerimento das partes, Ministério Público ou Defensoria Pública**, designará o julgamento para o Órgão Colegiado indicado no Regimento Interno do respectivo Tribunal(103). Esses mesmos legitimados, conforme assente no Enunciado n. 651, do FPPC, poderão realizar sustentação oral na respectiva sessão de julgamento.

Ensina Humberto Theodoro Jr.que ocorre um "[...] deslocamento interno de competência, para que o órgão colegiado especial, com *quorum* representativo, julgue o processo com força vinculativa a todos os juízes e órgãos fracionários a ele ligados."(104). Nesse sentido, conforme consta do **§ 2º**, o Órgão Colegiado fará um juízo de admissibilidade e, reconhecendo o interesse público existente, julgará o recurso, a remessa necessária ou o processo de competência originária.

O **§ 3º**, por sua vez, disciplina o caráter vinculante atribuído às decisões proferidas em sede de IAC, o que as inclui no Sistema de Precedentes Vinculantes inaugurado pelo CPC/15 e regulado pelos arts. 926 e 927 do Código. Observa-se, especificamente, a disposição desse Incidente no inciso III do art. 927, que assim aduz: "Art. 927: Os juízes e os tribunais observarão: III - os acórdãos em incidente de assunção de competência ou de resolução de demandas repetitivas e em julgamento de recursos extraordinário e especial repetitivos".

Assim, a decisão em IAC vinculará todos os juízos e órgãos fracionários, de forma horizontal e vertical. A decisão que contrariar Acórdão proferido no julgamento de IAC, poderá ser impugnada por meio de Reclamação, direcionada ao Tribunal cujo Precedente foi desrespeitado, conforme preceitua o art. 988, IV e § 1º do CPC e Enunciado n. 558 do FPPC(105).

Ao final, o **§ 4º** dispõe que, além do interesse público exigível pelo § 2º, aplica-se o Incidente quando ocorrer relevante questão de direito a respeito da qual seja conveniente a prevenção ou a composição de divergência entre Câmaras ou Turmas do Tribunal, o que será aprofundado oportunamente.

Reportando-se ao Processo do Trabalho, percebe-se que o IAC já estava regulamentado antes mesmo do advento do CPC de 2015, o que pode ser aferido pelo § 13 do art. 896 da CLT(106), que regula um método de Uniformização de Jurisprudência aplicável a questões relevantes discutidas no bojo de Embargos ao TST, mas carentes de litigiosidade repetitiva.

Restou, pois, consignado, que as matérias consideradas relevantes por um dos Magistrados pertencentes à SDI do TST poderiam, a seu requerimento, e por votação da maioria desse Órgão, serem afetadas ao Pleno do TST para uniformização da jurisprudência nacional, por meio do denominado IAC. Exatamente nesse sentido, também dispunha o § 4º do art. 156 do Regimento Interno do TST(107) vigente à época.

(103) Nos termos do **Enunciado n. 202 do FPPC**: O Órgão colegiado a que se refere o § 1o do art. 947 deve atender aos mesmos requisitos previstos pelo art. 978 do CPC, a saber, ser escolhido dentre aqueles responsáveis pela uniformização de jurisprudência do Tribunal.

(104) THEODORO JÚNIOR, Humberto. *Curso de Direito Processual Civil.* Volume III. 47. ed. Rio de Janeiro: GEN, 2015. p. 766.

(105) Nos termos do **Enunciado n. 558 do FPPC**: Caberá reclamação contra decisão que contrarie acórdão proferido no julgamento dos incidentes de resolução de demandas repetitivas ou de assunção de competência para o tribunal cujo precedente foi desrespeitado, ainda que este não possua competência para julgar o recurso contra a decisão impugnada.

(106) § 13. Dada a relevância da matéria, por iniciativa de um dos membros da Seção Especializada em Dissídios Individuais do Tribunal Superior do Trabalho, aprovada pela maioria dos integrantes da Seção, o julgamento a que se refere o § 3º poderá ser afeto ao Tribunal Pleno.

(107) § 4º Verificando a Seção Especializada que a maioria conclui contrariamente a decisões reiteradas de órgãos fracionários sobre tema relevante de natureza material ou processual, deixará de proclamar o resultado e suscitará o incidente de uniformização de jurisprudência ao Tribunal Pleno. A decisão constará de simples certidão.

Com a entrega em vigor do CPC/15, a base normativa do IAC trabalhista foi ampliada pelo inciso "XXV" do art. 3º da IN n. 39 do TST, que determinou a aplicação do art. 947 ao Processo do Trabalho, hipótese em que referido Incidente passou a abarcar, também, a estabilização jurisprudencial no âmbito dos Tribunais Regionais do Trabalho, inclusive para prevenir divergências (nos termos do § 4º do art. 947, em comento), o que é ratificado pelo Enunciado n. 335 do FPPC(108). Dessa forma, o Incidente passou a ser regulado por ambos os diplomas, sem prejuízo de eventuais disposições previstas nos Regimentos Internos dos Tribunais Regionais e Instruções Normativas.

Posteriormente, a Resolução n. 235 do CNJ/2016(109) ratificou a aplicação do IAC como método de uniformizador de Jurisprudência Trabalhista, dispondo o seu art. 4º acerca da responsabilidade do TST e dos Tribunais Regionais do Trabalho em gerirem os Incidentes instaurados. Sob essa perspectiva, o IAC teve sua incidência definitivamente ampliada, ratificando a abrangência dos Tribunais Regionais(110).

O art. 169 e o § 1º do art. 298 do Regimento Interno do TST, também incluíram o IAC como legítimo instrumento de Uniformização de Jurisprudência Trabalhista, remetendo sua aplicação ao disposto no art. 947 do CPC e aos arts. 896-B e 896-C da CLT, que disciplinam o Incidente de Recursos Repetitivos — IRR, no que couber.

Ainda, dispôs o **Enunciado n. 201 do FPPC**, que as regras previstas nos arts. 983 e 984 do CPC, no que tange aos procedimentos relativos ao julgamento dos Incidentes de Resolução de Demandas Repetitivas — IRDR, também são aplicáveis ao IAC.

Observa-se, pois, uma amplitude e concomitância de bases normativa que regulamentam IAC, o que pode ser considerado prejudicial ao amplo conhecimento e aplicação do Instituto pelos operadores do Direito. Conforme assente em trabalho anterior, "a complexidade normativa processual, atrelada à ausência de um histórico cultural de Precedentes Vinculantes no país e de uma doutrina consolidada sobre o tema, especialmente na seara trabalhista, coloca em questão a devida assimilação dos novos instrumentos uniformizadores" (111).

Nos termos expostos, a vinculação do Acórdão proferido em IAC (3º do art. 947, CPC), é igualmente aplicável a Processo do Trabalho, dispondo o Enunciado n. 167 do FPPC que: "Os tribunais regionais do trabalho estão vinculados aos enunciados de suas próprias súmulas e aos seus precedentes em incidente de assunção de competência ou de resolução de demandas repetitivas".

Uma reflexão necessária diz respeito à possibilidade de o IAC ser utilizado para prevenir divergências, sendo desnecessária a prévia dissonância interpretativa, nos termos do § 4º do art. 947 do CPC.

Isso porque, conforme exposto em trabalho anterior(112), a existência de posicionamentos divergentes, ainda que por um pequeno lapso de tempo, revela-se fundamental para aprofundar e amadurecer as teses e interpretações pelos Órgãos do Tribunal, evitando julgamentos precoces e desconexos com os atributos da Jurisprudência, que seja desenvolvida, aprimorada e consolidada com o tempo.

A baixa recorribilidade acerca de uma temática, atrelada à ausência de divergência em torno dessa, desvela a existência de apenas um incipiente debate e aprofundamento da questão, o que é insuficiente e impróprio para estandardização do entendimento da Corte, pelo que se sustenta que a mais pertinente aplicação do IAC na Especializada Trabalhista deve levar em consideração a abrangência da argumentação e discussão da questão afetada.

(108) **Enunciado n. 335, do FPPC:** O incidente de assunção de competência aplica-se ao processo do trabalho.

(109) BRASIL. Conselho Nacional de Justiça. *Resolução n. 235, de 13 de julho de 2016.* Dispõe sobre a padronização de procedimentos administrativos decorrentes de julgamentos de Repercussão Geral, de casos repetitivos e de Incidente de assunção de competência previstos na Lei n. 13.105, de 16 de março de 2015 (Código de Processo Civil), no Superior Tribunal de Justiça, no Tribunal Superior Eleitoral, no Tribunal Superior do Trabalho, no Superior Tribunal Militar, nos Tribunais Regionais Federais, nos Tribunais Regionais do Trabalho e nos Tribunais de Justiça dos Estados e do Distrito Federal, e dá outras providências. 2016. Disponível em: <http://www.cnj.jus.br/busca-atos-adm?documento=3155>. Acesso em: 27 maio 2019.

(110) **Enunciado n. 468 do FPPC:** O incidente de assunção de competência aplica-se em qualquer tribunal.

(111) CUNHA, Natália Xavier. *Uniformização de Jurisprudência Trabalhista e o Sistema de Precedentes Vinculantes.* 1. ed. Curitiba: CRV, 2019. p. 183.

(112) CUNHA, Natália Xavier. *Uniformização de Jurisprudência Trabalhista e o Sistema de Precedentes Vinculantes.* 1. ed. Curitiba: CRV, 2019.

Nesse sentido, Cesar Zucatti Pritsch[(113)] apregoa:

> No sistema de precedentes não é aconselhável que se sufoque o debate jurisprudencial, debate este que é salutar para que se chegue ao momento de uma decisão uniformizadora vinculante de posse de todos os melhores argumentos. A excessiva aceleração da prolação de uma decisão que corte ou sufoque o debate pode ocasionar que se engesse a jurisprudência antes mesmo que ela exista, em um determinado tema.

Não obstante, ao invés de o TST reiterar disposto no art. 4 da Instrução Normativa n. 38 do TST, que aclarou a necessidade de as questões afetadas em sede de Incidente de Recursos Repetitivos — IRR, conterem abrangente argumentação e discussão antes da decisão, ratificou o cabimento de IAC para prevenção de divergência, nos termos do art. 20 do mesmo Diploma, que assim prevalece[(114)]:

> **Art. 20.** Quando o julgamento dos embargos à SbDI-1 envolver relevante questão de direito, com grande repercussão social, sem repetição em múltiplos processos, mas a respeito da qual seja conveniente a prevenção ou a composição de divergência entre as turmas ou os demais órgãos fracionários do Tribunal Superior do Trabalho, poderá a SbDI-1, por iniciativa de um de seus membros e após a aprovação da maioria de seus integrantes, afetar o seu julgamento ao Tribunal Pleno[(115)].

Sobre a questão, sustenta Vinícius Silva Lemos que:

> Um precedente formado prematuramente somente pela necessidade de pacificação de determinada matéria está longe de ser ideal e, muitas vezes, não há ainda arcabouço jurídico e exauriente das discussões sobre a questão. Não há como aceitar-se a formação de um precedente antes da maturação jurídica, nem que haja todo o cumprimento das formalidades procedimentais inerentes ao microssistema.[(116)]

Não se trata, contudo, de entendimento considerado pelo Poder Judiciário Trabalhista, sendo certo que o próprio acórdão proferido em sede de IAC, "Tema 1", pelo TST trouxe em sua fundamentação a possibilidade de instauração do incidente para prevenção de divergência jurisprudencial entre turmas do Tribunal.

Nada dispôs especificamente a CLT ou o CPC acerca da suspensão de processos paradigmas. Dessa forma, a temática foi regulamentada pelo § 1º do art. 298 do Regimento Interno do TST que, remetendo ao art. 896-C da CLT, autorizou a suspensão dos processos paradigmas até o pronunciamento definitivo do Tribunal Superior do Trabalho quando à controvérsia a ser pacificada.

Nesse caso, entende-se que a indeterminação do prazo de suspensão revela-se pouco razoável, por propiciar a violação da razoável duração dos processos e sua efetividade, pelo que se sugere a aplicação dos arts. 11 e 20 da IN n. 38 do TST, que sustentam o limite máximo de um ano para julgamento e manutenção da suspensão, assim como ocorre no Incidente de Recursos Repetitivos. Contudo, não há garantias quanto a essa estrita observância.

No que tange a alteração da tese jurídica firmada em sede de IAC — *Overruling*[(117)], entende-se pela aplicação do § 2º do art. 927 do CPC, que possibilita a realização de audiências públicas e participação de pessoas, órgãos ou entidades que possam contribuir para a rediscussão da tese, antes da revisão jurisprudencial (**Enunciado n. 461 do FPPC**).

A legitimação para suscitar o IAC (anteriormente restrita apenas aos Ministros da SDI do TST, nos termos do § 13, do art. 896 da CLT), passou a abarcar os relatores, partes, Ministério Público e Defensoria Pública, (nos termos do § 1º, do art. 947 do CPC), o que democratizou, em certa medida, o procedimento.

Ao final, deve-se registrar que o Acórdão do TST que julgar o IAC desafia Recurso Extraordinário para o STF, caso a questão afetada contenha, também, abrangência constitucional, o que é aferido pelo § 1º do art. 298, combinado

(113) PRITSCH, Cesar Zucatti. *Manual de Prática dos Precedentes no Processo Civil e do Trabalho.* Atualizado conforme o CPC 2015 e Reforma Trabalhista. São Paulo: LTr, 2018. p. 192.

(114) Inclusive, o próprio Acórdão proferido em sede de IAC pelo TST, "Tema 1", trouxe em sua fundamentação a possibilidade de instauração do Incidente para prevenção de divergência jurisprudencial entre Turmas do Tribunal. BRASIL. Tribunal Superior do Trabalho. *Tabela de Incidente de Assunção de Competência.* 2019. Disponível em: <http://www.tst.jus.br/web/guest/tabela-incidente-assuncao-competencia>. Acesso em: 09 maio 2019.

(115) No mesmo sentido se deu a redação do art. 298 do novo Regimento Interno do TST, que dispôs, também, acerca da conveniência de prevenção de divergência entre Turmas de um mesmo Tribunal.

(116) LEMOS, Vinícius Silva. *O Incidente de Assunção de Competência:* da conceituação à procedimentalidade. Salvador: JusPodivm, 2018. p. 183-184.

(117) Para revisitar a conceituação e importância do *Overruling*, retomar o comentário do art. 927 do CPC nesta obra.

com art. 297 do Regimento Interno do TST. Em nível regional, a legislação não indica recurso específico, cabendo aos Regimentos Internos dos Tribunais Regionais disciplinarem o procedimento.

Entende-se que quando da interposição de eventual recuso, o Tribunal Superior deverá apreciá-lo por meio das mesmas técnicas utilizadas na origem, valendo-se, pois, das peculiaridades do Microssistema de formação concentrada de Precedentes Vinculantes(118).

CAPÍTULO IV — DO INCIDENTE DE ARGUIÇÃO DE INCONSTITUCIONALIDADE

Artigo 948

Arguida, em controle difuso, a inconstitucionalidade de lei ou de ato normativo do poder público, o relator, após ouvir o Ministério Público e as partes, submeterá a questão à turma ou à câmara à qual competir o conhecimento do processo.

O art. 948 do novo CPC trata do Incidente de Arguição de Inconstitucionalidade. Numa breve gênese acerca do controle de constitucionalidade no país, é possível afirmar a considerável influência sofrida pela tradição anglo-saxônica. Hermes Zaneti Jr. remonta essa interação à Constituição da República de 1891, que importou o modelo norte-americano de controle de constitucionalidade das leis e atos do poder público — *Judicial Review* — e a Constituição de 1946, que instituiu o monopólio do Poder Judiciário na função jurisdicional, elevando seu *status*, bem como a importância de suas decisões(119).

Como uma das funções primordiais do Judiciário é a aplicação das normas ao caso concreto, observando e garantindo sempre a constitucionalidade das leis, emergiu também a necessidade de um processo constitucionalizado, indispensável diante dos novos contornos da atividade jurisdicional, que não prescinde de um olhar atento à constitucionalidade das normas(120).

Consoante assente na doutrina de Manoel Antonio Teixeira Filho(121), o sistema brasileiro de direito positivo não se encontra disposto de maneira linear, mas piramidal, sendo a Constituição Federal o seu ápice, que deve sempre ser observado. Extrai-se, pois, da atual Constituição Federal de 1988, o controle de constitucionalidade das leis e atos normativos do poder público, como função precípua do Poder Judiciário.

Dessa forma, deve o direito ser apreendido pelo julgador com base em todas as suas fontes e técnicas interpretativas juridicamente aceitas, guardando total consonância com a Constituição Federal, o que é corroborado por um Enunciado da 2ª Jornada de Direito Material e Processual do Trabalho da ANAMATRA (2017)(122), que se transcreve na parte em que pertinente:

ENUNCIADO AGLUTINADO N. 2 DA COMISSÃO 1

INTERPRETAÇÃO E APLICAÇÃO DA LEI N. 13.467/2017.

Os juízes do Trabalho, à maneira de todos os demais magistrados, em todos os ramos do Judiciário, devem cumprir e fazer cumprir a Constituição e as leis, o que importa no exercício do controle difuso de constitucionalidade e no controle de convencionalidade das leis, bem como no uso de todos os métodos de interpretação/aplicação disponíveis. [...].

Os artigos deste *Capítulo V* tratam de uma das modalidades do controle de constitucionalidade, realizado de maneira *difusa* e *incidental* por quaisquer dos órgãos integrantes do Poder Judiciário.

Os dispositivos comentados regulamentam o *"Incidente de Arguição de Inconstitucionalidade"* e o procedimento utilizado quando a constitucionalidade de determinado dispositivo legal é questionada perante um órgão colegiado (pelas partes, interessados, Ministério Público e inclusive *ex officio*, pelo julgador), de maneira difusa e incidental, isso é, no bojo de um processo concreto e em curso.

(118) Essa observação faz-se igualmente pertinente e deve ser aplicada aos recursos eventualmente interpostos em sede de IRR e IRDR.

(119) ZANETI JR., Hermes. *O valor vinculante dos Precedentes:* teoria dos precedentes normativos formalmente vinculantes. 4. ed. Salvador: JusPodivm, 2019.

(120) BARACHO, José Alfredo de Oliveira. *Processo Constitucional.* Rio de Janeiro: Revista Forense, 1984.

(121) TEIXEIRA FILHO, Manoel Antonio. *Comentários ao Novo Código de Processo Civil sob a perspectiva do Processo do Trabalho.* São Paulo: LTr, 2015.

(122) JORNADA DE DIREITO MATERIAL E PROCESSUAL DO TRABALHO DA ANAMATRA. 2. 2017, Brasília/DF. *Enunciados Aprovados.* Disponível em: <http://www.jornadanacional.com.br/listagem-enunciados-aprovados-vis1.asp>. Acesso em: 1o maio 2018.

Nos termos descritos no art. 948 em comento, o Relator, após ouvir o membro do Ministério Público e as partes, submeterá a questão à Turma ou à Câmara do Tribunal à qual competir o conhecimento do processo. Tal procedimento, conhecido como *Reserva de Plenário*, se dá em atenção ao art. 97 da Constituição Federal e Súmula Vinculante n. 10 do STF, que assim aduzem respectivamente:

> **Art. 97 da Constituição Federal de 1988:** Somente pelo voto da maioria absoluta de seus membros ou dos membros do respectivo órgão especial poderão os tribunais declarar a inconstitucionalidade de lei ou ato normativo do Poder Público.
>
> **Súmula Vinculante n. 10 do STF:** A reserva de plenário determina que, somente pelo voto da maioria absoluta de seus integrantes, os tribunais podem declarar a inconstitucionalidade de lei ou ato normativo do poder público.

Sobre o tema Humberto Theodoro Jr. preceitua que:

> Não basta, outrossim, que a maioria dos membros do Tribunal participe do julgamento. Para reconhecimento da inconstitucionalidade é indispensável que haja votos homogêneos em tal sentido proferidos por número de juízes superior à metade do total dos membros do tribunal, ou do órgão especial a que alude o art. 93, XI, da Constituição. Se o reconhecimento for apenas de maioria simples (i.e., maioria dos votantes, mas não do tribunal ou do órgão especial), a lei ou ato impugnado não será declarado inconstitucional[(123)].

A Justiça do Trabalho, enquanto parte do Poder Judiciário, também exerce, por óbvio, o controle de constitucionalidade das leis e atos normativos do poder público, sendo, pois, subsidiariamente aplicáveis os regramentos contidos neste *Capítulo V*, ante à omissão da Consolidação das Leis do Trabalho — CLT, acerca do instituto.

Nada obstante, o procedimento referente ao *"Incidente de Arguição de Inconstitucionalidade"* é comumente regulado pelos Regimentos Internos dos Tribunais do Trabalho, o que pode ser verificado, a título de exemplo, pelo Regimento do Tribunal Superior do Trabalho — TST, que traz um capítulo destinado exclusivamente ao Incidente. Veja que seus dispositivos iniciais guardam estrita consonância com o art. 948 do CPC:

> TÍTULO V — DAS OUTRAS ESPÉCIES DE PROCESSOS
>
> CAPÍTULO I — DO INCIDENTE DE ARGUIÇÃO DE INCONSTITUCIONALIDADE DE LEI OU DE ATO NORMATIVO DO PODER PÚBLICO
>
> **Art. 274.** A arguição de inconstitucionalidade de lei ou de ato do Poder Público, em controle difuso, poderá ser suscitada pelo relator, por qualquer Ministro ou a requerimento do Ministério Público, no curso do julgamento do processo nos órgãos judicantes da Corte, após concluído o relatório.
>
> **Art. 275.** Suscitada a inconstitucionalidade e ouvidos o Ministério Público do Trabalho e as partes, será submetida à apreciação do colegiado em que tramita o feito, salvo quando já houver pronunciamento do Tribunal Pleno ou do próprio Supremo Tribunal Federal sobre a questão.

Exemplo de recente arguição de inconstitucionalidade no âmbito do Tribunal Superior do Trabalho consiste no incidente provocado pelo Ministro Cláudio Brandão para declaração de inconstitucionalidade do § 5º do art. 896-A da CLT.

O artigo estabelece a irrecorribilidade das decisões monocráticas do relator que, em agravo de instrumento interposto para destrancamento de recurso de revista, denegar seguimento ao recurso por considerar ausente requisito de admissibilidade excepcional exigido no *caput* do referido artigo, a saber, a transcendência.

O Incidente de Arguição de Inconstitucionalidade foi instaurado no âmbito da 7ª Turma da Corte Superior no processo n. 1000845-52.2016.5.02.0461[(124)], sendo julgado em 06 de novembro de 2020 no sentido de se declarar a inconstitucionalidade do art. 896-A, § 5º, da CLT, vejamos a ementa do acórdão:

> ARGUIÇÃO DE INCONSTITUCIONALIDADE. ART. 896-A, § 5º, DA CLT. NORMA QUE DISCIPLINA A IRRECORRIBILIDADE DE DECISÃO UNIPESSOAL PROFERIDA PELO RELATOR EM RECURSO DE COMPETÊNCIA DO COLEGIADO. AFRONTA AOS PRINCÍPIOS DO JUIZ NATURAL (ART. 5º, LIII, E 111, II, CF/88); DO DEVIDO PROCESSO LEGAL (ART. 5º, LIV E LV, CF/88) DA ISONOMIA (ART. 5º, *CAPUT*, CF/88); DA COLEGIALIDADE (DE ACORDO COM O STF, INTEGRANTE DA FORMAÇÃO HISTÓRICA DA ORGANIZAÇÃO JUDICIÁRIA NACIONAL, PORTANTO, PRINCÍPIO CONSTITUCIONAL IMPLÍCITO); DAS GARANTIAS DA SEGURANÇA JURÍDICA E DA PROTEÇÃO DA CONFIANÇA (ART. 5º, *CAPUT*, CF/88). ÓBICE AO EXAME DA MATÉRIA OBJETO DO APELO PELO SUPREMO TRIBUNAL FEDERAL. INCONGRUÊNCIA DOS PROCEDIMENTOS ADOTADOS PELA LEI NO JULGAMENTO DOS RECURSOS DE REVISTA E DE AGRAVOS DE INSTRUMENTO. FALTA DE RAZOABILIDADE DA INTERPRETAÇÃO

(123) THEODORO JÚNIOR, Humberto. *Curso de Direito Processual Civil*. Volume III. 47. ed. Rio de Janeiro: GEN, 2015. p. 773.

(124) Formos contratados para atuar como advogado pela FEBRABAN, que ingressou no feito como *Amicus Curiae*.

LITERAL DO DISPOSITIVO (STF, ADI N. 1.511-MC). É inconstitucional a regra inserida no art. 896-A, § 5º, da CLT, ao prever a irrecorribilidade da decisão monocrática proferida pelo relator que rejeita a transcendência da questão jurídica versada no agravo de instrumento em recurso de revista. Tal prática viola os princípios da colegialidade, do juiz natural, do devido processo legal, da segurança jurídica, da proteção da confiança e da isonomia; impede o exame futuro da controvérsia pelo Supremo Tribunal Federal; revela a incongruência de procedimentos adotados no julgamento de recursos de revista e de agravos de instrumento, o que viola o princípio da razoabilidade; obstaculiza o exercício da competência reservada, por lei, às Turmas deste Tribunal; dificulta a fixação de precedentes por este Tribunal, considerando a ausência de parâmetros objetivos fixados para o reconhecimento da transcendência e a atribuição de elevado grau de subjetividade por cada relator — que não constitui órgão julgador, mas, sim, instância de julgamento, cuja atuação decorre de delegação do Colegiado. Arguição acolhida, para se declarar a inconstitucionalidade do dispositivo, no caso concreto.

Artigo 949

Se a arguição for:

I - rejeitada, prosseguirá o julgamento;

II - acolhida, a questão será submetida ao plenário do tribunal ou ao seu órgão especial, onde houver.

Parágrafo único. Os órgãos fracionários dos tribunais não submeterão ao plenário ou ao órgão especial a arguição de inconstitucionalidade quando já houver pronunciamento destes ou do plenário do Supremo Tribunal Federal sobre a questão.

O artigo em comento é bem autoexplicativo. Determina que, se a arguição for rejeitada pela Turma ou Câmara, seu julgamento prosseguirá, sendo devolvido a seu Relator. Por outro lado, na hipótese de a arguição ser acolhida, a questão será submetida ao Plenário ou Órgão Especial do Tribunal, conforme determinado regimentalmente.

Observe-se, pois, que as Turmas ou Câmaras apenas fazem o juízo de admissibilidade da arguição que, se reconhecida, será julgada pelo Plenário ou órgão Especial do Tribunal.

Em sentido bastante semelhante é o disposto nos parágrafos do art. 275 do Regimento Interno do Tribunal Superior do Trabalho — TST:

§ 1º Rejeitada a arguição, prosseguirá o julgamento.

§ 2º Acolhida a arguição suscitada perante o Tribunal Pleno, a matéria será submetida de imediato à apreciação.

§ 3º Acolhida a arguição suscitada nos demais órgãos judicantes da Corte, os autos serão remetidos ao Tribunal Pleno.

Certo é que os órgãos fracionários dos Tribunais não irão apreciar a arguição de inconstitucionalidade quando já houver pronunciamento desses ou do plenário do Supremo Tribunal Federal sobre a questão, hipótese em que a primeira decisão sobre a questão prevalecerá, por medida de celeridade processual e também por se revelar vinculante.

No que tange a dita vinculação, deve se observar que, nos termos do art. 927, I, do CPC: "Os juízes e os tribunais observarão: I - as decisões do Supremo Tribunal Federal em controle concentrado de constitucionalidade".

Por sua vez, o inciso V do art. 927, do CPC, por consubstanciar uma cláusula de tessitura abertura, contempla diversas orientações firmadas no plenário ou órgão fracionário de um Tribunal, a exemplo das decisões em "*Incidente de Arguição de Inconstitucionalidade*" suscitadas nos Tribunais e decididas pelo seu Pleno ou Órgão Especial(125).

Nesse sentido é também o art. 279 do Regimento Interno do TST, que conclui que, na seara trabalhista:

Art. 279 do RITST: A decisão declaratória de inconstitucionalidade de lei ou de ato do Poder Público, observadas as exigências regimentais, motivará a edição de súmula e será observada tanto no acórdão do órgão julgador originário que julgar o processo no qual o incidente foi suscitado quanto em todos os demais feitos em trâmite no Tribunal que envolvam a mesma questão de direito, nos termos do art. 927, V, do CPC.

---

(125) Paulo Sarno Braga, Fredie Didier Jr. e Rafael Alexandria de Oliveira sustentam a vinculatividade horizontal das Súmulas editadas pelos Tribunais Regionais, por estarem abrangidas pela cláusula genérica aposta no inciso V do art. 927 do CPC, sendo fruto da decisão do plenário ou Órgão Especial dos Regionais, sendo, pois, de observância obrigatória no seu âmbito de abrangência. De igual forma são as decisões oriundas dos *Incidentes de Arguição de Inconstitucionalidade (ArgInc)*, cuja vinculação interna é evidente.

BRAGA, Paula Sarno; DIDIER JR., Fredie; OLIVEIRA, Rafael Alexandria de. Curso de *Direito Processual Civil:* teoria da prova, direito probatório, decisão, precedente, coisa julgada e tutela provisória. v. 2, 11. ed. Salvador: JusPodivm, 2016.

Artigo 950

Remetida cópia do acórdão a todos os juízes, o presidente do tribunal designará a sessão de julgamento.

§ 1º As pessoas jurídicas de direito público responsáveis pela edição do ato questionado poderão manifestar-se no incidente de inconstitucionalidade se assim o requererem, observados os prazos e as condições previstos no regimento interno do tribunal.

§ 2º A parte legitimada à propositura das ações previstas no art. 103 da Constituição Federal poderá manifestar-se, por escrito, sobre a questão constitucional objeto de apreciação, no prazo previsto pelo regimento interno, sendo-lhe assegurado o direito de apresentar memoriais ou de requerer a juntada de documentos.

§ 3º Considerando a relevância da matéria e a representatividade dos postulantes, o relator poderá admitir, por despacho irrecorrível, a manifestação de outros órgãos ou entidades.

O art. 950 do CPC prevê a possibilidade de participação de terceiros no incidente (*amicus curiae*) e encontra similarmente no procedimento previsto no Regimento Interno do TST, conforme se pode observar do art. 277 deste, *in verbis*:

Art. 277:

§ 1º O relator mandará ouvir o Procurador-Geral do Trabalho, no prazo de 15 (quinze) dias úteis, bem como, se for o caso, determinará a notificação da pessoa jurídica de direito público responsável pela edição do ato questionado para que se manifeste, em igual prazo.

§ 2º O Tribunal Superior do Trabalho dará publicidade à instauração do incidente de arguição de inconstitucionalidade, a fim de permitir eventual intervenção dos legitimados referidos no art. 103 da Constituição da República, ou de outros órgãos ou entidades, na condição de *amicus curiae*, mediante sua inclusão no Banco Nacional de Jurisprudência Uniformizada (BANJUR), disponível na rede mundial de computadores.

§ 3º As intervenções previstas no § 2º serão permitidas dentro do período de 30 (trinta) dias úteis, contados da publicação da decisão de que trata o artigo anterior, a qual deverá indicar a lei ou o ato normativo objeto do incidente e a possibilidade de intervenção.

§ 4º A manifestação dos outros órgãos e entidades de que tratam os parágrafos anteriores poderá ser admitida pelo relator, considerando a relevância da matéria e a representatividade dos postulantes, por decisão irrecorrível.

Art. 278. Os procedimentos relativos à remessa do processo ao Tribunal Pleno, à distribuição e ao julgamento da arguição de inconstitucionalidade são regulados pelas normas gerais estabelecidas a respeito neste Regimento.

A possibilidade de participação de terceiros assegura a democratização do debate e um contraditório pleno e expansivo, de modo que o Tribunal possa adotar a melhor decisão.

Nos termos do **§ 1º** do art. 950 do CPC, as pessoas jurídicas responsáveis pela edição da lei ou ato questionado tem a faculdade de se manifestar no Incidente instaurado, observados os prazos regimentais que, no caso do TST, é de 15 (quinze) dias.

Em atenção ao princípio da publicidade, o Fórum Permanente de Processualistas Civis — FPPC editou os Enunciado ns. 591 e 601 para regular a questão da publicação, assim dispondo:

Enunciado n. 591 do FPPC:

O tribunal dará ampla publicidade ao acórdão que decidiu pela instauração do incidente de arguição de inconstitucionalidade, incidente de assunção de competência ou incidente de resolução de demandas repetitivas, cabendo, entre outras medidas, sua publicação em seção específica no órgão oficial e indicação clara na página do tribunal na rede mundial de computadores.

Enunciado n. 601 do FPPC:

Instaurado o incidente de arguição de inconstitucionalidade, as pessoas jurídicas de direito público responsáveis pela edição do ato normativo questionado deverão ser intimadas para que tenham ciência do teor do acórdão do órgão fracionário que o instaurou.

O **§ 2º**, traz a lume os legitimados a se manifestar, por escrito (inclusive para requer a juntada de documentos e apresentação de memoriais), sobre a questão constitucional objeto de apreciação, sendo eles os mesmos descritos no art. 103 da Constituição Federal para propor ação direta de inconstitucionalidade e ação declaratória de constitucionalidade, a saber:

O Presidente da República; a Mesa do Senado Federal; a Mesa da Câmara dos Deputados; a Mesa de Assembleia Legislativa ou da Câmara Legislativa do Distrito Federal; o Governador de Estado ou do Distrito Federal; o Procurador-Geral da República; o Conselho Federal da Ordem dos Advogados do Brasil; partido político com representação no Congresso Nacional; confederação sindical ou entidade de classe de âmbito nacional.

O § 3º, por sua vez, alarga a possibilidade de manifestação a outros órgãos e entidades, condição de *amicus curiae*[(126)], o que será deliberado em razão da relevância da matéria e a representatividade dos postulantes.

Não se pode olvidar, como já anteriormente transcrito, a redação do art. 279 do Regimento Interno do TST, o qual conclui que, na seara trabalhista, a decisão, observadas as exigências regimentais, motivará a edição de súmula que deverá ser observada tanto no acórdão que julgar o processo no qual o incidente foi suscitado, quanto em todos os demais feitos que envolvam a questão em trâmite no Tribunal, nos termos do art. 927, V, do CPC.

Observe-se que a decisão do Pleno em sede de *"Incidente de Arguição de Inconstitucionalidade"* é irrecorrível, cabendo Recurso tão somente em face da decisão da Turma/ Câmara que julgou o processo no qual o incidente foi arguido, tudo nos termos da Súmula n. 513 do STF[(127)], *in verbis*:

Súmula n. 513 do STF:

A decisão que enseja a interposição de recurso ordinário ou extraordinário não é a do plenário, que resolve o incidente de inconstitucionalidade, mas a do órgão (câmaras, grupos ou turmas) que completa o julgamento do feito.

CAPÍTULO V — DO CONFLITO DE COMPETÊNCIA

Artigo 951

O conflito de competência pode ser suscitado por qualquer das partes, pelo Ministério Público ou pelo juiz.

Parágrafo único. O Ministério Público somente será ouvido nos conflitos de competência relativos aos processos previstos no art. 178, mas terá qualidade de parte nos conflitos que suscitar.

O Capítulo em questão trata do conflito de competência e os procedimentos para sua solução.

No que tange ao Processo do Trabalho, a CLT traz dispositivos específicos sobre o tema, a saber, os arts. 803 a 812, sendo a palavra "competência" substituída por "jurisdição".

O Regimento Interno do TST também destinou um Capítulo específico para tratar desses conflitos e suas soluções.

Dessa forma, os regramentos trazidos pelo Código de Processo Civil serão utilizados apenas supletivamente na seara laboral, naquilo que compatível.

Nos termos do art. 803 da CLT, com redação desatualizada por ainda falar em "juntas de conciliação e julgamento", os conflitos de jurisdição podem ocorrer entre:

a) Juntas de Conciliação e Julgamento e Juízes de Direito investidos na administração da Justiça do Trabalho;

b) Tribunais Regionais do Trabalho;

c) Juízos e Tribunais do Trabalho e órgãos da Justiça Ordinária;

d) Câmaras do Tribunal Superior do Trabalho.

Esses conflitos, por sua vez, poderão ser ***positivos***, quando ambas as autoridades se considerarem competentes; ou ***negativos***, quando ambas as autoridades se considerarem incompetentes (tudo conforme disposto no art. 804 da CLT).

Observe-se, pois, que para existir um conflito negativo de competência não basta que um Juiz declare sua incompetência e remeta os autos para aquele que entenda ser competente, faz-se necessário, também, que este não reconheça a

(126) Expressão do latim, que significa "amigo da corte". Diz respeito a terceiros, que não assumem a figura de parte, mas auxiliam o órgão jurisdicional, trazendo-lhe mais elementos para robustecer a decisão a ser proferida, o que, por consectário, contribui para a qualidade das decisões judiciais. NÚÑES NOVO, Benigno. *Análise da figura do amicus curiae trazida pelo Código de Processo Civil.* A origem, conceito, a natureza jurídica e quais são os limites e os direitos que o abarcam. 18 mar. 2018. Disponível em: <https://www.direitonet.com.br/artigos/exibir/10419/Amicus-Curiae>. Acesso em: 23 maio 2019.

(127) BRASIL. Supremo Tribunal Federal. *Súmulas.* 2019. Disponível em: <http://www.stf.jus.br/portal/cms/verTexto.asp?servico=jurisprudenciaSumula>. Acesso em: 22 abr. 2019.

competência que lhe foi atribuída. Já no conflito positivo, como dito, é o oposto, ou seja, ambos os juízes se declaram competentes.

Na seara trabalhista, os *conflitos de competência* serão resolvidos pelos seguintes órgãos:

a) Entre Varas do Trabalho de um mesmo Tribunal Regional = Tribunal Regional do Trabalho (art. 678, I, *"c"*, 3, da CLT);

b) Entre Varas do Trabalho de Tribunais Regionais diversos = Tribunal Superior do Trabalho (Súmula n. 236 do STJ[128]);

c) Entre Juízos de direito investidos na jurisdição trabalhista de um mesmo Tribunal Regional = Tribunal Regional do Trabalho (art. 678, I, *"c"*, 3, da CLT);

d) Entre Vara do Trabalho e Juízo de direito investido na jurisdição trabalhista de um mesmo Tribunal Regional = Tribunal Regional do Trabalho (art. 678, I, *"c"*, 3, da CLT; art. 808, *"a"*, da CLT e Súmula n. 180 do STJ[129]);

e) Entre Vara do Trabalho e Juízo de direito investido na jurisdição trabalhista de Tribunais Regionais Diversos = Superior Tribunal de Justiça (art. 105, I, *"d"*, da CR/88);

f) Entre Vara do Trabalho e Vara Estadual (não investida na jurisdição Trabalhista) = Superior Tribunal de Justiça (art. 105, I, *"d"*, da CR/88);

g) Entre Turmas de um mesmo Tribunal Regional do Trabalho = Tribunal Regional do Trabalho (art. 678, I, *"c"*, 3, da CLT);

h) Entre Tribunais Regionais do Trabalho (em dissídios individuais) = Superior Tribunal de Justiça (art. 105, I, *"d"*, da CR/88);

i) Entre Tribunais Regionais do Trabalho (em dissídios coletivos) = Superior Tribunal de Justiça (art. 105, I, *"d"*, da CR/88);

j) Entre as autoridades da Justiça do Trabalho e as da Justiça Ordinária = Supremo Tribunal Federal (art. 808, *"d"*, da CLT);

No que tange à **legitimidade** para suscitar o conflito de competência, o art. 951 do CPC, ora analisado, se equipara ao art. 805 da CLT, que assim dispõe:

Art. 805 – Os conflitos de jurisdição podem ser suscitados:

a) pelos Juízes e Tribunais do Trabalho;

b) pelo procurador-geral e pelos procuradores regionais da Justiça do Trabalho;

c) pela parte interessada, ou o seu representante.

Nos conflitos de competência, o Ministério Público sempre atuará como fiscal da lei, figurando como parte apenas naqueles conflitos que suscitar.

Artigo 952

Não pode suscitar conflito a parte que, no processo, arguiu incompetência relativa.
Parágrafo único. O conflito de competência não obsta, porém, a que a parte que não o arguiu suscite a incompetência.

O artigo em questão nega à parte que arguiu a incompetência relativa suscitar, também, o conflito de competência, no mesmo processo.

(128) **Súmula n. 236 do STJ:** Não compete ao Superior Tribunal de Justiça dirimir conflitos de competência entre juízos trabalhistas vinculados a Tribunais Regionais do Trabalho diversos.

(129) **Súmula n. 180 do STJ:** Na lide trabalhista, compete ao Tribunal Regional do Trabalho dirimir conflito de competência verificado, na respectiva região, entre Juiz Estadual e Junta de Conciliação e Julgamento.

A ***incompetência relativa*** é aquela arguida em decorrência do local em que a ação foi ajuizada. No Processo Civil, essa prerrogativa é alegada como preliminar da Contestação (art. 64[(130)] e 337, II[(131)] do CPC). No Processo do Trabalho, por sua vez, a arguição se dá por meio de ***exceção de incompetência*** (art. 799 a 802 da CLT).

O artigo em comento não tem aplicação no processo do trabalho, pois encontra idêntica correspondência na redação do art. 806 da CLT, que aduz: "É vedado à parte interessada suscitar conflitos de jurisdição quando já houver oposto na causa exceção de incompetência".

Artigo 953

O conflito será suscitado ao tribunal:

I - pelo juiz, por ofício;

II - pela parte e pelo Ministério Público, por petição.

Parágrafo único. O ofício e a petição serão instruídos com os documentos necessários à prova do conflito.

O artigo em comento dispõe que o conflito poderá ser suscitado de ofício pelo Juiz, por petição pelas partes interessadas, ou ainda pelo Ministério Público, sendo que, em ambas as hipóteses, a arguição deverá ser acompanhada dos documentos probatórios da incompetência.

Os documentos hábeis aos fins colimados são as decisões proferidas pelos julgadores que se consideraram competentes ou incompetentes para julgar a causa, ensejando, pois o conflito.

Em consonância com o disposto é a redação do art. 807 da CLT, que declara a necessidade de provas pré-constituídas pela parte interessada: "No ato de suscitar o conflito deverá a parte interessada produzir a prova de existência dele", sendo a redação do art. 202 do Regimento do TST, idêntica ao art. 953 do CPC, em comento.

Artigo 954

Após a distribuição, o relator determinará a oitiva dos juízes em conflito ou, se um deles for suscitante, apenas do suscitado.

Parágrafo único. No prazo designado pelo relator, incumbirá ao juiz ou aos juízes prestar as informações.

O artigo trata do procedimento a ser adotado após a instauração do conflito e determina que o Relator ouça os Julgadores em conflito, cabendo a esses, no prazo designado, prestar as informações solicitadas.

O procedimento relativo ao Processo do Trabalho é semelhante, o que pode ser aferido pela redação do art. 809, II, da CLT:

> **Art. 809 da CLT:** Nos conflitos de jurisdição entre as Juntas e os Juízos de Direito observar-se-á o seguinte:
>
> II - no Tribunal Regional, logo que der entrada o processo, o presidente determinará a distribuição do feito, podendo o relator ordenar imediatamente às Juntas e aos Juízos, nos casos de conflito positivo, que sobrestejam o andamento dos respectivos processos, e solicitar, ao mesmo tempo, quaisquer informações que julgue convenientes. Seguidamente, será ouvida a Procuradoria, após o que o relator submeterá o feito a julgamento na primeira sessão.

Observe-se que nos termos dispostos no Regimento Interno do TST[(132)], o prazo para a manifestação dos julgadores já foi determinada, sendo esse de 10 (dez) dias. Caso as informações não sejam prestadas pelos julgadores, o processo prosseguira normalmente, inexistindo prejuízo processual.

(130) **Art. 64 do CPC:** A incompetência, absoluta ou relativa, será alegada como questão preliminar de contestação.

(131) **Art. 337 do CPC:** Incumbe ao réu, antes de discutir o mérito, alegar: II - incompetência absoluta e relativa;

(132) **Art. 205.** "Após a distribuição e sempre que necessário, o relator determinará a oitiva das autoridades em conflito, no prazo de 10 (dez) dias".

Artigo 955

O relator poderá, de ofício ou a requerimento de qualquer das partes, determinar, quando o conflito for positivo, o sobrestamento do processo e, nesse caso, bem como no de conflito negativo, designará um dos juízes para resolver, em caráter provisório, as medidas urgentes.

Parágrafo único. O relator poderá julgar de plano o conflito de competência quando sua decisão se fundar em:

I – súmula do Supremo Tribunal Federal, do Superior Tribunal de Justiça ou do próprio tribunal;

II – tese firmada em julgamento de casos repetitivos ou em incidente de assunção de competência.

O art. 955 do CPC aduz que o Relator do ***conflito de competência positivo*** poderá determinar, de ofício ou a requerimento das partes, o sobrestamento do processo. Ato contínuo, tanto no conflito ***positivo*** quanto no ***negativo***, poderá designar, desde logo, um dos julgadores para resolver em caráter provisório as medidas urgentes.

Norma semelhante está prevista no inciso II do art. 809 da CLT, ao passo que o art. 204 do Regimento Interno do TST traz regramento idêntico ao disposto no CPC.

Nesse sentido, nos termos do parágrafo único do art. 954 do CPC e art. 204 do Regimento Interno do TST:

Parágrafo único. O relator poderá julgar de plano o conflito de competência quando sua decisão se fundar em:

I – súmula do Supremo Tribunal Federal, do Superior Tribunal de Justiça ou do próprio tribunal;

II – tese firmada em julgamento de casos repetitivos ou em incidente de assunção de competência

Artigo 956

Decorrido o prazo designado pelo relator, será ouvido o Ministério Público, no prazo de 5 (cinco) dias, ainda que as informações não tenham sido prestadas, e, em seguida, o conflito irá a julgamento.

O art. 956 do Novo CPC trata dos trâmites finais do julgamento do conflito.

Conforme já demonstrado nos comentários dos artigos anteriores deste Capítulo, o ***conflito de competência*** está regulamentado pela Consolidação das Leis do Trabalho, assim como pelo Regimento Interno do TST, aplicando-se, pois, o Código de Processo Civil supletivamente, e naquilo que compatível.

O art. 809 da CLT trata do procedimento para julgamento do ***conflito de competência***. De sua leitura é possível aferir regramento semelhante ao do art. 956 do CPC:

Art. 809 da CLT: Nos conflitos de jurisdição entre as Juntas e os Juízos de Direito observar-se-á o seguinte:

I – o juiz ou presidente mandará extrair dos autos as provas do conflito e, com a sua informação, remeterá o processo assim formado, no mais breve prazo possível, ao Presidente do Tribunal Regional competente;

II – no Tribunal Regional, logo que der entrada o processo, o presidente determinará a distribuição do feito, podendo o relator ordenar imediatamente às Juntas e aos Juízos, nos casos de conflito positivo, que sobrestejam o andamento dos respectivos processos, e solicitar, ao mesmo tempo, quaisquer informações que julgue convenientes. Seguidamente, será ouvida a Procuradoria, após o que o relator submeterá o feito a julgamento na primeira sessão;

III – proferida a decisão, será a mesma comunicada, imediatamente, às autoridades em conflito, prosseguindo no foro julgado competente.

Observe-se que, nos termos dispostos no Regimento Interno do TST, o prazo para manifestação dos julgadores envolvidos será de 10 dias, não sendo fixado prazo específico para o parecer do Ministério Público, o que demanda a aplicação do art. 956 no conflito de competência suscitado no âmbito do processo do trabalho.

Art. 205. Após a distribuição e sempre que necessário, o relator determinará a oitiva das autoridades em conflito, no prazo de 10 (dez) dias.

Art. 206. Prestadas ou não as informações, o relator, se for o caso, dará vista do processo ao Ministério Público do Trabalho e, após, apresentá-lo-á em mesa para julgamento.

Artigo 957

Ao decidir o conflito, o tribunal declarará qual o juízo competente, pronunciando-se também sobre a validade dos atos do juízo incompetente.

Parágrafo único. Os autos do processo em que se manifestou o conflito serão remetidos ao juiz declarado competente.

O art. 957 do CPC trata da conclusão do julgamento do *conflito de competência*, determinando as mesmas medidas constantes do inciso III do art. 809 da CLT (**art. 809, III, da CLT** — proferida a decisão, será a mesma comunicada, imediatamente, às autoridades em conflito, prosseguindo no foro julgado competente), além da necessidade de pronunciamento sobre a validade dos atos do juiz incompetente.

Não se pode olvidar que nos termos do art. 64, § 4º, do CPC(133), salvo decisão judicial em sentido contrário, os efeitos da decisão proferida pelo Juízo incompetente serão preservados até que outra seja proferida, se for o caso, pelo competente, o que também se aplica no processo do trabalho.

Artigo 958

No conflito que envolva órgãos fracionários dos tribunais, desembargadores e juízes em exercício no tribunal, observar-se-á o que dispuser o regimento interno do tribunal.

O artigo em comento é autoexplicativo. Determina que os conflitos envolvendo órgãos fracionários dos Tribunais, desembargadores e juízes em exercício, deverão sempre observar as disposições regimentais, o que temos feito inclusive nesses comentários.

É exatamente nesse sentido que o art. 209 do Regimento Interno do TST repete e aglutina, nos mesmos termos, o comando dos arts. 958 e 959 do CPC.

Artigo 959

O regimento interno do tribunal regulará o processo e o julgamento do conflito de atribuições entre autoridade judiciária e autoridade administrativa.

Conforme exposto no comentário do artigo anterior, o art. 209 do Regimento Interno do TST repetiu e aglutinou, nos mesmos termos, os comandos dos arts. 958 e 959 do CPC.

Dessa forma, restou determinado que o processo e o julgamento do conflito de atribuições entre autoridade judiciária e autoridade administrativa serão disciplinados pelos Regimentos Internos dos Tribunais.

Para finalizar a temática, cumpre trazer a lume o disposto no art. 208 do Regimento Interno do TST, que regula questão não tratada pelo CPC, a saber, o não cabimento de recurso em face da decisão de *conflito de competência*:

> **Art. 208 do Regimento Interno do TST.** Salvo embargos de declaração, da decisão que resolver o conflito não caberá recurso, nem poderá a matéria ser renovada na discussão da causa principal.

CAPÍTULO VI — DA HOMOLOGAÇÃO DE DECISÃO ESTRANGEIRA E DA CONCESSÃO DO EXEQUATUR À CARTA ROGATÓRIA

Artigo 960

A homologação de decisão estrangeira será requerida por ação de homologação de decisão estrangeira, salvo disposição especial em sentido contrário prevista em tratado.

§ 1º A decisão interlocutória estrangeira poderá ser executada no Brasil por meio de carta rogatória.

§ 2º A homologação obedecerá ao que dispuserem os tratados em vigor no Brasil e o Regimento Interno do Superior Tribunal de Justiça.

§ 3º A homologação de decisão arbitral estrangeira obedecerá ao disposto em tratado e em lei, aplicando-se, subsidiariamente, as disposições deste Capítulo.

O Capítulo em questão regulamenta a homologação das decisões estrangeiras e a concessão do *exequatur* à Carta Rogatória.

(133) **Art. 64, do CPC:** "A incompetência, absoluta ou relativa, será alegada como questão preliminar de contestação. § 4º Salvo decisão judicial em sentido contrário, conservar-se-ão os efeitos de decisão proferida pelo juízo incompetente até que outra seja proferida, se for o caso, pelo juízo competente".

A **Carta Rogatória**[134], por sua vez, é o instrumento jurídico utilizado para que um país requeira ao Poder Judiciário de outro o cumprimento de determinado ato processual.

Nos termos do art. 105, I, "*i*", da Constituição Federal, o **órgão competente** para tais atos é o Superior Tribunal de Justiça — STJ:

Art. 105. Compete ao Superior Tribunal de Justiça:

I - processar e julgar, originariamente:

i) a homologação de sentenças estrangeiras e a concessão de *exequatur* às cartas rogatórias;

Tal função era anteriormente desenvolvida pelo Supremo Tribunal Federal, cuja competência foi alterada pela Emenda Constitucional n. 45 (Reforma do Judiciário) para o Superior Tribunal de Justiça, de forma a desafogar a Corte Suprema Constitucional.

O § 1º dispõe que a **decisão interlocutória estrangeira**, considerada **título executivo extrajudicial**[135], poderá ser executada no Brasil por meio de Carta Rogatória.

No que tange à homologação de sentença estrangeira, o § 2º exige a observância dos Tratados Internacionais em vigor no Brasil e o Regimento Interno do STJ.

A decisão arbitral estrangeira também poderá ser homologada, nos termos do disposto em Tratados e leis, aplicando--se, subsidiariamente, as disposições do Código de Processo Civil brasileiro. Observa-se, contudo, que em razão do princípio da máxima eficácia, deve-se observar a regra mais favorável à homologação em questão, o que é corroborado pelo Enunciado n. 85 do Fórum Permanente de Processualistas Civis — FPPC[136].

O regramento em questão não encontra correspondência na Consolidação das Leis do Trabalho — CLT, mas, a despeito de a Instrução Normativa n. 39 do TST nada dispor sobre sua aplicabilidade ao Processo do Trabalho, não vemos nenhum óbice para que essa atribuição do STJ envolva e incida sobre decisões que tenham solucionado conflitos trabalhistas em outro país, desde que respeitados os princípios do Direito do Trabalho e as regras do CPC.

Artigo 961

A decisão estrangeira somente terá eficácia no Brasil após a homologação de sentença estrangeira ou a concessão do *exequatur* às cartas rogatórias, salvo disposição em sentido contrário de lei ou tratado.

§ 1º É passível de homologação a decisão judicial definitiva, bem como a decisão não judicial que, pela lei brasileira, teria natureza jurisdicional.

§ 2º A decisão estrangeira poderá ser homologada parcialmente.

§ 3º A autoridade judiciária brasileira poderá deferir pedidos de urgência e realizar atos de execução provisória no processo de homologação de decisão estrangeira.

§ 4º Haverá homologação de decisão estrangeira para fins de execução fiscal quando prevista em tratado ou em promessa de reciprocidade apresentada à autoridade brasileira.

§ 5º A sentença estrangeira de divórcio consensual produz efeitos no Brasil, independentemente de homologação pelo Superior Tribunal de Justiça.

§ 6º Na hipótese do § 5º, competirá a qualquer juiz examinar a validade da decisão, em caráter principal ou incidental, quando essa questão for suscitada em processo de sua competência.

---

(134) **Art. 36 do CPC.** O procedimento da carta rogatória perante o Superior Tribunal de Justiça é de jurisdição contenciosa e deve assegurar às partes as garantias do devido processo legal. § 1º A defesa restringir-se-á à discussão quanto ao atendimento dos requisitos para que o pronunciamento judicial estrangeiro produza efeitos no Brasil. § 2º Em qualquer hipótese, é vedada a revisão do mérito do pronunciamento judicial estrangeiro pela autoridade judiciária brasileira.

(135) **Art. 515 do CPC.** São títulos executivos judiciais, cujo cumprimento dar-se-á de acordo com os artigos previstos neste Título: IX – a decisão interlocutória estrangeira, após a concessão do exequatur à carta rogatória pelo Superior Tribunal de Justiça;

(136) **Enunciado n. 85 do FPPC:** Deve prevalecer a regra de direito mais favorável na homologação de sentença arbitral estrangeira em razão do princípio da máxima eficácia.

Nos termos do artigo em comento, via de regra, a eficácia da decisão estrangeira apenas será reconhecida no Brasil após sua homologação pelo STJ ou a concessão do *exequatur* às Cartas Rogatórias.

A exceção diz respeito à sentença estrangeira de divórcio consensual, que produz efeitos no país, independentemente de homologação pelo órgão competente (*vide* § 5º), bastando que qualquer juiz, em caráter principal ou incidental, examine a validade da decisão no curso do processo de sua competência em que a questão seja suscitada.

Conforme se extrai do **§ 1º**, apenas serão homologadas as decisões judiciais definitivas, e as decisões extrajudiciais consideradas, pela lei brasileira, com natureza jurisdicional, podendo inclusive, ser parcialmente homologadas (*vide* **§ 2º**). Nesse sentido é o **Enunciado n. 553 do Fórum Permanente de Processualistas Civis — FPPC**(137), que submete a sentença arbitral parcial ao regime de homologação disciplinado pelo CPC.

Dispõe o Acesso em, ser cabível a realização de atos de urgência (*vide* arts. 300 a 310 do CPC) e execução provisória pelo STJ, no curso do processo homologatório.

As decisões referentes à execução fiscal apenas serão homologadas quando existir Tratado ou promessa de reciprocidade devidamente entregue à autoridade do Brasil.

Novamente, o regramento em questão não encontra correspondência na Consolidação das Leis do Trabalho — CLT, mas, a despeito de a Instrução Normativa n. 39 do TST, nada dispor sobre sua aplicabilidade ao Processo do Trabalho, não vemos nenhum óbice para que essa atribuição do STJ envolva e incida sobre decisões que tenham solucionado conflitos trabalhistas em outro país, desde que respeitados os princípios do Direito do Trabalho e as regras do CPC, aqui comentadas.

Artigo 962

É passível de execução a decisão estrangeira concessiva de medida de urgência.

§ 1º A execução no Brasil de decisão interlocutória estrangeira concessiva de medida de urgência dar-se-á por carta rogatória.

§ 2º A medida de urgência concedida sem audiência do réu poderá ser executada, desde que garantido o contraditório em momento posterior.

§ 3º O juízo sobre a urgência da medida compete exclusivamente à autoridade jurisdicional prolatora da decisão estrangeira.

§ 4º Quando dispensada a homologação para que a sentença estrangeira produza efeitos no Brasil, a decisão concessiva de medida de urgência dependerá, para produzir efeitos, de ter sua validade expressamente reconhecida pelo juiz competente para dar-lhe cumprimento, dispensada a homologação pelo Superior Tribunal de Justiça.

O dispositivo em comento disciplina a execução de decisões estrangeiras que concedem medidas de urgência, esclarecendo que o juízo sobre a alegada urgência compete exclusivamente à autoridade prolatora da decisão no estrangeiro (*vide* **§ 2º**).

Nada obstante, quando dispensada a homologação para a produção de efeitos, a decisão concessiva apenas produzirá efeitos se sua validade for expressamente reconhecida pelo Julgador responsável por dar-lhe cumprimento (*vide* **§ 4º**).

Esclarece-se, ainda, nos termos dos §§ 1º e 2º que referidas decisões comissivas de medida de urgência sejam executadas mediante Carta Rogatória e que, para preservar os princípios da ampla defesa e do contraditório, a execução de medidas concedidas sem audiência do réu deverão garantir o contraditório em momento posterior.

Mais uma vez, o regramento em questão não encontra correspondência na Consolidação das Leis do Trabalho — CLT, mas, conforme já dito nos comentários anteriores, apesar de nada dispor a Instrução Normativa n. 39 do TST sobre sua aplicabilidade ao Processo do Trabalho, não há qualquer óbice para a atribuição do STJ ser exercida em torno de conflitos trabalhistas, desde que respeitados os princípios do Direito do Trabalho e regras do CPC aqui comentadas.

(137) **Enunciado n. 553 do FPPC:** A sentença arbitral parcial estrangeira submete-se ao regime de homologação.

Artigo 963

Constituem requisitos indispensáveis à homologação da decisão:

I - ser proferida por autoridade competente;

II - ser precedida de citação regular, ainda que verificada a revelia;

III - ser eficaz no país em que foi proferida;

IV - não ofender a coisa julgada brasileira;

V - estar acompanhada de tradução oficial, salvo disposição que a dispense prevista em tratado;

VI - não conter manifesta ofensa à ordem pública.

Parágrafo único. Para a concessão do exequatur às cartas rogatórias, observar-se-ão os pressupostos previstos no caput deste artigo e no art. 962, § 2º..

O artigo em questão traz taxativamente os requisitos indispensáveis à homologação da decisão estrangeira e andou bem o legislador, haja vista a omissão sobre o tema no CPC de 1973.

Os requisitos para homologação da sentença são os seguintes:

a) ser proferida por autoridade competente (competência nos termos da legislação estrangeira);

b) ser precedida de citação regular, ainda que verificada a revelia (a fim de comprovar a ciência do réu);

c) ser eficaz no país em que foi proferida (não será homologada, por exemplo, uma decisão nula);

d) não ofender a coisa julgada brasileira (garantia constitucional assegurada pelo inciso XXXVI do art. 5º da CR/88);

e) estar acompanhada de tradução oficial, salvo disposição que a dispense prevista em tratado (nos termos do art. 192 do CPC[138]);

f) não conter manifesta ofensa à ordem pública.

Além dos requisitos supratranscritos para concessão do *exequatur* às Cartas Rogatórias, com o intuito de preservar os princípios da ampla defesa e do contraditório, observar-se-á um contraditório diferido sempre que as medidas de urgência forem concedidas sem audiência o ao réu.

O regramento pode ser aplicado na solução de conflitos trabalhistas, diante da inexistência de regra correspondente na Consolidação das Leis do Trabalho — CLT, desde que respeitados os princípios do direito do Trabalho e observadas todas as regras do CPC ora comentadas.

Artigo 964

Não será homologada a decisão estrangeira na hipótese de competência exclusiva da autoridade judiciária brasileira.

Parágrafo único. O dispositivo também se aplica à concessão do *exequatur* à carta rogatória.

O artigo em comento é autoexplicativo e dispõe que o STJ não homologará a decisão estrangeira, tampouco concederá a *exequatur* à Carta Rogatória, quando reconhecer que a competência para deliberar sobre a matéria é exclusiva da autoridade judiciária brasileira.

O mesmo pode se dizer acerca das sentenças arbitrais, conforme aclamado pelo Enunciado n. 86 do Fórum Permanente de Processualistas Civis — FPPC[139],

(138) **Art. 192 do CPC:** Em todos os atos e termos do processo é obrigatório o uso da língua portuguesa. **Parágrafo único.** O documento redigido em língua estrangeira somente poderá ser juntado aos autos quando acompanhado de versão para a língua portuguesa tramitada por via diplomática ou pela autoridade central, ou firmada por tradutor juramentado.

(139) **Enunciado n. 86 do FPPC:** Na aplicação do art. 964 considerar-se-á o disposto no § 3º do art. 960.

As hipóteses de competência exclusiva da autoridade judiciária brasileira, conforme art. 23 do CPC são: I - conhecer de ações relativas a imóveis situados no Brasil; II - em matéria de sucessão hereditária, proceder à confirmação de testamento particular e ao inventário e à partilha de bens situados no Brasil, ainda que o autor da herança seja de nacionalidade estrangeira ou tenha domicílio fora do território nacional; III - em divórcio, separação judicial ou dissolução de união estável, proceder à partilha de bens situados no Brasil, ainda que o titular seja de nacionalidade estrangeira ou tenha domicílio fora do território nacional.

O regramento em questão também se aplica ao processo do trabalho.

Artigo 965

O cumprimento de decisão estrangeira far-se-á perante o juízo federal competente, a requerimento da parte, conforme as normas estabelecidas para o cumprimento de decisão nacional.

Parágrafo único. O pedido de execução deverá ser instruído com cópia autenticada da decisão homologatória ou do *exequatur*, conforme o caso.

O artigo em análise trata do cumprimento da decisão estrangeira homologada e execução de Carta Rogatória, após o *exequatur*.

A competência para tanto foi designada ao Juiz Federal, a requerimento da parte e de acordo com as normas estabelecidas para cumprimento da decisão, observando-se sempre a regra de direito mais favorável[(140)].

Essa competência, omissa no CPC de 1973, está também prevista na Constituição Federal, que assim regula a questão:

Art. 109. Aos juízes federais compete processar e julgar:

X - os crimes de ingresso ou permanência irregular de estrangeiro, **a execução de carta rogatória, após o "*exequatur*", e de sentença estrangeira, após a homologação**, as causas referentes à nacionalidade, inclusive a respectiva opção, e à naturalização. (Grifei)

Novamente, o regramento em questão não encontra correspondência na Consolidação das Leis do Trabalho — CLT e, como já dito e repetido, apesar de nada dispor a Instrução Normativa n. 39 do TST, não há óbice para aplicação na solução de conflitos trabalhistas.

CAPÍTULO VII — DA AÇÃO RESCISÓRIA

Artigo 966

A decisão de mérito, transitada em julgado, pode ser rescindida quando:

I - se verificar que foi proferida por força de prevaricação, concussão ou corrupção do juiz;

II - for proferida por juiz impedido ou por juízo absolutamente incompetente;

III - resultar de dolo ou coação da parte vencedora em detrimento da parte vencida ou, ainda, de simulação ou colusão entre as partes, a fim de fraudar a lei;

IV - ofender a coisa julgada;

V - violar manifestamente norma jurídica;

VI - for fundada em prova cuja falsidade tenha sido apurada em processo criminal ou venha a ser demonstrada na própria ação rescisória;

VII - obtiver o autor, posteriormente ao trânsito em julgado, prova nova cuja existência ignorava ou de que não pôde fazer uso, capaz, por si só, de lhe assegurar pronunciamento favorável;

VIII - for fundada em erro de fato verificável do exame dos autos.

---

(140) **Enunciado n. 85 do FPPC:** Deve prevalecer a regra de direito mais favorável na homologação de sentença arbitral estrangeira em razão do princípio da máxima eficácia.

§ 1º Há erro de fato quando a decisão rescindenda admitir fato inexistente ou quando considerar inexistente fato efetivamente ocorrido, sendo indispensável, em ambos os casos, que o fato não represente ponto controvertido sobre o qual o juiz deveria ter se pronunciado.

§ 2º Nas hipóteses previstas nos incisos do caput, será rescindível a decisão transitada em julgado que, embora não seja de mérito, impeça:

I – nova propositura da demanda; ou

II – a admissibilidade do recurso correspondente.

§ 3º A ação rescisória pode ter por objeto apenas 1 (um) capítulo da decisão.

§ 4º Os atos de disposição de direitos, praticados pelas partes ou por outros participantes do processo e homologados pelo juízo, bem como os atos homologatórios praticados no curso da execução, estão sujeitos à anulação, nos termos da lei.

§ 5º Cabe ação rescisória, com fundamento no inciso V do *caput* deste artigo, contra decisão baseada em enunciado de súmula ou acórdão proferido em julgamento de casos repetitivos que não tenha considerado a existência de distinção entre a questão discutida no processo e o padrão decisório que lhe deu fundamento.

§ 6º Quando a ação rescisória fundar-se na hipótese do § 5º deste artigo, caberá ao autor, sob pena de inépcia, demonstrar, fundamentadamente, tratar-se de situação particularizada por hipótese fática distinta ou de questão jurídica não examinada, a impor outra solução jurídica.

O art. 966 e seguintes do CPC tratam do importante instituto da demanda rescisória, ação de impugnação autônoma de decisões transitadas em julgado de índole constitucional e de caráter excepcionalíssimo por ter o condão de desconstituir a coisa julgada, instituto necessário à segurança jurídica das relações jurídico processuais pela estabilidade ao estabelecerem o fim do processo diante da imutabilidade do julgado.

Como tal dispositivo se aplica no processo do trabalho?

No Brasil, além da **supletividade aberta**, por meio da qual se aplica o Processo Comum nas hipóteses de omissão da Lei Trabalhista (previsão dos arts. 769 e 889 da CLT), também há a **supletividade expressa**, nos casos em que a Consolidação das Leis do Trabalho — CLT, indica pontualmente os artigos do Código de Processo Civil — CPC a serem aplicados ao Processo do Trabalho.

A supletividade expressa pode ser extraída, por exemplo, da redação do art. 836 da CLT, que indica a possibilidade de utilização da Ação Rescisória regulamentada pelo CPC, na seara trabalhista, *in verbis:*

> **Art. 836.** É vedado aos órgãos da Justiça do Trabalho conhecer de questões já decididas, excetuados os casos expressamente previstos neste Título e a ação rescisória, que será admitida na forma do disposto no **Capítulo IV do Título IX da Lei n. 5.869, de 11 de janeiro de 1973 — Código de Processo Civil**, sujeita ao depósito prévio de 20% (vinte por cento) do valor da causa, salvo prova de miserabilidade jurídica do autor.
>
> Parágrafo único. A execução da decisão proferida em ação rescisória far-se-á nos próprios autos da ação que lhe deu origem, e será instruída com o acórdão da rescisória e a respectiva certidão de trânsito em julgado.

Apesar de a Súmula n. 338 do STF[141] vedar o cabimento de Ação Rescisória na Justiça do Trabalho, observa-se que a legislação trabalhista acolheu expressamente o instituto, que tem sido amplamente aceito pelos Tribunais Regionais do Trabalho e pelo Tribunal Superior do Trabalho — TST, o que é corroborado pela Instrução Normativa n. 39 do TST, que dispõe:

> **Art. 3º** Sem prejuízo de outros, aplicam-se ao Processo do Trabalho, em face de omissão e compatibilidade, os preceitos do Código de Processo Civil que regulam os seguintes temas:
>
> XXVI – arts. 966 a 975 (ação rescisória)

Dessa forma, o art. 836 da CLT, que determina a aplicação do CPC de 1973 ao Processo do Trabalho, deve ser compreendido nos termos regulamentados pelo CPC de 2015 e a disposição dos seus artigos correlatos, a saber, 966 a 975, ora em comento.

(141) **Súmula n. 338 do STF:** "Não cabe ação rescisória no âmbito da Justiça do Trabalho".

Conforme assente em trabalho anterior[(142)], a Sentença maculada por graves vícios, mesmo após o seu trânsito em julgado, representa maior nocividade à ordem pública do que se admitir a sua revogação. Isso porque, a segurança jurídica não prescinde de decisões justas, isentas de vícios ligados às partes, às provas, ao julgador ou à própria sentença. Exatamente nesse sentido é que se revela oportuna a utilização da Ação Rescisória.

Segundo Nelson Nery Júnior, a "ação rescisória tem como finalidade a alteração de um estado jurídico já existente, alcançado com a autoridade da coisa julgada que pesa contra a sentença firme" [(143)].

A possibilidade de alteração de um estado jurídico consolidado por uma decisão judicial transitada em julgado, quando maculada por algum dos graves vícios elencados no *caput* do art. 966 do CPC, representa o anseio de toda a coletividade, por inexistir segurança jurídica em relação à coisa julgada formada nessas condições. Assim, o valor justiça e a necessidade de observância do ordenamento jurídico justificam a possibilidade de rescisão do julgamento.

O escopo da Ação Rescisória é, pois, reestabelecer a ordem jurídica, representada por um ideal de justiça, sobrepondo-se, consequentemente, à ideia e ao princípio da segurança jurídica consubstanciada na coisa julgada. Sobre essa premissa, interessante é a lição de Moacyr Lobo da Costa, segundo o qual: "O respeito à autoridade da coisa julgada, fundamento da estabilidade da ordem jurídica, não se compadece com a existência de sentenças que tenham atentado contra esta mesma ordem, que aos juízes incumbe tutelar e não violar"[(144)].

A gênese da Ação Rescisória, como meio extraordinário e excepcional de combate à coisa julgada, pode ser encontrada no instituto *restituto in integrum*, do Direito Romano.

Extrai-se da história que, mesmo quando um negócio ou ato jurídico fosse considerado válido, o Pretor poderia, com base na equidade, e desde que entendesse existente motivo relevante para tal fim, corrigir o próprio *ius civile*, concedendo a providência denominada *restitutio in integrum*, em que as partes seriam reconduzidas ao estado anterior, como se o ato não houvesse sido praticado.

Aos poucos, a concessão da *restitutio in integrum* passou a ter cabimento somente em hipóteses compiladas e devidamente autorizadas pelo Pretor. Diante do crescimento de seu poder no último Século da República, e tendo em vista a inexistência de qualquer recurso contra a decisão do *iudex*, a *restitutio in integrum* passou também a ser utilizada contra Sentenças.

Alguns exemplos que ensejavam a *restitutio in integrum* colhidos na doutrina são a *minus petitio*, isso é, a decisão que não contempla a integralidade do pedido do autor; o descobrimento de que a sentença se baseara em falso testemunho ou em documento falso; a descoberta de novos documentos que pudessem conduzir a solução diversa, dentre outras hipóteses.

O Código de Processo Civil de 2015, por sua vez, trouxe algumas alterações no regramento do instituto, o que será abordado ao longo do comentário dos dispositivos legais.

O objeto da Ação Rescisória pode ser extraído do *caput* do art. 966 do CPC, ao estabelecer que "a decisão de mérito, transitada em julgado, pode ser rescindida quando".

Observe-se que a expressão **"decisão de mérito"**, leva a crer que, **ainda que transitória**, essa poderá, ainda assim, desafiar uma Ação Rescisória.

Conforme debatido em outra oportunidade:

> [...] para fins de ação rescisória o que importa é o conteúdo. Tratando-se de decisão de mérito, ainda que não seja final, porém capaz de projetar efeitos externos ao processo e disciplinar as relações jurídicas entre as partes, tal

(142) SILVA, Bruno Freire e. A ação rescisória na justiça do trabalho sob a égide do novo CPC — Principais alterações. In: BELMONTE, Alexandre Agra; DUARTE, Bento Herculano; SILVA, Bruno Freire e (Orgs.). *O novo CPC aplicado ao processo do trabalho* — Parte Geral I, Processo de Conhecimento, execução, processos nos tribunais e meios de impugnação das decisões judiciais. 1. ed. São Paulo: LTr, 2016. v. 1, p. 184-199.

(143) JÚNIOR, Nelson Neri. *Princípios fundamentais:* teoria geral dos recursos, 2. ed. São Paulo: RT, 1993.

(144) LOBO DA COSTA, Moacyr. Cumulação de Juízos da Ação Rescisória. *Revista de Processo*, n. 43, p. 39.

julgamento está suscetível a ficar acobertado pela *res iudicata* e, consequentemente, poderá ser desconstituído via ação rescisória.[(145)]

No mesmo sentido é o entendimento consubstanciado no **Enunciado n. 336 do Fórum Permanente de Processualistas Civis — FPPC**, segundo o qual: "Cabe ação rescisória contra decisão interlocutória de mérito".

Nessa perspectiva já dispunha o Código de Processo Civil de 1973, no qual a Ação Rescisória foi concebida como meio de impugnação da decisão judicial que fizesse coisa julgada material, sendo cabível, portanto, **exclusivamente contra decisão de mérito**, o que era aferido da dicção literal do *caput* do seu art. 485.

Nesse sentido, Cândido Rangel Dinamarco explicitava que a Ação Rescisória seria "tradicionalmente apontada como um remédio rigorosamente extraordinário de infringência à coisa julgada material"[(146)], concluindo que, somente decisões de mérito poderiam ser desconstituídas pela Ação Rescisória, porque apenas os efeitos substanciais dessas decisões se tornavam imutáveis pela autoridade da coisa julgada material.

Na Justiça do Trabalho não haveria de ser diferente. Apenas as decisões meritórias eram atacadas mediante Ação Rescisória, o que restava claro a partir do entendimento pacificado pelo Tribunal Superior do Trabalho, por meio de seus enunciados de Súmula e Orientações Jurisprudenciais.

Com efeito, por meio da Súmula n. 413, o TST sedimentou o não cabimento de Ação Rescisória em face de decisão que não conhece de recurso, justamente por não haver apreciação meritória, *in verbis*:

Súmula n. 413 do TST: AÇÃO RESCISÓRIA. SENTENÇA DE MÉRITO. VIOLAÇÃO DO ART. 896, *"A"*, DA CLT. É incabível ação rescisória, por violação do art. 896, *"a"*, da CLT, contra decisão que não conhece de recurso de revista, com base em divergência jurisprudencial, pois não se cuida de sentença de mérito (art. 485 do CPC).

Do mesmo modo, o TST afastou a aplicação da Ação Rescisória contra decisões proferidas em Ação de Cumprimento, em se tratando de Dissídios Coletivos, por entender que nessas ocorria coisa julgada formal, como se constata da Súmula n. 397 do TST:

Súmula n. 397 do TST: AÇÃO RESCISÓRIA. ART. 485, IV, DO CPC. AÇÃO DE CUMPRIMENTO. OFENSA À COISA JULGADA EMANADA DE SENTENÇA NORMATIVA MODIFICADA EM GRAU DE RECURSO. INVIABILIDADE. CABIMENTO DE MANDADO DE SEGURANÇA. Não procede ação rescisória calcada em ofensa à coisa julgada perpetrada por decisão proferida em ação de cumprimento, em face de a sentença normativa, na qual se louvava, ter sido modificada em grau de recurso, porque em dissídio coletivo somente se consubstancia coisa julgada formal. Assim, os meios processuais aptos a atacarem a execução da cláusula reformada são a exceção de pré-executividade e o mandado de segurança, no caso de descumprimento do art. 572 do CPC.

Nada obstante, o § 2º do art. 966 do Código de Processo Civil de 2015 trouxe algumas hipóteses em que, ainda que a decisão não decida efetivamente o mérito, essa poderá ser rescindida, uma vez que o seu conteúdo impede a propositura de nova demanda ou nega admissibilidade ao recurso correspondente.

Dessa forma, as citadas Súmulas relativas à restrição da propositura de Ação Rescisória apenas contra decisões definitivas, ou seja, de mérito, precisarão ser revistas. Aliás, parte da doutrina, inclusive trabalhista, já criticava a subordinação da Ação Rescisória à natureza meritória da decisão rescindenda, como fez Manoel Antonio Teixeira Filho[(147)], em crítica à Súmula n. 413 do TST:

Tendo em conta o dogmatismo dessa Súmula, consistente em subordinar o exercício da ação rescisória à existência de um pronunciamento sobre o mérito, cumpre-nos reforçar os argumentos opostos, que temos sustentado. Com vistas a isso, devemos, desde logo, formular uma indagação essencial: por que motivo o legislador teria, por exemplo, previsto o uso dessa ação quando a decisão violasse, de modo manifesto norma jurídica (art. 966, inciso V)? Certamente, para restabelecer a supremacia da ordem legal (e constitucional), contravinda por um pronunciamento jurisdicional. Sendo assim, fica claro que o valor a ser protegido, por meio da rescisória, nesta hipótese, é a mencionada supremacia da ordem constitucional. Pois bem. Sob essa perspectiva, que relevância tem o fato de alguma decisão judicial não

(145) SILVA, Bruno Freire e. *Ação Rescisória* — Possibilidade e Forma de Suspensão da Execução da Decisão Rescindenda. 2. Ed. Curitiba: Juruá, 2012. p. 70-71.

(146) DINAMARCO, Cândido Rangel. *Nova era do processo civil*. 3. ed. São Paulo: Malheiros, 2009. p. 258.

(147) TEIXEIRA FILHO, Manoel Antonio. *A ação rescisória no processo do trabalho*. 4. ed. São Paulo: LTr, 2005.

haver ingressado no exame de mérito, embora fique evidente a violação por ela perpetrada à Lei ou à Constituição da República? Posta à frente, enfim, que importância teria a particularidade de a sentença ou o acórdão não haver solucionado o conflito de interesses, se, a despeito disso, ficou patente o espezinhamento do ordenamento legal, assim como, o prejuízo irreparável acarretado à parte (recurso não admitido)?

Em relação ao tema, havia, ainda, incongruência entre o *caput* do antigo art. 485 (equivalente ao *caput* do art. 966 do CPC/15, em comento) e um de seus incisos, que tratava da **invalidação da desistência**, corretamente diagnosticado por Pontes de Miranda(148):

> No art. 485 do CPC de 1973, fala-se da rescindibilidade das sentenças de mérito; mas o próprio Código de 1973, que fez rescindível a sentença que se fundou em desistência invalidável (art. 485, inc. VIII), ao enumerar as sentenças que extinguem o processo "sem julgamento de mérito," pôs a desistência da ação. O art. 485 diz que pode ser rescindida a sentença, nas espécies que se apontam de "de mérito"; de modo que se excluiriam todas as sentenças que extinguem o processo sem julgamento de mérito (cf. art. 267). Ora, a desistência, p. ex., está no próprio Código, art. 267, inciso VIII, como um dos fundamentos para a sentença que extinga o processo sem julgamento de mérito, de jeito que não se pode dar acolhida inexecutável ao que se diz no começo do art. 485 ("a sentença de mérito transitada em julgado"), pois haveria contradição entre os dois trechos.

Nesse diapasão, a mudança legislativa para possibilitar o manejo de Ação Rescisória contra decisão terminativa, nos limites do § 2º do art. 966 do CPC (decisão transitada em julgado ainda que não seja de mérito, mas que impeça nova propositura da ação ou admissibilidade do recurso correspondente) foi acertada e terá repercussões no Processo do Trabalho, uma vez que, conforme já dito, a Instrução Normativa n. 39 concebeu a aplicação desse dispositivo na seara trabalhista.

Não se pode deixar de registrar aqui, que já existiam posições avançadas do TST no sentido de conhecer Ação Rescisória em decisões terminativas, mas que chegaram, de certa forma, a analisar o mérito da demanda. Por exemplo, em se tratando de decisão que, a despeito do indeferimento da petição inicial, tenha apreciado o mérito na fundamentação, admitia-se a Ação Rescisória, a teor do que determinava a Súmula n. 411 do TST, *in verbis*:

> **Súmula n. 411 do TST:** AÇÃO RESCISÓRIA. SENTENÇA DE MÉRITO. DECISÃO DE TRIBUNAL REGIONAL DO TRABALHO EM AGRAVO REGIMENTAL CONFIRMANDO DECISÃO MONOCRÁTICA DO RELATOR QUE, APLICANDO A SÚMULA N. 83 DO TST, INDEFERIU A PETIÇÃO INICIAL DA AÇÃO RESCISÓRIA. CABIMENTO. Se a decisão recorrida, em agravo regimental, aprecia a matéria na fundamentação, sob o enfoque das Súmulas ns. 83 do TST e 343 do STF, constitui sentença de mérito, ainda que haja resultado no indeferimento da petição inicial e na extinção do processo sem julgamento do mérito. Sujeita-se, assim, à reforma pelo TST, a decisão do Tribunal que, invocando controvérsia na interpretação da lei, indefere a petição inicial de ação rescisória.

Também nesse sentido, o TST entendeu pelo cabimento de Ação Rescisória contra o Acórdão que, **embora não conhecesse** "de recurso de embargos ou de revista, analisando arguição de violação de dispositivo de lei material ou decidindo em consonância com súmula de direito material ou com iterativa, notória e atual jurisprudência de direito material da Seção de Dissídios Individuais (Súmula n. 333), **examina o mérito da causa**" (Súmula n. 192, item II).

Além disso, o TST também previu o cabimento da Ação Rescisória contra decisões que analisassem apenas questões processuais, sem adentrar ao mérito específico da demanda, desde que essas constituíssem pressuposto de validade da sentença de mérito, conforme o disposto na Súmula n. 412 do TST:

> **Súmula n. 412 do TST:** AÇÃO RESCISÓRIA. SENTENÇA DE MÉRITO. QUESTÃO PROCESSUAL. Pode uma questão processual ser objeto de rescisão desde que consista em pressuposto de validade de uma sentença de mérito.

Ao final, e para concluir, o **Enunciado n. 555 do FPPC**, consubstanciou um entendimento que ratifica a alteração legislativa, ao dispor que: "Nos casos em que tanto a decisão de inadmissibilidade do recurso, quanto a decisão recorrida apresentem vícios rescisórios, ambas serão rescindíveis, ainda que proferidas por órgãos jurisdicionais diversos."

Ainda no que tange ao tópico 'objeto', nos termos dispostos no § 3º, do art. 966 em comento, a Ação Rescisória pode atacar apenas parte da decisão, abarcando, por exemplo, apenas 1 (um) de seus capítulos.

---

(148) MIRANDA, Pontes de. *Tratado da Ação Rescisória*. Campinas: Bookseller, 1998. p. 215.

A doutrina dos 'Capítulos Sentenciais' encontra-se claramente refletida em alguns dispositivos do CPC, como, por exemplo, os arts. 1.013, §§ 1º e 5º, art. 509, § 1º [(149)]. Com fulcro nessa, toda Sentença é passível de divisão em "capítulos", considerados unidades autônomas de um todo formalmente único, que constitui a íntegra da decisão (o que é muito comum no Processo do Trabalho, em que há cumulação de pedidos). Por serem independentes, cada "capítulo" pode transitar em julgado em momentos distintos, e mesmo que transitados em conjunto, podem ser objetos autônomos de uma Ação Rescisória, que não precisa abarcar a integralidade do julgado (demais pleitos constantes da decisão).

Corroborando o exposto é o **Enunciado n. 337 do FPPC**, que dispõe "A competência para processar a ação rescisória contra capítulo de decisão deverá considerar o órgão jurisdicional que proferiu o capítulo rescindendo".

A priori, as decisões exclusivamente homologatórias não estariam sujeitas à desconstituição por via da Ação Rescisória, podendo ser desconstituídas, na forma dos atos jurídicos em geral, por meio de Ação Anulatória.

A aplicação da Ação Anulatória na Justiça do Trabalho sempre foi defendida por alguns doutrinadores, a exemplo de Mauro Schiavi, em razão da omissão da CLT sobre o tema, lacuna na legislação própria e compatibilidade com os princípios que regem o Direito Processual do Trabalho.

Referido autor aponta que "a ação anulatória tem sido utilizada para desconstituir atos jurídicos firmados no âmbito da relação de trabalho e também atos judiciais em que a decisão é meramente homologatória, sem enfrentamento do mérito"[(150)]. Nesse sentido, afastar-se-ia o cabimento da Ação Rescisória contra decisões que se limitam a homologar atos e decisões, nos exatos termos do § 4º do artigo em comento, inclusive no Processo do Trabalho, que já decidia nesse sentido.

Veja-se a Súmula n. 399 do TST, acerca das decisões homologatórias de adjudicação, arrematação e cálculos, *in verbis*:

Súmula n. 399 do TST: AÇÃO RESCISÓRIA. CABIMENTO. SENTENÇA DE MÉRITO. DECISÃO HOMOLOGATÓRIA DE ADJUDICAÇÃO, DE ARREMATAÇÃO E DE CÁLCULOS.

I – É incabível ação rescisória para impugnar decisão homologatória de adjudicação ou arrematação.

II – A decisão homologatória de cálculos apenas comporta rescisão quando enfrentar as questões envolvidas na elaboração da conta de liquidação, quer solvendo a controvérsia das partes quer explicitando, de ofício, os motivos pelos quais acolheu os cálculos oferecidos por uma das partes ou pelo setor de cálculos, e não contestados pela outra.

Apesar da inaplicabilidade da Ação Rescisória em decisões meramente homologatórias, nos termos trazidos oficialmente pelo CPC e já decididos pelo TST, no Processo do Trabalho deve ser feita uma ressalva no que tange à **decisão de homologação do termo de conciliação previsto no art. 831 da CLT**, *in verbis:*

Art. 831 da CLT. A decisão será proferida depois de rejeitada pelas partes a proposta de conciliação.

Parágrafo único. No caso de conciliação, o termo que for lavrado valerá como decisão irrecorrível, salvo para a Previdência Social quanto às contribuições que lhe forem devidas.

Nesse sentido é a Súmula n. 259 do TST[(151)], que admite o manejo de Ação Rescisória contra decisões homologatórias "independentemente de tratar-se de conciliação ou transação, considerando-se que, faticamente, é praticamente impossível investigar se a decisão que homologa o acordo foi simplesmente homologatória ou se o Juiz do Trabalho investigou o mérito da questão"[(152)].

Ante a controvérsia existente, faz-se necessário perquirir se o entendimento acima exarado, que permite o ajuizamento de Ação Rescisória em face de decisão homologatória de acordo, será superado pela previsão contida no § 4º do art. 966 do CPC/15, em sentido contrário. Entende-se, por ora, que não há que se falar em revogação da Súmula do

---

(149) **Art. 1.013 do CPC/15: § 1º** Serão, porém, objeto de apreciação e julgamento pelo tribunal todas as questões suscitadas e discutidas no processo, ainda que não tenham sido solucionadas, desde que relativas ao capítulo impugnado. **§ 5º** O capítulo da sentença que confirma, concede ou revoga a tutela provisória é impugnável na apelação; e **art. 509, § 1º do CPC/15:** Quando na sentença houver uma parte líquida e outra ilíquida, ao credor é lícito promover simultaneamente a execução daquela e, em autos apartados, a liquidação desta.

(150) SCHAVI, Mauro. *Recursos no Processo do Trabalho*. 2. ed. São Paulo: LTr, 2013. p. 323.

(151) **Súmula n. 259 do TST:** TERMO DE CONCILIAÇÃO. AÇÃO RESCISÓRIA. Só por ação rescisória é impugnável o termo de conciliação previsto no parágrafo único do art. 831 da CLT.

(152) SCHAVI, Mauro. *Recursos no Processo do Trabalho*. 2. ed. São Paulo: LTr, 2013. p. 308.

TST, devendo prevalecer o entendimento sustentado pelo TST, pois em consonância com o art. 831, parágrafo único, da CLT, que dispõe que a homologação de acordo equivale à Sentença, sendo, pois, rescindível.

Nessa hipótese específica, o prazo decadencial para propositura da Ação Rescisória se iniciará na data da homologação judicial, já que, a Súmula n. 100, item V, do TST aduz que "o acordo homologado judicialmente tem força de decisão irrecorrível, na forma do art. 831 da CLT. Assim sendo, o termo conciliatório transita em julgado na data da sua homologação judicial".

Analisadas as mudanças relativas ao objeto da Ação Rescisória, notadamente no que tange às sentenças, acórdãos e decisões interlocutórias, com exame de mérito (definitivas) ou sem (terminativas), bem como questões prejudiciais, é mister passar à análise das alterações relativas às hipóteses de cabimento.

Quanto às hipóteses de cabimento da Ação Rescisória constatam-se as seguintes alterações relevantes na nova ordem processual em relação ao Código de Processo Civil de 1973:

Exclusão das hipóteses de fundamento para invalidar confissão, desistência ou transação[153];

I) A hipótese "violar disposição de lei" foi substituída por "violar manifestamente norma jurídica" (inciso V); e

II) O fundamento de "documento novo" foi ampliado para "prova nova" (inciso VII).

Nesse sentido, as hipóteses foram elencadas da seguinte forma:

I - se verificar que foi proferida por força de prevaricação, concussão ou corrupção do juiz;

II - for proferida por juiz impedido ou por juízo absolutamente incompetente;

III - resultar de dolo ou coação da parte vencedora em detrimento da parte vencida ou, ainda, de simulação ou colusão entre as partes, a fim de fraudar a lei;

IV - ofender a coisa julgada;

V - violar manifestamente norma jurídica;

VI - for fundada em prova cuja falsidade tenha sido apurada em processo criminal ou venha a ser demonstrada na própria ação rescisória;

VII - obtiver o autor, posteriormente ao trânsito em julgado, prova nova cuja existência ignorava ou de que não pôde fazer uso, capaz, por si só, de lhe assegurar pronunciamento favorável;

VIII - for fundada em erro de fato verificável do exame dos autos.

Vejamos cada um separadamente.

I) Decisão proferida por força de prevaricação, concussão ou corrupção do Juiz

Quanto à hipótese do inciso I, aplicável ao Processo do Trabalho, pertine apenas esclarecer os conceitos trazidos.

A *prevaricação,* crime cometido por funcionário público (no caso, o julgador), nos termos do art. 319 do Código Penal, pode corresponder às seguintes atitudes do julgador: *"retardar ou deixar de praticar, indevidamente, ato de ofício, ou praticá-lo contra disposição expressa em lei, para satisfazer interesse ou sentimento pessoal."*

(153) A hipótese do inc. VIII do antigo art. 485 do CPC de 1973 previa a possibilidade de propositura de ação rescisória quando "houver fundamento para invalidar confissão, desistência ou transação, em que se baseou a sentença". A referida opção legislativa sempre foi alvo de muitas críticas da doutrina pátria, sendo, à época, muito defendido que o legislador teria se equivocado ao utilizar o termo *desistência*, que enseja a extinção do processo sem exame do mérito. Na verdade, ele quis falar em "renúncia ao direito" sobre que se funda a ação, instituto que dá azo à extinção do processo com julgamento do mérito, sendo, portanto, passível de rescisão. Na verdade a renúncia, transação ou confissão eram apenas homologadas pelo juiz, e de acordo com o § 4º do art. 966 do CPC, passaram a ser passíveis de anulação e não mais rescisão. Ressalte-se, contudo, a adaptação da hipótese de "transação" na transposição para o Processo do Trabalho. Isso porque, conforme muito bem observam Luiz Guilherme Marinoni e Sérgio Cruz Arenhart*, "embora o Juiz não exponha sua "vontade", o ato de homologação não deixa de adotar expressão da "vontade concreta da lei", não só porque prevista em lei, mas também porque sujeita a requisitos e controles, notadamente, pois diversos direitos trabalhistas são indisponíveis, o que deve ser sempre observado pelos Magistrados. MARINONI, Luiz Guilherme; ARENHART, Sérgio Cruz. *Processo de Conhecimento.* 7. ed. São Paulo: Revista dos Tribunais, 2008. p. 760.

A *Concusão* equivale, por sua vez, ao abuso de poder por parte da autoridade, no caso o julgador. Nos termos previstos no art. 316 do Código Penal, a condição de autoridade, no caso, seria utilizada para obter vantagem para si ou outrem, direta ou indiretamente.

Ao final, a *Corrupção* é a condição aferida quando o julgador solicita ou recebe, para si ou outrem, direta ou indiretamente, vantagem indevida ou promessa de vantagem, tudo nos termos do art. 317 do Código Penal.

Ressalta Moacyr Amaral dos Santos que a não é necessário que o Magistrado seja previamente condenado pela prática viciada, prova essa que pode ser feita no bojo da Ação Rescisória[154].

II) Decisão proferida por juiz impedido ou juízo absolutamente incompetente

Também quanto à hipótese em questão, faz-se necessário delimitar o que seria o impedimento do juiz e incompetência absoluta do juízo.

Quanto ao **impedimento**, trata-se de vício subjetivo que a lei atribui ao julgador, o que elencado (embora não exaustivamente) no art. 144 do CPC[155]. A **suspeição**, prevista no art. 145 do CPC, por sua vez, não necessariamente induz a rescisão, porquanto o dever de abstenção é considerado relativo, podendo ser prorrogado.

Observe-se que o "parentesco por consanguinidade ou afinidade até o terceiro grau civil", letra 'c' do art. 144 do CPC é tratado incorretamente pela CLT como sendo suspeição, razão pela qual deve ser entendido como hipótese de impedimento.

A **incompetência absoluta** do juízo, por sua vez, decorre da matéria, pessoa e/ou hierarquia, sendo improrrogável. Assim como ocorre no Processo Civil, em que a incompetência absoluta deve ser alegada preliminarmente na contestação (art. 337, II, do CPC[156]), no Processo do Trabalho a determinação é a mesma, pois, apenas a incompetência relativa deve ser objeto de 'exceção', nos termos do art. 799 da CLT.

III) Decisão resultante de dolo ou coação da parte vencedora em detrimento da parte vencida ou, ainda, de simulação ou colusão entre as partes, a fim de fraudar a lei

A hipótese de incidência em questão não prescinde da análise dos conceitos de dolo, coação, simulação e colusão.

A parte que age com *dolo* é aquela que emprega meios ardilosos que atentam contra os deveres de lealdade e boa-fé processual em detrimento da parte contrária. Nesse sentido, diversos atos podem implicar dolo, o que impede a devida atuação dos atores processuais a ensejar real prejuízo.

Sustenta-se, na oportunidade, que não seria cabível ação rescisória em face de decisão homologatória de acordo fundada em "dolo da parte vencedora em detrimento da vencida", uma vez que o acordo judicial homologado configura uma transação bilateral e consensual, não havendo que se falar em parte vencedora ou vencida. A ilustrar essa consideração, segue a redação da Súmula n. 403 do C. TST:

> **Súmula n. 403 do TST:** AÇÃO RESCISÓRIA. DOLO DA PARTE VENCEDORA EM DETRIMENTO DA VENCIDA. ART. 485, III, DO CPC (conversão das Orientações Jurisprudenciais ns. 111 e 125 da SBDI-2) – Res. n. 137/2005, DJ 22, 23 e 24.08.2005.
>
> I – Não caracteriza dolo processual, previsto no art. 485, III, do CPC, o simples fato de a parte vencedora haver silenciado a respeito de fatos contrários a ela, porque o procedimento, por si só, não constitui ardil do qual resulte cerceamento de defesa e, em consequência, desvie o juiz de uma sentença não condizente com a verdade.

---

(154) SANTOS, Moacyr Amaral. *Primeiras linhas de Direito Processual Civil.* 4. ed. São Paulo: Max Limonad, 1973. v. III, n. 958. p. 450.

(155) **Art. 144 do CPC/15:** Há impedimento do juiz, sendo-lhe vedado exercer suas funções no processo: I – em que interveio como mandatário da parte, oficiou como perito, funcionou como membro do Ministério Público ou prestou depoimento como testemunha; II – de que conheceu em outro grau de jurisdição, tendo proferido decisão; III – quando nele estiver postulando, como defensor público, advogado ou membro do Ministério Público, seu cônjuge ou companheiro, ou qualquer parente, consanguíneo ou afim, em linha reta ou colateral, até o terceiro grau, inclusive; IV – quando for parte no processo ele próprio, seu cônjuge ou companheiro, ou parente, consanguíneo ou afim, em linha reta ou colateral, até o terceiro grau, inclusive; V – quando for sócio ou membro de direção ou de administração de pessoa jurídica parte no processo; VI – quando for herdeiro presuntivo, donatário ou empregador de qualquer das partes; VII – em que figure como parte instituição de ensino com a qual tenha relação de emprego ou decorrente de contrato de prestação de serviços; VIII – em que figure como parte cliente do escritório de advocacia de seu cônjuge, companheiro ou parente, consanguíneo ou afim, em linha reta ou colateral, até o terceiro grau, inclusive, mesmo que patrocinado por advogado de outro escritório; IX – quando promover ação contra a parte ou seu advogado.

(156) **Art. 337:** Incumbe ao réu, antes de discutir o mérito, alegar: II – incompetência absoluta e relativa.

II - Se a decisão rescindenda é homologatória de acordo, não há parte vencedora ou vencida, razão pela qual não é possível a sua desconstituição calcada no inciso III do art. 485 do CPC (dolo da parte vencedora em detrimento da vencida), pois constitui fundamento de rescindibilidade que supõe solução jurisdicional para a lide.

O conceito de *coação*, por sua vez, consta da redação do art. 151 e seguintes do Código Civil, segundo o qual:

Art. 151. A coação, para viciar a declaração da vontade, há de ser tal que incuta ao paciente fundado temor de dano iminente e considerável à sua pessoa, à sua família, ou aos seus bens.

Parágrafo único. Se disser respeito a pessoa não pertencente à família do paciente, o juiz, com base nas circunstâncias, decidirá se houve coação.

Art. 152. No apreciar a coação, ter-se-ão em conta o sexo, a idade, a condição, a saúde, o temperamento do paciente e todas as demais circunstâncias que possam influir na gravidade dela.

Art. 153. Não se considera coação a ameaça do exercício normal de um direito, nem o simples temor reverencial.

Art. 154. Vicia o negócio jurídico a coação exercida por terceiro, se dela tivesse ou devesse ter conhecimento a parte a que aproveite, e esta responderá solidariamente com aquele por perdas e danos.

Art. 155. Subsistirá o negócio jurídico, se a coação decorrer de terceiro, sem que a parte a que aproveite dela tivesse ou devesse ter conhecimento; mas o autor da coação responderá por todas as perdas e danos que houver causado ao coacto.

Com base na análise dos artigos supratranscritos é possível aferir se a decisão é fruto de coação a ensejar Ação Rescisória.

A *Simulação*, por sua vez, implica simular, fazer crer naquilo que não representa a realidade. Nessa perspectiva, uma sentença fulcrada em atos e/ou fatos simulados será passível de rescisão.

Ao final, a *Colusão* indica conluio, fraude, que se dê em detrimento de terceiro ou no intuito de fraudar a lei. Restará, então, configurada a colusão, quando as partes litigantes se valerem do processo judicial para os citados fins específicos, e que o pronunciamento judicial configure justamente a vantagem perseguida.

O TST possui Orientação Jurisprudencial nesse sentido:

OJ n. 94 SDI-II do TST: AÇÃO RESCISÓRIA. COLUSÃO. FRAUDE À LEI. RECLAMATÓRIA SIMULADA EXTINTA (inserida em 27.09.2002)

A decisão ou acordo judicial subjacente à reclamação trabalhista, cuja tramitação deixa nítida a simulação do litígio para fraudar a lei e prejudicar terceiros, enseja ação rescisória, com lastro em colusão. No juízo rescisório, o processo simulado deve ser extinto.

Faz-se pertinente, ainda, trazer a lume o art. 142 do CPC, que assim determina:

Art. 142. Convencendo-se, pelas circunstâncias, de que autor e réu se serviram do processo para praticar ato simulado ou conseguir fim vedado por lei, o juiz proferirá decisão que impeça os objetivos das partes, aplicando, de ofício, as penalidades da litigância de má-fé.

Observe-se, ainda, que as partes não podem se valer de sua própria torpeza, o que implica dizer que, se agiram em conluio para fraudar a lei, nenhuma das partes poderá, *a posteriori*, invocar a Ação Rescisória para desconstituir a decisão proferida, que apenas poderá ser objeto de pedido de rescisão por terceiro prejudicado.

IV) Decisão que ofender a coisa julgada

Nos termos do art. 6º, § 3º da Lei de Introdução às Normas do Direito Brasileiro - LINDB(157) considera *coisa julga* àquela decisão judicial da qual não caiba mais recurso. O art. 502 do CPC, por sua vez, corrobora o entendimento e delimita como sendo *coisa julgada material* a autoridade que torna imutável e indiscutível a decisão de mérito proferida. Nesse sentido, caso uma nova decisão judicial ofenda coisa julgada material, dotada de força de lei, poderá ser objeto de Ação Rescisória.

Cumpre ressaltar que o CPC de 2015 trouxe um novo regramento no que tange aos limites objetivos da coisa julgada, que anteriormente se limitavam à questão principal decidida no dispositivo da decisão. Com o início de vigência

(157) **Art. 6º, § 3º da LINDB:** Chama-se coisa julgada ou caso julgado a decisão judicial de que já não caiba recurso.

do novo diploma, então, os efeitos da imutabilidade do julgado passaram a atingir também as questões prejudiciais, conforme pode se aferir dos §§ 1º e 2º do art. 503 do CPC/15[158].

Conforme esclarecem Teresa Arruda Alvim Wambier e outros[159]:

> As prejudiciais, se preenchidas algumas outras condições (art. 503, inc. III e § 2º), são, segundo o NCPC, objeto de decisão com força de coisa julgada, independentemente do ajuizamento de ação declaratória incidental, que não existe mais na nova lei. Em ações futuras, o juiz estará vinculado ao que terá sido previamente decidido sobre essas questões, como *v.g.*, paternidade, maternidade, contratos, validade de uma marca registrada e assim por diante.

Um exemplo de questão prejudicial no Processo do Trabalho consiste no pedido de declaração de vínculo empregatício, cujo objetivo maior é a obtenção das verbas trabalhistas dele decorrentes, como aviso prévio, férias, décimo terceiro, horas extras, entre outros sejam acolhidos e providos[160]. Em muitas situações quando um Tribunal Regional do Trabalho reforma uma Sentença em sede de Recurso Ordinário, reconhecendo a existência da relação jurídica pleiteada, por se configurar como questão prejudicial, revela-se necessário o retorno dos autos para que o juiz de 1º grau julgue os demais pedidos decorrentes do vínculo.

Percebe-se, pois, que o CPC/15 dispensou a formalidade da propositura da Ação Declaratória Incidental para extensão dos efeitos da coisa julgada à questão prejudicial, como ocorria no sistema anterior. Há, dessa forma, uma mudança de paradigma, uma vez que a opção sobre a incidência dos efeitos da coisa julgada cabia apenas às partes, por meio da propositura da referida ação. Agora, essa prerrogativa pertence ao Poder Judiciário, desde que presentes os requisitos legais.

Observe-se, contudo, que a opção legislativa inserida no sistema com a finalidade de simplificar o processo não está isenta de críticas, pois, acredita-se que cabe às partes litigantes a escolha e definição de quais matérias devem ser alcançadas pelos efeitos da coisa julgada e não ao juiz da causa, o que amplamente demonstrado em trabalho anterior[161].

Na ocasião, contra a proposta de alteração legislativa, aduziu-se o seguinte:

A opção do projeto do Novo Código de Processo Civil é correta? *Data maxima venia* à nobre comissão formada pelos ilustres juristas, aqui nossa resposta é negativa, ou seja, entendemos que não foi acertada a opção legislativa. Por que? Porque às partes é que deve caber a definição de quais matérias serão alcançadas pela coisa julgada. A doutrina pátria corrobora essa posição e exemplifica a situação de que, se a parte não colher todas as provas que lhe interessam, possa preferir que a questão seja apreciada em outras demanda[162].

Nesse sentido também se pronunciou Paulo Henrique dos Santos Lucon[163]:

> [...] apenas às partes, portanto, deve-se conferir o poder de definir quais matérias serão alcançadas pela coisa julgada. Dessa forma, propõe-se a manutenção do atual art. 5º do Código de Processo Civil no ordenamento jurídico brasileiro.

(158) **Art. 503 do CPC/15:** A decisão que julgar total ou parcialmente o mérito tem força de lei nos limites da questão principal expressamente decidida. **§ 1º:** O disposto no caput aplica-se à resolução de questão prejudicial, decidida expressa e incidentemente no processo, se: I – dessa resolução depender o julgamento do mérito; II – a seu respeito tiver havido contraditório prévio e efetivo, não se aplicando no caso de revelia; III – o juízo tiver competência em razão da matéria e da pessoa para resolvê-la como questão principal. **2º:** A hipótese do § 1º não se aplica se no processo houver restrições probatórias ou limitações à cognição que impeçam o aprofundamento da análise da questão prejudicial.

(159) WAMBIER, Teresa Arruda Alvim; CONCEIÇÃO, Maria Lúcia Lins; RIBEIRA, Leonardo Ferres da Silva; MELLO, Rogério Licastro Torres de Mello. *Primeiros Comentários ao Novo Código de Processo Civil* — Artigo por Artigo. São Paulo, Revista dos Tribunais, 2015. p. 824.

(160) TEIXEIRA FILHO, Manoel Antonio. *Comentários ao Novo Código de Processo Civil sob a perspectiva do processo do trabalho.* São Paulo: LTr, 2016. p. 695.

(161) A questão foi abordada em trabalho que Bruno Freira analisa a Ação Declaratória Incidental entre alguns institutos excluídos da nova ordem processual, publicado na Revista de Informação Legislativa do Senado Federal, abril-junho de 2011, ano 48, n. 190, tomo I, intitulado "Primeiras Impressões sobre a Exclusão de alguns institutos do Novo Código de Processo Civil".

(162) SILVA, Bruno Freire e. Primeiras Impressões sobre a Exclusão de alguns Institutos do Novo Código de Processo Civil. *Revista de Informação Legislativa*, Senado Federal, Subsecretaria de Edições Técnicas, abr./jun. 2011, ano 48, n. 190, Tomo 1, p. 75-88. Disponível em: <https://www2.senado.leg.br/bdsf/bitstream/handle/id/496922/RIL190_Tomo1.pdf?sequence=1>. Acesso em: 4 ago. 2020.

(163) Texto apresentado na audiência pública realizada em São Paulo, gentilmente cedido na época pelo Professor da Universidade de São Paulo.

Sustenta-se o posicionamento exarado, ilustrando a situação de a parte não ter conseguido desenvolver satisfatoriamente as provas para solução da questão prejudicial e, nesse caso, optou por não sofrer a incidência dos efeitos da coisa julgada no processo em que a questão será solucionada, preferindo litigar, inclusive com outro advogado, em processo novo e distinto. Invocam-se ainda, para sustentar essa posição, o Princípio da Demanda, insculpido nos arts. 128 e 460 do CPC/15.

Esses argumentos, entretanto, perdem a razão e sustentabilidade diante dos requisitos da nova legislação para a resolução da questão prejudicial adquirir "força de lei", conforme termo utilizado pelo *caput* do art. 503, cujos §§ 1º e 2º, que exigem a existência de "contraditório prévio e efetivo, não se aplicando no caso de revelia" além de "não se aplicar se houver restrições probatórias ou limitações à cognição que impeçam o aprofundamento da análise da questão prejudicial".

A corroborar todo o exposto, o **Enunciado n. 338 do FPPC** consubstanciou que "Cabe ação rescisória para desconstituir a coisa julgada formada sobre a resolução expressa da questão prejudicial incidental".

Não se poder olvidar que a alteração legislativa tem o condão de preservar a coerência de uma questão que já foi discutida pelas partes e decidida por um juiz, que, por sua vez, não pode ser rediscutida e decidida diferentemente em outra demanda futura, sob pena de propiciar decisões contraditórias que poderiam desmoralizar o Poder Judiciário, desafiando Ações Rescisórias.

Diante dessa nova ordem processual em que se permite dar força de coisa julgada à resolução da questão prejudicial, não se pode olvidar, entretanto, que "contraditório efetivo", "restrição probatória" e "limitação à cognição" são questões que poderão ensejar debates e dúvidas, o que terá repercussão na certeza ou não da formação da coisa julgada e admissibilidade ou não da Ação Rescisória, tanto no processo civil como no processo do trabalho.

V) Substituição da hipótese de decisão que viole dispositivo de "lei" para decisão que viole "norma jurídica"

O novo Código de Processo Civil realizou relevante alteração na hipótese de cabimento de ação rescisória para impugnar decisão que viola literal disposição de lei, anteriormente prevista no art. 485, inciso V, do Código de Processo Civil de 1973. O novo inciso V do art. 966 estabelece que "a decisão de mérito, transitada em julgado, pode ser rescindida quando violar manifestamente norma jurídica".

A mudança é digna de aplausos, pois, a literalidade do texto de lei jamais foi suficiente para tutela de muitas situações, uma vez que o sistema jurídico deve ser examinado de forma macro e engloba não só a lei no sentido estrito, mas também os seus princípios e Precedentes Vinculantes.

Rodrigo Mazzei e Tiago Figueiredo Gonçalves(164) corretamente esclarecem essa realidade, ao ressaltarem que:

> [...] na atual quadra da teoria do direito é praticamente assente que tanto as regras jurídicas quanto os princípios constituem espécies de normas jurídicas, e que mesmo os princípios implícitos são dotados de positivação. Ao mesmo tempo, é indubitável que a norma jurídica não se confunde com o texto da lei, sendo, antes, o resultado da atribuição de sentido ao texto. Fácil inferir, pois, que da moldura de um mesmo texto é possível extrair-se várias normas jurídicas, todas, aos menos abstrata e genericamente, igualmente válidas.

Ora, muitas vezes o juiz não decide com base na literalidade da lei, então porque limitar a ação rescisória apenas a essa violação? A opção legislativa de ampliar para violação de norma jurídica é corretíssima, sobretudo se considerar a imperiosa interpretação das leis de maneira ampla, de acordo com o caso concreto e à luz dos princípios, da Constituição Federal e da jurisprudência, considerando o ordenamento jurídico como um todo a ser considerado.

A alteração nessa hipótese de cabimento da Ação Rescisória revela-se pertinente e trará benefícios à utilização do instituto, tanto no Processo Civil como no Processo do Trabalho. Em relação a esse último, não se pode olvidar que o

(164) MAZZEI, Rodrigo Reis; GONÇALVES, Tiago Figueiredo. Primeiras Linhas sobre a Disciplina da Ação Rescisória no CPC/15. In: MACÊDO, Lucas Buril de; PEIXOTO, Ravi; FREIRE, Alexandre (Orgs.); DIDIER JR.; Fredie(Coorg. geral). *Processo nos Tribunais e Meios de Impugnação às Decisões Judiciais* Salvador: JusPodivm, 2016. p. 253.

Tribunal Superior do Trabalho já editou alguns enunciados de Súmulas sobre a admissibilidade de Ações Rescisória nesses casos.

Destaca-se que o TST não admitia Ação Rescisória sustentada no inciso V do art. 485, do CPC (atual art. 966, V do CPC/15), quando existisse controvérsia nos Tribunais acerca da aplicação do dispositivo de lei supostamente violado (entendimento similar à Súmula n. 343 do STF[(165)]), o que demonstra a relevância da interpretação jurídica e da jurisprudência a respaldar os julgados, veja-se:

Súmula n. 83 do TST: AÇÃO RESCISÓRIA. MATÉRIA CONTROVERTIDA.

I – Não procede pedido formulado na ação rescisória por violação literal de lei se a decisão rescindenda estiver baseada em texto legal infraconstitucional de interpretação controvertida nos Tribunais.

II – O marco divisor quanto a ser, ou não, controvertida, nos Tribunais, a interpretação dos dispositivos legais citados na ação rescisória é a data da inclusão, na Orientação Jurisprudencial do TST, da matéria discutida.

Do mesmo modo, caso a alegação de violação à lei ou, de acordo com a novel redação, à norma, tenha por objeto questão jurídica oriunda de construção jurisprudencial, não se admitirá a interposição de Ação Rescisória. Assim, não será possível a rescisão do julgado que se fundar em aplicação de matéria cuja fonte normativa seja a jurisprudência. Tal entendimento é inferido em Súmula do TST, *in verbis:*

Súmula n. 409 do TST: AÇÃO RESCISÓRIA. PRAZO PRESCRICIONAL. TOTAL OU PARCIAL. VIOLAÇÃO DO ART. 7º, XXIX, DA CF/1988. MATÉRIA INFRACONSTITUCIONAL.

Não procede ação rescisória calcada em violação do art. 7º, XXIX, da CF/1988 quando a questão envolve discussão sobre a espécie de prazo prescricional aplicável aos créditos trabalhistas, se total ou parcial, porque a matéria tem índole infraconstitucional, construída, na Justiça do Trabalho, no plano jurisprudencial.

Observe-se, ainda, que no Processo do Trabalho a possibilidade de cabimento de Ações Rescisórias em face de decisões que violem normas se amplia ainda mais, abrangendo também os Acordos Coletivos de Trabalho, Convenções Coletivas de Trabalho ou Portarias, todas abrangidas pela expressão *norma jurídica*. Assim, necessária será a alteração da Orientação Jurisprudencial da SBDI-2 do TST n. 25, que dispõe:

OJ n. 25 da SBDI-2 do C. TST: AÇÃO RESCISÓRIA. EXPRESSÃO "LEI" DO ART. 485, V, DO CPC. NÃO INCLUSÃO DO ACT, CCT, PORTARIA, REGULA-MENTO, SÚMULA E ORIENTAÇÃO JURISPRUDENCIAL DE TRIBUNAL.

Não procede pedido de rescisão fundado no art. 485, V, do CPC quando se aponta contrariedade à norma de convenção coletiva de trabalho, acordo coletivo de trabalho, portaria do Poder Executivo, regulamento de empresa e súmula ou orientação jurisprudencial de tribunal.

Faz-se necessário, ainda, atualizar a redação do item I da Súmula n. 298 do TST, que aduz: "a conclusão acerca da ocorrência de violação literal de lei pressupõe pronunciamento explícito, na sentença rescindenda, sobre a matéria vinculada", para alterar e expressão "lei" por "norma". Em igual sentido foram as alterações impostas e já efetuadas nas Súmulas ns. 400 e 408 do TST, que alteraram a expressão "dispositivo legal" por "norma" em sua redação[(166)].

(165) **Súmula n. 343 do STF:** Cabimento – Ação Rescisória – Ofensa a Literal Dispositivo Baseado em Texto Legal de Interpretação Controvertida nos Tribunais. Não cabe ação rescisória por ofensa a literal dispositivo de lei, quando a decisão rescindenda se tiver baseado em texto legal de interpretação controvertida nos tribunais.

(166) **Súmula n. 400 do TST:** AÇÃO RESCISÓRIA DE AÇÃO RESCISÓRIA. VIOLAÇÃO MANIFESTA DE NORMA JURÍDICA. INDICAÇÃO DA MESMA NORMA JURÍDICA APONTADA NA RESCISÓRIA PRIMITIVA Em se tratando de rescisória de rescisória, o vício apontado deve nascer na decisão rescindenda, não se admitindo a rediscussão do acerto do julgamento da rescisória anterior. Assim, não procede rescisória calcada no inciso V do art. 966 do CPC de 2015 (art. 485, V, do CPC de 1973) para discussão, por má aplicação da mesma norma jurídica, tida por violada na rescisória anterior, bem como para arguição de questões inerentes à ação rescisória primitiva;

Súmula n. 408 do TST: AÇÃO RESCISÓRIA. PETIÇÃO INICIAL. CAUSA DE PEDIR. AUSÊNCIA DE CAPITULAÇÃO. OU CAPITULAÇÃO ERRÔNEA NO ART. 966 DO CPC DE 2015. ART. 485 DO CPC DE 1973. PRINCÍPIO "IURA NOVIT CURIA" Não padece de inépcia a petição inicial de ação rescisória apenas porque omite a subsunção do fundamento de rescindibilidade no art. 966 do CPC de 2015 (art. 485 do CPC de 1973) ou o capitula erroneamente em um de seus incisos. Contanto que não se afaste dos fatos e fundamentos invocados como causa de pedir, ao Tribunal é lícito emprestar-lhes a adequada qualificação jurídica (*"iura novit curia"*). No entanto, fundando-se a ação rescisória no art. 966, inciso V, do CPC de 2015 (art. 485, inciso V, do CPC de 1973), é indispensável expressa indicação, na petição inicial da ação rescisória, da **norma jurídica manifestamente violada** (dispositivo legal violado sob o CPC de 1973), por se tratar de causa de pedir da rescisória, não se aplicando, no caso, o princípio "iura novit curia".

Na perspectiva da hipótese consubstanciada no inciso V, que caracteriza a construção jurisprudencial com norma jurídica, são os §§ 5º e 6º do art. 966 do CPC, em comento.

Nos termos do § 5º, caberá Ação Rescisória, com fundamento no inciso V, em face de decisão baseada em enunciado de súmula ou acórdão proferido em julgamento de casos repetitivos que não tenha considerado a existência de distinção entre a questão discutida no processo e o padrão decisório que lhe deu fundamento. Nesse caso, conforme exigência disposta no § 6º do artigo, caberá ao autor, sob pena de inépcia, demonstrar, fundamentadamente, tratar-se de situação particularizada por hipótese fática distinta ou de questão jurídica não examinada, a impor outra solução.

Os dispositivos ora analisados trazem os reflexos do *Sistema de Precedentes Vinculantes* formalmente instituído pelo CPC/15 (art. 926 e seguintes do CPC) nas Ações Rescisórias[167]. Nessa perspectiva, estarão sujeitas à rescisão aquelas decisões consubstanciadas na *ratio decidendi*[168] de Súmulas ou Precedentes Judiciais Vinculantes que não se amoldam adequadamente à hipótese *sub judice.*

Na hipótese em comento, deverá o Autor da Ação Rescisória efetuar o que se denomina na Teoria dos Precedentes, *Distinguisguing*, isso é, a prática utilizada para:

> [...] fundamentar a não aplicação de um precedente vinculativo a determinado caso, por serem identificados fundamentos relevantes, ou melhor dizendo, *Rationes Decidendi*, diversas. [...] Nesse prisma, identificando-se uma *Ratio Decidendi* aparentemente aplicável, mas verificada a distinção de fatos e circunstâncias em relação ao novo caso levado a juízo, opera-se o *Distinguishing*[169].

Assim, caberá ao Autor da Ação Rescisória apresentar os motivos relevantes pelos quais os fundamentos determinantes extraídos da decisão anterior mostram-se inaplicáveis e deveriam ter sido afastados na decisão rescindenda, imprimindo uma conclusão diversa da obtida.

Sobre a questão, pondera Humberto Theodoro Jr. que:

> [...] em nome da segurança jurídica, a consolidação jurisprudencial não deverá ter eficácia retroativa. Se ao tempo do julgamento a sentença não poderia ser qualificada como contrária a literal disposição de lei, não haverá de sê-lo posteriormente à coisa julgada, em virtude de entendimento pretoriano novo que, na maioria das vezes, retratará as condições de momento, sob impacto de forças e valores jurídicos sociais renovados e redirecionados em processo evolutivo constante.[170]

VI) Decisão fundada em prova cuja falsidade tenha sido apurada em processo criminal ou venha a ser demonstrada na própria Ação Rescisória

Na hipótese de ser comprovada ou ser passível de comprovação que uma decisão judicial foi proferida com fulcro em uma prova falsa, caberá, por óbvio, a propositura de Ação Rescisória.

Trata-se de vício que há muito já é considerado relevante e capaz de ensejar a rescisão de um pronunciamento judicial, notadamente, pois prova falsa implica supressão da verdade, o que jamais pode servir de supedâneo a uma decisão proferida pelo Poder Judiciário.

Observe-se que tanto no Processo Civil quanto no Processo do Trabalho a intensão de o agente produzir uma prova falsa e utilizá-la não é importante para fins de solução do conflito, mas para penalização por litigância de má-fé. No tocante à solução do litígio, interessa o elemento objetivo da falsidade, isso é, se ela se concretizou e foi utilizada e considerada para o pronunciamento judicial.

Ressalta-se que apesar do aspecto subjetivo das presunções e indícios, que podem, de fato, colaborar na formação do convencimento dos julgadores, essas não são consideradas meios de prova e, por óbvio, não podem ter a

(167) Recomenda-se a leitura dos comentários feitos aos arts. 926 e 927 do CPC/15.

(168) *Ratio decidendi* pode ser compreendida como o fundamento determinante da decisão, sem o qual a conclusão não seria obtida.

(169) CUNHA, Natália Xavier. *Uniformização de Jurisprudência Trabalhista e o Sistema de Precedentes Vinculantes*. 1. ed. Curitiba: CRV, 2019. p. 33-34.

(170) THEODORO JÚNIOR, Humberto. *Curso de Direito Processual Civil*. Volume III. 47. ed. Rio de Janeiro: GEN, 2015. p. 801.

sua veracidade alegada como motivo ensejador de Ação Rescisória. São, portanto, exemplos de provas passíveis de falsidade, a confissão, prova documental, testemunhal e pericial.

Cumpre ainda destacar que a falsidade alegada poderá ser demonstrada previamente em juízo criminal, juízo cível (embora não conste expressamente essa possibilidade na redação do inciso I, em comento)[171], assim como no bojo do juízo rescisório.

VII) Ampliação do fundamento de "documento novo" para "prova nova", cuja existência ignorava ou de que não pôde fazer uso, capaz, por si só, de assegurar ao autor pronunciamento favorável

A nova redação do inciso em debate ampliou o cabimento da Ação Rescisória, uma vez que "prova nova" é mais abrangente do que "documento novo" e, nos termos do **Enunciado n. 656 do FPPC**: "a expressão "prova nova" do inciso VII do art. 966 do CPC/2015 engloba todas as provas típicas e atípicas". Nos termos no **Enunciado n. 602 do FPPC**, essa prova nova apta a embasar Ação Rescisória também poderá ser produzida ou documentada por meio do procedimento de produção antecipada de provas.

Entende-se que não andou bem o legislador nesse ponto, uma vez que a prova documental possui maior confiabilidade no registro de acontecimentos pretéritos do que outras espécies de prova, como a testemunhal, seja no Processo Civil ou no Processo do Trabalho.

Esse é também um posicionamento observado no direito comparado que, em geral, restringem a possibilidade de desconstituição do julgado a provas documentais, por considerá-las as únicas efetivamente capazes de registrar fatos históricos de maneira permanente. Nesse sentido é o que ressalta Erich Döhring[172]:

> [...] no poder mermar o deteriorarse posteriormente por palidecer recordos, trocarse objetos u ocurrir cualsquiera otros eventos que empecen a la verdade. Tampoco pueden alterarla posteriores modificaciones del estado de interesses o de la postura general del autor. Los documentos reflejan con exactitud insobornable el parecer que tenía o afirmaba tener en su momento el que los escribió.

O novo texto, pois, na contramão de uma tendência mundial de restrição de desconstituição de decisões transitadas em julgado, amplia sobremaneira o cabimento da ação rescisória, pois permite a utilização dessa medida excepcional com base em laudos periciais ou mesmo provas testemunhais, que podem proporcionar novas oportunidades de produção de prova ao autor da Ação Rescisória.

Há ainda a questão temporal de apresentação dessa prova. Em obra recente, Manoel Antonio Teixeira Filho[173] aduziu que "a nosso ver, para os efeitos da ação rescisória é despicienda a circunstância de o documento — em que ela se apoia — haver sido constituído antes ou depois da sentença rescindenda haver passado em julgado: **o que realmente importa é o fato de que o autor não o juntou aos autos pertinentes ao processo anteriores, por motivos que não lhe podem ser legitimamente imputados, vale dizer, sem que isso houvesse derivado de culpa sua**".

Nessa perspectiva, seria então possível a realização de prova testemunhal obtida após o trânsito em julgado da decisão rescindenda, com o intuito de viabilizar a sua rescisão? Entende-se que ao se admitir tal possibilidade estar-se-ia viabilizando, no prazo da Ação Rescisória, a reabertura de instrução processual para revisão de causa já julgada e protegida pelo manto da coisa julgada.

Certo é que a mitigação da coisa julgada por meio da Ação Rescisória somente é admitida em situações excepcionalíssimas previstas de forma *numerus clausus* nas hipóteses restritas delimitadas pelo legislador. Assim, admitir-se essa desconstituição em situações outras, mediante a possibilidade de reabertura de exame de provas, é tornar o sistema instável e inseguro.

---

(171) Conforme sustentado por Manoel Antonio Teixeira Filho, os efeitos do pronunciamento judicial transitado em julgado no juízo cível possui efeito erga omnes, podendo ser utilizado como prova de falsidade a ensejar o processamento da Ação Rescisora. TEIXEIRA FILHO, Manoel Antonio. *Comentários ao Novo Código de Processo Civil sob a perspectiva do processo do trabalho*. São Paulo: LTr, 2016. p. 1.131.

(172) DÖHRING, Erich. *La prueba:* su prática y apreciación. Trad. Tomás A. Banzahaf. Buenos Aires: EJEA, 1972. p. 396.

(173) TEIXEIRA FILHO, Manoel Antônio. Comentários ao Novo Código de Processo Civil sob a perspectiva do Processo do Trabalho. São Paulo, LTr, 2016. p. 1.134.

Ao final, ainda no que tange ao documento novo, aponta-se a Súmula n. 402 do TST, que dispõe expressamente sobre documentos que não são considerados aptos à propositura da Ação Rescisória, nos seguintes termos:

Súmula n. 402 do TST: AÇÃO RESCISÓRIA. DOCUMENTO NOVO. DISSÍDIO COLETIVO. SENTENÇA NORMATIVA.

Documento novo é o cronologicamente velho, já existente ao tempo da decisão rescindenda, mas ignorado pelo interessado ou de impossível utilização, à época, no processo. Não é documento novo apto a viabilizar a desconstituição de julgado:

a) sentença normativa proferida ou transitada em julgado posteriormente à sentença rescindenda;

b) sentença normativa preexistente à sentença rescindenda, mas não exibida no processo principal, em virtude de negligência da parte, quando podia e deveria louvar-se de documento já existente e não ignorado quando emitida a decisão rescindenda.

VIII) Decisão fundada em erro de fato verificável do exame dos autos

Ao final, nos termos do inciso VIII em comento, quando a decisão fundar-se em erro de fato, poderá ser objeto de Ação Rescisória.

Entende-se que o erro de fato não advém do julgamento equivocado, mas da percepção errônea do Julgador quando da análise e prolação da decisão. Como muito bem exemplifica Manoel Antonio Teixeira Filho[(174)], esse erro "advém de falta ou excesso de visão do magistrado: no primeiro caso, ele não vê um fato efetivamente ocorrido (e alegado nos autos); no segundo, ele vê um ato que verdadeiramente não existiu."

Nesse sentido, aferida a existência de erro pré-constituído dentro do próprio processo, do qual inexista controvérsia ou pronunciamento judicial, e que seja capaz, por sua relevância, de macular, essencialmente, a motivação da decisão proferida, esse poderá ser apontado como pressuposto para o processamento de Ação Rescisória.

Exatamente nesse sentido é a redação do § 1º do art. 966 do CPC[(175)], que assim dispõe: "Há erro de fato quando a decisão rescindenda admitir fato inexistente ou quando considerar inexistente fato efetivamente ocorrido, sendo indispensável, em ambos os casos, que o fato não represente ponto controvertido sobre o qual o juiz deveria ter se pronunciado."

Artigo 967

Têm legitimidade para propor a ação rescisória:

I – quem foi parte no processo ou o seu sucessor a título universal ou singular;

II – o terceiro juridicamente interessado;

III – o Ministério Público:

a) se não foi ouvido no processo em que lhe era obrigatória a intervenção;

b) quando a decisão rescindenda é o efeito de simulação ou de colusão das partes, a fim de fraudar a lei;

c) em outros casos em que se imponha sua atuação;

IV – aquele que não foi ouvido no processo em que lhe era obrigatória a intervenção.

Parágrafo único. Nas hipóteses do art. 178 , o Ministério Público será intimado para intervir como fiscal da ordem jurídica quando não for parte.

O artigo em comento trata dos legitimados para propositura de Ação Rescisória, aplicável subsidiariamente ao Processo do Trabalho, conforme inciso XXVI do art. 3º da Instrução Normativa n. 39 do TST. Para análise da legitimidade ativa, faz-se necessário avaliar o interesse processual na desconstituição da coisa julgada.

Assim, são legitimados para propor ação rescisória: **I)** quem foi parte no processo ou seu sucessor, donde se incluem não apenas autor e réu, mas também assistentes, litisconsortes, denunciados à lide e chamados ao processo; **II)** terceiros interessados do resultado da decisão rescindenda; **III)** o Ministério Público, quando não ouvido em processo cuja participação era obrigatória, quando decisão rescindenda é fruto de simulação ou colusão entre as partes para fraudar

(174) TEIXEIRA FILHO, Manoel Antonio. *Comentários ao Novo Código de Processo Civil sob a perspectiva do processo do trabalho*. São Paulo: LTr, 2016. p. 1.136.

(175) FÓRUM PERMANENTE DE PROCESSUALISTAS CIVIS. *Enunciados*. Disponível em: <http://civileimobiliario.web971.uni5.net/wp-content/uploads/2017/07/Carta-de-Florian%C3%B3polis.pdf>. Acesso em: 22 jun. 2020.

a lei ou quando sua participação é imposta. Observe-se que, nos termos do art. 178 do CPC[176], o Ministério Público será intimado para intervir como fiscal da ordem jurídica quando não for parte.

Também serão legitimados **IV)** aqueles que não foram ouvidos no processo, embora fosse obrigatória a sua intervenção, o que exemplificado pelo Enunciado n. 339 do FPPC, ao citar a legitimidade de entidades como o CADE e a CVM, *in verbis:*

Enunciado n. 339 do FPPC: (art. 967, IV; art. 118, Lei n. 12.529/2011; art. 31, Lei n. 6.385/1976) O CADE e a CVM, caso não tenham sido intimados, quando obrigatório, para participar do processo (art. 118, Lei n. 12.529/2011; art. 31, Lei n. 6.385/1976), têm legitimidade para propor ação rescisória contra a decisão ali proferida, nos termos do inciso IV do art. 967.

Artigo 968

A petição inicial será elaborada com observância dos requisitos essenciais do art. 319, devendo o autor:

I - cumular ao pedido de rescisão, se for o caso, o de novo julgamento do processo;

II - depositar a importância de cinco por cento sobre o valor da causa, que se converterá em multa caso a ação seja, por unanimidade de votos, declarada inadmissível ou improcedente.

§ 1º Não se aplica o disposto no inciso II à União, aos Estados, ao Distrito Federal, aos Municípios, às suas respectivas autarquias e fundações de direito público, ao Ministério Público, à Defensoria Pública e aos que tenham obtido o benefício de gratuidade da justiça.

§ 2º O depósito previsto no inciso II do *caput* deste artigo não será superior a 1.000 (mil) salários-mínimos.

§ 3º Além dos casos previstos no art. 330, a petição inicial será indeferida quando não efetuado o depósito exigido pelo inciso II do *caput* deste artigo.

§ 4º Aplica-se à ação rescisória o disposto no art. 332.

§ 5º Reconhecida a incompetência do tribunal para julgar a ação rescisória, o autor será intimado para emendar a petição inicial, a fim de adequar o objeto da ação rescisória, quando a decisão apontada como rescindenda:

I - não tiver apreciado o mérito e não se enquadrar na situação prevista no § 2º do art. 966;

II - tiver sido substituída por decisão posterior.

§ 6º Na hipótese do § 5º, após a emenda da petição inicial, será permitido ao réu complementar os fundamentos de defesa, e, em seguida, os autos serão remetidos ao tribunal competente.

O artigo em comento disciplina a elaboração da petição inicial da Ação Rescisória, a qual deverá estar em consonância com os requisitos elencados no art. 319 do CPC, *in verbis*:

Art. 319. A petição inicial indicará:

I - o juízo a que é dirigida;

II - os nomes, os prenomes, o estado civil, a existência de união estável, a profissão, o número de inscrição no Cadastro de Pessoas Físicas ou no Cadastro Nacional da Pessoa Jurídica, o endereço eletrônico, o domicílio e a residência do autor e do réu;

III - o fato e os fundamentos jurídicos do pedido;

IV - o pedido com as suas especificações;

V - o valor da causa;

VI - as provas com que o autor pretende demonstrar a verdade dos fatos alegados;

VII - a opção do autor pela realização ou não de audiência de conciliação ou de mediação.

§ 1º Caso não disponha das informações previstas no inciso II, poderá o autor, na petição inicial, requerer ao juiz diligências necessárias a sua obtenção.

§ 2º A petição inicial não será indeferida se, a despeito da falta de informações a que se refere o inciso II, for possível a citação do réu.

§ 3º A petição inicial não será indeferida pelo não atendimento ao disposto no inciso II deste artigo se a obtenção de tais informações tornar impossível ou excessivamente oneroso o acesso à justiça.

---

(176) **Art. 178 do CPC:** O Ministério Público será intimado para, no prazo de 30 (trinta) dias, intervir como fiscal da ordem jurídica nas hipóteses previstas em lei ou na Constituição Federal e nos processos que envolvam: I - interesse público ou social; II - interesse de incapaz; III - litígios coletivos pela posse de terra rural ou urbana. Parágrafo único. A participação da Fazenda Pública não configura, por si só, hipótese de intervenção do Ministério Público.

Incialmente, embora o art. 968 do CPC, em comento, seja compatível com o Processo do Trabalho e sua utilização autorizada pela Instrução Normativa n. 39 do TST, imperioso se atentar para referência ao art. 319 do CPC nele contida. Isso porque, os requisitos da petição inicial estão dispostos em legislação específica, a saber, no art. 840, § 1º da CLT, que dispõe:

Art. 840 – A reclamação poderá ser escrita ou verbal.

§ 1º Sendo escrita, a reclamação deverá conter a designação do juízo, a qualificação das partes, a breve exposição dos fatos de que resulte o dissídio, o pedido, que deverá ser certo, determinado e com indicação de seu valor, a data e a assinatura do reclamante ou de seu representante.

Dessa forma, os requisitos constantes do art. 319 do CPC, aplicam-se supletivamente como requisitos da petição inicial da Ação Rescisória. Observe-se, contudo, que o disposto no inciso VII, a saber, a possibilidade de manifestação prévia, em peça inicial, pela não realização de audiência de conciliação ou mediação, não faz parte do rito trabalhista. Antes pelo contrário, a conciliação é inerente ao Processo do Trabalho, sendo sua tentativa obrigatória, nos termos do art.764 da CLT(177).

Conforme art. 319, I, do CPC e 840, § 1º, da CLT, a petição indicará o Juízo para o qual a ação é dirigida. No caso, é sabido que as Ações Rescisórias integrarem a competência originária dos Tribunais (art. 678, I, "c", 2, da CLT), sendo, pois, endereçadas a um Tribunal Regional ou Superior, devendo-se observar seus respectivos Regimentos Internos(178).

O valor da causa também se revela como requisito essencial, tanto no dispositivo celetista quanto no inciso V, do art. 319 do CPC. Nesse quesito, cingia-se controvérsia acerca do valor a ser atribuído à Ação Rescisória, o que foi dirimido pelo TST, ao editar a Instrução Normativa n. 31 de 2007(179), que assim esclareceu:

Art. 2º O valor da causa da ação rescisória que visa desconstituir decisão da fase de conhecimento corresponderá:

I – no caso **de improcedência, ao valor dado à causa do processo originário** ou aquele que for fixado pelo Juiz;

II – no caso **de procedência, total ou parcial, ao respectivo valor arbitrado à condenação.**

Art. 3º O valor da causa da ação rescisória que visa desconstituir decisão da fase de execução corresponderá ao **valor apurado em liquidação de sentença.**

Art. 4º O valor da causa da ação rescisória, quer objetive desconstituir decisão da fase de conhecimento ou decisão da fase de execução, será **reajustado pela variação cumulada do INPC do IBGE até a data do seu ajuizamento.**

A despeito de sua especificidade, alguns outros requisitos lhe são impostos, a exemplo da cumulação do pedido de rescisão com o de novo julgamento do processo, quando necessário (I). Observe-se que nessa hipótese, o êxito do autor da Ação Rescisória não lhe garante sucesso no novo julgamento, podendo o mérito da ação originária ser procedente ou improcedente.

O inciso II do art. 968 do CPC, ora em comento, exige o depósito da "importância de cinco por cento sobre o valor da causa, que se converterá em multa caso a ação seja, por unanimidade de votos, declarada inadmissível ou improcedente".

Trata-se de requisito essencial, cuja ausência poderá ensejar o indeferimento da ação (§ 3º)(180), mas que comporta exceções: não será exigido da "União, aos Estados, ao Distrito Federal, aos Municípios, às suas respectivas autarquias e fundações de direito público, ao Ministério Público, à Defensoria Pública e aos que tenham obtido o benefício de gratuidade da justiça" (§ 1º).

(177) **Art. 764 da CLT:** Os dissídios individuais ou coletivos submetidos à apreciação da Justiça do Trabalho serão sempre sujeitos à conciliação. 1º Para os efeitos deste artigo, os juízes e Tribunais do Trabalho empregarão sempre os seus bons ofícios e persuasão no sentido de uma solução conciliatória dos conflitos. § 2º Não havendo acordo, o juízo conciliatório converter-se-á obrigatoriamente em arbitral, proferindo decisão na forma prescrita neste Título. § 3º É lícito às partes celebrar acordo que ponha termo ao processo, ainda mesmo depois de encerrado o juízo conciliatório.

(178) O Regimento Interno do TST trata da Ação Rescisória em seus arts. 233 a 239.

(179) BRASIL. TST. Resolução n.141, de 27 de setembro de 2007. *Instrução Normativa n. 31.* Acesso em: <https://juslaboris.tst.jus.br/bitstream/handle/20.500.12178/2107/2007_res0141_in0031_compilado.pdf?sequence=2&isAllowed=y. >Acesso em: 22 jun. 2020.

(180) Conforme consubstanciado no **Enunciado n. 284 do FPPC**, aplica-se à Ação Rescisória o disposto no **art. 321 do CPC**, oportunizando que a parte, no prazo de 15 (quinze) dias, a emende ou a complete sua pela, indicando com precisão o que deve ser corrigido ou completado, sob pena de indeferimento da petição inicial.

Quanto à limitação de até 1.000 salários para o depósito, prevista no § 2º, no processo do trabalho não há qualquer limitação, o que decorre da impossibilidade de aplicação do dispositivo do processo comum, em razão de uma incompatibilidade com o processo do trabalho, como estabelece o art. 769 da CLT.

Nesse sentido, muito bem já pontuou Manoel Antonio Teixeira Filho em comentários ao CPC e sua aplicação no processo do trabalho, onde expressamente doutrina que ***a limitação prevista no § 2º do art. 968 do CPC não se aplica ao processo do trabalho***:

> "A fim de evitar que o depósito previsto no inciso II fosse abusivo, descomedido, o legislador impôs-lhe o limite de mil salários-mínimos. Esse salário-mínimo deverá ser o vigente na sede do tribunal, na data da propositura da ação. ***A norma não se aplica ao processo do trabalho, cujo art. 836,*** **caput*****, não fixa limite para a realização do depósito: exige que corresponda a 20% do valor da causa***[181]."

No Processo do Trabalho há tratamento distinto em relação ao depósito, já que a Lei n. 11.495 de 22 de julho de 2007 trouxe significativa alteração ao *caput* do art. 836 da CLT, condicionando o ajuizamento e processamento da Ação Rescisória ao depósito prévio de 20% do valor da causa.

Nem se diga que a ausência de limitação do valor do depósito a 1000 salários, bem como o percentual de 20% (quatro vezes maior que o valor no processo civil) tem o condão de obstar o acesso à justiça, tendo em vista que entendemos ser possível a concessão de justiça gratuita para a parte que não tenha condições de arcar com o depósito, pois a exigência é flexibilizada na hipótese de comprovada miserabilidade jurídica do autor[182].

Antes mesmo da referida alteração legislativa, também já havíamos nos posicionado sobre a possibilidade de dispensa do depósito de 5% para o beneficiário da justiça gratuita nos seguintes termos:

> Questão interessante que surge em relação às partes beneficiárias da justiça gratuita. A Lei n. 1.060 foi omissa em relação à dispensa do depósito para ação rescisória, e, assim, parte da doutrina e da jurisprudência entendem que o depósito para tais pessoas é obrigatório, sob pena de extinção do processo sem exame de mérito. Não concordamos, *data venia*, com tal posição. Apesar de a Lei n. 1.060/50 ser omissa em relação à obrigatoriedade do depósito para a propositura da ação rescisória, lembramos que a Constituição Federal garante o direito de ação e o princípio da inafastabilidade do controle jurisdicional, no art. 5º, incisos XXXV e LV. A inafastabilidade do controle jurisdicional, portanto, é garantia que não se pode olvidar. Demonstrando-se a insuficiência econômica-financeira para se arcar com o depósito de 5% do valor da causa, o beneficiário da justiça gratuita deve ter assegurado o seu direito constitucional e proporá ação rescisória para tutela de sua pretensão. Outra não é a posição do Superior Tribunal de Justiça.[183]

Nas hipóteses em que não há concessão de justiça gratuita, a já referida IN n. 31/07, do TST, regulamenta a forma de realização do depósito prévio, estabelecendo parâmetros para apuração do valor a ser depositado, definindo, inclusive, o conceito de "valor da causa".

Assim, nos termos consignados na IN n. 31/07, cabe à parte autora checar o valor da causa rescindenda, reajustar o referido valor pela variação cumulada do INPC do IBGE e depositar a importância atualizada com o fim de demonstrar o preenchimento do requisito trazido pela Lei n. 11.495/2007, que nada mais é do que uma nova condição para admissibilidade da Ação Rescisória.

Caso haja a interposição de recurso ordinário em sede de rescisória, cujo cabimento já foi pacificado por força da Súmula n. 158 do TST[184], será exigível depósito recursal caso tenha sido julgado procedente o pedido e imposta condenação em pecúnia, conforme disposto na Súmula n. 99 do TST:

---

(181) FILHO, Manoel Antonio Teixeira. *Comentários ao Novo Código de Processo Civil sob a Perspectiva do Processo do Trabalho – Lei n. 13.105, de 16 de março de 2015*. São Paulo: LTr, 2016. p. 1.152.

(182) Nesse diapasão, o Processo do Trabalho se antecipou a uma das novidades trazidas pelo legislador no § 1º, art. 968, inc. II, do Novo CPC, que dispensa o depósito àqueles que obtenham o benefício de gratuidade da justiça.

(183) SILVA, Bruno Freire e. *Ação Rescisória* – Possibilidade e Forma de Suspensão da Execução da Decisão Rescindenda. 2. ed. Curitiba: Juruá, 2012. p. 87.

(184) **Súmula n. 158 do TST: AÇÃO RESCISÓRIA.** Da decisão de Tribunal Regional do Trabalho, em ação rescisória, é cabível recurso ordinário para o Tribunal Superior do Trabalho, em face da organização judiciária trabalhista.

Súmula n. 90 do TST: AÇÃO RESCISÓRIA. DESERÇÃO. PRAZO.

Havendo recurso ordinário em sede de rescisória, o depósito recursal só é exigível quando for julgado procedente o pedido e imposta condenação em pecúnia, devendo este ser efetuado no prazo recursal, no limite e nos termos da legislação vigente, sob pena de deserção.

Por fim, o Tribunal Superior do Trabalho também sedimentou o cabimento de condenação ao pagamento de honorários advocatícios em sede de Ação Rescisória, por força do que dispõe a Súmula n. 219(185), considerando, ainda, a inaplicabilidade do *jus postulandi* nessa modalidade de ação(186). Com o advento da Lei n. 13.467/17, Reforma Trabalhista, essa possibilidade se consolidou, ante a inclusão do art. 791-A à CLT(187).

Ressalte-se, ao final, que nos termos do art. 5º da IN n. 31/07 do TST, alterado pela Resolução n. 154 de fevereiro 2009, "o valor depositado será revertido em favor do réu, a título de multa, caso o pedido deduzido na ação rescisória seja julgado, por unanimidade de votos, improcedente ou inadmissível". Contudo, o Enunciado n. 603 do FPPC deduz uma ressalva, ao consignar que "Não se converterá em multa o depósito inicial efetuado pelo autor, caso a extinção da ação rescisória se dê por decisão do relator transitada em julgado".

As Ações Rescisórias que dispensarem a fase instrutória também poderão ser liminarmente indeferidas nos termos do art. 332 do CPC, quando o pedido contrariar:

Art. 332 do CPC:

I - enunciado de súmula do Supremo Tribunal Federal ou do Superior Tribunal de Justiça;

II - acórdão proferido pelo Supremo Tribunal Federal ou pelo Superior Tribunal de Justiça em julgamento de recursos repetitivos;

III - entendimento firmado em incidente de resolução de demandas repetitivas ou de assunção de competência;

IV - enunciado de súmula de tribunal de justiça sobre direito local.

§ 1º O juiz também poderá julgar liminarmente improcedente o pedido se verificar, desde logo, a ocorrência de decadência ou de prescrição.

Consoante dispõe o § 5º, reconhecida a incompetência do Tribunal para julgar a Ação Rescisória, o autor será intimado para emendar a inicial, a fim de adequar seu objeto, sempre que a decisão apontada como rescindenda: I) não tiver apreciado o mérito e não se enquadrar na situação prevista no § 2º do art. 966 do CPC (decisão que impede a propositura de nova ação ou a admissibilidade de recurso), ou II) tiver sido substituída por decisão posterior. Se emendada, será facultado ao Réu complementar os fundamentos de defesa antes que os autos sejam remetidos ao Tribunal competente, nos termos do § 6º.

Artigo 969

A propositura da ação rescisória não impede o cumprimento da decisão rescindenda, ressalvada a concessão de tutela provisória.

O conteúdo do artigo em comento era tratado pelo art. 489 do CPC/73. De acordo com a redação primitiva desse artigo, a Ação Rescisória não poderia suspender a execução da decisão rescindenda. Essa restrição se dava com vistas a garantir e privilegiar a execução do título executivo judicial já cristalizado com o trânsito em julgado.

(185) **Súmula n. 219 do TST:** HONORÁRIOS ADVOCATÍCIOS. HIPÓTESE DE CABIMENTO. I – Na Justiça do Trabalho, a condenação ao pagamento de honorários advocatícios, nunca superiores a 15% (quinze por cento), não decorre pura e simplesmente da sucumbência, devendo a parte estar assistida por sindicato da categoria profissional e comprovar a percepção de salário inferior ao dobro do salário mínimo ou encontrar-se em situação econômica que não lhe permita demandar sem prejuízo do próprio sustento ou da respectiva família. (ex-Súmula n. 219 – Res. n. 14/1985, DJ 26.09.1985).

II – É cabível a condenação ao pagamento de honorários advocatícios em ação rescisória no processo trabalhista.

III – São devidos os honorários advocatícios nas causas em que o ente sindical figure como substituto processual e nas lides que não derivem da relação de emprego.

(186) Conforme enunciado na **Súmula n. 425 do TST:** *Jus Postulandi* — Justiça do Trabalho — Alcance — Limitação. O *jus postulandi* das partes, estabelecido no art. 791 da CLT, limita-se às Varas do Trabalho e aos Tribunais Regionais do Trabalho, não alcançando a ação rescisória, a ação cautelar, o mandado de segurança e os recursos de competência do Tribunal Superior do Trabalho.

(187) **Art. 791-A da CLT:** Ao advogado, ainda que atue em causa própria, serão devidos honorários de sucumbência, fixados entre o mínimo de 5% (cinco por cento) e o máximo de 15% (quinze por cento) sobre o valor que resultar da liquidação da sentença, do proveito econômico obtido ou, não sendo possível mensurá-lo, sobre o valor atualizado da causa.

A reforma implementada pela Lei n. 11.280/2006, por sua vez, deu nova redação ao dispositivo citado, para dispor que: "O ajuizamento da ação rescisória não impede o cumprimento da sentença ou acórdão rescindendo, ressalvada a concessão, casos imprescindíveis e sob os pressupostos previstos em lei, de medidas de natureza cautelar ou antecipatória de tutela".

Certo é que o legislador processual positivou entendimento já difundido na doutrina e jurisprudência — como nos arestos do STJ sob os ns. AgRg na MC n. 9.155, Resp. n. 139.850, Resp. 191.898 —, admitindo que, em situações excepcionais e emergenciais, seja concedida tutela de urgência no bojo da ação rescisória, para obstar o prosseguimento da execução.

É o que assevera Teresa Arruda Alvim Wambier, *in verbis*:

> Há muito, o art. 489 do CPC já vinha sendo interpretado no sentido de que a ação rescisória, por si só, não suspende a execução de sentença — que, ao tempo do ajuizamento da ação rescisória, será definitiva, c.f. art. 587 do CPC —, mas, desde que presentes os respectivos pressupostos, seria possível a suspensão da execução da sentença rescindenda através de medida cautelar. **Esta orientação já era sustentada, na doutrina, desde 1983, por Galeno Lacerda. Após a alteração do art. 273 pela Lei n. 8.952/1994, passou a doutrina a admitir que tal suspensão se desse também através de antecipação dos efeitos da tutela. A jurisprudência também pacificou-se nesse sentido.** A alteração realizada pela Lei n. 11.280/2006 no art. 489, desse modo, cuidou apenas de estabelecer expressamente o que há mais de vinte anos, já vinha sendo sustentado pela doutrina, em relação à medida cautelar, e, igualmente, passou a ser defendido quanto ao cabimento de antecipação dos efeitos da tutela para obstar a execução da sentença.[188] (grifos aditados)

Também assim, Humberto Theodoro Jr., acrescentando que tais tutelas de urgência são "necessidades inafastáveis":

> As tutelas emergenciais não são simples faculdades do órgão judicial; são necessidades inafastáveis do acesso à justiça, quando seus pressupostos se configuram. Não deferi-las, nesses casos, seria uma verdadeira denegação de tutela jurisdicional assegurada constitucionalmente.[189]

Desde antes da alteração legislativa, ainda sob a égide do antigo art. 489 do CPC de 1973, já sustentávamos a necessidade de suspensão da execução da decisão rescindenda, desde que presentes os requisitos da tutela de urgência, para o fim de a ação rescisória ter efetividade no caso de admissibilidade e procedência.

A solução *de lege ferenda* que propomos junto com parte da doutrina pátria da possibilidade de suspensão da execução da decisão rescindenda foi acolhida pelo legislador, porém a forma da suspensão, se por tutela cautelar ou tutela antecipada, até hoje gera dúvida, não resolvida, a despeito das inúmeras alterações legislativas que culminaram com a inclusão e sistematização da tutela provisória do Novo Código[190].

A despeito de a Lei n. 11.280/06 ter colocado um ponto final na discussão acerca da possibilidade de suspensão da execução da decisão rescindenda, pois, não encerrou o debate sobre a forma tecnicamente correta de se atingir tal desiderato, uma vez que faz referência aos dois institutos do gênero das tutelas de urgência: medida cautelar e tutela antecipada.

Como dito, o Novo Código de Processo Civil também não eliminou a dúvida, uma vez que prevê genericamente a tutela provisória, no art. 969 de seu texto: "A propositura da ação rescisória não impede o cumprimento da decisão rescindenda, ressalvada a concessão de tutela provisória".

Conforme sustentamos em obra específica sobre o tema aqui citada, como a suspensão da execução consiste numa antecipação dos efeitos de desconstituição da coisa julgada, estaremos diante não de uma tutela cautelar, mas de uma tutela antecipada. Nos termos do Enunciado n. 80 do FPPC, a tutela prevista no dispositivo pode ser tanto de urgência, quanto de evidência, mas como se trata de antecipação dos efeitos da decisão final da rescisória, não podemos falar em tutela cautelar.

---

(188) WAMBIER, Tereza Arruda Alvim. *Breves considerações à Nova Sistemática Processual Civil 2*. São Paulo: Revista dos Tribunais, 2006. p. 202-203.

(189) THEODORO JR., Humberto. *As novas reformas do Código de Processo Civil*. Rio de Janeiro: Forense, 2006. p. 33-34.

(190) Indicamos, pois, para um aprofundamento do tema: SILVA, Bruno Freire e. *Ação Rescisória:* Possibilidade e forma de suspensão da execução da decisão rescindenda. 2. ed. Curitiba: Juruá, 2012.

É patente, pois, a discussão e a controvérsia na doutrina e na jurisprudência a respeito da forma correta a ser adotada para suspensão da execução da decisão rescindenda, tendo em vista o liame superficial que diferencia as formas de antecipação de tutela(191).

Em âmbito da Justiça do Trabalho, já havia sido sedimentada a possibilidade de suspensão da execução da decisão rescindenda, antes mesmo da promulgação da Lei n. 11.820/2006, é o que se depreende da Súmula n. 405 do TST, *in verbis:*

Súmula n. 405 do TST: AÇÃO RESCISÓRIA. LIMINAR. ANTECIPAÇÃO DE TUTELA. I - Em face do que dispõe a MP n. 1.984-22/2000 e reedições e o art. 273, § 7º, do CPC, é cabível o pedido liminar formulado na petição inicial de ação rescisória ou na fase recursal, visando a suspender a execução da decisão rescindenda.

II - O pedido de antecipação de tutela, formulado nas mesmas condições, será recebido como medida acautelatória em ação rescisória, por não se admitir tutela antecipada em sede de ação rescisória.

Nota-se, contudo, que referida súmula afasta expressamente o cabimento da tutela antecipada, dispondo que o pedido deveria ser recebido como medida acautelatória, o que entendemos tecnicamente incorreto. A controvérsia acerca da natureza da tutela de urgência fica estampada, portanto, também em sede jurisprudencial trabalhista.

A este respeito, Cassio Scarpinella Bueno, sustenta que, a despeito de o legislador não ter especificado se o correto seria pleitear tutela antecipada ou cautelar — problema que sempre foi alvo de intensas discussões doutrinárias —, sugere a aplicação do art. 273, § 7º do CPC, ou seja, da **fungibilidade das ditas tutelas**. Diante disso, para a concessão da tutela de urgência, **basta o preenchimento dos seguintes requisitos**:

> [...] **demonstrar a plausibilidade** de acolhimento de sua pretensão rescisória (*judicium rescindens* e *judicium rescissorium*, se for o caso) e a **ameaça concreta de dano** que sofrerá caso não seja tomada nenhum providência com celeridade.(192) (grifos aditados)

No mesmo sentido, sustentamos anteriormente que:

A Lei n. 10.444 de 07.05.2002, atendendo ao anseio da doutrina nacional, incluiu o § 7º ao art. 273 do Código de Processo Civil. Adotou-se expressamente, pois, o princípio da fungibilidade também em relação às tutelas de urgência, cautelares ou antecipatórias. O juiz pode conceber a medida mais adequada à situação dos autos. É irrelevante, nesse sentido, eventual equívoco do requerente, ou entendimento diverso do magistrado ao ser formulado a pretensão em juízo. No tocante à ação rescisória, não há qualquer restrição à aplicação da norma trazida pela Lei n. 10.444 de 07.05.2002, que autoriza a aplicação do princípio da fungibilidade, antes restrita às impugnações recursais, aos institutos da tutela antecipada e tutela cautelar quando invocados para suspender a execução da decisão rescindenda. Os postulados da fungibilidade dos meios e do desprestígio das formas já eram objeto de aplicação prática por magistrados mais preparados e preocupados em dar uma efetiva prestação jurisdicional, mesmo antes da inclusão do § 7º ao art. 273 do Código de Processo Civil(193).

Com efeito, defendemos a aplicação da fungibilidade das tutelas também na Ação Rescisória em matéria trabalhista, porque não haveria motivos para restringir tal flexibilização ao Direito Processual Civil. Nesse sentido, podemos dizer que foi consagrado o princípio da *mihi factum dabo tibi jus*, ou seja, como os institutos da antecipação da tutela e da medida cautelar pertencem ao mesmo gênero das tutelas de urgência, basta ao autor expor os fatos em juízo que, seja qual for o meio utilizado, deve o magistrado conceder a medida que tutele o seu direito.

Entendemos, portanto, que não há qualquer restrição, no tocante à Ação Rescisória, da aplicação da norma trazida pela Lei n. 10.444, de 07 de maio de 2002, que autoriza a aplicação do princípio da fungibilidade, antes restrita às impugnações recursais, aos institutos da tutela antecipada e tutela cautelar quando invocados para suspender a execução da decisão rescindenda, seja no Processo Civil ou no Processo do Trabalho.

---

(191) Já tivemos oportunidade de nos manifestarmos acerca dessa polêmica, através de uma obra específica sobre o tema: *Ação Rescisória* — Possibilidade e Forma de Suspensão da Execução da Decisão Rescindenda, Curitiba: Editora Juruá, 2005.

(192) Bueno, Cassio Scarpinella. *A Nova Etapa da Reforma do Código de Processo Civil.* V. 2. São Paulo: Saraiva, 2006. p. 146-148.

(193) SILVA, Bruno Freire e. *Ação Rescisória:* Possibilidade e Forma de Suspensão da Execução da Decisão Rescindenda. 2. ed. Curitiba: Juruá, 2012. p. 168-169.

Artigo 970

O relator ordenará a citação do réu, designando-lhe prazo nunca inferior a 15 (quinze) dias nem superior a 30 (trinta) dias para, querendo, apresentar resposta, ao fim do qual, com ou sem contestação, observar-se-á, no que couber, o procedimento comum.

Trata-se de regra de procedimento, também aplicável ao Processo do Trabalho. No caso, o relator ordenará a citação do réu, designando prazo que pode variar de 15 (quinze) a 30 (trinta) dias para apresentação de resposta.

A inércia do réu implica, também nas Ações Rescisórias, a sua revelia, caracterizada pela ausência injustificada de contestação. Contudo, os efeitos da revelia, a saber, a presunção de veracidade dos fatos alegados na inicial não é aplicada nas Ações Rescisórias. Isso porque, a simples narração de fatos, não apurados e comprovados, não pode sobrepor à coisa julgada material que se pretende rescindir. Nesse caso, o ônus de provar o alegado continua a encargo do Autor. Exatamente nesse sentido é a redação da Súmula n. 398 do c. TST:

> **Súmula n. 398 do TST:** AÇÃO RESCISÓRIA. AUSÊNCIA DE DEFESA. INAPLICÁVEIS OS EFEITOS DA REVELIA Na ação rescisória, o que se ataca é a decisão, ato oficial do Estado, acobertado pelo manto da coisa julgada. Assim, e considerando que a coisa julgada envolve questão de ordem pública, a revelia não produz confissão na ação rescisória

Observe-se, ao final, que no Processo do Trabalho, quando o réu for a Fazenda Pública, o prazo em questão será quadriplicado, nos termos dispostos do art. 1º, II, do Deacreto-lei n. 779/69[194].

Artigo 971

Na ação rescisória, devolvidos os autos pelo relator, a secretaria do tribunal expedirá cópias do relatório e as distribuirá entre os juízes que compuserem o órgão competente para o julgamento.

Parágrafo único. A escolha de relator recairá, sempre que possível, em juiz que não haja participado do julgamento rescindendo.

Apreciada a questão pelo relator, esse remeterá os autos para secretaria do tribunal, que distribuirá o relatório para os demais magistrados que compõe a sessão competente para julgamento. Esses procedimentos poderão variar de acordo com os regimentos dos Tribunais do Trabalho.

De acordo com o disposto no parágrafo único, não há óbice à designação de relatoria ao magistrado que tenha participado do julgamento da decisão rescindenda. O dispositivo apenas sugere que assim não se proceda, quando possível.

Esse é também o entendimento pacificado pelo STF por meio da Súmula n. 252: "Na ação rescisória, não estão impedidos juízes que participaram do julgamento rescindendo".

Artigo 972

Se os fatos alegados pelas partes dependerem de prova, o relator poderá delegar a competência ao órgão que proferiu a decisão rescindenda, fixando prazo de 1 (um) a 3 (três) meses para a devolução dos autos.

Nos exatos termos da redação do dispositivo em comento é o **Enunciado n. 340 do FPPC**, que assim dispõe: "Observadas as regras de distribuição, o relator pode delegar a colheita de provas para juízo distinto do que proferiu a decisão rescindenda". Observe-se que essa é uma faculdade do relator, que pode também optar por outro procedimento, como será demonstrado abaixo.

Via de regra, podem ser utilizados em Ações Rescisórias todos os meios de prova em direito admissíveis. Quanto à produção de prova oral, Didier Jr. e Cunha[195], elencam três possibilidades de colheita dos depoimentos, *in verbis:*

a) expede-se carta de ordem a juiz de primeira instância, para que colha a prova oral (art. 972, CPC, por analogia);

---

(194) **Art. 1º da Lei n. 779/69:** Nos processos perante a Justiça do Trabalho, constituem privilégio da União, dos Estados, do Distrito Federal, dos Municípios e das autarquias ou fundações de direito público federais, estaduais ou municipais que não explorem atividade econômica: II – o quádruplo do prazo fixado no art. 841, *"in fine"*, da Consolidação das Leis do Trabalho.

(195) DIDIER JR., Fredie; CUNHA, Leonardo Carneiro da. *Curso de Direito Processual Civil.* V. 3. 13. Ed. Salvador: ?Editora?, 2016. p. 48.

b) o relator faz a colheita da prova oral em seu gabinete (art. 932, I, CPC);

c) a prova oral pode ser produzida em sessão do órgão colegiado, hipótese de raro acontecimento, tendo em vista o acúmulo de serviço nos tribunais; embora seja de rara verificação, essa hipótese certamente daria aos magistrados melhores condições para valorar a prova produzida, em razão da imediatidade com a colheita das provas, muito importante em provas orais.

Artigo 973

Concluída a instrução, será aberta vista ao autor e ao réu para razões finais, sucessivamente, pelo prazo de 10 (dez) dias.

Parágrafo único. Em seguida, os autos serão conclusos ao relator, procedendo-se ao julgamento pelo órgão competente.

Instruído o processo, será concedido prazo sucessivo de 10 dias para as partes apresentarem razões finais, iniciando-se pelo autor. Ato contínuo, o processo será incluído em pauta para julgamento pelo órgão competente do Tribunal.

Embora o dispositivo não trate da remessa ao Ministério Público, cuja intervenção era obrigatória à época do CPC de 1973, conforme a *novel* legislação, o Ministério Público somente será intimado para participar da ação rescisória, como fiscal da ordem jurídica, nos casos previsto no art. 178 do CPC/15[(196)].

Artigo 974

Julgando procedente o pedido, o tribunal rescindirá a decisão, proferirá, se for o caso, novo julgamento e determinará a restituição do depósito a que se refere o inciso II do art. 968 .

Parágrafo único. Considerando, por unanimidade, inadmissível ou improcedente o pedido, o tribunal determinará a reversão, em favor do réu, da importância do depósito, sem prejuízo do disposto no § 2º do art. 82.

Quando do julgamento da Ação Rescisória, espera-se do Tribunal, na análise do mérito, exercício de dois juízos, a saber, o *iudicium rescindens* e *iudicium rescissorium.*

O primeiro, sempre presente nas Ações Rescisórias, decorre do pleito de desconstituição de uma decisão transitada em julgado. O juízo *rescissorium*, por sua vez, poderá ocorrer quando, no bojo da Ação Rescisória, o Tribunal proferir novo julgamento da causa (nesse caso a ação rescisória conterá uma cumulação de pedidos, nos termos do já comentado art. 968, I, do CPC).

Pode-se falar, pois, em causa de pedir simples e causa de pedir complexa. Esta última encerra uma pluralidade de fatos jurídicos que ensejam mais de uma pretensão. No caso da ação rescisória, esta consiste na pretensão ao juízo rescindente e juízo rescisório. Como dito, o primeiro é o pedido de rescisão da coisa julgada, o segundo, o pedido de novo julgamento sobre o objeto da lide. Por exemplo, nos casos prevaricação, concussão ou corrupção do juiz; impedimento ou incompetência absoluta do juiz; dolo do vencedor em prejuízo da parte derrotada, ou de conluio entre litigantes visando fraudar a lei; ofensa coisa julgada, não há lugar para o *iudicium rescissorium* por manifesta falta de interesse ou impossibilidade lógica, ainda que o respectivo pedido tenha sido erroneamente cumulado com o rescindente. Nessas situações a ação rescisória possui uma única *causa petendi*, pois a pretensão do autor consiste unicamente no juízo rescindente, na desconstituição da coisa julgada.

Os permissivos legais relativos à falsidade da prova apurada em processo criminal ou provada no bojo da ação rescisória; existência de fundamento para invalidar confissão, desistência ou transação, em que se baseou a sentença; erro de fato resultante de atos ou de documentos possibilitam o pedido de rescisão cumulado com o de novo julgamento da causa, sendo a causa de pedir complexa.

No tocante à violação da norma jurídica, a causa de pedir da ação rescisória poderá ser simples ou complexa, dependendo da natureza da norma inobservada.

---

(196) **Art. 178 do CPC.** O Ministério Público será intimado para, no prazo de 30 (trinta) dias, intervir como fiscal da ordem jurídica nas hipóteses previstas em lei ou na Constituição Federal e nos processos que envolvam:

I - interesse público ou social; II - interesse de incapaz; III - litígios coletivos pela posse de terra rural ou urbana. Parágrafo único. A participação da Fazenda Pública não configura, por si só, hipótese de intervenção do Ministério Público.

Nos termos do *caput* em comento, quando julgada procedente a Ação Rescisória, o depósito obrigatório será restituído ao autor da ação. Lado outro, quando inadmitida ou julgada improcedente a Ação Rescisória, o depósito será revertido em favor do réu.

Artigo 975

O direito à rescisão se extingue em 2 (dois) anos contados do trânsito em julgado da última decisão proferida no processo.

§ 1º Prorroga-se até o primeiro dia útil imediatamente subsequente o prazo a que se refere o *caput*, quando expirar durante férias forenses, recesso, feriados ou em dia em que não houver expediente forense.

§ 2º Se fundada a ação no inciso VII do art. 966, o termo inicial do prazo será a data de descoberta da prova nova, observado o prazo máximo de 5 (cinco) anos, contado do trânsito em julgado da última decisão proferida no processo.

§ 3º Nas hipóteses de simulação ou de colusão das partes, o prazo começa a contar, para o terceiro prejudicado e para o Ministério Público, que não interveio no processo, a partir do momento em que têm ciência da simulação ou da colusão.

O artigo em questão trata do prazo decadencial para propositura de Ação Rescisória.

Certo é que o Código de Processo Civil de 2015 manteve o prazo decadencial de dois anos, como se observa do *caput* do art. 975, em comento. É possível constatar, contudo, um aperfeiçoamento do regramento da matéria, o que pode ser considerado fruto da consolidação de muitos entendimentos jurisprudenciais até então existentes.

Da leitura do *caput* diagnosticamos sutil, mas relevante alteração quanto ao início da contagem do prazo, que se dá a partir do trânsito em julgado da última decisão proferida no processo. Trata-se de pacificação de questão tormentosa para as hipóteses em que havia trânsito em julgado parcial de capítulos de decisão não impugnados, que geravam dúvidas quanto ao início da contagem do prazo.

A opção legislativa está em consonância com o que já havia decidido o Tribunal Superior do Trabalho por meio do inciso I de sua Súmula n. 100, o que demonstra um vanguardismo muito grande da Corte Trabalhista na regulamentação da matéria, *in verbis*: "O prazo de decadência, na ação rescisória, conta-se do dia imediatamente subsequente ao trânsito em julgado da última decisão proferida na causa, seja de mérito ou não".

Há, dessa forma, necessidade de revisão do inciso II da referida Súmula, que admite o trânsito em julgado em momentos distintos, na hipótese de recurso parcial, com contagem do prazo da ação rescisória de cada decisão de forma distinta, o que incompatível com o atual CPC.

A opção legislativa, entretanto, é passível de críticas, especificamente em relação à desconformidade com outras normas do próprio Código de Processo Civil, que admitem formação parcial da coisa julgada[197]. Alguns doutrinadores chegaram a taxá-la de inconstitucional, por suposta violação das garantias constitucionais da segurança jurídica e isonomia, por prolongar a pacificação de determinada questão jurídica e, ainda, possibilitar um prazo maior de dois anos para uma das partes propor Ação Rescisória contra capítulo autônomo da decisão. Nesse sentido concluiu Délio Mota de Oliveira Júnior que:

> [...] a interpretação literal do art. 975 do novo Código de Processo Civil mostra-se inconstitucional e contraditória com as próprias normas desta legislação. Neste sentido, é necessário interpretar adequada e constitucionalmente o disposto no art. 975, de modo a estabelecer que o direito de propor ação rescisória se extingue em dois anos contados do respectivo trânsito em julgado da última decisão proferida em relação a cada capítulo autônomo e independente da sentença.[198]

Não entendemos dessa forma. Trata-se de opção legislativa e não vislumbramos nenhuma inconstitucionalidade no dispositivo, seja em relação à segurança jurídica, seja em relação à isonomia. Pelo contrário, trata-se de uma opção normativa salutar, que está em consonância com a melhor jurisprudência dos Tribunais Superiores, elide grande insegurança jurídica em relação ao início da contagem do prazo e não enseja qualquer prejuízo ou tratamento distinto para as partes.

---

(197) Arts. 490, 997 e 1.013 do CPC/15, que coadunam a doutrina dos *"Capítulos Sentenciais"*.

(198) OLIVEIRA JÚNIOR, Délio Mota de. A Formação Progressiva da Coisa Julgada Material e o Prazo para o Ajuizamento da Ação Rescisória: Contradição do Novo Código de Processo Civil. In: MACÊDO, Lucas Byril de; PEIXOTO, Ravi; FREIRE, Alexandre (Coords.), DIDER JR.; Fredie (Coord. geral). *Processo nos Tribunais e Meios de Impugnação às Decisões Judiciais*. Salvador, JusPodivm, 2016. p.151.

Não vemos óbice, outrossim, para que a parte proponha de forma antecipada a sua ação rescisória, antes da última decisão proferida no processo. Para tanto, basta a parte se valer do § 4º do art. 218 do Código de Processo Civil(199), o qual estabelece que é tempestivo o ato praticado antes do termo inicial do prazo.

O § 1º, também elimina outra questão delicada quanto ao prazo de propositura da Ação Rescisória, tendo em vista a natureza decadencial deste. Adotando entendimento jurisprudencial, o referido parágrafo estabelece que: "Prorroga-se até o primeiro dia útil imediatamente subsequente o prazo a que se refere o *caput*, quando expirar durante férias forenses, recesso, feriados ou em dia em que não houver expediente forense". Conforme já destacamos, o dispositivo inspira-se Súmula n. 100 do TST, cujo inciso IX possui idêntica redação.

O dispositivo também traz um regramento especial no que tange a contagem do prazo decadencial quando a Ação Rescisória for proposta com fundamento em prova nova. A regra está no § 2º do art. 975: "Se fundada a ação no inciso VII do art. 966, o termo inicial do prazo será a data de descoberta da prova nova, observado o prazo máximo de 5 (cinco) anos, contado do trânsito em julgado da última decisão proferida no processo".

O termo inicial do prazo de dois anos conta-se, pois, não do trânsito em julgado da decisão rescindenda, mas da data de descoberta da prova nova. Porém, com o objetivo de não eternizar a propositura da ação e ensejar prejuízos da estabilidade das relações, segurança jurídica e paz social, **limita-se a cinco anos o prazo para descoberta da prova nova e consectária fixação do termo inicial do prazo legal para propositura da Ação Rescisória.**

Em relação à Ação Rescisória fundada em simulação ou colusão das partes, rege o § 3º do art. 975 que "o prazo começa a contar, para o terceiro prejudicado e para o Ministério Público, que não interveio no processo, a partir do momento em que tem ciência da simulação ou colusão". Nesse caso, porém, o legislador não prescreveu um prazo limite para ciência. Porém, pelas mesmas razões apontadas acima, ou seja, necessidade de segurança jurídica, estabilidade das relações e paz social, entendemos que aqui se deve aplicar por analogia o prazo máximo de cinco anos previsto no § 2º, pois não se pode conceber que uma decisão transitada em julgada fique indefinidamente sujeita a impugnação.

Não podemos deixar de, mais uma vez, ressaltar a similitude com o regramento dado pela Súmula n. 100 do Tribunal Superior do Trabalho que, no inc. VI, estabelece que "Na hipótese de colusão das partes, o prazo decadencial da ação rescisória somente começa a fluir para o Ministério Público, que não interveio no processo principal, a partir do momento em que tem ciência da fraude".

Observe-se, contudo, que as hipóteses trazidas pelos §§ 2º e 3º devem observar a entrada em vigor do CPC de 2015, nos termos do **Enunciado n. 341 do FPPC**, "que assim preceitua: O prazo para ajuizamento de ação rescisória é estabelecido pela data do trânsito em julgado da decisão rescindenda, de modo que não se aplicam as regras dos §§ 2 º e 3º do art. 975 do CPC à coisa julgada constituída antes de sua vigência".

Por fim, ainda há uma última regra especial, em que o termo inicial para contagem do prazo decadencial de dois anos para a propositura da Ação Rescisória é diversa. Trata-se da hipótese de trânsito em julgado de decisão em ação na qual o STF declara a inconstitucionalidade de lei que tenha sido utilizada como fundamento da decisão rescindenda.

É o que se pode se extrair do § 15, do art. 525, do CPC: "Se a decisão referida no § 12(200) for proferida após o trânsito em julgado da decisão exequenda, caberá ação rescisória, cujo prazo será contado do trânsito em julgado da decisão proferida pelo Supremo Tribunal Federa".

É preciso adotar uma posição crítica em relação ao tema, haja vista que, diferente das situações e regramento anterior, não há um limite temporal previamente estabelecido na lei, cabendo ao próprio Supremo Tribunal Federal fazer a modulação dos efeitos da decisão, levando em consideração as peculiaridades do caso. As críticas da doutrina são veementes e chegam a taxar o dispositivo de inconstitucional.

(199) **Art. 218 do CPC.** Os atos processuais serão realizados nos prazos prescritos em lei. § 4º Será considerado tempestivo o ato praticado antes do termo inicial do prazo.

(200) **Art. 525, § 12 do CPC:** "Para efeito do disposto no inciso III do § 1º deste artigo, considera-se também inexigível a obrigação reconhecida em título executivo judicial fundado em lei ou ato normativo considerado inconstitucional pelo Supremo Tribunal Federal, ou fundado em aplicação ou interpretação da lei ou do ato normativo tido pelo Supremo Tribunal Federal como incompatível com a Constituição Federal, em controle de constitucionalidade concentrado ou difuso".

Luiz Guilherme Marinoni ressalta a inconstitucionalidade do art. 525, § 15º, do Novo Código:

> Se até aqui, porém, o sistema parece razoável (ou, ao menos, viável), o mesmo não ocorre em relação ao art. 525, § 15, do CPC. Esse § 15, supõe que a coisa julgada possa ser desconstituída desde que a decisão de inconstitucionalidade seja invocada mediante ação rescisória. Acontece que a decisão que se fundou na lei declarada inconstitucional é uma decisão legítima. Admitir rescisória, em caso de decisão de inconstitucionalidade posterior à formação da coisa julgada material, é voltar a confundir validade da lei com validade do juízo sobre a lei. É, fundamentalmente, esquecer da garantia constitucional da coisa julgada. No final do mês de outubro de 2014, o STF, em sessão plenária, revogou o seu entendimento em relação à aplicabilidade da súmula 343 em caso de interpretação constitucional [...]. Pior do que isso, o § 15 do art. 525 do CPC, implica subordinar a estabilidade da coisa julgada a uma verdadeira condição atemporal. Na medida em que, a qualquer momento, reconhecida ou declarada a inconstitucionalidade de certa norma (ou de certa interpretação da norma) pelo STF, passa daí a contar o prazo para uma ação rescisória contra qualquer julgado que tenha aplicado aquela norma ou aquela interpretação no passado, torna-se inviável pretender falar em estabilidade, imutabilidade ou indiscutibilidade da coisa julgada. Ela se torna apenas uma estabilidade provisória, no aguardo da confirmação — eterna, diga-se — pelo STF, da legitimidade das regras e das interpretações jurídicas aplicadas a essa decisão. Carece, portanto, totalmente, de constitucionalidade o art. 525, § 15, do CPC.(201)

Outro não é o entendimento de Nelson Nery Jr. e Rosa Maria de Andrade Nery:

> Haveria, portanto, dois prazos de rescisória? O prazo 1 - dois anos a contar do trânsito em julgado da própria sentença exequenda — e o prazo 2 — dois anos a contar do trânsito em julgado do acórdão do STF que reconheceu a inconstitucionalidade da lei ou do ato normativo em que se funda a sentença exequenda? A pretensão rescisória extinta pela decadência não pode renascer pela decisão futura do STF. Saliente-se que a ADIn, por exemplo, não tem prazo de exercício previsto em lei, de sorte que se trata de pretensão perpétua, que pode ser ajuizada dois, cinco, dez, vinte anos depois da entrada em vigor da lei apontada inconstitucional. Por óbvio, a rescisória — instituto que se caracteriza como exceção à regra constitucional da intangibilidade da coisa julgada material (CF, art. 5º, XXXVI), que, como exceção, deve ser interpretada restritivamente — não pode receber esse mesmo tratamento e nem as partes devem submeter-se à essa absoluta insegurança jurídica. Daí por que, extinta a pretensão rescisória pela decadência, não pode renascer. Entendimento diverso ofenderia o princípio constitucional da segurança jurídica e a garantia fundamental da intangibilidade da coisa julgada (CF, art. 5º, XXXVI). Para que possa dar-se como constitucional, *o dies a quo* fixado no texto normativo sob comentário deve ser interpretado conforme a Constituição. Assim, somente pode ser iniciado o prazo da rescisória a partir do trânsito em julgado da decisão do STF, se ainda não tiver sido extinta a pretensão rescisória cujo prazo tenha-se iniciado do trânsito em julgado da decisão exequenda. Em outras palavras, o que o texto comentado autoriza é uma espécie de alargamento do prazo da rescisória que está em curso.(202)

Em suma, salvo essa última opção legislativa, eivada de inconstitucionalidade, as demais normas que regulamentam o prazo de propositura da ação rescisória aperfeiçoaram o regramento da matéria.

Por fim, ainda em relação ao prazo da rescisória, não se pode olvidar a necessidade de juntada da certidão de trânsito em julgado da decisão, com o fim de que o Tribunal Regional do Trabalho ou Tribunal Superior do Trabalho, de acordo com a competência para apreciação da Ação Rescisória proposta, possa examinar a tempestividade da ação excepcional proposta. Nesse sentido, o TST firmou entendimento mediante a Súmula n. 299, dispondo que é imprescindível a prova do trânsito em julgado da decisão rescindenda, que deve ocorrer antes da propositura da Ação Rescisória:

Súmula n. 299 do TST: AÇÃO RESCISÓRIA. DECISÃO RESCINDENDA. TRÂNSITO EM JULGADO. COMPROVAÇÃO. EFEITOS.

I – É indispensável ao processamento da ação rescisória a prova do trânsito em julgado da decisão rescindenda.

II – Verificando o relator que a parte interessada não juntou à inicial o documento com-probatório, abrirá prazo de 10 (dez) dias para que o faça, sob pena de indeferimento.

(201) MARINONI, Luiz Guilherme. *Curso de Processo Civil*. Vol. 2. São Paulo: RT, 2015. p. 947.

(202) NERY JR., Nelson; NERY, Rosa Maria de Andrade. *Comentários ao Código de Processo Civil*. São Paulo, Revista dos Tribunais, 2015. p. 1.309.

III - A comprovação do trânsito em julgado da decisão rescindenda é pressuposto processual indispensável ao tempo do ajuizamento da ação rescisória. Eventual trânsito em julgado posterior ao ajuizamento da ação rescisória não reabilita a ação proposta, na medida em que o ordenamento jurídico não contempla a ação rescisória preventiva.

IV - O pretenso vício de intimação, posterior à decisão que se pretende rescindir, se efetivamente ocorrido, não permite a formação da coisa julgada material. Assim, a ação rescisória deve ser julgada extinta, sem julgamento do mérito, por carência de ação, por inexistir decisão transitada em julgado a ser rescindida.

Duas observações ainda são necessárias.

1. O afastamento do cabimento de Ação Rescisória preventiva pelo inciso V da súmula precisará ser revisto, diante dos termos do art. 216, § 4º, do Código de Processo Civil, segundo o qual o ato praticado antes do termo inicial do prazo é tempestivo.

2. Poderá o órgão julgador formar sua convicção quanto ao termo inicial do prazo decadencial a partir dos outros elementos constantes dos autos, não ficando adstrito, portanto, ao que constar da certidão do trânsito em julgado, nos termos do item IV, da Súmula n. 100 do TST.

CAPÍTULO VIII — DO INCIDENTE DE RESOLUÇÃO DE DEMANDAS REPETITIVAS

Artigo 976

É cabível a instauração do incidente de resolução de demandas repetitivas quando houver, simultaneamente:

I - efetiva repetição de processos que contenham controvérsia sobre a mesma questão unicamente de direito;

II - risco de ofensa à isonomia e à segurança jurídica.

§ 1º A desistência ou o abandono do processo não impede o exame de mérito do incidente.

§ 2º Se não for o requerente, o Ministério Público intervirá obrigatoriamente no incidente e deverá assumir sua titularidade em caso de desistência ou de abandono.

§ 3º A inadmissão do incidente de resolução de demandas repetitivas por ausência de qualquer de seus pressupostos de admissibilidade não impede que, uma vez satisfeito o requisito, seja o incidente novamente suscitado.

§ 4º É incabível o incidente de resolução de demandas repetitivas quando um dos tribunais superiores, no âmbito de sua respectiva competência, já tiver afetado recurso para definição de tese sobre questão de direito material ou processual repetitiva.

§ 5º Não serão exigidas custas processuais no incidente de resolução de demandas repetitivas.

O Capítulo em análise, capitaneado pelo art. 976 do CPC, traz a lume inovação no sistema processual brasileiro, instituindo o denominado Incidente de Resolução de Demandas Repetitivas — IRDR.

O IRDR pode ser considerado, pois, uma evolução do Incidente de Uniformização de Jurisprudência — IUJ[(203)], previsto no art. 476 e seguintes do CPC/1973, cujo objetivo era a uniformização jurisprudencial em nível regional, que se dava por meio da criação de Súmulas[(204)].

Conquanto o dever de uniformização de jurisprudência tenha permanecido e, incontroversamente, se tornado mais relevante com o advento do CPC/15, o procedimento para edição de Súmulas — não mais adequado ao Sistema de Precedentes Vinculantes que se instituía —, foi deixado a cargo dos Regimentos Internos dos Tribunais e o IUJ retirado da legislação processual civil[(205)].

---

(203) Diz-se "evolução", pois, apesar de o objetivo de se uniformizar a jurisprudência ser equivalente entre os institutos, o IUJ não se valia das conjecturas e métodos do Sistema de Precedentes Vinculantes, que se pauta no julgamento de casos concretos, cuja *Ratio Decidendi* demonstrará o entendimento uniforme dos Tribunais que deverá ser obrigatoriamente aplicado em processos futuros equivalentes ou similares, com fins de proporcionar isonomia dos julgados e segurança jurídica dos jurisdicionados.

(204) A instituição do IUJ no âmbito dos Tribunais Regionais do Trabalho facilitou a demonstração de verdadeiro dissenso jurisprudencial a ensejar o processamento dos Recursos de Revista, propiciando, em última análise, a Uniformização da Jurisprudência nacional por sua Corte de Vértice, o TST.

(205) No que tange aos IUJs já suscitados e pendentes à época da entrada em vigor do CPC/15, concluiu o FPPC por meio de seu **Enunciado n. 655**. "Desde que presentes os requisitos de cabimento, os incidentes de uniformização de jurisprudência pendentes de julgamento na vigência do CPC/2015 deverão ser processados conforme as regras do incidente de resolução de demandas repetitivas ou do incidente de assunção de competência, especialmente as atinentes ao contraditório." No âmbito Processual do Trabalho, o IUJ foi retirado da CLT quando do advento da Lei n. 13.467/17 — Reforma Trabalhista.

Nessa perspectiva, consiste o IRDR em novo método uniformizador de jurisprudência, criado no contexto e sob os pilares do Sistema de Precedentes Vinculantes e inserido no denominado "Microssistema de formação concentrada de Precedentes Vinculantes"(206). Nas palavras de José Roberto Freire Pimenta por sua vez, o por ele denominado "Microssistema de solução de Litigiosidade Repetitiva" visa:

> [...] gerar um precedente obrigatório capaz de decidir, de modo uniforme, todos os processos repetitivos dele objeto, mediante a utilização de uma causa piloto e de um processo teste (ampliados por um acervo de processos repetitivos que amplie o exame da controvérsia).(207)

Conforme evidenciado na *Exposição de Motivos* do anteprojeto do CPC, referido incidente possui inspiração na cultura jurídica alemã, que dispõe de um instituto denominado *Musterverfarhen*(208)(209) (procedimento-modelo ou procedimento-padrão), segundo o qual uma decisão proveniente de uma "causa-piloto" serviria de modelo para a resolução de grande quantidade de processos que tratassem de casos semelhantes, ainda que as partes fossem diversas(210).

Dessa forma, pretendeu-se que, ao se uniformizar a jurisprudência sobre determinada temática, o posicionamento vinculante fosse aplicado a uma multiplicidade de processos semelhantes, propiciando coerência e integridade ao ordenamento (nos termos do já analisado art. 926 do CPC), e que será aferido, também, pela leitura do art. 985 do CPC, que será oportunamente comentado.

Cesar Zucatti Pritsch sustenta que:

> [...] ao canalizar a uniformização de jurisprudência [...] para os incidentes IAC ou IRDR, ao invés do extinto IUJ, procedimentaliza-se um acórdão de maior qualidade precedencial, rompendo a tradição de uniformizar entendimentos com debates quase em tese, estranhos à típica função à típica função jurisdicional, que é dizer o direito no caso concreto e não legislar em abstrato. O procedimento dos novos incidentes estimula o debate e contraditório mais amplos, autorizando a participação de atores sociais com interesse e expertise nas questões em disputa, e ainda faculta um maior aprofundamento argumentativo [...].(211)

A base constitucional do IRDR é o tratamento uniforme dos litígios isomórficos exigido pelo princípio da isonomia, da segurança jurídica — decorrente da previsibilidade —, da uniformidade de decisões judiciais sobre teses jurídicas e a duração razoável na entrega da prestação jurisdicional. Nas palavras de Estêvão Mallet:

> A observância dos precedentes liga-se a valores essenciais em um Estado de direito democrático, como a racionalidade e a legitimidade das decisões judiciais, a segurança jurídica e a isonomia. O peso dos precedentes tem

---

(206) Expressão utilizada por diversos autores para demonstrar os procedimentos instituídos para o julgamento específico de questões controvertidas, a fim de uniformizar a Jurisprudência e produzir concretamente precedentes a serem obrigatoriamente observados. Especificamente, essa expressão foi retirada da obra de Paulo Sarno Braga, Fredie Didier Jr. e Rafael Alexandria de Oliveira (BRAGA, Paula Sarno; DIDIER JR., Fredie; OLIVEIRA, Rafael Alexandria de. *Curso de Direito Processual Civil:* teoria da prova, direito probatório, decisão, precedente, coisa julgada e tutela provisória. v. 2. 11. ed. Salvador: JusPodivm, 2016. p. 478). Em igual sentido concretizam os **Enunciados n. 345 e 346 do Fórum Permanente de Processualistas Civis — FPPC.** (345): "O incidente de resolução de demandas repetitivas e o julgamento dos recursos extraordinários e especiais repetitivos formam um microssistema de solução de casos repetitivos, cujas normas de regência se complementam reciprocamente e devem ser interpretadas conjuntamente." (346): A Lei n. 13.015, de 21 de julho de 2014, compõe o microssistema de solução de casos repetitivos.

(207) PIMENTA, José Roberto Freire. O Sistema de Precedentes Judiciais Obrigatórios e o Microssistema de Litigiosidade Repetitiva no Processo do Trabalho. *Revista do Tribunal Superior do Trabalho*, Brasília, v. 82, n. 2, p. 176-235, abr./jul. 2016. p. 205.

(208) Conforme dispõe Thiago Henrique Ament "a Lei de Introdução do Procedimento-Modelo é do ano de 2005 e foi prevista inicialmente apenas para demandas envolvendo o mercado de capitais, com um prazo temporário de cinco anos. Uma reforma no ano de 2012 ampliou seu objeto para outros litígios e estendeu seu prazo de duração até 2020". AMENT, Thiago Henrique. *Recurso de Revista Repetitivo:* entre os precedentes da *Common Law* e o julgamento por causa-piloto. São Paulo: LTr, 2018. p. 67.

(209) Para aprofundar no estudo do *Musterverfarhen* – procedimento modelo Alemão, recomenda-se a leitura em CASTRO MENDES, Aluisio Gonçalves de. *Ações coletivas e meios de resolução coletiva de conflitos no direito comparado e nacional.* São Paulo: Revista dos Tribunais, 2014. p. 122-131.

(210) Outro modelo de resolução de causas repetitivas, mas similar aos processos-pilotos, é encontrado na Inglaterra, onde há as *group litigation orders* (GLO), previstas nas Rules 19:10 até 19:15 e na *Practice Direction* do Código de Processo Civil Inglês (*Rules of Civil Procedure* – CPR), com introdução datada do ano de 2000 (*Amendment Rules*, 2000, n. 221). Sobre o tema GLO, do Direito Inglês, recomenda-se a leitura de: CAVALCANTI, Marcos de Araújo. Mecanismos de resolução de demandas repetitivas no direito estrangeiro: um estudo sobre o procedimento alemão e as ordens de litígios em grupo inglesas. *RePro*, v. 238, p. 333, dez. 2014, p. 336.

(211) PRITSCH, Cesar Zucatti. *Manual de Prática dos Precedentes no Processo Civil e do Trabalho.* Atualizado conforme o CPC 2015 e Reforma Trabalhista. São Paulo: LTr, 2018. p. 211.

crescido e continua a crescer no direito positivo nacional, com a gradual e progressiva adoção de "técnica do sistema anglo-saxônico, mais exatamente a atribuição da eficácia a precedentes jurisprudenciais". Não constituem mais, apenas, fonte formal do direito, mencionada em diferentes normas jurídicas — a como se dá em matéria trabalhista —, como vêm adquirindo força normativa crescente [...].(212)

Além disso, ante o "incremento progressivo de conflitos em massa e da procura de mecanismos de solução dos litígios em escala"(213) os incidentes como IRDR são vistos como instrumentos processuais que aparelham os Tribunais, tornando-os aptos a solucionarem de forma adequada e efetiva diversas causas individuais, mas com objetos semelhantes.

Por meio desses instrumentos, por exemplo, é possível conceder tratamento jurídico isonômico aos litigantes, o que acaba por revelar, também, seu caráter coletivo, observadas, contudo, as peculiaridades fáticas de cada caso *sub judice*. Nesse sentido se presta também para "abreviar e simplificar a prestação jurisdicional, cumprindo os desígnios de duração razoável do processo"(214).

Os incisos I e II do art. 976 do CPC revelam que o IRDR deve ser instaurado sempre que houver **(i) efetiva repetição de processos que contenham controvérsia sobre a mesma questão unicamente de direito; (ii) risco de ofensa à isonomia e à segurança jurídica**. Compreende-se, todavia, que mais relevante que a necessidade de repetição de processos — que revela a pretensão de o incidente proporcionar celeridade nos julgamentos e redução do litígio —, é o intuito de se garantir a observância dos princípios da isonomia, da legítima confiança e da segurança jurídica.

Por tais motivos, revela-se como pressuposto expresso e essencial para a instauração do IRDR o risco de ofensa à isonomia e à segurança jurídica nos casos em que se perceber a existência de efetiva repetição de processos que contenham controvérsia sobre idêntica questão de direito(215).

Nesse sentido consubstancia o Enunciado n. 87 do Fórum Permanente de Processualistas Civis — FPPC:

Enunciado n. 87 do FPPC: A instauração do incidente de resolução de demandas repetitivas não pressupõe a existência de grande quantidade de processos versando sobre a mesma questão, mas preponderantemente o risco de quebra da isonomia e de ofensa à segurança jurídica.

Entende-se que a possibilidade de decisões conflitantes e a imprevisibilidade do resultado final deve ser efetiva e não potencial, sendo insuficiente o mero receio quanto à existência de interpretações jurídicas divergentes. Dessa forma que, quase sempre(216), o IRDR se dará de forma repressiva, pois instaurado após a prolação de diversas decisões na primeira instância(217), seja no Processo Civil ou do Trabalho(218).

(212) MALLET, Estêvão. Os recursos de natureza extraordinária e a ordem dos processos nos tribunais no novo Código de Processo Civil frente ao Processo do Trabalho. In: BRANDÃO, Cláudio; MALLET, Estêvão. (Orgs.). *Processo do Trabalho*. Coleção Repercussões do Novo CPC, v. 4. Salvador: JusPodivm, 2015. p. 573 e 575.

(213) CASTRO MENDES, Aluisio Gonçalves de. *Ações coletivas e meios de resolução coletiva de conflitos no direito comparado e nacional*. São Paulo: Revista dos Tribunais, 2014. p. 297.

(214) THEODORO JÚNIOR, Humberto. *Curso de Direito Processual Civil*. Volume III. 47. ed. Rio de Janeiro: GEN, 2015. p. 841-843.

(215) "O incidente de resolução de demandas repetitivas será instaurado no curso de um processo individual que verse sobre controvérsia com potencial de gerar relevante multiplicação de processos fundados em idêntica questão de direito e de causar grave insegurança jurídica diante da possibilidade de coexistência de decisões antagônicas." CASTRO MENDES, Aluísio Gonçalves de. Reflexões sobre o Incidente de Resolução de Demandas Repetitivas previsto no Projeto de Novo Código de Processo Civil. *RePro*, v. 211, set. 2012, p. 451.

(216) Nos casos de competência originária dos Tribunais, pode ser que o IRDR assuma um caráter preventivo se entender-se que a divergência sobre a tese jurídica seja potencialmente geradora de tratamento anti-isonômico. Nesta hipótese, não terá ocorrido cognição em decisão final de mérito no primeiro grau de jurisdição.

(217) Neste sentido, foi editado o Enunciado n. 344 do Fórum Permanente dos Processualistas Civis "A instauração do incidente pressupõe a existência de processo pendente no respectivo tribunal." Ressalva-se a posição de Luiz Henrique Volpi Camargo, para quem seria possível a instauração de incidente preventivo, isto é, antes de proferidas decisões conflitantes e passível de ser deflagrado diante do potencial em ocorrer soluções contraditórias entre si. De fato, as mudanças do texto processual durante a tramitação do projeto do CPC/2015 permitiram amplo debate sobre este pressuposto do IRDR. (CAMARGO, Luiz Henrique Volpi. O incidente de resolução de demandas repetitivas no projeto de novo CPC: a comparação entre a versão do Senado Federal e a da Câmara dos Deputados. In: FREIRE, Alexandre *et al*. (Org.). *Novas tendências do processo civil:* estudos sobre o projeto do novo Código de Processo Civil. Salvador: JusPodivm, 2014. v. 3, p. 284).

(218) Não há indicação legal acerca da quantidade das demandas repetitivas necessárias para ensejar a arguição de IRDR, sendo certo que diversos estudiosos do processo entendam não ser necessária uma grande quantidade de processos repetidos, *vide* **Enunciado n. 87 do FPPC**.

Nada obstante, conforme muito bem advertido por Humberto Theodoro Júnior, não se pretende aguardar o "caos interpretativo" para que o incidente tenha seu lugar, mas a razoável repetição questões e consectária divergência jurisprudencial quanto à aplicação da norma(219), o que fundamental para o amadurecimento da discussão.

Observe-se, ainda, como bem salientado por Sofia Temer, que "demandas repetitivas" devem ser compreendidas, na verdade, como "questões comuns" ou "questões repetitivas"(220). Isso porque, para caracterização da repetitividade não são necessárias demandas com idênticas causas de pedir e pedidos, mas reiterada discussão de questões jurídicas homogêneas, isso é, "a presença de controvérsia sobre ponto de direito que se repita em vários processos"(221).

Diferentemente do Incidente de Assunção de Competência — IAC, inserido no art. 947 do CPC, os requisitos "relevante questão de direito, com grande repercussão social" não se revelam presentes, inexistindo, pois, limitação material para instauração do IRDR. Mais uma vez, o FPPC explora a questão em seu Enunciado n. 88, *in verbis:*

> **Enunciado n. 88 do FPPC:** Não existe limitação de matérias de direito passíveis de gerar a instauração do incidente de resolução de demandas repetitivas e, por isso, não é admissível qualquer interpretação que, por tal fundamento, restrinja seu cabimento.

Trata-se, pois, de método que analisa questões de **direito material ou processual**, provenientes de processos individuais ou coletivos repetitivos, cujo objetivo é padronizar teses jurídicas, formando Precedentes Vinculantes que serão aplicados a uma multiplicidade de processos paradigmas.

Conforme sustenta Dierle Nunes, o IRDR objetiva a prolação de uma decisão "capaz de encampar uma fundamentação consistente e hábil a fornecer um julgado panorâmico, levando-se em consideração todos os argumentos em discussão para deliberação e análise dos casos repetitivos."(222)

Isso posto, seguindo a lógica precedencialista, a competência para instaurar e julgar os IRDR são dos Tribunais, que estarão vinculados aos enunciados de suas próprias Súmulas e aos seus Precedentes frutos de IRDR, o que corroborado pelos Enunciados ns. 167, 342 e 343 do FPPC(223).

Os §§ 1º e 2º do art. 976 do CPC, intimamente relacionados, dispõe respectivamente que:

> § 1º A desistência ou o abandono do processo não impede o exame de mérito do incidente.
>
> § 2º Se não for o requerente, o Ministério Público intervirá obrigatoriamente no incidente e deverá assumir sua titularidade em caso de desistência ou de abandono.

Os dispositivos em comento estabelecem uma exceção à regra prevista no art. 485, II, III e IV do CPC(224), dispondo que, mesmo nos casos em que haja desistência no processo utilizado como paradigma para a análise e uniformização de jurisprudência em IRDR, o incidente deve prosseguir(225), agora, sob a titularidade do Ministério Público(226).

Esses dispositivos demonstram que, por haver forte presença do interesse público nesse procedimento destinado à produção de Precedente Vinculante, não apenas a desistência, como também a negociação processual, transação ou o abandono de causa não irão impedir exame do mérito do incidente.

---

(219) THEODORO JÚNIOR, Humberto. *Curso de Direito Processual Civil.* Volume III. 47. ed. Rio de Janeiro: GEN, 2015. p. 842.

(220) TEMER, Sofia. *Incidente de Resolução de Demandas Repetitivas*. Salvador: JusPodivm, 2018. p. 60-61.

(221) *Ibidem*, p. 63.

(222) NUNES, Dierle. O perigo da utilização estratégica do IRDR por litigantes habituais e a necessidade dos tribunais refletirem sobre sua cooptação: a proibição do incidente preventivo e o caso Samarco. In: Paulo Henrique dos Santos Lucon, Pedro Miranda de Oliveira (Coord.). *Panorama atual do novo CPC 2*. Florianópolis: Empório do Direito, 2017. p. 121-145. p.133.

(223) **Enunciado n. 167 do FPPC:** "Os tribunais regionais do trabalho estão vinculados aos enunciados de suas próprias súmulas e aos seus precedentes em incidente de assunção de competência ou de resolução de demandas repetitivas".

Enunciado n. 342 do FPPC: "O incidente de resolução de demandas repetitivas aplica-se a recurso, a remessa necessária ou a qualquer causa de competência originária".

Enunciado n. 343 do FPPC: "O incidente de resolução de demandas repetitivas compete a tribunal de justiça ou tribunal regional".

(224) **Art. 485 do CPC:** O juiz não resolverá o mérito quando: II – o processo ficar parado durante mais de 1 (um) ano por negligência das partes; III – por não promover os atos e as diligências que lhe incumbir, o autor abandonar a causa por mais de 30 (trinta) dias; VIII – homologar a desistência da ação;

(225) **Enunciado n. 604 do FPPC:** É cabível recurso especial ou extraordinário ainda que tenha ocorrido a desistência ou abandono da causa que deu origem ao incidente.

(226) **Enunciado n. 467 do FPPC:** O Ministério Público deve ser obrigatoriamente intimado no incidente de assunção de competência.

Consoante assente na doutrina de Daniel Amorim Assumpção Neves, essa norma é importante, pois se presta a evitar que qualquer das partes opte, intencionalmente, por desistir de determinado processo que deu origem ao IRDR, com o objetivo de evitar eventual formação de decisão cujo fundamento lhe seja desfavorável. E acrescenta que:

> [...] o interesse público no bom funcionamento do instituto, capaz de gerar segurança jurídica, previsibilidade e isonomia, justifica o julgamento do incidente, com a fixação de tese, mesmo com o processo do qual se originou tal incidente já tendo sido extinto.(227)

Conquanto o exposto, *a priori*, a interpretação literal do dispositivo revela uma aplicação pouco incipiente, porquanto a desistência do processo apenas é possível até a prolação da sentença, não afetando, pois, os Recursos Repetitivos que eventualmente se submetam ao IRDR. Contudo, apresenta como possível a interpretação extensiva, a fim de abranger, também e, sobretudo, a desistência de recursos, o que, nesse caso, afetaria a instauração de IRDR. Nessa hipótese, apesar de entender que a situação se desvela peculiar e excepcional, corroboramos a posição de Daniel Amorim Assumpção Neves de necessária aplicação do dispositivo a fim de evitar manobras processuais eivadas de má-fé, privilegiando a isonomia e segurança jurídica, que são questões de interesse público.

Nos termos do **§ 3º** do artigo em comento, a inadmissão do IRDR por ausência de qualquer de seus pressupostos de admissibilidade não impede que, uma vez satisfeito o requisito, seja o incidente novamente suscitado. Observe-se, contudo, que, nos termos do **Enunciado n. 657 do FPPC**: "O relator, antes de considerar inadmissível o incidente de resolução de demandas repetitivas, oportunizará a correção de vícios ou a complementação de informações".

O **§ 4º**, dispõe ser incabível a instauração de IRDR quando um dos Tribunais Superiores, no âmbito de sua respectiva competência, já tiver afetado a questão para fins de uniformização de jurisprudência. Isso porque, parte-se da premissa da vinculação vertical/hierárquica, que impõe que os órgãos inferiores observem as teses fixadas pelos Tribunais Superiores.

Essa restrição não afeta, por sua vez, a instauração simultânea de IRDR no seio de um mesmo Tribunal ou de Tribunais Regionais diversos. Sobre esse assunto deliberou o FPPC em seus Enunciados ns. 89 e 90, que assim dispõe:

Enunciado n. 89 do FPPC: Havendo apresentação de mais de um pedido de instauração do incidente de resolução de demandas repetitivas perante o mesmo tribunal todos deverão ser apensados e processados conjuntamente; os que forem oferecidos posteriormente à decisão de admissão serão apensados e sobrestados, cabendo ao órgão julgador considerar as razões neles apresentadas.

Enunciado n. 89 do FPPC: É admissível a instauração de mais de um incidente de resolução de demandas repetitivas versando sobre a mesma questão de direito perante tribunais de 2º grau diferentes.

Ante o exposto, é de suma importância a compreensão do papel das instâncias superiores em criar Precedentes, partindo-se da premissa de que essas não irão suprimir a liberdade das instâncias a ela inferiores, pois, conforme sustentado em trabalho anterior, essas "continuarão a judicar no que tange às questões específicas de cada caso, garantindo a pluralidade do debate, evolução e aprimoramento do Direito"(228). A corroborar, sustenta Aluisio Castro Mendes que:

> [...] o caráter vinculativo não dispensa a análise do caso concreto e dos argumentos apresentados. Não se trata de trabalho mecânico. Há que se verificar a identidade ou não das circunstâncias determinantes, com a devida fundamentação, para que se possa analisar a subsunção ou a distinção do caso concreto com os precedentes.(229)

Não se pode olvidar ainda que, ao final, o § 5º disciplina que não serão exigidas custas processuais no incidente em questão.

---

(227) NEVES, Daniel Amorim Assumpção. *Manual de Direito Processo Civil*. 8. ed. Salvador: JusPodivm, 2016. p. 1.418.

(228) SILVA, Bruno Freire e; KEUNECKE, Manoella Rossi. O incidente de resolução de demandas repetitivas e sua aplicação no processo do trabalho. In: DALLEGRAVE NETO, José Affonso; GOULART, Rodrigo Fortunato (Coords.). *Novo CPC e o Processo do Trabalho*. São Paulo: LTr, 2016. No mesmo sentido aduzem Lênio Streck e Georges Abboud que "[...] na aplicação dos provimentos do art. 927 deverá haver interpretação pelas instâncias inferiores perante a especificidade de cada caso concreto com o intuito de se proferir a solução constitucionalmente adequada para o caso concreto bem como assegurar a integridade e coerência do sistema. ABBOUD, Georges; STRECK, Lenio. O NCPC e os precedentes. . In: DIDIEER JR., Fredie; CUNHA, Leonardo Carneiro da; ATAIDE JR., Jaldemiro Rodrigues de; MACÊDO, Lucas Buris de (Coords.). *Precedentes*. Coleção Grandes temas do Novo CPC. Salvador: JusPodivm, 2015. p.180.

(229) CASTRO MENDES, Aluisio Gonçalves de. Breves considerações sobre o caráter vinculativo da jurisprudência. In: JAYME, Fernando Gonzaga; MENDES, Aluísio; NUNES, Dierle (Coords.). *A nova aplicação da Jurisprudência e Precedentes no CPC/2015*. Estudos em homenagem à professora Teresa Arruda Alvim São Paulo: Revista dos Tribunais, 2017. p. 125.

No tocante à aplicação do instituto no Processo do Trabalho, apesar de nada dispor a CLT sobre a existência do IRDR, o art. 8º da Instrução Normativa n. 39/16 do TST determinou a sua observância por meio dos arts. 976 a 986 do CPC/15, que o disciplinam. Dessa forma, o instituto, até então inexistente no Processo do Trabalho passou a integrar o rol de métodos uniformizadores da jurisprudência trabalhistas, cujas decisões auferem, também, caráter vinculante(230).

A Resolução n. 235/16 do CNJ deixou igualmente evidente a extensão do novo Incidente uniformizador à Justiça do Trabalho, ao dispor em seu art. 3º acerca da atribuição dos Tribunais Regionais do Trabalho para gerir os IRDRs instaurados no âmbito de sua competência. Essa alçada foi reiterada pelo Regimento Interno do TST, que tutelou o IRDR relativo aos processos de sua competência originária ou recursal, remetendo, no que couber, ao disciplinado nos arts. 976 a 987 do CPC/15 e arts. 896-B e 896-C da CLT(231).

Conforme se concluiu em trabalho anterior, a multiplicidade de dispositivos aplicáveis ao IRDR pode dificultar a sua ampla compreensão e efetiva aplicação pelos operadores de direito:

> Tem-se, pois, que o IRDR se encontra disciplinado pela CLT (arts. 896-B e 896-C), CPC/15 (976 a 987), IN n. 39 do TST (art. 8º), Resolução do n. 235 do CNJ (art. 3º), Regimentos Internos do TST (art. 305 a 307) e dos Tribunais Regionais, concomitantemente, e, em alguns aspectos, de maneira contraditória. Mais uma vez, a amplitude da base normativa revela-se prejudicial à ampla compreensão e correta aplicação do Incidente. [...] ante a dispersão e divergência da base normativa apresentada, sustenta-se a necessidade de unificação dos procedimentos atinentes ao "Microssistema de formação concentrada de Precedentes Vinculantes" nas áreas cível e trabalhista, no âmbito dos Tribunais Regionais e Superiores, o que já havia sido determinado pela Resolução n. 235 do CNJ, sem êxito. (232) (233)

Assim, importantíssimo que se faça a correta interpretação e aplicação cuidadosa das normas sobre o tema, com o fim de se conseguir atingir o escopo de uniformizar a jurisprudência e mantê-la estável, íntegra e coerente, como determina o art. 926 do CPC já comentado anteriormente.

Artigo 977

O pedido de instauração do incidente será dirigido ao presidente de tribunal:
I – pelo juiz ou relator, por ofício;
II – pelas partes, por petição;
III – pelo Ministério Público ou pela Defensoria Pública, por petição.

Parágrafo único. O ofício ou a petição será instruído com os documentos necessários à demonstração do preenchimento dos pressupostos para a instauração do incidente.

Os legitimados para requerimento do IRDR são o juiz ou relator, as partes e o Ministério Público, rol semelhante ao determinado para os casos de IAC, e mais amplo do que o admitido em sede de IRR (art. 896-C da CLT)(234).

(230) Exatamente nesse sentido corrobora o **Enunciado n. 347 do FPPC:** "Aplica-se ao Processo do Trabalho o incidente de resolução de demandas repetitivas, devendo ser instaurado quando houver efetiva repetição de processos que contenham controvérsia sobre a mesma questão de direito".

(231) Os remetidos arts. 896-B e 896-C da CLT tratam do Incidente de Recursos Repetitivos — IRR.

(232) CUNHA, Natália Xavier. *Uniformização de Jurisprudência Trabalhista e o Sistema de Precedentes Vinculantes*. Curitiba: CRV, 2019. p. 186 e 190.

(233) Sobre o assunto, e com enfoque ao Processo do Trabalho, também recomendamos a leitura do estudo realizado pelo Min. Cláudio Brandão Mascarenhas e Estêvão Mallet, em artigo específico às causas repetitivas no Tribunal Superior do Trabalho e suas afetações após o CPC/2015. In: *Processo do Trabalho*. Coleção Repercussões do Novo CPC, v. 4, Salvador: JusPodivm, 2015. p. 606 a 643.

(234) O de legitimados constante do art. 977 do CPC para arguição do IRDR, coloca em questão a injustificada restrição aplicada pelo art. 896-C da CLT ao Incidente de Recursos Repetitivos — IRR, cuja legitimidade é restrita aos Ministros Relatores (parágrafo). Apesar de o CPC/15 ampliar parcialmente o rol de legitimados para requerimento do IRR, possibilitando o pleito por parte dos presidentes dos Tribunais Regionais e Presidentes de Seções ou Turmas (arts. 1.030, III, e 1.036, § 4º), trata-se de ampliação modesta, incapaz de democratizar efetivamente o Incidente, que deveria viabilizar o pedido de afetação também pelas partes e pelo Ministério Público.

Sobre a legitimidade de instauração por juiz, embora haja dissenso doutrinário, as palavras de Aluísio Gonçalves de Castro Mendes(235) e Sofia Temer(236) são esclarecedoras e convergem aos Enunciados ns. 342 e 344(237) do Fórum Permanente dos Processualistas Civis:

> Sob este viés interpretativo, o art. 977, I, que confere legitimidade ao juiz para instaurar o incidente, deverá ser lido como a possibilidade de o magistrado de primeiro grau oficiar o tribunal, demonstrando que há controvérsia sobre questão jurídica repetindo-se em diversos processos, para que este instaure o IRDR, selecionando dos processos em tramitação no segundo grau os que melhor representem a controvérsia (nos termos do que apontamos no item 4.2.2). Também seria possível defender a possibilidade de o juiz oficiar ao Ministério Público e à Defensoria, para que estes instaurem o incidente no segundo grau.

Quanto à formação do incidente, esse poderá ocorrer a partir de um processo específico ou de vários processos distintos. Nesse último caso, quando o Ministério Público, a Defensoria Pública, juiz ou Relator constatem a repetição de processos isomórficos podem optar por instaurar o IRDR a partir de mais de um processo.

A quantidade de processos afetados à formação do incidente, entretanto, não influencia na possibilidade de o Tribunal solicitar ao Juízo de origem a remessa de processos para subsidiar melhor a discussão a ser desenvolvida na instrução(238). Isso porque o debate deve ser o mais plural, abrangente e completo o possível, abordando amplamente todos os aspectos que possam influir na formação da tese jurídica.

Nos termos sustentados em outra oportunidade:

> A questão da seleção dos casos a serem afetados é polêmica e impende que os Tribunais tenham rigor ao fazê-lo, pois teses mal postas ou com argumentos pouco estruturados poderão levar a uma cognição de má qualidade, além de ensejar repercussões nas prerrogativas dos sujeitos cujo processo está afetado(239). A eleição mais plural dos processos à afetação, que representem amplamente a controvérsia, enaltece o contraditório do mesmo modo que ocorre com a participação democrática dos potencialmente afetados pela decisão proferida — os sujeitos dos processos em que se discute a mesma questão de direito (órgãos, entidades e pessoas), bem como *amicus curiae.*(240)

Artigo 978

O julgamento do incidente caberá ao órgão indicado pelo regimento interno dentre aqueles responsáveis pela uniformização de jurisprudência do tribunal.

Parágrafo único. O órgão colegiado incumbido de julgar o incidente e de fixar a tese jurídica julgará igualmente o recurso, a remessa necessária ou o processo de competência originária de onde se originou o incidente.

A Resolução n. 235 do CNJ/2016, já citada, deixou clara a extensão do IRDR ao Processo do Trabalho, ao dispor em seu art. 3º acerca da atribuição dos Tribunais Regionais do Trabalho para gerir os incidentes instaurados no âmbito de sua competência. Essa competência foi igualmente atribuída ao TST e reiterada por seu Regimento Interno, que determinou a apreciação IRDR relativo aos processos de sua competência originária ou recursal, remetendo, no que couber, ao disciplinado nos arts. 976 a 987 do CPC/15 e arts. 896-B e 896-C da CLT.

Posto isso, o julgamento do IRDR será realizado pelo órgão responsável pela uniformização de jurisprudência a ser designado pelo Regimento Interno do Respectivo Tribunal. Nos termos do parágrafo único, o órgão designado, além de julgar o incidente e fixar a tese jurídica, julgará também o recurso do processo paradigma que originou a instauração do incidente.

---

(235) CASTRO MENDES, Aluisio Gonçalves de; TEMER, Sofia. O incidente de resolução de demandas repetitivas no Novo Código de Processo Civil. *RePro*, v. 243/2015, maio 2015, p. 390.

(236) No mesmo sentido, recomenda-se: CUNHA, Leonardo Carneiro da. Anotações sobre o incidente de resolução de demandas repetitivas previsto no projeto do novo Código de Processo Civil. *RePro*, p. 193/255-280.

(237) **Enunciado n. 343 do FPPC:** O incidente de resolução de demandas repetitivas compete a tribunal de justiça ou tribunal regional. **Enunciado n. 244 do FPPC:** A instauração do incidente pressupõe a existência de processo pendente no respectivo tribunal.

(238) Inciso III do art. 1.037 do CPC/2015.

(239) As partes do processo objeto de incidente têm maior tempo de sustentação oral, segundo o art. 948 do CPC/2015.

(240) SILVA, Bruno Freire e; KEUNECKE, Manoella Rossi. O incidente de resolução de demandas repetitivas e sua aplicação no processo do trabalho. In: DALLEGRAVE NETO, José Affonso; GOULART, Rodrigo Fortunato (Coords.). *Novo CPC e o Processo do Trabalho*. São Paulo: LTr, 2016.

Exatamente com base nesse comando é que o FPPC consolidou em seu **Enunciado n. 344** que "a instauração do incidente pressupõe a existência de processo pendente no respectivo tribunal.", o que mantém consonância com a já exposta lógica do Sistema de Precedentes Vinculantes, que pressupõe a análise de teses baseadas em caso ou casos concretos levados ao judiciário.

A questão trazida no bojo do parágrafo único, contudo, merece destaque e um pouco mais de aprofundamento, notadamente por dividir a doutrina quanto à análise da natureza e finalidade do IRDR.

Especificamente, ao dispor que "O órgão colegiado incumbido de julgar o incidente e de fixar a tese jurídica julgará igualmente o recurso, a remessa necessária ou o processo de competência originária de onde se originou o incidente", é possível questionar se o IRDR, além de fixar tese jurídica, também seria responsável por resolver o conflito subjetivo, a "causa-piloto" que originou o incidente.

Essa dupla função, constante expressamente no parágrafo único do art. 978 em comento, é sustentado por juristas como Alexandre Câmara(241), para quem o:

> [...] órgão colegiado, competente para fixar o padrão decisório através do IRDR, não se limitará a estabelecer a tese. A ele competirá, também, julgar o caso concreto [...]. Dai a razão pela qual se tem, aqui, falado que o processo em que se instaura o incidente funciona como verdadeira causa-piloto.

No mesmo sentido é o entendimento de Fredie Didier Júnior, que assim sustenta:

> Quanto ao IRDR, cumpre observar o disposto no parágrafo único do art. 978, segundo o qual "O órgão colegiado incumbido de julgar o incidente e de fixar a tese jurídica julgará igualmente o recurso, a remessa necessária ou o processo de competência originária de onde se originou o incidente". Já se percebe que o tribunal, no IRDR, julga a causa e fixa o entendimento a ser aplicável aos demais casos repetitivos. Trata-se, então, também, de uma causa-piloto, e não de uma causa-modelo. Ainda que não houvesse o texto do parágrafo único do art. 978 do CPC, haveria aí uma causa-piloto, pois não é possível que o IRDR seja instaurado sem que haja causa pendente no tribunal. Sendo o IRDR um incidente, é preciso que haja um caso tramitando no tribunal. A instauração do IRDR, repita-se, pressupõe a existência de uma causa no tribunal, assim como a instauração do incidente para julgamento de recurso extraordinário e especial repetitivo pressupõe a existência de um deles no âmbito do tribunal superior(242).

Por outro lado, a par do disposto na legislação, há quem sustente que a função do IRDR seria apenas de fixar a tese jurídica sem adentrar a análise do caso concreto que originou o incidente. Nesse caso, haveria uma "cisão cognitiva" e a consectária fixação de tese desvinculada do caso concreto(243). Para Aluisio Gonçalves de Castro Mendes "[...] o julgamento do incidente se limita à questão e formulação de tese jurídica [...] entendimento firmado em abstrato"(244).

Outra controvérsia relacionada ao parágrafo em comento diz respeito à necessidade de existência de causa pendente no Tribunal como pressuposto para instauração do IRDR.

---

(241) CÂMARA, Alexandre Freitas. *O Novo Processo Civil brasileiro*. 2. ed. rev. e atual. São Paulo: GenAtlas, 2015. p. 479. No mesmo sentido é o entendimento de Fredie Didier Júnior, que assim sustenta: "Quanto ao IRDR, cumpre observar o disposto no parágrafo único do art. 978, segundo o qual "O órgão colegiado incumbido de julgar o incidente e de fixar a tese jurídica julgará igualmente o recurso", a remessa necessária ou o processo de competência originária de onde se originou o incidente. Já se percebe que o tribunal, no IRDR, julga a causa e fixa o entendimento a ser aplicável aos demais casos repetitivos. Trata-se, então, também, de uma causa-piloto, e não de uma causa-modelo. Ainda que não houvesse o texto do parágrafo único do art. 978 do CPC, haveria aí uma causa-piloto, pois não é possível que o IRDR seja instaurado sem que haja causa pendente no tribunal. Sendo o IRDR um incidente, é preciso que haja um caso tramitando no tribunal. A instauração do IRDR, repita-se, pressupõe a existência de uma causa no tribunal, assim como a instauração do incidente para julgamento de recurso extraordinário e especial repetitivo pressupõe a existência de um deles no âmbito do tribunal superior". DIDIER JR., Fredie. *Curso de direito processual civil:* Introdução ao direito processual civil, parte geral e processo de conhecimento. 19. ed. Salvador: JusPodivm, 2017. p. 316.

(242) DIDIER JR., Fredie. *Curso de direito processual civil:* Introdução ao direito processual civil, parte geral e processo de conhecimento. 19. ed. Salvador: JusPodivm, 2017. p. 316.

(243) Tese sustentada por juristas como Aluisio Gonçalves de Castro Mendes e Roberto de Aragão Ribeiro Rodrigues. CASTRO MENDES, Aluísio Gonçalves de. RODRIGUES, Roberto de Aragão Ribeiro. Reflexões sobre o Incidente de Resolução de Demandas Repetitivas previsto no Projeto de Novo Código de Processo Civil. *RePro*, v. 211, set/2012. No mesmo sentido é o entendimento de (**está faltando texto?**)

(244) CASTRO MENDES, Aluísio Gonçalves de. *Incidente de Resolução de Demandas Repetitivas:* sistematização, análise e interpretação do novo instituto processual. Rio de Janeiro: Forense, 2017. p. 226.

Certamente o comando constante no parágrafo único foi inserido para se evitar que o IRDR auferisse um caráter preventivo, isso é, que fosse instaurado antes do surgimento e amadurecimento das controvérsias acerca de determinada interpretação jurídica nos Tribunais. Entretanto, parte da doutrina entende que não seria necessário aguardar a existência de causa pendente de julgamento no Tribunal, bastando a repetição de demandas semelhantes em primeira instância(245).

Aluisio Gonçalves de Castro Mendes, por exemplo, entende que essa espera pode acarretar desperdício de atividade jurisdicional, sendo mais célere e econômico a instauração do incidente desde logo(246). Referido jurista defende, também, a inconstitucionalidade formal e material do dispositivo(247), uma vez que sua redação não encontra correspondência nas versões do CPC aprovadas na Câmara e no Senado, bem como por violar o art. 96, I, da Constituição, que atribui privativamente aos Tribunais estabelecer a competência e funcionamento de seus órgãos(248).

Sofia Temer, integrante dessa corrente, entende que a "instauração em primeiro grau não afronta o requisito da 'efetiva repetição' e, por isso, não torna o incidente *preventivo*". Segundo ela, a exigência para instauração do IRDR deve ser "a efetiva repetição de processos, o que pode ocorrer sem que haja alguma causa pendente no tribunal"(249).

Artigo 979

A instauração e o julgamento do incidente serão sucedidos da mais ampla e específica divulgação e publicidade, por meio de registro eletrônico no Conselho Nacional de Justiça.

§ 1º Os tribunais manterão banco eletrônico de dados atualizados com informações específicas sobre questões de direito submetidas ao incidente, comunicando-o imediatamente ao Conselho Nacional de Justiça para inclusão no cadastro.

§ 2º Para possibilitar a identificação dos processos abrangidos pela decisão do incidente, o registro eletrônico das teses jurídicas constantes do cadastro conterá, no mínimo, os fundamentos determinantes da decisão e os dispositivos normativos a ela relacionados.

§ 3º Aplica-se o disposto neste artigo ao julgamento de recursos repetitivos e da repercussão geral em recurso extraordinário.

A fim de se garantir a almejada segurança jurídica e legitimar a observância obrigatória dos Precedentes, imperioso que a instauração e o julgamento de todos os incidentes, bem como da Repercussão Geral em Recurso extraordinário (nos termos do § 3º em comento), sejam sucedidos da mais ampla e específica divulgação e publicidade.

Consoante fundamentam André Frederico de Sena Horta e Dierle Nunes "[...] uma das garantias da fiscalidade do sistema processual, ao lado da fundamentação, seguramente é a devida publicidade de toda atividade processual, com ênfase para a decisória". Nessa linha, a *novel* legislação processual insculpiu no parágrafo quinto do art. 927, que: "Os tribunais darão publicidade a seus precedentes, organizando-os por questão jurídica decidida e divulgando-os, preferencialmente, na rede mundial de computadores".(250)

O art. 979 do CPC, por sua vez, dispôs em seu *caput* que: "A instauração e o julgamento do incidente serão sucedidos da mais ampla e específica divulgação e publicidade, por meio de registro eletrônico no Conselho Nacional de Justiça", e em seu § 1º, que "os tribunais manterão banco eletrônico de dados atualizados com informações específicas sobre questões de direito submetidas ao incidente, comunicando-o imediatamente ao Conselho Nacional de Justiça para inclusão no cadastro."

Certo é que a ampla publicidade da instauração dos Incidentes Uniformizadores e dos Precedentes por meio deles firmados leva ao jurisdicionado e demais operadores do direito o conhecimento do posicionamento unificado acerca de determinada questão, o que promove segurança e confiança quanto aos futuros pronunciamentos judiciais.

(245) Entendimento corroborado pelo **Enunciado n. 22 do Fórum da Escola Nacional de Formação e Aperfeiçoamento de Magistrados (ENFAM)** que assim dispõe: "A instauração de IRDR não pressupõe a existência de processo pendente no respectivo tribunal". ENFAM. Enunciados. Disponível em: <https://www.enfam.jus.br/wp-content/uploads/2015/09/ENUNCIADOS-VERS%C3%83O-DEFINITIVA-.pdf>. Acesso em: 28 abr. 2021.

(246) CASTRO MENDES, Aluísio Gonçalves de. *Incidente de Resolução de Demandas Repetitivas:* sistematização, análise e interpretação do novo instituto processual. Rio de Janeiro: Forense, 2017. p. 124.

(247) *Ibidem*, p. 71.

(248) Esse é também o entendimento sustentado por Antônio Passo Cabral na obra CABRAL, Antônio do Passo; CRAMER, Ronaldo. *Comentários ao Novo Código de Processo Civil.* Rio de Janeiro: Forense, 2015. p. 1.428.

(249) TEMER, Sofia. *Incidente de Resolução de Demandas Repetitivas*. Salvador: JusPodivm, 2018. p. 110.

(250) HORTA, André Frederico; NUNES, Dierle. Os precedentes judiciais e sua adequada divulgação: em busca da correta compreensão da publicidade de julgados no CPC/15. *Revista do Tribunal Superior do Trabalho*, Brasília, v. 82, n. 3, p. 77-100, jul./set. **?ANO?**, p. 77.

O simples acesso ao "Tema" do julgamento ou resumo desses não se revela suficiente para os fins colimados, pois deslegitima o Sistema Precedencialista, que não se estrutura na vinculatividade de teses abstratamente consideradas, mas da profunda análise das razões exaradas na decisão. Nesse sentido, fundamenta Leonard Ziesemer Schmitz que "[...] a mera leitura da ementa não entrega, desde logo, os fundamentos; apenas explicita as questões decididas no "precedente" que se quer invocar"[(251)].

Assim, nos termos do § 2º, a fim de possibilitar a identificação dos processos abrangidos pela decisão do incidente, o registro eletrônico das teses jurídicas constantes do cadastro deverá conter, pelo menos, os fundamentos determinantes da decisão — *Ratio Decidendi* — e os dispositivos normativos a ela relacionados.

Sob essa perspectiva, o Conselho Nacional de Justiça instituiu o banco nacional de dados, com informações da Repercussão Geral, dos casos repetitivos e dos incidentes de assunção de competência do STF, do STJ, TST, TSE, STM, dos Tribunais Regionais Federais, dos Tribunais Regionais do Trabalho e dos Tribunais de Justiça dos Estados e do Distrito Federal. Além disso, nos termos do § 1º do dispositivo em comento, exigiu que todos os supracitados Tribunais organizassem um Núcleo para Gerenciamento de Precedentes (NUGEP), no âmbito de suas estruturas administrativas, com atribuições específicas impostas pelo Conselho, justamente com o objetivo de resguardar a ampla publicidade e acesso aos Precedentes Vinculantes.

Ressalte-se que a publicidade é importante não apenas para divulgação das decisões, mas também na fase de instauração e tramitação dos incidentes que darão origem a essas decisões vinculantes. Conforme muito bem destaca Sofia Temer "é preciso que a sociedade saiba que determinada matéria está sendo debatida para que possa participar e contribuir na formação da melhor tese jurídica."[(252)]

É, portanto, em respeito ao **princípio da publicidade e da transparência** que a instauração e o julgamento de IRDR, cujas decisões produzirão efeitos vinculantes, devem ser comunicados e disponibilizados aos jurisdicionados para que, assim, participem democraticamente, pautem suas condutas, verifiquem a aplicação ou distinção do Precedente ao seu caso *sub judice* (*opt-in e opt-out*), sendo fundamental ainda, na hora de decidir postular em juízo[(253)].

A corroborar o exposto, assim dispõe o Enunciado n. 591 do FPPC:

> **Enunciado n. 591 do FPPC:** O tribunal dará ampla publicidade ao acórdão que decidiu pela instauração do incidente de arguição de inconstitucionalidade, incidente de assunção de competência ou incidente de resolução de demandas repetitivas, cabendo, entre outras medidas, sua publicação em seção específica no órgão oficial e indicação clara na página do tribunal na rede mundial de computadores.

Entende-se que a inserção do Sistema de Precedentes Vinculantes no ordenamento jurídico pátrio e sua ampla publicidade está intrinsecamente relacionado ao acesso à ordem jurídica responsável, pois, diante da divulgação e conhecimento dos precedentes firmados, o direito passa uma previsibilidade aos jurisdicionados dos temas jurídicos que nortearão sua correta e responsável postulação em juízo, diante dos eventuais conflitos de interesse estabelecidos em suas relações jurídicas.

É também por meio dessa ampla divulgação que terceiros interessados, Ministério Público e eventuais *amicus curiae* poderão se ativar e participar efetivamente da construção jurisprudencial.

Artigo 980

O incidente será julgado no prazo de 1 (um) ano e terá preferência sobre os demais feitos, ressalvados os que envolvam réu preso e os pedidos de *habeas corpus*.

Parágrafo único. Superado o prazo previsto no *caput*, cessa a suspensão dos processos prevista no art. 982, salvo decisão fundamentada do relator em sentido contrário.

(251) SCHMITZ, Leonard Ziesemer. Ementa. Função indexadora. (Ab)uso mecanizado. Problema hermenêutico. In: JAYME, Fernando Gonzaga; MENDES, Aluísio; NUNES, Dierle (Coords.). *A nova aplicação da Jurisprudência e Precedentes no CPC/2015*. São Paulo: Revista dos Tribunais. 2017, p. 653-669. p. 655.

(252) TEMER, Sofia. *Incidente de Resolução de Demandas Repetitivas*. Salvador: JusPodivm, 2018. p. 143.

(253) SILVA, Bruno Freire e; KEUNECKE, Manoella Rossi. O incidente de resolução de demandas repetitivas e sua aplicação no processo do trabalho. In: DALLEGRAVE NETO, José Affonso; GOULART, Rodrigo Fortunato (Coords.). *Novo CPC e o Processo do Trabalho*. São Paulo: LTr, 2016.

No que se refere ao prazo estabelecido para julgamento do IRDR, apesar de o artigo em comento estabelecer o lapso máximo de um ano, seu parágrafo único traz como única cominação pela extrapolação legal a cessação da suspensão dos processos paradigmas. Nenhum óbice ou punição pelo prosseguimento do julgamento após o período estabelecido é apresentado, não havendo contrapartidas ou incentivos ao julgamento célere e ao estrito cumprimento do prazo legal.

Transpondo a questão para o Processo do Trabalho o cenário resta ainda mais prejudicado, notadamente quando analisado à luz do § 4º do art. 306 do Regimento Interno do TST/17. Isso porque, nos termos dispostos, nem mesmo a suspensão dos processos paradigmas será cessada após o transcurso do prazo de um ano, *in verbis:* "a suspensão vigorará até o trânsito em julgado da decisão proferida no incidente de resolução de demandas repetitivas".

Entende-se que a indeterminação do prazo para encerramento do IRDR mostra-se temerária, por viabilizar a morosidade do julgamento e, por consequência, da entrega da prestação jurisdicional, o que não deve persistir.

Nada obstante, uma peculiaridade do procedimento utilizado no julgamento desse incidente revela-se de suma importância e pode ser extraída do § 1º do art. 8º da IN n. 39 do TST, que assim preceitua:

> Art. 8º Aplicam-se ao Processo do Trabalho as normas dos arts. 976 a 986 do CPC que regem o incidente de resolução de demandas repetitivas (IRDR).
>
> § 1º Admitido o incidente, o relator suspenderá o julgamento dos processos pendentes, individuais ou coletivos, que tramitam na Região, no tocante ao tema objeto de IRDR, **sem prejuízo da instrução integral das causas e do julgamento dos eventuais pedidos distintos e cumulativos igualmente deduzidos em tais processos, inclusive, se for o caso, do julgamento antecipado parcial do mérito**. (Grifamos)

Nos termos dispostos, restou estabelecida a expressa possibilidade de julgamento parcial e antecipado da lide, a ser regulado pelos arts. 355 e 346 do CPC[(254)], por representar uma possível solução para salvaguardar a celeridade e a efetividade de pretensões presentes nos processos sobrestados, mas que não estão afetadas para uniformização.

Tal prática, que se considera salutar, deveria ser incentivada não apenas em IRDR, como dos demais incidentes processuais em comento. Cesar Zucatti Pritsch, Ney Maranhão e Fernanda Antunes Marques Junqueira coadunam com a tese e sustentam que "[...] essa linha de raciocínio bem se afina, inclusive, com a importante doutrina dos capítulos sentenciais, claramente refletida em alguns dispositivos do novo CPC [...]".[(255)]

Diante do perfil do Processo do Trabalho, em que geralmente há uma grande cumulação de pedidos, é imprescindível a aplicação dos julgamentos parciais de mérito, com o fim de que créditos de natureza alimentar não restem prejudicados com a suspensão do processo quando da instauração do IRDR. A análise em questão será retomada nos comentários do art. 982.

Artigo 981

Após a distribuição, o órgão colegiado competente para julgar o incidente procederá ao seu juízo de admissibilidade, considerando a presença dos pressupostos do art. 976.

O artigo em comento delibera que após a distribuição do IRDR, o Órgão Colegiado designado para o julgamento procederá ao seu juízo de admissibilidade, considerando a presença dos pressupostos do art. 976 do CPC, a saber, (i) a efetiva repetição de processos que contenham controvérsia sobre a mesma questão unicamente de direito; (ii) o risco de ofensa à isonomia e à segurança jurídica. Trata-se de decisão colegiada, interpretando o FPPC pela vedação de decisão de indeferimento em caráter monocrático (**Enunciado n. 91**).

Oportuna se faz a remissão ao já analisado § 3º do art. 976 do CPC, segundo o qual, a inadmissão do IRDR por ausência de qualquer um dos seus supracitados pressupostos de admissibilidade não impede que, uma vez satisfeitos os requisitos, seja o incidente novamente suscitado.

(254) Muito embora inexista regramento correspondente no Direito Processual do Trabalho, o dispositivo em comento revela-se subsidiariamente aplicável à Especializada, pois não apenas compatível, mas desejável, em razão da multiplicidade de pleitos distintos que uma mesma demanda trabalhista pode comportar, com consequente viabilidade de cisão decisória.

(255) JUNQUEIRA, Fernanda Antunes Marques; MARANHÃO, Ney; PRITSCH, Cesar Zucatti. Repercussão geral de um tema não pode paralisar processo trabalhista inteiro. *Consultor Jurídico*. 09 jul. 2019. Disponível em: <https://www.conjur.com.br/2019-jul-09/opiniao-repercussao-geral-nao-paralisar-acao-trabalhista-inteira>. Acesso em: 30 ago. 2019.

Observe-se ainda que, nos termos consolidados pelo **Enunciado n. 556 do FPPC**, será irrecorrível a decisão que rejeitar a instauração do IRDR, sendo, passível, contudo, da oposição de Embargos de Declaração, a fim de sanar contradição, omissão, obscuridade e/ ou corrigir erro material (art. 1.022, CPC/15).

Artigo 982

Admitido o incidente, o relator:

I – suspenderá os processos pendentes, individuais ou coletivos, que tramitam no Estado ou na região, conforme o caso;

II – poderá requisitar informações a órgãos em cujo juízo tramita processo no qual se discute o objeto do incidente, que as prestarão no prazo de 15 (quinze) dias;

III – intimará o Ministério Público para, querendo, manifestar-se no prazo de 15 (quinze) dias.

§ 1º A suspensão será comunicada aos órgãos jurisdicionais competentes.

§ 2º Durante a suspensão, o pedido de tutela de urgência deverá ser dirigido ao juízo onde tramita o processo suspenso.

§ 3º Visando à garantia da segurança jurídica, qualquer legitimado mencionado no art. 977, incisos II e III, poderá requerer, ao tribunal competente para conhecer do recurso extraordinário ou especial, a suspensão de todos os processos individuais ou coletivos em curso no território nacional que versem sobre a questão objeto do incidente já instaurado.

§ 4º Independentemente dos limites da competência territorial, a parte no processo em curso no qual se discuta a mesma questão objeto do incidente é legitimada para requerer a providência prevista no § 3º deste artigo.

§ 5º Cessa a suspensão a que se refere o inciso I do *caput* deste artigo se não for interposto recurso especial ou recurso extraordinário contra a decisão proferida no incidente.

O artigo em comento trata dos procedimentos a serem adotados pelo relator após a admissão do IRDR pelo Órgão Colegiado.

Nos termos do inciso I, o relator está incumbido de suspender os processos pendentes, individuais ou coletivos, que tramitam no Estado ou na região, e que versem sobre a mesma questão controvertida afetada (verbo: "suspenderá")[(256)]. Observe-se que, nos termos dispostos no **Enunciado n. 95 do FPPC**, "A suspensão de processos na forma deste dispositivo depende apenas da demonstração da existência de múltiplos processos versando sobre a mesma questão de direito em tramitação em mais de um estado ou região".

Sobre as condições dessa suspensão tratam os §§ 1º a 5º do dispositivo em comento, que passam a ser analisados.

Tem-se inicialmente que, nos termos do § 1º, a determinação de suspensão será direcionada aos órgãos jurisdicionais competentes, isso é, aos Juízos e Tribunais, conforme for o caso. O § 3º, por sua vez, elastece essa competência ao ofertar a todos os legitimados do art. 977, a saber, as partes (independentemente dos limites da competência territorial — § 4º), Ministério Público e Defensoria Pública, a possibilidade de requisição de suspensão de todos os processos individuais ou coletivos em curso no território nacional que versem sobre a questão objeto do incidente já instaurado.

Via de regra, nos termos do § 5º, a suspensão em questão apenas cessará quando da prolação da decisão do IRDR, salvo se for interposto Recurso Especial ou Extraordinário, hipótese em que essa prosseguirá até o julgamento final desses[(257)].

Relembre-se, contudo, que, conforme consta do parágrafo único do art. 980 do CPC, já debatido, essa suspensão será liminarmente cessada caso o julgamento do incidente não se encerre no prazo legal de 1 (um) ano.

Deve-se observar que a suspensão não se dá de forma absoluta, assegurando o § 2º a análise e deliberação de pedidos de tutela de urgências formulados no bojo de processos suspensos, os quais devem ser dirigidos ao Juízo onde tramita o processo.

O inciso II faculta ao relator (verbo "poderá") a requisição de informações a órgãos em cujo juízo tramita processo no qual se discute o objeto do incidente, que terão o prazo de 15 (quinze) dias para resposta.

(256) Nos termos do **Enunciado n. 92 do FPPC:** A suspensão de processos prevista neste dispositivo é consequência da admissão do incidente de resolução de demandas repetitivas e não depende da demonstração dos requisitos para a tutela de urgência.

(257) Nesse sentido, dispõe o **Enunciado n. 94 do FPPC:** A parte que tiver o seu processo suspenso nos termos do inciso I do art. 982 poderá interpor recurso especial ou extraordinário contra o acórdão que julgar o incidente de resolução de demandas repetitivas.

A intimação do Ministério Público também faz parte do procedimento, nos termos do inciso III, tendo esse o prazo de 15 (quinze) dias para se manifestar nos autos (assim como no Incidente de Assunção de Competência).

Observe-se, ainda, nos termos do **Enunciado n. 452 do FPPC** que: "Durante a suspensão do processo prevista no art. 982 não corre o prazo de prescrição intercorrente."

Alguns questionamentos giram em torno dessa suspensão e da consequente paralização de processos, notadamente quando se trata de Processo do Trabalho. A abordagem é de grande relevância, pois os créditos trabalhistas possuem, majoritariamente, natureza alimentar, e as ações são compostas, em regra, pela cumulação de diversos pleitos, nem todos atrelados à questão objeto do IRDR.

Nesse sentido, considerando que a determinação de suspensão abrange não apenas o pleito cuja tese jurídica está sendo discutida no incidente, mas toda a integralidade do processo, consequentemente, observa-se uma paralisação indefinida e injustificada da prestação jurisdicional em relação aos demais pedidos não abrangidos pelo IRDR.

Conforme já dito, sugere-se, nessa perspectiva, a possibilidade de utilização da cisão decisória e julgamento antecipado parcial de mérito, medidas previstas na legislação Processual Civil[(258)] e aplicáveis ao Processo do Trabalho, que poderiam ser utilizadas pelos julgadores a fim de salvaguardar a celeridade e efetividade dos pronunciamentos judiciais relativos a temáticas não sobrestadas. O art. 8º da IN n. 39 do TST/16 também disciplinou a possibilidade de julgamento parcial e antecipado da lide quando do julgamento do IRDR.

A adoção dessas medidas possibilitará a mais eficiente entrega da prestação jurisdicional relativa aos temas não afetados no IRDR, sendo salutar, justamente por superar empecilhos como a morosidade judicial, deve ser aplicada a todos os demais métodos uniformizadores, pois não há qualquer justificativa para restrição de sua utilização apenas ao IRDR.

Conforme sustentado por Cesar Zucatti Pritsch, Ney Maranhão e Fernanda Antunes Marques Junqueira, "essa linha de raciocínio bem se afina, inclusive, com a importante doutrina dos capítulos sentenciais, claramente refletida em alguns dispositivos do novo CPC (*v.g.*, art. 1.013, §§ 1º e 5º, art. 509, § 1º)"[(259)].

Nos termos da doutrina aventada, toda sentença é passível de divisão em "capítulos", unidades autônomas de um todo formalmente único que constitui a íntegra da decisão. Por serem independentes, cada "capítulo" pode transitar em julgado em momentos distintos (se objeto de recurso ou não) e sofrerem execução de formas distintas (se liquidados ou não liquidados). A fim de justificar a cisão decisória os supracitados autores relembram que:

> [...] "cada pedido é um processo", o qual por conveniência e para atender a fatores de economia e celeridade processuais, foram reunidos *ab initio*, desde seu ajuizamento, mas para os quais não havia impedimento para o ajuizamento autônomo, desde que ausente relação de dependência. É que o processo comporta fatiamento, sendo um ente complexo.[(260)]

Dessa forma, os pedidos não atrelados às temáticas suscitadas em sede de IRDR não estarão sujeitos ao efeito paralisante das suspensões processuais, devendo prosseguir o seu trâmite regular desde a fase de conhecimento, em que será possibilitada a instrução, prolação de sentença e prosseguimento com eventuais recursos até o seu trânsito em julgado e execução. Conforme assente em trabalho anterior escrito em coautoria com Carlos Alberto Reis de Paula[(261)]:

> [...] É importante ressaltar: não é razoável a suspensão integral, de todos os pedidos que são objeto de um processo, para definição de tese de repercussão geral que envolve apenas um deles. [...] Pois bem. Como os Tribunais do Trabalho podem e devem solucionar esse problema? Os Tribunais que integram a Justiça do Trabalho, inclusive a

(258) Art. 355 e 356 do CPC.

(259) JUNQUEIRA, Fernanda Antunes Marques; MARANHÃO, Ney; PRITSCH, Cesar Zucatti. Repercussão geral de um tema não pode paralisar processo trabalhista inteiro. *Consultor Jurídico*. 09 jul. 2019. Disponível em: <https://www.conjur.com.br/2019-jul-09/opiniao-repercussao-geral-nao-paralisar-acao-trabalhista-inteira>. Acesso em: 30 ago. 2019.

(260) *Idem*.

(261) FREIRE, Bruno. PAULA, Carlos Alberto Reis de. *Repercussão geral e suspensão de processos*. Disponível em: <http://valor.globo.com/legislacao/noticia/2019/09/18/repercussao-geral-e-suspensao-de-processos.ghtml >. Acesso em: 27 fev. 2020.

sua Corte Superior, devem suspender apenas o capítulo do processo que é objeto da repercussão geral e dar seguimento aos trâmites processuais para solução dos demais pedidos. A sugestão que fazemos aqui tem fundamento legal, uma vez que o próprio Código de Processo Civil permite decisões parciais de mérito, conforme autoriza o art. 356 do Diploma Processual Comum, que tem aplicação subsidiária ao processo do trabalho. Assim, basta um ajuste no procedimento e regimento dos Tribunais Laborais para solução de questão que não pode persistir, diante dos prejuízos incomensuráveis das partes com a suspensão indefinida e integral de seus processos, além da patente negativa de prestação jurisdicional.

A corroborar a tese elucidada, são os Enunciados ns. 24 e 205 do Fórum Permanente de Processualistas Civis.

Enunciado n. 24 do FPPC: A suspensão dos processos deve ser parcial nas hipóteses de IRDR, IRRR ou reconhecimento de repercussão geral do RE, e não impede o prosseguimento do feito em relação aos pedidos não abrangidos pela tese a ser firmada, por meio da utilização da técnica do julgamento antecipado parcial de mérito.

Enunciado n. 205 do FPPC: Havendo cumulação de pedidos simples, a aplicação do art. 982, I e § 3º, poderá provocar apenas a suspensão parcial do processo, não impedindo o prosseguimento em relação ao pedido não abrangido pela tese a ser firmada no incidente de resolução de demandas repetitivas.

Ao final, deve-se ter em mente, também, que todos os interessados serão intimados da suspensão de seus processos individuais, hipótese em que poderão requerer o prosseguimento ao Juízo ou Tribunal onde tramitarem, caso demonstrem a distinção — *distinguishing*(262), entre a questão suscitada em sede de IRDR e o processo *sub judice*. Essa possibilidade restou corroborada pelo **Enunciado n. 348 do FPPC**(263).

Por outro lado, poderão requerer a sua inclusão dentre os suspensos ao demonstrar que a questão jurídica nele debatida está abrangida pelo incidente (O requerimento do *opt-in* ou *opt-out*, isto é, da inclusão ou exclusão *distinguishing*) na esfera da suspensão deve ser feito ao Juízo onde tramita o processo no momento da instauração do IRDR). Se estiver na primeira instância, será ao juiz do caso; se no Tribunal, ao relator do IRDR; se o caso for um dos afetados.

Artigo 983

O relator ouvirá as partes e os demais interessados, inclusive pessoas, órgãos e entidades com interesse na controvérsia, que, no prazo comum de 15 (quinze) dias, poderão requerer a juntada de documentos, bem como as diligências necessárias para a elucidação da questão de direito controvertida, e, em seguida, manifestar-se-á o Ministério Público, no mesmo prazo.

§ 1º Para instruir o incidente, o relator poderá designar data para, em audiência pública, ouvir depoimentos de pessoas com experiência e conhecimento na matéria.

§ 2º Concluídas as diligências, o relator solicitará dia para o julgamento do incidente.

O artigo em questão dá prosseguimento aos procedimentos necessários à tramitação do IRDR, após a sua admissibilidade e instauração.

Nos termos do seu *caput*, determina-se que o Relator ouvirá as partes e os demais interessados, que terão o prazo comum de 15 (quinze) dias para requerer a juntada de documentos, bem como as diligências que entenderem necessárias, sendo o processo, em seguida, remetido para manifestação do Ministério Público, que também se valerá do prazo de 15 (quinze dias).

Sobre o tema ensina Humberto Theodoro Jr. que:

> As partes dos "outros" processos suspensos, intervirão, querendo, em situação equivalente à do assistente litisconsorcial, já que o respectivo interesse equivale ao das partes da causa geradora do incidente. Já o interesse dos *amici curiae* é especial e essencial, mas muito diferente dos portados pelos demandantes. Manifestam-se não em

(262) Hipótese de distinção, isso é, fundamentação da não aplicação de determinado um precedente vinculante, porquanto não identificado no caso sub judice, os mesmos fundamentos relevantes (ratio decidendi) da decisão vinculante. O *distinguishing* também é tratado no comentário do art. 1.037 do CPC, nesta obra.

(263) **Enunciado n. 348 do FPPC:** Os interessados serão intimados da suspensão de seus processos individuais, podendo requerer o prosseguimento ao juiz ou tribunal onde tramitarem, demonstrando a distinção entre a questão a ser decidida e aquela a ser julgada no incidente de resolução de demandas repetitivas, ou nos recursos repetitivos.

proveito próprio, mas em prol de interesses sociais de determinados grupos ou de algum seguimento da comunidade. Nada postulam, em sentido próprio. Trazem, contudo, ao processo dados capazes de possibilitar que a decisão de mérito seja pronunciada "mais rente à realidade social subjacente à questão jurídica que se discute e que se há de definir".[264]

Conforme consta do § 1º, o Relator poderá designar data para, em audiência pública, ouvir depoimentos de pessoas com experiência e conhecimento na matéria, o que se revela importantíssimo para o debate da tese a ser firmada, com amplo e pleno contraditório.

Observe-se que o verbo aqui utilizado é "poderá", o que demonstra uma faculdade e não obrigatoriedade do Relator. Apesar da designação de audiência pública para discussão da questão continuar sendo uma faculdade, assim como ocorre nos demais incidentes, a oitiva das partes interessadas foi outorgada pelo *caput* do art. 983 do CPC/15.

Assim, independentemente da designação de audiência pública (que ainda assim se revela oportuna), foi facultado aos interessados à juntada de documentos e requerimento de diligências no curso do incidente, o que demonstra uma singela evolução quanto à sua democratização dos métodos uniformizadores.

Nessa perspectiva, chama-se atenção para o Enunciado n. 659 do FPPC, que assim preceitua:

Enunciado n. 659 do FPPC: O relator do julgamento de casos repetitivos e do incidente de assunção de competência tem o dever de zelar pelo equilíbrio do contraditório, por exemplo solicitando a participação, na condição de *amicus curiae*, de pessoas, órgãos ou entidades capazes de sustentar diferentes pontos de vista.

Após essa fase, o relator solicitará dia para o julgamento do incidente, conforme estabelece o § 2º, trâmites processuais que também devem ser observados no Processo do Trabalho.

Artigo 984

No julgamento do incidente, observar-se-á a seguinte ordem:

I – o relator fará a exposição do objeto do incidente;

II – poderão sustentar suas razões, sucessivamente:

a) o autor e o réu do processo originário e o Ministério Público, pelo prazo de 30 (trinta) minutos;

b) os demais interessados, no prazo de 30 (trinta) minutos, divididos entre todos, sendo exigida inscrição com 2 (dois) dias de antecedência.

§ 1º Considerando o número de inscritos, o prazo poderá ser ampliado.

§ 2º O conteúdo do acórdão abrangerá a análise de todos os fundamentos suscitados concernentes à tese jurídica discutida, sejam favoráveis ou contrários.

O dispositivo em comento trata da sessão de julgamento do IRDR e a ordem da prática dos atos processuais.

Nos termos de seus incisos, inicialmente o Relator fará a exposição do objeto do incidente (I), passando a palavra para os autores e réus do processo originário e, após, para o Ministério Público, que poderão, caso queiram, proceder com as suas sustentações orais pelo prazo de 30 (trinta) minutos cada (II, *'a'*). Em seguida, os demais interessados em sustentar, caso tenham se inscrito com 2 (dois) dias de antecedência, poderão fazê-la pelo prazo comum de 30 (trinta) minutos (II, *'b'*). A depender do número de inscritos, o prazo poderá ser ampliado (§ 1º).

Ressalta-se que a sustentação oral não é permitida apenas na sessão de julgamento, mas, também, naquela designada para o juiz de admissibilidade do incidente. Nesse sentido foi a posição do Fórum Permanente de Processualistas Civis:

Enunciado n. 651 do FPPC: É admissível sustentação oral na sessão de julgamento designada para o juízo de admissibilidade do incidente de resolução de demandas repetitivas ou do incidente de assunção de competência, sendo legitimados os mesmos sujeitos indicados nos arts. 984 e 947, § 1º.

Um tópico de importante discussão consta da redação do § 2º, segundo o qual, "O conteúdo do acórdão abrangerá a análise de todos os fundamentos suscitados concernentes à tese jurídica discutida, sejam favoráveis ou contrários".

(264) THEODORO JÚNIOR, Humberto. *Curso de Direito Processual Civil*. Volume III. 47. ed. Rio de Janeiro: GEN, 2015. p. 850-851.

Isso porque, dentro da lógica do Sistema de Precedentes Vinculantes, a *ratio decidendi*(265) que vinculará processos futuros será extraída da fundamentação do Acórdão e não de sua ementa ou "Tese"(266). Ademais, conforme demonstra o **Enunciado n. 606 do FPPC**, deve haver congruência entre a questão suscitada em IRDR e a decisão final que fixa a sua tese, o que se faz possível por meio de sua fundamentação.

Observa-se, pois, que a fundamentação das decisões(267), um dos importantes pilares do Sistema de Precedentes Vinculantes, se faz presente também quando do julgamento dos incidentes uniformizadores e, especificamente, nas razões constantes dos Acórdãos a serem prolatados, que deverão enfrentar todos os argumentos contrários e favoráveis à tese jurídica discutida, inclusive os suscitados pelos interessados.

Nesse sentido são os Enunciados do FPPC:

Enunciado n. 305 do FPPC: No julgamento de casos repetitivos, o tribunal deverá enfrentar todos os argumentos contrários e favoráveis à tese jurídica discutida, inclusive os suscitados pelos interessados.

Enunciado n. 585 do FPPC: Não se considera fundamentada a decisão que, ao fixar tese em recurso especial ou extraordinário repetitivo, não abranger a análise de todos os fundamentos, favoráveis ou contrários, à tese jurídica discutida.

Essa exaustiva fundamentação é fundamental para justificar as circunstâncias fáticas *sub judice* que ensejaram a uniformização de jurisprudência no sentido do entendimento prevalecente. Ato contínuo, essa mesma fundamentação propiciará, no futuro, a correta aferição da *ratio decidendi* e sua consectária aplicação de maneira correta e eficiente aos novos casos levados à análise do judiciário.

É importante ressaltar que essa amplitude de teses e razões trazidas no bojo do Acórdão proferido em sede de IRDR, fundamentais para justificar a tese firmada no incidente, não precisará ser reiteradamente repetida nos futuros Acórdãos que se valerem do Precedente Vinculante, bastando que no futuro caso *sub judice* reste demonstrada a "correlação fática e jurídica entre o caso concreto e aquele já apreciado."(268)

Isso porque, uma vez assimilada e efetivamente observada a ampla motivação das decisões judiciais vinculantes, paulatinamente o sistema poderá colher os frutos do denominado "Princípio da Inércia Argumentativa", segundo o qual, é facultado que os magistrados limitem suas decisões fundadas em Precedentes Vinculantes ao enquadramento da *ratio decidendi* da decisão anterior ao contexto fático do processo *sub judice*, sem precisar retornar e ratificar a ampla fundamentação exarada no julgado anterior(269).

Nesse caso, os fatos e circunstâncias devem ser muito bem delineados, sob pena de se legitimar julgamentos superficiais e eivados pelo vício da incorreta aplicação de um Precedente Vinculante. Sobre o tema, Paulo Sarno Braga, Fredie Didier Jr. e Rafael Alexandria de Oliveira(270) aduzem que a Inércia Argumentativa:

> [...] facilita a elaboração da fundamentação (carga argumentativa mais fraca) para aquele que pretende aplicar o precedente à resolução de caso semelhante, mas sem que se abra mão de, ao menos, identificar seus fundamentos determinantes e demonstrar que o caso sob julgamento se ajusta àqueles fundamentos (art. 489, § 1º, V, CPC).

Conforme assente em trabalho publicado anteriormente, conclui-se que:

> [...] se por um lado, a ampla fundamentação pode ser trabalhosa em um primeiro momento, esta se mostra fundamental para legitimar a utilização dos Precedentes Vinculantes em processos futuros equivalentes ou semelhantes, garantindo a segurança e igualdade pretendia. Ademais, como consectário de sua correta observância, a ampla

---

(265) Para revisitar a conceituação e importância da *ratio decidendi* no âmbito do Sistema de Precedentes Vinculantes, retomar ao comentário do art. 926 do CPC nesta obra.

(266) **Enunciado n. 1 do FPPC:** A ementa, por si só, não autoriza que dela se extraia a *ratio decidendi* do acórdão.

(267) Art. 489, § 1º do CPC, c/c art. 93, IX da CR/88.

(268) **Enunciado n. 524 do FPPC:** O art. 489, § 1º, IV, não obriga o órgão julgador a enfrentar os fundamentos jurídicos deduzidos no processo e já enfrentados na formação da decisão paradigma, sendo necessário demonstrar a correlação fática e jurídica entre o caso concreto e aquele já apreciado.

(269) MIESSA, Élisson. Nova realidade: Teoria dos Precedentes Judiciais e sua Incidência no Processo do Trabalho. *Revista Eletrônica do Tribunal Regional do Trabalho da 9a Região*, Curitiba, v. 5, n. 49, p. 9-57, abr. 2016.

(270) BRAGA, Paula Sarno; DIDIER JR., Fredie; OLIVEIRA, Rafael Alexandria de. *Curso de Direito Processual Civil:* teoria da prova, direito probatório, decisão, precedente, coisa julgada e tutela provisória. v. 2, 11. ed. Salvador: JusPodivm, 2016. p. 448.

fundamentação dos precedentes oportuniza a Inércia Argumentativa que, em última análise, proporcionará uma prestação jurisdicional mais célere e efetiva.[271]

Artigo 985

Julgado o incidente, a tese jurídica será aplicada:

I – a todos os processos individuais ou coletivos que versem sobre idêntica questão de direito e que tramitem na área de jurisdição do respectivo tribunal, inclusive àqueles que tramitem nos juizados especiais do respectivo Estado ou região;

II – aos casos futuros que versem idêntica questão de direito e que venham a tramitar no território de competência do tribunal, salvo revisão na forma do art. 986.

§ 1º Não observada a tese adotada no incidente, caberá reclamação.

§ 2º Se o incidente tiver por objeto questão relativa a prestação de serviço concedido, permitido ou autorizado, o resultado do julgamento será comunicado ao órgão, ao ente ou à agência reguladora competente para fiscalização da efetiva aplicação, por parte dos entes sujeitos a regulação, da tese adotada.

O art. 895 do CPC é destinado a regular como se dará a aplicação da tese jurídica oriunda do julgamento do IRDR, dispondo em seus incisos I e II que essa será aplicada:

> I – a todos os processos individuais ou coletivos que versem sobre idêntica questão de direito e que tramitem na área de jurisdição do respectivo tribunal, inclusive àqueles que tramitem nos juizados especiais do respectivo Estado ou região;
>
> II – aos casos futuros que versem idêntica questão de direito e que venham a tramitar no território de competência do tribunal, salvo revisão na forma do art. 986[272].

Da redação do artigo é possível ratificar a vinculatividade dos Precedentes Vinculantes firmados em sede de IRDR, nos exatos moldes constantes do já analisado art. 927, III do CPC[273].

A obrigatoriedade e imposição dessa aplicação está também insculpida no § 1º do artigo em comento, que prevê a possibilidade de Reclamação (que será analisada no art. 988 do CPC), caso a tese prevalecente em sede de IRDR não seja observada nos casos futuros em que deveria ser aplicada. No mesmo sentido observa-se o gatilho sistêmico presente no art. 932, IV, "c", do CPC, segundo o qual incumbe ao relator negar provimento a recurso que for contrário a "entendimento firmado em incidente de resolução de demandas repetitivas ou de assunção de competência", o que novamente induz sua obrigatoriedade.

O § 2º, por sua vez, prevê que, se o IRDR tiver por objeto questão relativa a prestação de serviço concedido, permitido ou autorizado, a tese resultante do julgamento será comunicado ao órgão, ao ente ou à agência reguladora competente para fiscalização da efetiva aplicação dessa.

Artigo 986

A revisão da tese jurídica firmada no incidente far-se-á pelo mesmo tribunal, de ofício ou mediante requerimento dos legitimados mencionados no art. 977, inciso III.

Os arts. 985, II e 986 do CPC/15, em comento, não se escusaram de trazer a essa modalidade de Incidente – IRDR, a possibilidade de distinção e superação dos entendimentos/teses firmadas, o que guarda consonância com uma das funções da jurisprudência que é, justamente, atualizar o direito posto.

Objetivamente, nos termos do art. 896 em comento, a revisão da tese, também denominada *Overruling*[274], poderá ser realizada pelo Tribunal que julgou o IRDR, de ofício ou mediante requerimento de quaisquer dos legitimados do inciso III do art. 977 (Ministério Público, a Defensoria Pública), donde se incluem as partes de processos.

---

(271) CUNHA, Natália Xavier. *Uniformização de Jurisprudência Trabalhista e o Sistema de Precedentes Vinculantes*. Curitiba: CRV, 2019. p. 109.

(272) A exceção trazida pelo inciso segundo, que direciona a revisão prevista no art. 986 do CPC, diz respeito à possibilidade superação dos Precedentes Vinculantes — *Overruling*, e será analisada adiante no comentário do artigo seguinte.

(273) **Art. 927 do CPC/15:** Os juízes e os tribunais observarão: III – os acórdãos em incidente de assunção de competência ou de resolução de demandas repetitivas e em julgamento de recursos extraordinário e especial repetitivos;

(274) Para revisitar a conceituação e importância do *overruling* no âmbito do Sistema de Precedentes Vinculantes, retomar ao comentário do art. 927 do CPC nesta obra.

No âmbito do Processo do Trabalho, essa exclusão também restou observada pelo Regimento Interno do TST que apenas prevê como legitimados para o pedido de revisão os seus Ministros, Procurador-Geral do Trabalho, do Conselho Federal da OAB ou do Defensor Público-Geral da União.

Entende-se que essa exclusão das partes, que possuem nítido interesse na análise da interpretação jurídica acerca de uma temática, as deixa à margem da construção jurisprudencial, deslegitimando o procedimento e tornando menos democrático o Sistema de Precedentes Vinculantes. Nessa perspectiva, Antônio do Passo Cabral sustenta que se deve interpretar a legitimidade de forma ampla, conforme a efetiva vontade do legislador, isso é, abrangendo também as partes, sob pena de o dispositivo ser considerado inconstitucional(275).

De todo modo, para que haja a superação da tese, deve haver a alegação e demonstração robusta acerca da alteração das circunstâncias jurídicas capazes de, suficientemente, alterar as conclusões tomadas adredemente em IRDR.

A alteração normativa (seja por alteração de lei ou por alteração da jurisprudência) é um exemplo de elemento novo capaz de determinar a alteração/superação de tese. Nesse sentido, o Enunciado n. 322 do Fórum Permanente de Processualistas Civis orienta:

> **Enunciado n. 322 do FPPC:** A modificação de precedente vinculante poderá fundar-se, entre outros motivos, na revogação ou modificação da lei em que ele se baseou, ou em alteração econômica, política, cultural ou social referente à matéria decidida.

É importante destacar que a Lei n. 13.015/2014 já havia instituído o chamado *overruling*, antecipando-se o legislador trabalhista ao Código de Processo Civil e, consequentemente, sendo o primeiro dispositivo vigente em nosso ordenamento jurídico a prever a revisão de decisão firmada em julgamento de recursos repetitivos.

Conforme os termos do § 17 do art. 896-C, o *overruling* é caracterizado pela perda de força vinculante do precedente determinado pelo próprio Tribunal que o firmou, sendo possível quando se alterar a situação econômica, social ou jurídica:

> Caberá revisão da decisão firmada em julgamento de recursos repetitivos quando se alterar a situação econômica, social ou jurídica, caso em que será respeitada a segurança jurídica das relações firmadas sob a égide da decisão anterior, podendo o Tribunal Superior do Trabalho modular os efeitos da decisão que a tenha alterado.

O *overruling* pode ocorrer de forma expressa ou tácita, contudo, em ambos os casos é necessária carga de motivação maior a fim de impulsionar a modificação da tese jurídica pelos Tribunais.

Em que pese a maior carga de motivação para justificação capaz de incentivar a modificação da tese jurídica pelo Tribunal, o Ministro Cláudio Brandão assevera que tal evento não deve ocorrer com frequência em virtude da preservação da segurança jurídica e ressalta que "há que se exigir **elemento qualitativo** que justifique a mudança; não é, portanto, o simples desejo do Tribunal ou mesmo a alteração em sua composição que a legitimará: deve ser significativa e, ainda assim, preservada a segurança jurídica(276)".

E, conforme lembra o Ministro Alexandre Agra Belmonte, "no *overruling*, em respeito à segurança jurídica, é possível ainda se recorrer ao *prospective overruling* (mudança de regra prospectiva, apenas para o futuro, também denominada de modulação de efeitos), quando, apesar de reconhecer a mudança de regra, o tribunal deixa de aplicá-la ao caso concreto, mas sinalizando para a mudança da norma de interpretação em relação aos fatos futuros(277)".

Além do *overruling*, o dispositivo em comento autoriza também a utilização do *overriding* que se diferencia do primeiro por ter menor alcance, pois há superação apenas parcial do precedente. O Tribunal apenas limita o âmbito de incidência do precedente em razão da superveniência de uma regra ou princípio legal, analogamente ao que ocorre com a revisão das súmulas vinculantes.(278)

Ora, o procedimento de recursos repetitivos que busca uma racionalização do sistema recursal, uniformização de teses e segurança jurídica para as partes não pode ensejar um engessamento nem obstar a evolução jurisprudencial. Logicamente, um precedente que tenha sido firmado pelo TST e que se mostre ultrapassado pode e deve ser revisto. E os parâmetros para tanto, estabelecidos pela Lei n. 13.015/2014, consistem na alteração de situação econômica, social ou jurídica.

(275) CABRAL, Antônio do Passo CRAMER, Ronaldo. *Comentários ao novo código de processo civil.* Rio de Janeiro: Forense, 2015, p. 1450.

(276) BRANDÃO, Cláudio. *Reforma do sistema recursal trabalhista:* comentários à Lei n. 13.015/2014. 1 ed. São Paulo: LTr, 2015. p. 180.

(277) BELMONTE, Alexandre Agra. Breves Comentários ao Novo Sistema Recursal (Lei n. 13.015/2014). *Revista LTr*, ano 79, jan. 2015, São Paulo, p. 25.

(278) DIDIER JR., Fredie; BRAGA, Paulo Sarno; OLIVEIRA, Rafael Alexandria de. *Curso de direito processual civil.* 9 ed. Salvador: JusPodivm, 2015. v. 2, p. 409-411.

As relações sociais e os valores de determinada sociedade mudam com o passar do tempo. O direito, pois, deve estar apto a acompanhar essas mudanças, de modo a não se tornar obsoleto.

Para que seja realizada esta análise sobre a suficiência de mudança das circunstâncias econômicas, sociais, jurídicas ou sobre a existência de elementos novos capazes de alterar as conclusões de decisão final em IRDR, deve-se analisar o acórdão do Tribunal Regional do Trabalho, que, por sua vez, deve ser lavrado de maneira que a tese fixada seja explanada à luz de todos os argumentos debatidos, favoráveis ou contrários[(279)]. Desta forma, a própria decisão do incidente, que fixou a tese, irá revelar os argumentos já debatidos e que foram considerados influentes na decisão, facilitando a identificação dos argumentos ou elementos novos capazes de, suficientemente, influenciar a revisão pretendida.

Com o intuito de promover a segurança jurídica, confiança e isonomia, fala-se na possibilidade de haver uma espécie de **julgamento-alerta** pelos Tribunais, em que, na própria decisão final em IRDR, já anunciariam a possibilidade de alteração da tese jurídica. Nesse sentido o FPPC editou o **Enunciado n. 320**, antecipando o cenário: "Os tribunais poderão sinalizar aos jurisdicionados sobre a possibilidade de mudança de entendimento da corte, com a eventual superação ou a criação de exceções ao precedente para casos futuros".[(280)]

Artigo 987

Do julgamento do mérito do incidente caberá recurso extraordinário ou especial, conforme o caso.

§ 1º O recurso tem efeito suspensivo, presumindo-se a repercussão geral de questão constitucional eventualmente discutida.

§ 2º Apreciado o mérito do recurso, a tese jurídica adotada pelo Supremo Tribunal Federal ou pelo Superior Tribunal de Justiça será aplicada no território nacional a todos os processos individuais ou coletivos que versem sobre idêntica questão de direito.

O artigo em comento, último do capítulo, dispõe acerca da recorribilidade das decisões de mérito proferidas em sede de IRDR, facultando aos interessados a interposição de recurso extraordinário ou especial, cujo efeito será suspensivo, dada a presunção de repercussão geral da questão discutida (§ 1º).

Sobre o tema, entendeu o FPPC, conforme consubstanciado em seu **Enunciado n. 604**, ser "cabível recurso especial ou extraordinário ainda que tenha ocorrido a desistência ou abandono da causa que deu origem ao incidente" e, ainda, que "O recurso especial ou extraordinário interposto contra o julgamento do mérito do incidente de resolução de demandas repetitivas, ainda que único, submete-se ao regime dos recursos repetitivos." (**Enunciado n. 660**).

No Processo do Trabalho, o IRDR firmado no âmbito dos Tribunais Regionais será recorrível mediante a interposição de Recurso de Revista, no prazo de 8 (oito) dias, dotado de efeito apenas devolutivo, nos termos em que explicitado pelo art. 8º, § 2º, da IN n. 39 do TST[(281)].

Entende-se que quando da interposição de eventual recuso, o Tribunal Superior deverá apreciá-lo por meio das mesmas técnicas utilizadas na origem, valendo-se, pois, das peculiaridades do Microssistema de formação concentrada de Precedentes Vinculantes[(282)].

Ato contínuo, conforme disposto no § 2º, apreciado o mérito do recurso, a tese jurídica prevalecente será aplicada a todos os processos individuais ou coletivos que versem sobre idêntica questão de direito, em todo o território nacional. Esses efeitos "não se restringem aos processos em tramitação ao tempo da instauração do incidente. Projetam-se, por vontade da lei, para o futuro, de modo a atingir todas as demandas posteriores"[(283)].

(279) § 2º do art. 984 do CPC/2015.

(280) Sobre o tema, recomenda-se a leitura do seguinte artigo: CABRAL, Antônio do Passo. A técnica do julgamento-alerta na mudança de jurisprudência consolidada. *RePro*, v. 38, n. 221, p. 13-48, jul. 2013.

(281) **Art. 8º, § 2º, da IN n. 39 TST/16:** Do julgamento do mérito do incidente caberá recurso de revista para o Tribunal Superior do Trabalho, dotado de efeito meramente devolutivo, nos termos dos arts. 896 e 899 da CLT. § 2º: Do julgamento do mérito do incidente caberá recurso de revista para o Tribunal Superior do Trabalho, dotado de efeito meramente devolutivo, nos termos dos arts. 896 e 899 da CLT.

(282) Essa observação faz-se igualmente pertinente e deve ser aplicada aos recursos eventualmente interpostos em sede de IRR e IAC.

(283) THEODORO JÚNIOR, Humberto. *Curso de Direito Processual Civil.* Volume III. 47. ed. Rio de Janeiro: GEN, 2015. p. 851.

CAPÍTULO IX - DA RECLAMAÇÃO

Artigo 988

Caberá reclamação da parte interessada ou do Ministério Público para:

I - preservar a competência do tribunal;

II - garantir a autoridade das decisões do tribunal;

III - garantir a observância de enunciado de súmula vinculante e de decisão do Supremo Tribunal Federal em controle concentrado de constitucionalidade;

IV - garantir a observância de acórdão proferido em julgamento de incidente de resolução de demandas repetitivas ou de incidente de assunção de competência;

§ 1º A reclamação pode ser proposta perante qualquer tribunal, e seu julgamento compete ao órgão jurisdicional cuja competência se busca preservar ou cuja autoridade se pretenda garantir.

§ 2º A reclamação deverá ser instruída com prova documental e dirigida ao presidente do tribunal.

§ 3º Assim que recebida, a reclamação será autuada e distribuída ao relator do processo principal, sempre que possível.

§ 4º As hipóteses dos incisos III e IV compreendem a aplicação indevida da tese jurídica e sua não aplicação aos casos que a ela correspondam.

§ 5º É inadmissível a reclamação:

I - proposta após o trânsito em julgado da decisão reclamada;

II - proposta para garantir a observância de acórdão de recurso extraordinário com repercussão geral reconhecida ou de acórdão proferido em julgamento de recursos extraordinário ou especial repetitivos, quando não esgotadas as instâncias ordinárias.

§ 6º A inadmissibilidade ou o julgamento do recurso interposto contra a decisão proferida pelo órgão reclamado não prejudica a reclamação.

Com previsão originária na Constituição Federal, a Reclamação consiste em remédio constitucional cabível em face dos Tribunais Superiores, com o fim de preservar sua competência e autoridade de suas decisões. O instituto está previsto na alínea "*l*" do inciso I, letra "*l*", do art. 102[284], alínea "*f*", do art. 105[285] e § 3º do art. 111-A[286] da Carta Magna, respectivamente em referência ao STF, STJ e TST.

A Reclamação também objetiva garantir que os atos administrativos e decisões judiciais estejam em consonância com as Súmulas Vinculantes editadas e com as decisões da Corte Suprema, inclusive em Controle de Constitucionalidade, sob pena de anulação do ato e cassação da decisão pelo Supremo Tribunal Federal, nos termos do § 3º do art. 103-A da Constituição Federal[287].

Diante do *status* constitucional é possível perceber a importância do instituto, que cria um "mecanismo de autoimposição"[288], permitindo que, em caso de inobservância da competência ou autoridade das decisões proferidas pelos Tribunais Superiores, bem como das Súmulas Vinculantes por eles editadas, estas possam ser preservadas e

(284) **Art. 102 da CR/88:** Compete ao Supremo Tribunal Federal, precipuamente, a guarda da Constituição, cabendo-lhe: I - Processar e julgar, originariamente: *l)* a reclamação para a preservação de sua competência e garantia da autoridade de suas decisões;

(285) **Art. 105 da CR/88:** Compete ao Superior Tribunal de Justiça: I - processar e julgar, originariamente: *f)* a reclamação para a preservação de sua competência e garantia da autoridade de suas decisões;

(286) **Art. 111-A, § 3º da CR/88:** Compete ao Tribunal Superior do Trabalho processar e julgar, originariamente, a reclamação para a preservação de sua competência e garantia da autoridade de suas decisões.

(287) **Art. 103-A, § 3º da CR/88:** Do ato administrativo ou decisão judicial que contrariar a súmula aplicável ou que indevidamente a aplicar, caberá reclamação ao Supremo Tribunal Federal que, julgando-a procedente, anulará o ato administrativo ou cassará a decisão judicial reclamada, e determinará que outra seja proferida com ou sem a aplicação da súmula, conforme o caso.

(288) TAVARES, André Ramos. *Nova lei da Súmula Vinculante:* estudos e comentários à Lei n. 11.417, de 19.12.2006. 2. ed. São Paulo: Método, 2007. p. 115.

impostas por meio de reclamação ao STF.

O Código de Processo Civil de 2015, ora analisado, ampliou o cabimento da Reclamação, permitindo seu ajuizamento perante **qualquer Tribunal**(289), donde se inclui o TST e os demais Tribunais Regionais do Trabalho, seja para manter sua competência, para garantir a autoridade de suas decisões, donde se incluem aquelas que, sob a égide do Sistema de Precedentes Vinculantes instituído, são de observância obrigatória.

Nesse sentido, conforme já analisado em estudo anterior, com o fim de propiciar a devida observância das decisões e institutos agora considerados vinculantes pelos órgãos judiciais, "imperiosa a análise do remédio constitucional importando de maneira ampliada para o Código de Processo Civil de 2015, a saber, a Reclamação"(290).

Percebe-se, pois, que além do cabimento de Reclamação nas hipóteses constitucionalmente asseguradas, a saber, **I** - preservar a competência do tribunal (cabível em face de decisão proferida por órgão/tribunal incompetente. Nesse caso a Reclamação é direcionada ao pretório competente); **II** - garantir a autoridade das decisões do tribunal (ofensa à coisa julgada) e **III** - garantir a observância de enunciado de súmula vinculante e de decisão do Supremo Tribunal Federal em controle concentrado de constitucionalidade(291); a *novel* legislação alargou as possibilidades de sua aplicação ao incluir o inciso IV ao art. 988, que assim preceitua:

> **Art. 988** - Caberá reclamação da parte interessada ou do Ministério Público para:
>
> IV - garantir a observância de acórdão proferido em julgamento de incidente de resolução de demandas repetitivas ou de incidente de assunção de competência;

A partir de então, todas as decisões que desrespeitarem os Precedentes Judiciais firmados em sede de Incidente de Recursos Repetitivos — IRR, Incidente de Resolução de Demandas Repetitivas — IRDR e Incidente de Assunção de Competência — IAC, oriundas de qualquer Tribunal, serão passíveis de Reclamação. Exatamente nesse sentido é a redação do incluso § 1º do já analisado art. 985 do CPC, que dispõe: "Não observada a tese adotada no incidente, caberá reclamação".

Os Enunciados ns. 349, 350 e 558 do FPPC ratificam o exposto, nos seguintes termos:

> **Enunciado n. 349 do FPPC:** Cabe reclamação para o tribunal que julgou o incidente de resolução de demandas repetitivas caso afrontada a autoridade dessa decisão.
>
> **Enunciado n. 350 do FPPC:** Cabe reclamação, na Justiça do Trabalho, da parte interessada ou do Ministério Público, nas hipóteses previstas no art. 988, visando a preservar a competência do tribunal e garantir a autoridade das suas decisões e do precedente firmado em julgamento de casos repetitivos.
>
> **Enunciado n. 558 do FPPC:** Caberá reclamação contra decisão que contrarie acórdão proferido no julgamento dos incidentes de resolução de demandas repetitivas ou de assunção de competência para o tribunal cujo precedente foi desrespeitado, ainda que este não possua competência para julgar o recurso contra a decisão impugnada.

Existe, ainda, outra hipótese de cabimento constante da interpretação extraída do inciso II do § 5º do art. 988, em comento, que assim dispõe:

> § 5º É inadmissível a reclamação:
>
> II - proposta para garantir a observância de acórdão de recurso extraordinário com repercussão geral reconhecida ou de acórdão proferido em julgamento de recursos extraordinário ou especial repetitivos, quando não esgotadas as instâncias ordinárias.

Diante da redação apresentada é possível aferir que a Reclamação também é passível para fins de garantir a observância de "acórdão de recurso extraordinário com repercussão geral reconhecida ou de acórdão proferido em julgamento de recursos extraordinário ou especial repetitivos", estabelecendo-se como requisito indispensável, nesses casos, o esgotamento dos recursos na instância ordinária, isso é, não é possível o acesso, de plano, ao STF(292).

---

(289) **Art. 988, § 1º, do CPC:** "A reclamação pode ser proposta perante qualquer tribunal, e seu julgamento compete ao órgão jurisdicional cuja competência se busca preservar ou cuja autoridade se pretenda garantir".

(290) CUNHA, Natália Xavier. *Uniformização de Jurisprudência Trabalhista e o Sistema de Precedentes Vinculantes.* Curitiba: CRV, 2019, p. 98.

(291) Nos termos do **Enunciado n. 168 do FPPC:** "Os fundamentos determinantes do julgamento de ação de controle concentrado de constitucionalidade realizado pelo STF caracterizam a *ratio decidendi* do precedente e possuem efeito vinculante para todos os órgãos jurisdicionais".

(292) Cesar Zucatti Pritsch sustenta que "Em que pese o lapso técnico de não terem sido expressamente incluídos no rol dos arts. 927 [...] do CPC, agora o acórdão de recurso extraordinário com repercussão geral reconhecida é expressamente tido como precedente vinculante, inclusive, sendo protegido por reclamação, conforme se depreende do inciso II do § 5º do art. 988 do CPC, incluído pela Lei n. 13.256/2016. [...] O artigo [...] veio para fazer justiça ao RE

Nas palavras de Elpídio Donizetti:

> Agora, estando a tese jurídica firmada em recurso repetitivo (recurso especial ou extraordinário), pode o jurisdicionado ou o próprio Ministério Público propor a reclamação a fim de "chamar à atenção" da instância inferior para a necessidade de se observar a decisão consolidada.(293)

A fim de complementar o pensamento exposto, o § 4º do artigo em comento esclarece que as hipóteses constantes dos incisos III e IV compreendem tanto a aplicação indevida da tese jurídica de observância obrigatória, quanto a sua não aplicação aos casos pertinentes.

Em um cenário jurídico-processual em que se incorpora um Sistema de Precedentes Vinculantes, pode-se encarar a Reclamação como instrumento garantidor da estabilização e uniformização da Jurisprudência, proporcionando, consequentemente, isonomia e segurança jurídica.(294) Dessa feita, a Reclamação atua, também, "[...] como mais um remédio jurídico processual apto à correção da não aplicação adequada de determinado entendimento jurisprudencial vinculante"(295), valendo-se como instrumento que garante a observância do Precedente Vinculante em processos análogos ou semelhantes".

Conforme assente na doutrina de Cláudio Brandão:

> A reclamação, por isso mesmo, exerce papel de vital importância no contexto do sistema implantado. Como as demais ações constitucionais, marcadas pela excepcionalidade do seu cabimento, procedimento expedido e simplificado, assegura-se à parte um instrumento eficaz na garantia de que o precedente judicial será cumprida a tese nele contida dotada aplicada aos demais casos.(296)

Ressalte-se, contudo, que embora todos os incisos do art. 927 do CPC sejam considerados de observância obrigatória, o que se extrai da própria interpretação estrita-gramatical de seu enunciado que dispõe "os juízes e tribunais observarão", a Doutrina vem admitindo a divisão dos Precedentes em três categorias: **vinculantes, obrigatórios e persuasivos**, sendo a possibilidade de repressão, via Reclamação, o elemento fundamental na diferenciação dessas.

Nessa perspectiva, as Súmulas Vinculantes e as decisões da Corte Suprema proferidas em sede de Controle de Constitucionalidade (art. 988, III do CPC), serão consideradas **Precedentes Vinculantes**, uma vez que essa eficácia foi atribuída constitucionalmente (art. 103-A, § 3º), e em face de seu descumprimento será cabível a Reclamação, conforme analisado acima.

Incluem-se também nessa hipótese, as decisões proferidas pelo STF em sede de Recurso Extraordinário com Repercussão Geral (art. 102, III, da CR/88), pois, nos termos do inciso II do § 5º do art. 988 do CPC, já comentado, a sua inobservância viabiliza a tomada de medida repressiva, a saber, a Reclamação(297).

Ainda, conquanto não estejam previstas constitucionalmente, as decisões proferidas em sede de IRDR, IRR e IAC, também podem ser enquadradas como Precedentes Vinculantes, pois passíveis de Reclamação, nos termos do inciso III do art. 988 do CPC, em comento(298).

---

com repercussão geral, ainda que de forma atécnica — deveria ter constado do rol do art. 927 e dos incisos do art. 988, do CPC". PRITSCH, Cesar Zucatti. *Manual de Prática dos Precedentes no Processo Civil e do Trabalho*. Atualizado conforme o CPC 2015 e Reforma Trabalhista. São Paulo: LTr, 2018. p. 83.

(293) DONIZETTI, Elpídio. A força dos Precedentes no Novo Código de Processo Civil. *Revista Direito UNIFACS – Debate Virtual*, n. 175, 2015. Disponível em: <https://revistas.unifacs.br/index.php/redu/article/view/3446>. Acesso em: 09. abr. 2019. p. 24.

(294) FARIA, Fernanda Nigri; TOSTES, Laura Ferreira Diamantino. A reclamação constitucional como instrumento de estabilização e uniformização da jurisprudência. In: KOURY, Luiz Ronan Neves; ALMEIDA, Wânia Guimarães Rabêllo; ASSUNÇÃO, Carolina Silva Silvino (Coords.). *O Direito Processual do Trabalho na perspectiva do Código de Processo Civil e da Reforma Trabalhista*. São Paulo: LTr, 2017, p. 204-208.

(295) PEIXOTO, Ravi de Medeiros. *Superação do Precedente e Segurança Jurídica*. 3. ed. Salvador: JusPodivm, 2018. p. 174.

(296) BRANDÃO, Cláudio. *Reclamação Constitucional no Processo do Trabalho*. São Paulo: LTr, 2017. p. 29.

(297) Tendo em vista que o descumprimento de decisão proferida em sede de Recurso Extraordinário com Repercussão Geral apenas pode ser contestado via Reclamação após o esgotamento da via recursal ordinária, essa pode ser enquadrada como Precedente Vinculante de coercibilidade diferida, enquanto os demais possuem coercibilidade imediata via Reclamação.

(298) Entendimento jurisprudencial corroborado por Cesar Zucatti Pritsch na obra *Manual de Prática dos Precedentes no Processo Civil e do Trabalho*. Atualizado conforme o CPC 2015 e Reforma Trabalhista. São Paulo: LTr, 2018, para quem, os incisos I, II, e III do art. 927 do CPC, além das decisões em Recurso Extraordinário com Repercussão Geral, são considerados Precedentes Vinculantes ou Precedentes Vinculantes em sentido estrito, em razão

Por outro lado, da análise do artigo em comento é possível aferir que não há previsão expressa de cabimento de Reclamação em face das **Súmulas do STF e STJ**(299), tampouco das **orientações do Plenário ou do Órgão Especial dos Tribunais** (incisos IV e V do art. 927 do CPC/15). Dessa forma, essas hipóteses são denominadas por parte da Doutrina(300) como **Precedentes Obrigatórios**, pois, ainda que o seu descumprimento não viabilize a propositura de Reclamação, o sistema processual apresenta outras consequências jurídicas capazes de induzir a sua observância(301).

Exatamente nesse sentido é a recente decisão do Pleno do TST:

RECLAMAÇÃO. GARANTIA DE OBSERVÂNCIA DE SÚMULA DO TRIBUNAL SUPERIOR DO TRABALHO. NÃO CABIMENTO. Nos termos dos arts. 111-A, § 3º, da Constituição Federal, 988, I a IV, do CPC, e 210, III, do Regimento Interno do TST, é incabível, por falta de previsão legal, reclamação fundada em suposta inobservância de súmula do Tribunal Superior do Trabalho. Agravo interno a que se nega provimento. (Rcl-1000623.61.2019.5.00.0000, Tribunal Pleno, rel. Min. Márcio Eurico Vitral Amaro, 14.12.2020).

Ao final, podem ser considerados **Precedentes Persuasivos** os demais julgados de órgãos fracionários dos Tribunais, os quais já são utilizados, habitualmente, como subsídio jurisprudencial para embasar teses em processos. Dessa forma, a ausência da coercibilidade exercida pela simples viabilidade da Reclamação, subtrai a vinculatividade desses julgados.

Quanto ao procedimento de propositura da Reclamação, tem-se, inicialmente, que petição inicial deve obedecer aos mesmos preceitos do art. 319 do CPC. O § 1º aduz que essa pode ser proposta perante qualquer Tribunal, conferindo ao órgão jurisdicional cuja competência se busca preservar ou cuja autoridade se pretenda garantir, a competência para seu julgamento.

Adverte o § 2º, que a Reclamação deverá ser instruída documentalmente, pois a prova é pré-constituída, e deve ser dirigida ao presidente do Tribunal. Ato contínuo, assim que recebida, dispõe o § 3º que a Reclamação será autuada e distribuída imediatamente (art. 929 do CPC), sempre que possível ao magistrado relator do processo principal.

Tem-se como requisito de admissibilidade da Reclamação as hipóteses constantes do § 5º do artigo em comento, a saber: **I** - que não tenha ocorrido o trânsito em julgado da decisão reclamada; **II** - que tenham sido esgotadas as instâncias ordinárias quando a Reclamação for proposta para garantir a observância de acórdão de recurso extraordinário com repercussão geral reconhecida ou de acórdão proferido em julgamento de recursos extraordinário ou especial repetitivos.

Nessa perspectiva, segundo Teresa Arruda Alvim Wambier, transitada em julgado a decisão, a reclamação deverá ser extinta sem resolução de seu mérito(302). Contudo, deve-se advertir se tratar de coisa julgada material, sendo certo que eventual recurso interposto em face da decisão objeto da reclamação não a prejudica, nos termos do § 6º.

Conforme elucida o § 6º que a inadmissibilidade ou o julgamento do recurso interposto contra a decisão proferida pelo órgão reclamado não prejudica a Reclamação. Tal afirmação faz-se possível se analisada e compreendida a natureza jurídica da Reclamação, que não se confunde com um recurso, por constituir relações jurídicas processuais distintas e autônomas (prescinde de prejuízo, sucumbência, e até mesmo de decisão judicial, não estando, também, elencada no rol taxativo de recursos, etc.).

Embora a doutrina ainda divirja quanto a essa natureza, entende-se a Reclamação como uma ação de impugnação autônoma, que provoca o exercício da jurisdição em busca de uma tutela específica e delimitada pelos incisos do art. 988 do CPC(303). Todavia, reconhece-se, inclusive pela jurisprudência do Supremo, a possibilidade de a Reclamação

---

da possibilidade da propositura de reclamação em caso de inobservância das decisões.

(299) Donde se inclui, por analogia, as Súmulas oriundas do TST.

(300) A classificação não é unissona. Para Alexandre Câmara, por exemplo, esses incisos IV e V do art. 927 devem ser considerados "Precedentes Meramente Argumentativos". CÂMARA, Alexandre Freitas. *O novo Processo Civil brasileiro*. 2. ed. rev. e atual. São Paulo: Gen Atlas, 2015. p. 436.

(301) A título de exemplo tem-se a possibilidade de improcedência liminar de um pedido que contrarie entendimento consubstanciado em Súmula dos Tribunais Superiores (inciso "I" do art. 332 do CPC), assim como a desnecessidade da remessa necessária nas hipóteses em que a sentença estiver fundada em Súmula dos Tribunais Superiores (parágrafo quarto do art. 496 do CPC).

(302) WAMBIER, Teresa Arruda Alvim; CONCEIÇÃO, Maria Lúcia Lins; RIBEIRA, Leonardo Ferres da Silva; MELLO, Rogério Licastro Torres de Mello. *Primeiros Comentários ao Novo Código de Processo Civil* — Artigo por Artigo. São Paulo, Revista dos Tribunais, 2015. p. 1.420.

(303) A tendência doutrinária nega sua natureza de recurso, tratando-a como ação autônoma, por se prestar a questionar não apenas atos e decisões judiciais, mas atos de poder enquadrados nos incisos do dispositivo em comento. THEODORO JÚNIOR, Humberto. *Curso de Direito Processual Civil*. Volume III. 47. ed. Rio de Janeiro: GEN, 2015. p. 857.

alterar pontualmente decisões já proferidas.

Ante a inegável importância da Reclamação, e ante a ampliação de sua incidência, alguma questões práticas merecem ser trazidas à análise.

Na prática trabalhista tem-se evidenciado um crescente número de Reclamações após o advento do CPC/15, notadamente em razão da instituição do Sistema de Precedentes Vinculantes. Isso porque, diante dessa nova cultura, nem sempre compreendida e concretizada nos julgados, foi oportunizado às partes um mecanismo de correção, a saber, a Reclamação, responsável por resguardar a mais escorreita aplicação e preservação dos Precedentes Vinculantes (aqui compreendidos os incisos I, II e III do art. 927 do CPC, e as decisões proferidas em sede de Recurso Extraordinário com repercussão geral). Sem a possibilidade da Reclamação, certamente os efeitos vinculantes das decisões judiciais não estariam resguardados, podendo se tornar inócua a nova sistemática instituída.

Evidenciou-se também um aumento de Reclamações após a entrada em vigor da Reforma Trabalhista — Lei n. 13.467/2017, que regulamentou por meio do § 1º do art. 896-A da CLT a "transcendência" como pressuposto de admissibilidade do Recurso de Revista, e o § 5º incluiu uma barreira instransponível ao dispor que é "[...] irrecorrível a decisão monocrática do relator que, em agravo de instrumento em recurso de revista, considerar ausente a transcendência da matéria"(304).

Sem adentrar ao mérito desse dispositivo, que por si só acarretaria diversas críticas(305), o que se observou na prática foi uma série de despachos monocráticos constando a ausência de transcendência, com a consectária declaração de irrecorribilidade da decisão e remessa automática do processo para baixa na origem(306).

Ante a apontada realidade, diversas injustiças foram observadas, a exemplo das decisões que não reconheceram a transcendência de uma causa, mesmo quando as questões ali debatidas já haviam sido ou ainda eram objeto de Repercussão Geral no STF. Nesses casos, com a baixa definitiva dos autos à origem ocorria o automático trânsito em julgado da decisão, com consequente impossibilidade de oposição de Recurso Extraordinário, bem como de Reclamação (haja vista o requisito constante do inciso I do § 5º do art. 988 do CPC).

Assim, observou-se a perpetuação da insegurança jurídica, discricionariedade, câmbio jurisprudencial, além da usurpação da competência do Supremo Tribunal, responsável por proferir decisões, em última instância, em matéria constitucional.

Decisão proferida pela Ministra Carmen Lúcia em 07.08.2019, reforça o exposto. Em sede liminar da Reclamação Constitucional n. 35.816(307), oposta com fulcro nos incisos I e II do art. 988 do CPC, em face do julgado do TST que não reconheceu a transcendência de uma causa, cuja Repercussão Geral era reconhecida pelo STF (inclusive com

(304) Entendemos que tolerar que a lei infraconstitucional barre o acesso à justiça, restrinja o contraditório e a ampla defesa e desvirtue as funções federativas dos Tribunais Superiores, *in casu*, o Tribunal Superior do Trabalho é inconstitucional. Justificar a inserção de tal parágrafo com fulcro na pretendida redução da litigiosidade e promoção da celeridade processual também não se revela pertinente. Tem-se, pois, que remover do Processo do Trabalho o acesso a recurso legalmente previsto é sinalizar o afastamento do judiciário trabalhista do próprio conceito de jurisdição, da inafastabilidade de apreciação de lesão do poder judiciário, do "amplo acesso à justiça" e do devido processo legal. Por esses e tantos outros motivos, foi suscitado Incidente de Arguição de Inconstitucionalidade do inteiro teor do art. 896-A, § 5º, da CLT (ArgInc n. 1000845-52.2016.5.02.0461, rel. Min. Cláudio Brandão). A Arguição foi acolhida em novembro de 2020, para se declarar a inconstitucionalidade do dispositivo no caso concreto.

(305) Nos termos do § 2º do art. 896-A da CLT, quando o Recurso de Revista processado pelo Tribunal Regional de origem – cujo primeiro juízo de admissibilidade não analisa a Transcendência — for remetido ao TST e o Ministro Relator que o receber não conhecer do recurso por ausência de transcendência, essa decisão monocrática desafiará o recurso de Agravo para o Colegiado. Diferentemente, quando o Tribunal Regional inadmitir o processamento de um Recurso de Revista — pois ausente algum de seus outros pressupostos de admissibilidade, que não a transcendência —, oportunizando a interposição Agravo de Instrumento para o TST, o Ministro Relator que julgar procedente o recurso, destrancará o Recurso de Revista e analisará a sua Transcendência. Ocorre que, se nesse juízo de admissibilidade a Transcendência não for verificada, a decisão monocrática proferida se manterá incólume, pois irrecorrível, nos termos do § 5º. Pelo que se percebe, há distinção injustificada dos momentos em que a Transcendência é analisada, o que não se revela razoável por mitigar a ampla defesa e o duplo grau de jurisdição. A situação se agrava, pois tanto a decisão colegiada que nega a Transcendência (oriunda do julgamento de Agravo) quanto à monocrática proferida pelo Ministro Relator do Agravo de Instrumento são consideradas irrecorríveis, sendo que apenas uma delas pôde ser objeto de recurso.

(306) Para sustentar essa medida impositiva, as decisões se valiam do § 5º do art. 896-A da CLR e do "Tema 181" da Tabela de Repercussão Geral do STF", segundo o qual questões relacionadas aos pressupostos de admissibilidade de recursos oriundos de outros Tribunais – onde se inclui o TST – não possuem Repercussão Geral, sendo, por consequência, irrecorríveis extraordinariamente.

(307) STF. Reclamação n. 35. 816 – Origem: 0007174020178190057. Relatora: Ministra Cármen Lúcia. Decisão Publicada no DOU em: 07 ago. 2019.

Precedentes Vinculantes sobre a temática), inviabilizando a interposição de recurso e determinando a imediata baixa à origem. A Ministra brilhantemente sustentou:

> Seria compreensível assentar que matéria de natureza estritamente trabalhista não dispusesse de repercussão geral, econômica, política, social e jurídica para galgar a jurisdição constitucional, mas surpreende a constatação de que, não bastassem os dois pronunciamentos vinculantes deste Supremo Tribunal sobre a matéria, aos quais se agregam centenas de decisões em reclamação, a mesma questão possa ser relegada pela Justiça do Trabalho por ausência de transcendência.
>
> [...] Essa conclusão, se admitida, comprometeria a sistemática da repercussão geral e subverteria a ordem processual e constitucional vigente, conferindo ao Tribunal Superior do Trabalho a competência para proferir em última palavra em matérias constitucionais e de relevância reconhecida por este Supremo Tribunal.
>
> [...] ao recursar o processamento de recurso de revista sobre matéria em foco e, com isso, obstar todos os meios de acesso à jurisdição constitucional, parece ter a autoridade reclamada usurpado a competência deste Supremo Tribunal [...].

Dessa decisão, uma importante conclusão pode ser aferida, a saber, o cabimento de Reclamação Constitucional contra decisão que não reconhece a transcendência em Recurso de Revista, determinando a baixa imediata dos autos e seu consequente trânsito em julgado, uma vez que, ao assim decidir, o TST impede o acesso à jurisdição constitucional, usurpado a competência do STF.

Igualmente pertinente a Reclamação, quando a decisão oriunda do TST não reconhece a transcendência de uma causa, cuja temática discutida é objeto de incontroversa Repercussão Geral no Supremo Tribunal, pois além de conflitante, a decisão obstaria o acesso ao STF mediante a interposição de Recurso Extraordinário.

Artigo 989

Ao despachar a reclamação, o relator:

I – requisitará informações da autoridade a quem for imputada a prática do ato impugnado, que as prestará no prazo de 10 (dez) dias;

II – se necessário, ordenará a suspensão do processo ou do ato impugnado para evitar dano irreparável;

III – determinará a citação do beneficiário da decisão impugnada, que terá prazo de 15 (quinze) dias para apresentar a sua contestação.

O art. 989 e seguintes tratam do procedimento a ser seguido após a distribuição da Reclamação no Tribunal.

O Procedimento se assemelha àquele utilizado em sede de Mandado de Segurança, notadamente em razão da indicação da autoridade a quem for imputada a prática do ato impugnado, sendo também necessária a juntada de todos os documentos comprobatórios do direito, uma vez que a prova é pré-constituída.

Estabelece-se que cabe ao Magistrado Relator requisitar informações da indicada autoridade (a ser prestada no prazo de dez dias) e citar o beneficiário da decisão impugnada, que atuará no feito como litisconsorte necessário e unitário (providencia indispensável inaugurada pelo CPC de 2015), devendo contestá-la (no prazo de quinze dias).

Faculta-se ao julgador, quando entender necessário, ordenar a suspensão do processo ou do ato impugnado, a fim de se evitar dano irreparável, hipótese em que, primeiramente será analisada a validade da decisão impugnada.

A título de exemplo, tem-se a hipótese em que o trânsito em julgado da decisão reclamada poderia ensejar o início da execução definitiva, em prejuízo do executado autor da Reclamação, razão pela qual faz-se necessária a suspensão de seus efeitos até a decisão final.

Artigo 990

Qualquer interessado poderá impugnar o pedido do reclamante.

Nos termos constantes da redação do presente artigo, embora caiba ao relator apenas a citação do beneficiário da decisão impugnada, tem-se que qualquer outro indivíduo que se sinta prejudicado pela possível alteração do *decisum* impugne o pedido formulado pelo Autor da Reclamação, ainda que não chamado aos autos para tanto.

Nesse caso, atuará como terceiro interessado, recebendo os autos no estado em que se encontram, sendo imprescindível, todavia, a comprovação de interesse processual, nos termos do art.17 do CPC.

Artigo 991

Na reclamação que não houver formulado, o Ministério Público terá vista do processo por 5 (cinco) dias, após o decurso do prazo para informações e para o oferecimento da contestação pelo beneficiário do ato impugnado.

Estabeleceu-se por meio do artigo em comento que, sempre que a Reclamação não for formulada pelo Ministério Público, esse será intimado para ter vista do processo (prazo de cinco dias) após a apresentação de informações e contestação.

Tal necessidade se justifica pelo interesse público na observância das decisões (coisa julgada) e dos Precedentes Vinculantes, responsáveis pela estabilização do ordenamento, isonomia das decisões e segurança jurídica, pilares esses que alicerçam o Estado Democrático de Direito.

Artigo 992

Julgando procedente a reclamação, o tribunal cassará a decisão exorbitante de seu julgado ou determinará medida adequada à solução da controvérsia.

Ato contínuo, uma vez julgada procedente a Reclamação, o Tribunal cassará a decisão impugnada ou determinará a adequada solução da controvérsia. Nessa última hipótese, a solução será indicada pela decisão proferida na Reclamação, cabendo à autoridade impugnada a correta execução do *decisum*, uma vez que não cabe ao Tribunal que julgar a Reclamação a sua reforma.

Artigo 993

O presidente do tribunal determinará o imediato cumprimento da decisão, lavrando-se o acórdão posteriormente.

Cabe ao Presidente do Tribunal impor o imediato cumprimento da decisão, nos termos dos arts. 992 e 993 do CPC/15.

Embora seja facultada a lavratura posterior do Acórdão, deve-se observar, contudo, os prazos estabelecidos para prolação de Acórdão constantes do já analisado art. 942, § 2º do CPC/15.

TÍTULO II — DOS RECURSOS

CAPÍTULO I — DISPOSIÇÕES GERAIS

Artigo 994

São cabíveis os seguintes recursos:

I - apelação;

II - agravo de instrumento;

III - agravo interno;

IV - embargos de declaração;

V - recurso ordinário;

VI - recurso especial;

VII - recurso extraordinário;

VIII - agravo em recurso especial ou extraordinário;

IX - embargos de divergência.

O art. 994 do CPC/15 inaugura o 'Título II' do Código, que trata dos Recursos previstos no Processo Civil, os quais serão analisados à luz de sua aplicabilidade ao Processo do Trabalho.

Os recursos constituem um meio processual por meio do qual é possível questionar uma decisão judicial, consubstanciando, assim, um prolongamento do direito de ação, cada qual, dotado de pressupostos específicos.

A teoria dos recursos traz a lume diversos princípios aplicáveis tanto ao Processo Civil quanto ao Processo do Trabalho. Ressaltam-se três importantes princípios.

A *dialeticidade*, que preceitua que o recurso deverá interagir e impugnar, especificamente, as razões e fundamentos trazidos na decisão recorrida.

O princípio do *duplo grau de jurisdição* que, por sua vez, concretiza o direito de o jurisdicionado ter o seu julgado reexaminado e novamente julgado pelos Tribunais de 2º grau, o que irá propiciar o aperfeiçoamento da decisão por órgão colegiado[308].

E o princípio da *taxatividade* ou da *reserva legal*, segundo o qual, o rol de recursos previstos na lei é estrito, inexistindo a possibilidade de outras modalidades recursais.

Posto isso, tem-se no art. 994 do CPC, o rol taxativo de recursos cabíveis no Processo Civil, sendo imperioso a sua análise e aplicação no Processo do Trabalho.

(I) Apelação

No Processo do Trabalho inexiste a Apelação prevista no inciso 'I' em comento e regulada pelos arts. 1.009 e seguintes do CPC, sendo o **Recurso Ordinário** a modalidade recursal a ela equivalente (art. 895 da CLT).

O **Recurso Ordinário** trabalhista é cabível em face das decisões definitivas ou terminativas proferidas pelas varas do trabalho ou pelos tribunais (nos casos de competência originária), em fase de conhecimento.

(308) Dispõe o art. 496 do CPC que decisões contrárias à Fazenda Pública se sujeitarão obrigatoriamente ao duplo grau de jurisdição. Essa determinação não implica a necessária interposição de recurso, mas garante a esses casos um reexame obrigatório da decisão de piso, o que também denominado "recurso de ofício". Tal disposição é também aplicável ao Processo do Trabalho, nos termos da Súmula n. 303 do TST.

Recurso semelhante é o **Agravo de Petição**, regulado pelo art. 897, *"a"*, da CLT, utilizado, contudo, em face de decisões proferidas na fase de execução

(II) Agravo de Instrumento

A modalidade recursal prevista no inciso 'II' e regulada pelo art. 1.015 do CPC, a saber, Agravo de Instrumento, não se confunde com seu homônimo trabalhista, sendo certo que no Processo do Trabalho não existe recurso próprio cabível em face de decisões interlocutória (salvo algumas exceções), conforme preceitua o § 1º do art. 893 da CLT e Súmula n. 214 do TST.

Dessa forma, o **Agravo de Instrumento** previsto para o Processo Civil não se equipara aquele utilizado no Processo do Trabalho, regulado pelo art. 897, *"b"*, da CLT, o qual é cabível em face das decisões que denegarem a admissibilidade de outros recursos, no intuito de justificar a viabilidade de seu processamento.

(III) Agravo Interno

O **Agravo Interno** previsto no inciso 'III' e regulado pelo artigo 1.021 do CPC é aplicável ao Processo do Trabalho, embora inexista dispositivo o regulamentando na Consolidação das Leis do Trabalho — CLT.

Seu cabimento e regulação no Processo do Trabalho encontra-se no Regimento Interno dos Tribunais Regionais e do TST (art. 265 e seguintes do RITST).

(IV) Embargos de Declaração

Os **Embargos de Declaração** previstos no inciso 'IV', em comento, e regulado pelos arts. 1.022 e seguintes do CPC, são igualmente aplicáveis ao Processo do Trabalho, consoante dispõe os arts. 896-A e seguintes da CLT.

(V) Recurso Ordinário

O Recurso Ordinário, previsto no 'inciso V' e regulado pelo art. 1.027 do CPC, não se confunde, por sua vez, com seu homônimo trabalhista.

No Processo do Trabalho, o recurso cabível em face das decisões proferidas em única ou última instância pelo Tribunal Superior do Trabalho — TST, será, via de regra, o **Recurso Extraordinário** (VII). Nada obstante, nos termos do art. 1.027, I c/c art. 102, II, *"a"*, da CR/88, também se aplica ao Processo do Trabalho o **Recurso Ordinário Constitucional**, cuja finalidade é encaminhar ao STF o julgamento de *habeas corpus*, mandado de segurança, *habeas data* e o mandado de injunção decididos em única instância pelos Tribunais Superiores, quando denegatória a decisão.

(VI) Recurso Especial

O Recurso Especial previsto no inciso 'III' e direcionado ao Superior Tribunal de Justiça — STJ, não está previsto no rol de recursos do Processo do Trabalho. Entretanto, encontra correspondência na seara laboral, a saber, o **Recurso de Revista** direcionado ao TST, regulado pelo art. 896 e seguintes da CLT.

(VII) Recurso Extraordinário

O **Recurso Extraordinário** previsto no inciso 'VII' e regulado pelos arts. 1.029 e seguintes do CPC é aplicável ao Processo do Trabalho.

Na seara laboral, entretanto, o recurso será cabível em face das decisões proferidas em única ou última instância pelo Tribunal Superior do Trabalho — TST, em que existir violação à Constituição Federal.

O Recurso Extraordinário não se encontra regulamentado pela CLT, estando previsto nos arts. 324 e seguintes do Regimento Interno do TST, utilizando-se supletivamente os dispositivos do CPC.

(VIII) Agravo em Recurso Especial ou Extraordinário

Assim como o Recurso Extraordinário, o **Agravo em Recurso Extraordinário**, previsto no inciso 'VIII' e regulado pelo art. 1.042 do CPC, também é aplicável ao Processo do Trabalho. Entretanto, o seu cabimento encontra-se regulamentado pelo Regimento Interno do TST (art. 328 e seguintes) e supletivamente pelo CPC.

Tendo em vista a incompatibilidade do Recurso Especial para o STJ com o Processo do Trabalho, como consequência, também não há que se falar na aplicação do Agravo em Recurso Especial.

(IX) Embargos de Divergência

Os Embargos de Divergência previstos no inciso 'IX' e regulados pelo art. 1.043 e seguintes do CPC podem ser comparados aos **Embargos ao TST** (previstos no art. 894 da CLT), embora esses últimos tenham hipóteses de cabimento mais abrangentes, conforme será tratado especificamente quando de sua análise (comentário ao art. 1.043 do CPC).

Artigo 995

Os recursos não impedem a eficácia da decisão, salvo disposição legal ou decisão judicial em sentido diverso.

Parágrafo único. A eficácia da decisão recorrida poderá ser suspensa por decisão do relator, se da imediata produção de seus efeitos houver risco de dano grave, de difícil ou impossível reparação, e ficar demonstrada a probabilidade de provimento do recurso.

Como é sabido, os recursos podem produzir diferentes efeitos, destacando-se na oportunidade os efeitos devolutivo, suspensivo e translativo.

Em breves linhas, tem-se que o *efeito devolutivo* consubstancia a essência do recurso e implica a "devolução" ao Tribunal das matérias pleiteadas, impugnadas e julgadas pelo juízo de 1º grau. Dessa forma, ele é responsável por propiciar a ampla rediscussão da temática aventada nos autos, a fim de que seja proferida nova decisão, dessa vez, por órgão colegiado.

Esse efeito pode ser subdividido, originando o *efeito devolutivo em profundidade*, segundo o qual, até mesmo as matérias abordadas na inicial e na defesa, mas não decididas pelo juízo *a quo*, podem ser devolvidas à análise do Tribunal *ad quem*. Tal efeito, aplicável ao Processo do Trabalho, possui respaldo no art. 1.013 do CPC, que ainda será analisado, e na Súmula n. 393 do C. TST, *in verbis:*

Súmula n. 393 do TST: RECURSO ORDINÁRIO. EFEITO DEVOLUTIVO EM PROFUNDIDADE: ART. 1.013, § 1º, DO CPC DE 2015. ART. 515, § 1º, DO CPC DE 1973.

I - O efeito devolutivo em profundidade do recurso ordinário, que se extrai do § 1º do art. 1.013 do CPC de 2015 (art. 515, § 1º, do CPC de 1973), transfere ao Tribunal a apreciação dos fundamentos da inicial ou da defesa, não examinados pela sentença, ainda que não renovados em contrarrazões, desde que relativos ao capítulo impugnado.

II - Se o processo estiver em condições, o tribunal, ao julgar o recurso ordinário, deverá decidir desde logo o mérito da causa, nos termos do § 3º do art. 1.013 do CPC de 2015, inclusive quando constatar a omissão da sentença no exame de um dos pedidos.[309]

O *efeito translativo*, por sua vez, excetua o disposto quanto ao efeito devolutivo, uma vez que resguarda a possibilidade de os Tribunais conhecerem de matérias não ventiladas nas razões e/ou contrarrazões dos recursos, desde que essas sejam questões processuais ou matérias de ordem pública.

O *efeito suspensivo*, por sua vez, possui caráter excepcional nos recursos trabalhistas, o que significa que, via de regra, a interposição de recurso não impedirá a eficácia imediata das decisões prolatadas. Nesse mesmo sentido é o *caput* do artigo em comento, que regula os efeitos da interposição dos recursos.

Observe-se, contudo, que o parágrafo único do dispositivo excetua essa condição, ao dispor que o relator poderá determinar a suspensão da eficácia da decisão recorrida, caso a sua imediata produção de efeitos promova risco de dano grave, de difícil ou impossível reparação e ficar demonstrada a probabilidade de provimento do recurso[310].

Nesse sentido, para que o efeito suspensivo seja observado, imperioso que esse seja requerido ao Juízo, conforme preceitua a seguinte Súmula do C. TST.

Súmula n. 414, I, do TST:

MANDADO DE SEGURANÇA. ANTECIPAÇÃO DE TUTELA (OU LIMINAR) CONCEDIDA ANTES OU NA SENTENÇA

I - A antecipação da tutela concedida na sentença não comporta impugnação pela via do mandado de segurança, por ser impugnável mediante recurso ordinário. **A ação cautelar é o meio próprio para se obter efeito suspensivo a recurso.**

Nessa perspectiva, duas conclusões consolidadas por meio de Enunciados do FPPC também merecem destaque:

Enunciado n. 423 do FPPC: Cabe tutela de evidência recursal.

(309) O inciso II da Súmula n. 393 do C. TST consubstancia o "princípio da causa madura".

(310) Arts. 300, 995 e 1.029, § 5º, I, do CPC/15.

Enunciado n. 609 do FPPC: O pedido de antecipação da tutela recursal ou de concessão de efeito suspensivo a qualquer recurso poderá ser formulado por simples petição ou nas razões recursais.

Artigo 996

O recurso pode ser interposto pela parte vencida, pelo terceiro prejudicado e pelo Ministério Público, como parte ou como fiscal da ordem jurídica.

Parágrafo único. Cumpre ao terceiro demonstrar a possibilidade de a decisão sobre a relação jurídica submetida à apreciação judicial atingir direito de que se afirme titular ou que possa discutir em juízo como substituto processual.

O artigo em comento trata de um dos pressupostos subjetivos/intrínsecos dos recursos(311), a saber, a legitimidade e interesse recursal.

Conforme disposto em seu *caput*, diante de uma decisão judicial podem recorrer a (s) parte (s) vencida (s), o Ministério Público (como parte ou fiscal da lei)(312), bem com eventual terceiro prejudicado, haja vista o interesse recursal decorrente do prejuízo sofrido ou função institucional.

Quanto ao terceiro interessado tem-se que, nos termos do parágrafo único, esse deverá demonstrar sua relação com a decisão e a influência dessa no seu direito. Uma vez admitida a sua intervenção, o terceiro figurará como substituto processual.

Artigo 997

Cada parte interporá o recurso independentemente, no prazo e com observância das exigências legais.

§ 1º Sendo vencidos autor e réu, ao recurso interposto por qualquer deles poderá aderir o outro.

§ 2º O recurso adesivo fica subordinado ao recurso independente, sendo-lhe aplicáveis as mesmas regras deste quanto aos requisitos de admissibilidade e julgamento no tribunal, salvo disposição legal diversa, observado, ainda, o seguinte:

I – será dirigido ao órgão perante o qual o recurso independente fora interposto, no prazo de que a parte dispõe para responder;

II – será admissível na apelação, no recurso extraordinário e no recurso especial;

III – não será conhecido, se houver desistência do recurso principal ou se for ele considerado inadmissível.

Nos termos do *caput* do artigo em comento, cada parte interporá o recurso independentemente, no prazo legal relativo ao recurso que pretende interpor e com observância das exigências legais, a saber, pressupostos objetivos e subjetivos de admissibilidade recursal.

Observe-se que, conforme dispões o art. 6º da CLT e arts. 1º e 2º da Instrução Normativa n. 39/2016 do C. TST os prazos recursais trabalhistas serão sempre de 8 (oito) dias.

Algumas exceções, contudo, devem ser observadas, a exemplo dos Embargos de Declaração, previstos no art. 897-A da CLT, cujo prazo para oposição é de 5 (cinco dias). Outrossim, os Recursos Extraordinários e Recurso Ordinário Constitucional, ambos regulados pelo CPC (art. 1.003, § 5º, que ainda será analisado), contam com o prazo de 15 (quinze) dias. Ao final, relembre-se que a Fazenda Pública e o Ministério Público possuem prazo em dobro para recorrer, inclusive nas lides trabalhistas, em razão do disposto no art. 1º, III, do Decreto Lei n. 779/69 e art. 183 do CPC.

A possibilidade de prazo em dobro no caso de litisconsortes com procuradores diversos, prevista no art. 229 do CPC, não é aplicável ao Processo do Trabalho, seja em razão da celeridade que se espera da Especializada Trabalhista,

(311) Assim como a ação, os recursos também possuem pressupostos processuais que podem ser objetivos/ extrínsecos (a exemplo da previsão legal, adequação regularidade formal, tempestividade, preparo, dentre outros estabelecidos pela legislação), assim como subjetivos/ intrínsecos (legitimidade para recorres, capacidade, interesse recursal).

(312) No que tange ao interesse do Ministério Público, há jurisprudência específica consolidada em OJ do TST, que assim dispõe: **OJ n. 338 da SDI-1 do C. TST**. MINISTÉRIO PÚBLICO DO TRABALHO. LEGITIMIDADE PARA RECORRER. SOCIEDADE DE ECONOMIA MISTA E EMPRESA PÚBLICA. CONTRATO NULO. Há interesse do Ministério Público do Trabalho para recorrer contra decisão que declara a existência de vínculo empregatício com sociedade de economia mista ou empresa pública, após a CF/1988, sem a prévia aprovação em concurso público.

seja em razão da informatização e virtualização dos processos, o que viabiliza a fluência conjunta dos prazos. Nesse sentido é a OJ n. 310 do TST:

> **OJ-n. 310 da SDI-1 do TST:** LITISCONSORTES. PROCURADORES DISTINTOS. PRAZO EM DOBRO. ART.229, CAPUT E §§ 1º E 2º, DO CPC DE 2015. ART. 191 DO CPC DE 1973. INAPLICÁVEL AO PROCESSO DO TRABALHO (atualizada em decorrência do CPC de 2015) – Res. n. 208/2016, DEJT divulgado em 22, 25 e 26.04.2016.

Ainda no que tange ao prazo recursal, vale lembrar que até o advento da Lei n. 13.467/2017 — Reforma Trabalhista, os prazos no processo do trabalho eram corridos, excetuando-se o dia da publicação e incluindo o termo final (observado sempre o início e término em dias úteis). Hoje, a regulamentação dos prazos encontra-se no art. 775 e seguintes da CLT, com alteração que o processo civil, *in verbis:*

> **Art. 775 da CLT:** Os prazos estabelecidos neste Título serão contados em dias úteis, com exclusão do dia do começo e inclusão do dia do vencimento.
>
> § 1º Os prazos podem ser prorrogados, pelo tempo estritamente necessário, nas seguintes hipóteses:
>
> I - quando o juízo entender necessário;
>
> II - em virtude de força maior, devidamente comprovada.
>
> § 2º Ao juízo incumbe dilatar os prazos processuais e alterar a ordem de produção dos meios de prova, adequando-os às necessidades do conflito de modo a conferir maior efetividade à tutela do direito.

Nos termos do § 1º, sendo vencidos tanto o autor quanto o réu, no prazo para manifestação acerca do recurso interposto pela parte contrária, poderá aquele que não recorreu a tempo e modo, aderir adesivamente ao recurso da parte contrária, o que se denomina, Recurso Adesivo.

Essa modalidade recursal é também aplicável ao Processo do Trabalho, contudo, diferentemente do que ocorre no Processo Civil, o Recurso Adesivo Trabalhista não precisa versar acerca das mesmas questões trazidas no bojo do recurso principal a que se aderiu. bastante que haja insurgência em face do decidido pelo Juízo.

A corroborar o exposto é a Súmula n. 283 do TST.

> **Súmula n. 283 do TST:** RECURSO ADESIVO. PERTINÊNCIA NO PROCESSO DO TRABALHO. CORRELAÇÃO DE MATÉRIAS (mantida) O recurso adesivo é compatível com o processo do trabalho e cabe, no prazo de 8 (oito) dias, nas hipóteses de interposição de recurso ordinário, de agravo de petição, de revista e de embargos, sendo desnecessário que a matéria nele veiculada esteja relacionada com a do recurso interposto pela parte contrária.

Dispõe o § 2º em comento, que o recurso adesivo fica subordinado ao recurso principal, sendo-lhe aplicável as mesmas regras relativas aos requisitos de admissibilidade.

Sua abrangência é maior no Processo do Trabalho, sendo utilizado em sede de recurso ordinário, agravo de petição, recurso de revista e embargos (nos termos da supracitada súmula).

Ressalta-se, ao final, que em razão de sua subordinação ao recurso principal, o Recurso Adesivo não será conhecido quando houver desistência em face daquele, ou for ele considerado inadmissível.

Artigo 998

O recorrente poderá, a qualquer tempo, sem a anuência do recorrido ou dos litisconsortes, desistir do recurso.

Parágrafo único. A desistência do recurso não impede a análise de questão cuja repercussão geral já tenha sido reconhecida e daquela objeto de julgamento de recursos extraordinários ou especiais repetitivos.

O artigo em comento diz respeito à desistência do recurso interposto, que pode ocorrer a qualquer tempo (desde que anterior a seu julgamento) e prescinde da anuência da parte contrária. Essa desistência presume-se de boa-fé, salvo prova inequívoca ao contrário. Nesse sentido esclareceu o **STJ no Resp. n. 1.494.486**:

> "A lei faculta ao recorrente desistir do recurso, independentemente da anuência da parte contrária. Isso ocorrendo, fica sem objeto o recurso adesivo. Dicção dos arts. 997 e 998 do CPC/2015. 3. A configuração de má-fé processual da parte que desistiu do recurso principal não se presume; depende de prova inequívoca, que inexiste."

Observe-se que a desistência do recurso não se confunde com a aceitação tácita ou expressa da decisão, hipótese prevista no art. 1.000 do CPC, que ainda será comentado. Também, não se trata de requerimento, mas de comunicação feita ao juízo, o que induz o trânsito em julgado das questões objeto de insurgência recursal.

Chama-se especial atenção para o disposto no parágrafo único do art. 998, que influi diretamente no Sistema de Precedentes Vinculantes instituído no ordenamento jurídico brasileiro.

Nos termos do parágrafo único, "a desistência do recurso não impede a análise de questão cuja repercussão geral já tenha sido reconhecida e daquela objeto de julgamento de recursos extraordinários ou especiais repetitivos". Tal afirmativa é semelhante àquela trazida no § 1º do art. 976, já analisado, segundo o qual, ao tratar dos Incidentes de Resolução de Demandas Repetitivas — IRDR, dispõe: "A desistência ou o abandono do processo não impede o exame de mérito do incidente".

Esses dispositivos demonstram que, por haver forte presença do interesse público nesse procedimento destinado à produção de Precedente Vinculante, tanto a desistência, como também a negociação processual, transação ou o abandono de causa não irão impedir exame do mérito do incidente.

Consoante assente na doutrina de Daniel Amorim Assumpção Neves, essa norma é importante, pois se presta a evitar que qualquer das partes opte, intencionalmente, por desistir de determinado processo/recurso que deu origem ao IRDR, com o objetivo de evitar eventual formação de decisão cujo fundamento lhe seja desfavorável. E acrescenta que:

> [...] o interesse público no bom funcionamento do instituto, capaz de gerar segurança jurídica, previsibilidade e isonomia, justifica o julgamento do incidente, com a fixação de tese, mesmo com o processo do qual se originou tal incidente já tendo sido extinto.(313)

Conquanto o exposto, *a priori*, a interpretação literal do dispositivo revela uma aplicação pouco incipiente, porquanto a desistência do processo apenas é possível até a prolação da sentença, não afetando, pois, os Recursos Repetitivos que eventualmente se submetam ao IRDR. Contudo, apresenta como possível a interpretação extensiva, a fim de abranger, também e, sobretudo, a desistência de recursos, o que, nesse caso, afetaria a instauração de IRDR. Nessa hipótese, apesar de entender que a situação se desvela peculiar e excepcional, corroboramos a posição de Daniel Amorim Assumpção Neves de necessária aplicação do dispositivo a fim de evitar manobras processuais eivadas de má-fé, privilegiando a isonomia e segurança jurídica, que são questões de interesse público.

Sobre a temática, foram formulados dois enunciados pelo Fórum Permanente de Processualistas Civis, a saber:

Enunciado n. 213 do FPPC: No caso do art. 998, parágrafo único, o resultado do julgamento não se aplica ao recurso de que se desistiu.

Enunciado n. 352 do FPPC: É permitida a desistência do recurso de revista repetitivo, mesmo quando eleito como representativo da controvérsia, sem necessidade de anuência da parte adversa ou dos litisconsortes; a desistência, contudo, não impede a análise da questão jurídica objeto de julgamento do recurso repetitivo.

Artigo 999

A renúncia ao direito de recorrer independe da aceitação da outra parte.

Assim como disposto no *caput* do art. 998 do CPC acerca da desistência, a renúncia do recurso interposto independente da anuência do recorrido ou dos litisconsortes. O elemento que diferencia os institutos é o fato de que na desistência a pretensão recursal existiu e foi exercida, e na renúncia, não.

Tem-se, pois, que, publicada a decisão, confere-se às partes o direito de recorrer ou de renunciar a esse direito, tanto no processo civil quanto no processo do trabalho, recomendando-se a comunicação expressa da renúncia, a fim de que essa não se confunda com a aquiescência tácita do decidido, nos termos do art. 1.000 do CPC.

(313) NEVES, Daniel Amorim Assumpção. *Manual de Direito Processo Civil*. 8. ed. Salvador: JusPodivm, 2016. p. 1.418.

Artigo 1.000

A parte que aceitar expressa ou tacitamente a decisão não poderá recorrer.

Parágrafo único. Considera-se aceitação tácita a prática, sem nenhuma reserva, de ato incompatível com a vontade de recorrer.

A aceitação da decisão implica automática renúncia do direito de recorrer.

Entende-se que a renúncia ao direito de recorrer pode se dar de maneira expressa ou tácita, traduzindo o parágrafo único que, quando tácita, essa se verifica pela prática de ato incompatível com a vontade de recorrer.

A título de exemplo tem-se o cumprimento espontâneo da decisão, o decurso do prazo recursal sem a interposição de recurso cabível e do prazo para contrarrazões, sem a formulação de Recurso Adesivo.

Relembra ainda, Manoel Antonio Teixeira Filho, que a doutrina cita exemplo clássico, extraído das Ordenações Filipinas, a saber, aquele em que a "parte que, condenada a pagar certa importância, requer ao juiz, antes de transitada em julgada a decisão, prazo para cumprir a obrigação."[(314)].

Artigo 1.001

Dos despachos não cabe recurso.

Nos termos do § 3º do art. 203 do CPC, os despachos são pronunciamentos do juiz praticados no processo, de ofício ou a requerimento das partes, destinadas à impulsão, com baixa carga decisória e que não se configuram como sentença (ou seja, que não coloca fim à fase cognitiva do procedimento comum e ou extingue a execução, redação do § 1º do art. 293 do CPC).

No Processo do Trabalho, não apenas os despachos referidos por este art. 1.001 do CPC, mas todas as decisões monocráticas interlocutórias (cuja natureza é decisória, mas não se confunde com uma sentença[(315)]) são irrecorríveis (diferentemente do que se observa no Processo Civil, em que cabível, nessas hipóteses, Agravo de Instrumento).

Nesse sentido é a redação do § 1º do art. 893 da CLT:

> § 1º Os incidentes do processo são resolvidos pelo próprio Juízo ou Tribunal, admitindo-se a apreciação do merecimento das decisões interlocutórias somente em recursos da decisão definitiva.

A afirmação trazida pelo dispositivo transcrito consubstancia princípio inerente ao Processo do Trabalho, a saber, a irrecorribilidade imediata das decisões interlocutórias. Segundo esse princípio, via de regra, decisões interlocutórias não terminativas não comportam recurso imediato, cabendo ao advogado da parte que se sentiu lesada registrar seus protestos antipreclusivos, com o fim de registrar seu inconformismo e, posteriormente, se mantido o prejuízo, questionar a decisão no bojo do recurso cabível em face da decisão terminativa.

Tal prática privilegia a celeridade processual, evitando-se a paralisação de processos em razão do questionamento de incidentes que podem, perfeitamente, serem impugnados após a decisão final. Nas hipóteses em que determinada decisão viole direito líquido e certo, pode-se impetrar, todavia, o Mandado de Segurança.

---

(314) TEIXEIRA FILHO, Manoel Antonio. *Comentários ao Novo Código de Processo Civil sob a perspectiva do Processo do Trabalho*. São Paulo: LTr, 2015. p. 1.261.

(315) **Art. 203 do CPC:** Os pronunciamentos do juiz consistirão em sentenças, decisões interlocutórias e despachos.

§ 1º Ressalvadas as disposições expressas dos procedimentos especiais, sentença é o pronunciamento por meio do qual o juiz, com fundamento nos arts. 485 e 487 põe fim à fase cognitiva do procedimento comum, bem como extingue a execução.

§ 2º Decisão interlocutória é todo pronunciamento judicial de natureza decisória que não se enquadre no § 1º.

§ 3º São despachos todos os demais pronunciamentos do juiz praticados no processo, de ofício ou a requerimento da parte.

§ 4º Os atos meramente ordinatórios, como a juntada e a vista obrigatória, independem de despacho, devendo ser praticados de ofício pelo servidor e revistos pelo juiz quando necessário.

Esclarece-se, contudo, que por força da Súmula n. 214 do TST, este princípio comporta exceções, não sendo considerado absoluto, como se vê:

Súmula n. 214 do TST: DECISÃO INTERLOCUTÓRIA. IRRECORRIBILIDADE (nova redação) – Res. n. 127/2005, DJ 14, 15 e 16.03.2005. Na Justiça do Trabalho, nos termos do art. 893, § 1º, da CLT, as decisões interlocutórias não ensejam recurso imediato, salvo nas hipóteses de decisão:

a) de Tribunal Regional do Trabalho contrária à Súmula ou Orientação Jurisprudencial do Tribunal Superior do Trabalho;

b) suscetível de impugnação mediante recurso para o mesmo Tribunal;

c) que acolhe exceção de incompetência territorial, com a remessa dos autos para Tribunal Regional distinto daquele a que se vincula o juízo excepcionado, consoante o disposto no art. 799, § 2º, da CLT.

Artigo 1.002

A decisão pode ser impugnada no todo ou em parte.

O artigo em questão exprime situações corriqueiras, notadamente em casos de procedência parcial, em que as partes acabam se insurgindo em face de apenas uma parte da decisão, o que plenamente possível nos termos do artigo em comento, o que está intimamente relacionado, também, ao interesse de se recorrer e à existência de capítulos na decisão.

No Processo do Trabalho situações como essa são recorrentes, uma vez que as lides geralmente possuem diversos pleitos e, não raras vezes, nem todos são julgados procedentes ou improcedentes, o que enseja, por consequência, o interesse recursal em face de apenas parte da decisão.

Ainda que assim não ocorra e, por exemplo, uma ação seja julgada integralmente improcedente ou procedente, tal situação não obsta o direito da parte prejudica recorrer de parcela da decisão, conforme sua conveniência.

Relembra-se, como já dito, a *Doutrina dos Capítulos Sentenciais*, já tratada adredemente, e que preceitua que toda Sentença é passível de divisão em "capítulos", considerados unidades autônomas de um todo formalmente único, que constitui a íntegra da decisão. Assim, por serem independentes, cada "capítulo" pode figurar como objeto autônomo de recurso, que não precisa abarcar a integralidade do julgado.

Artigo 1.003

O prazo para interposição de recurso conta-se da data em que os advogados, a sociedade de advogados, a Advocacia Pública, a Defensoria Pública ou o Ministério Público são intimados da decisão.

§ 1º Os sujeitos previstos no *caput* considerar-se-ão intimados em audiência quando nesta for proferida a decisão.

§ 2º Aplica-se o disposto no art. 231, incisos I a VI, ao prazo de interposição de recurso pelo réu contra decisão proferida anteriormente à citação.

§ 3º No prazo para interposição de recurso, a petição será protocolada em cartório ou conforme as normas de organização judiciária, ressalvado o disposto em regra especial.

§ 4º Para aferição da tempestividade do recurso remetido pelo correio, será considerada como data de interposição a data de postagem.

§ 5º Excetuados os embargos de declaração, o prazo para interpor os recursos e para responder-lhes é de 15 (quinze) dias.

§ 6º O recorrente comprovará a ocorrência de feriado local no ato de interposição do recurso.

O artigo em comento trata do início da contagem dos prazos recursais, constando como regra geral a data em que os advogados, Advocacia Pública, Defensoria Pública e/ou Ministério Público são intimados da decisão recorrível.

O § 1º especifica que serão considerados intimados aqueles presentes em audiência, quando nela for proferida a decisão, o que também é aplicado no âmbito do Processo do Trabalho. Ressalte-se, contudo, que nos casos em que as partes não são intimadas para comparecerem à audiência designada para julgamento, o prazo para recurso iniciará da juntada da ata com conteúdo decisório nos autos (no prazo improrrogável de 48 horas — art. 851, § 2º, da CLT) e, se não ocorrer, da intimação da decisão, nos termos sedimentados pela Súmula n. 30 do TST:

Súmula n. 30 do TST: INTIMAÇÃO DA SENTENÇA. Quando não juntada a ata ao processo em 48 horas, contadas da audiência de julgamento (art. 851, § 2º, da CLT), o prazo para recurso será contado da data em que a parte receber a intimação da sentença.

Nos termos do § 2º do art. 1.003 do CPC são aplicáveis os incisos I a VI do art. 231 (já comentado no volume I desta Coleção) ao prazo de interposição de recurso contra decisão proferida anteriormente à citação. Tem-se, dessa forma, que, salvo disposição em sentido diverso, considerar-se-á o dia do começo do prazo:

I – a data de juntada aos autos do aviso de recebimento, quando a citação ou a intimação for pelo correio;

II – a data de juntada aos autos do mandado cumprido, quando a citação ou a intimação for por oficial de justiça;

III – a data de ocorrência da citação ou da intimação, quando ela se der por ato do escrivão ou do chefe de secretaria;

IV – o dia útil seguinte ao fim da dilação assinada pelo juiz, quando a citação ou a intimação for por edital;

V – o dia útil seguinte à consulta ao teor da citação ou da intimação ou ao término do prazo para que a consulta se dê, quando a citação ou a intimação for eletrônica;

VI – a data de juntada do comunicado de que trata o art. 232 ou, não havendo esse, a data de juntada da carta aos autos de origem devidamente cumprida, quando a citação ou a intimação se realizar em cumprimento de carta.

Observe-se que a interposição do recurso antes do inicio da contagem do prazo recursal não o torna intempestivo ou extemporâneo, o que corroborado pelo § 4º do art. 218 do CPC, segundo o qual, "será considerado tempestivo o ato praticado antes do termo inicial do prazo" e pelo Enunciado n. 22 do FPPC, *in verbis*:

Enunciado n. 22 do FPPC: O Tribunal não poderá julgar extemporâneo ou intempestivo recurso, na instância ordinária ou na extraordinária, interposto antes da abertura do prazo.

Consoante dispõe o § 3º, no prazo recursal a petição será protocolada em cartório ou conforme as normas de organização judiciária. Observe-se que no Processo do Trabalho os recursos podem ser protocolados pelo meio virtual, não apenas nos processos eletrônicos, mas também nos processos físicos. É que, apesar de os novos processos já tramitarem eletronicamente por meio do Sistema PJE, implantado em todos os Tribunais Regionais do país, os processos físicos também contam com sistemas específicos (que podem variar de acordo com o Tribunal), propiciando o protocolo virtual das peças processuais (que, após, serão impressas e anexadas aos processos físicos pelos serventuários da justiça). O protocolo pelo meio eletrônico será considerado tempestivo quando realizado até as 24hs do último dia do prazo, sendo certo que os realizados por meio físico se submetem ao horário de expediente do órgão competente para recebê-lo.

Nos termos do § 4º, para aferição da tempestividade dos recursos interpostos por meio de remessa pelos correios, será considerada como data de interposição (e aferição da tempestividade) a data da efetiva postagem. Observe-se que a redação dada a esse parágrafo ensejou a superação da Súmula n. 216 do STJ, segundo o qual, a tempestividade dos recursos interpostos mediante protocolo postal era aferida pela data do efetivo registro do protocolo em secretaria e não da postagem nos correios[316].

O § 5º, por sua vez, estabelece como regra, a exceção dos embargos de declaração, que o prazo para interposição de recursos e para sua resposta será sempre de 15 (quinze) dias. Tal regra, contudo, não se aplica aos Processos Trabalhistas, o que se observa da redação do art. 6º da Lei n. 5.584/70 e arts. 1º e 2º da Instrução Normativa n. 39/2016 do C. TST, os quais estabelecem que os prazos recursais trabalhistas serão sempre de 8 (oito) dias.

Algumas exceções, contudo, assim como no processo civil, devem ser observadas, a exemplo dos Embargos de Declaração, previstos no art. 897-A da CLT, cujo prazo para oposição é de 5 (cinco dias). Os Agravos Regimentais/Internos, cujo prazo varia de acordo com o Regimento Interno do Tribunal. Outrossim, os Recursos Extraordinários e Recurso Ordinário Constitucional, ambos regulados pelo CPC, contam com o prazo de 15 (quinze) dias. Ao final, relembre-se que a Fazenda Pública e o Ministério Público possuem prazo em dobro para recorrer, inclusive nas lides trabalhistas, em razão do disposto no art. 1º, III, do Deacreto-lei n. 779/69 e art. 183 do CPC.

A possibilidade de prazo em dobro para litisconsortes com procuradores diversos, prevista no art. 229 do CPC, por sua vez, também não é aplicável ao Processo do Trabalho, seja em razão da incompatibilidade com o princípio da celeridade vigente na Justiça do Trabalho, seja em razão da informatização e virtualização dos processos, o que viabiliza a fluência conjunta dos prazos[317].

---

(316) A conclusão no sentido de superação da Súmula n. 216 do STJ está consolidada no Enunciado n. 96 do FPPC.

(317) **OJ n. 310 da SDI-1 do TST:** LITISCONSORTES. PROCURADORES DISTINTOS. PRAZO EM DOBRO. ART.229, *CAPUT*, E §§ 1º E 2º, DO CPC DE 2015. ART. 191 DO CPC DE 1973. INAPLICÁVEL AO PROCESSO DO TRABALHO (atualizada em decorrência do CPC de 2015) – Res. n. 208/2016, DEJT divulgado em 22, 25 e 26.04.2016.

Ao final, ressalte-se que até o advento da Lei n. 13.467/2017 — Reforma Trabalhista, os prazos no Processo do Trabalho eram corridos, excetuando-se o dia da publicação e incluindo o termo final (observado sempre o início e término em dias úteis). Hoje, a regulamentação dos prazos encontra-se no art. 775 e seguintes da CLT, o qual dispõe que os prazos estabelecidos serão contados em dias úteis, com exclusão do dia do começo e inclusão do dia do vencimento.

Ao final, o § 6º do dispositivo em comento atribui ao Recorrente o dever de comprovar a ocorrência de feriado local no ato de interposição do recurso, que acarrete alteração no seu curso regular. Nada obstante, sobre a interpretação do dispositivo existem correntes que divergem. Nos termos do Enunciado n. 551 do FFPC, a não comprovação não enseja o indeferimento por intempestividade de plano, devendo-se conceder à parte prazo de 5 (cinco) dias para comprovação da ocorrência de feriado ou qualquer outra causa de prorrogação, suspensão ou interrupção do prazo processual[318], nos termos do art. 932, parágrafo único, do CPC. Por outro lado, restou consignado em diversos julgados do STJ a obrigatória observância da interpretação literal do § 6º, por se tratar de norma de caráter especial, que se sobrepõe ao disposto no parágrafo único do art. 932[319]. No Processo do Trabalho o imbróglio é superado por meio da Súmula n. 385, I, do TST, *in verbis:*

Súmula n. 385 do TST: FERIADO LOCAL OU FORENSE. AUSÊNCIA DE EXPEDIENTE. PRAZO RECURSAL. PRORROGAÇÃO. COMPROVAÇÃO. NECESSIDADE. (alterada em decorrência do CPC de 2015) – Res. n. 220/2017, DEJT divulgado em 21, 22 e 25.09.2017. I – Incumbe à parte o ônus de provar, quando da interposição do recurso, a existência de feriado local que autorize a prorrogação do prazo recursal (art. 1.003, § 6º, do CPC de 2015). No caso de o recorrente alegar a existência de feriado local e não o comprovar no momento da interposição do recurso, cumpre ao relator conceder o prazo de 5 (cinco) dias para que seja sanado o vício (art. 932, parágrafo único, do CPC de 2015), sob pena de não conhecimento se da comprovação depender a tempestividade recursal.

Artigo 1.004

Se, durante o prazo para a interposição do recurso, sobrevier o falecimento da parte ou de seu advogado ou ocorrer motivo de força maior que suspenda o curso do processo, será tal prazo restituído em proveito da parte, do herdeiro ou do sucessor, contra quem começará a correr novamente depois da intimação.

O dispositivo em comento determina que por motivo de morte ou força maior, os prazos serão interrompidos e, após, restituídos integralmente em proveito da parte prejudicada, herdeiro ou sucessor, contra quem o prazo processual será reiniciado após a intimação.

Apesar de a regra estabelecida pelo art. 775 da CLT[320] aduzir que os prazos são contínuos e irreleváveis, entende-se pela aplicabilidade do dispositivo em comento ao Processo do Trabalho, notadamente porque a norma celetista prevê a possibilidade de prorrogação dos prazos em virtude de força maior devidamente comprovada, o que abarca, por óbvio, a hipótese de falecimento.

A leitura do art. 313, I e §§ 1º, 2º e 3º do CPC/15 complementa o art. 1.004, em comento, ao preceituar que:

Art. 313. Suspende-se o processo:

I – pela morte ou pela perda da capacidade processual de qualquer das partes, de seu representante legal ou de seu procurador;

§ 1º Na hipótese do inciso I, o juiz suspenderá o processo, nos termos do art. 689.

§ 2º Não ajuizada ação de habilitação, ao tomar conhecimento da morte, o juiz determinará a suspensão do processo e observará o seguinte:

I – falecido o réu, ordenará a intimação do autor para que promova a citação do respectivo espólio, de quem for o sucessor ou, se for o caso, dos herdeiros, no prazo que designar, de no mínimo 2 (dois) e no máximo 6 (seis) meses;

---

(318) Nesse sentido é o **Enunciado n. 551 do FPPC:** Cabe ao relator, antes de não conhecer do recurso por intempestividade, conceder o prazo de cinco dias úteis para que o recorrente prove qualquer causa de prorrogação, suspensão ou interrupção do prazo recursal a justificar a tempestividade do recurso.

(319) A Corte Especial do STJ, no julgamento do AgInt no AREsp n. 957.821/MS, realizado na sessão de 20 de novembro de 2017, firmou orientação de que o recorrente deve comprovar "a ocorrência de feriado local no ato de interposição do recurso", de maneira que fica inviabilizada a apresentação de documento hábil em momento posterior para demonstrar sua tempestividade. No mesmo sentido foi a decisão do AREsp n. 1.184.078, também do STJ, segundo a qual, a interpretação literal da norma expressa no § 6º do art. 1.003 do CPC/2015, de caráter especial, sobrepõe-se a qualquer interpretação mais ampla que se possa conferir às disposições de âmbito geral insertas nos arts. 932, parágrafo único, e 1.029, § 3º, do citado diploma legal.

(320) **Art. 775 da CLT.** Os prazos estabelecidos neste Título serão contados em dias úteis, com exclusão do dia do começo e inclusão do dia do vencimento. § 1º Os prazos podem ser prorrogados, pelo tempo estritamente necessário, nas seguintes hipóteses: I – quando o juízo entender necessário; II – em virtude de força maior, devidamente comprovada.

II - falecido o autor e sendo transmissível o direito em litígio, determinará a intimação de seu espólio, de quem for o sucessor ou, se for o caso, dos herdeiros, pelos meios de divulgação que reputar mais adequados, para que manifestem interesse na sucessão processual e promovam a respectiva habilitação no prazo designado, sob pena de extinção do processo sem resolução de mérito.

§ 3º No caso de morte do procurador de qualquer das partes, ainda que iniciada a audiência de instrução e julgamento, o juiz determinará que a parte constitua novo mandatário, no prazo de 15 (quinze) dias, ao final do qual extinguirá o processo sem resolução de mérito, se o autor não nomear novo mandatário, ou ordenará o prosseguimento do processo à revelia do réu, se falecido o procurador deste.

O dispositivo, já comentado no Volume I — Parte Geral desta obra, também se aplica ao processo do trabalho.

Artigo 1.005

O recurso interposto por um dos litisconsortes a todos aproveita, salvo se distintos ou opostos os seus interesses.

Parágrafo único. Havendo solidariedade passiva, o recurso interposto por um devedor aproveitará aos outros quando as defesas opostas ao credor lhes forem comuns.

Segundo o art. 1.005 do CPC, o recurso interposto por um dos litisconsortes a todos aproveita, salvo se distintos ou opostos os seus interesses. A hipótese aplica-se aos litisconsortes unitários.

Tal dispositivo é passível de aplicação subsidiária ao Processo do Trabalho, devendo-se ressaltar, todavia, que em muitas lides os interesses dos litisconsortes passivos não se coincidem, notadamente quando existe pedido de exclusão da lide por alguma parte, o que exclui o aproveitamento da tese recursal por todos os litisconsortes.

O mesmo ocorre quando do cumprimento de sentença, hipótese prevista no parágrafo único, do dispositivo em comento, segundo o qual a solidariedade passiva implica o aproveitamento do recurso de um devedor em prol de todos aqueles que possuam interesses comuns.

Nos termos consolidados pelo FPPC, e no mesmo sentido dos dispositivos em comento, a improcedência de uma ação beneficia todos os devedores solidários, inclusive aqueles que não integram o processo, *in verbis:*

Enunciado n. 234 do FPPC: A decisão de improcedência na ação proposta pelo credor beneficia todos os devedores solidários, mesmo os que não foram partes no processo, exceto se fundada em defesa pessoal.

O tema é muito comum nas hipóteses de terceirização, quando a parte autora renuncia o direito em face de apenas um dos litisconsortes, especialmente a empresa prestadora de serviços, colocando-se em questão a natureza dos litisconsórcios e os efeitos dessa renúncia.

Em razão do grande número de recursos envolvendo a temática, foi instaurado Incidente de Recursos Repetitivos — IRR no TST (Tema n. 18)[321], a fim de dirimir as seguintes questões:

1) Nos contratos de terceirização de serviços, qual a natureza jurídica do litisconsórcio formado: facultativo ou necessário? Simples ou unitário?

2) Quais os efeitos produzidos nos autos que resultam da renúncia do autor ao direito em que se funda a ação em relação a apenas uma das empresas, especialmente a prestadora de serviços?

3) Nos casos de terceirização de serviços, há legitimidade recursal da empresa que não integrou a lide?

4) Nos processos examinados em juízo de retratação, quais os efeitos produzidos quando apenas uma das rés interpôs o recurso extraordinário?

Artigo 1.006

Certificado o trânsito em julgado, com menção expressa da data de sua ocorrência, o escrivão ou o chefe de secretaria, independentemente de despacho, providenciará a baixa dos autos ao juízo de origem, no prazo de 5 (cinco) dias.

O dispositivo em comento regulamenta o prazo determinado para baixa dos autos ao juízo de origem, a saber, 5 (cinco dias) após a certificação expressa da data de trânsito em julgado, o que também se aplica ao processo do trabalho.

(321) IncJulgRREmbRep - 1000-71.2012.5.06.0018.

Artigo 1.007

O ato de interposição do recurso, o recorrente comprovará, quando exigido pela legislação pertinente, o respectivo preparo, inclusive porte de remessa e de retorno, sob pena de deserção.

§ 1º São dispensados de preparo, inclusive porte de remessa e de retorno, os recursos interpostos pelo Ministério Público, pela União, pelo Distrito Federal, pelos Estados, pelos Municípios, e respectivas autarquias, e pelos que gozam de isenção legal.

§ 2º A insuficiência no valor do preparo, inclusive porte de remessa e de retorno, implicará deserção se o recorrente, intimado na pessoa de seu advogado, não vier a supri-lo no prazo de 5 (cinco) dias.

§ 3º É dispensado o recolhimento do porte de remessa e de retorno no processo em autos eletrônicos.

§ 4º O recorrente que não comprovar, no ato de interposição do recurso, o recolhimento do preparo, inclusive porte de remessa e de retorno, será intimado, na pessoa de seu advogado, para realizar o recolhimento em dobro, sob pena de deserção.

§ 5º É vedada a complementação se houver insuficiência parcial do preparo, inclusive porte de remessa e de retorno, no recolhimento realizado na forma do § 4º.

§ 6º Provando o recorrente justo impedimento, o relator relevará a pena de deserção, por decisão irrecorrível, fixando-lhe prazo de 5 (cinco) dias para efetuar o preparo.

§ 7º O equívoco no preenchimento da guia de custas não implicará a aplicação da pena de deserção, cabendo ao relator, na hipótese de dúvida quanto ao recolhimento, intimar o recorrente para sanar o vício no prazo de 5 (cinco) dias.

O dispositivo em comento trata do preparo recursal, requisito de admissibilidade que varia de acordo com a modalidade do recurso a ser interposto. Segundo o seu *caput*, quando da interposição do recurso o recorrente deverá comprovar o respectivo preparo, inclusive porte de remessa e de retorno, sob pena de deserção.

No Processo do Trabalho, o preparo compreende o pagamento das custas processuais, depósito recursal, emolumentos e eventuais multas impostas pelo juízo. Diferentemente do disposto no *caput* acerca do Processo Civil, a saber, comprovação de quitação no ato da interposição, na seara trabalhista o § 1º do art. 789 da CLT c/c art. 7º da Lei n. 5.584/70 estipula que essa seja realizada dentro do prazo recursal. Assim, tem-se a possibilidade de interposição de recurso em uma data e a quitação do preparo em momento posterior ou anterior, desde que observado o prazo estabelecido.

O art. 789 da CLT estabelece o pagamento de custas processuais na base de 2%, a serem quitadas pela parte vencida, observando-se as circunstancias dispostas nos incisos e parágrafos do dispositivo. O art. 789-A, por sua vez, regulamenta as custas do processo de execução.

A quitação das custas processuais fixadas na decisão de conhecimento figura-se como pressuposto de admissibilidade do recurso, isentos dessa obrigação os beneficiários da justiça gratuita (art. 790, §§ 3º e 4º c/c art.790-A, *caput* da CLT), assim como a União, os Estados, o Distrito Federal, os Municípios e respectivas autarquias (isentos, também, nos termos do § 1º do art.1.007 do CPC, ora em comento), fundações públicas federais, estaduais ou municipais que não explorem atividade econômica, Ministério Público do Trabalho (art. 790-A, I e II, da CLT), massa falida (Súmula n. 86 do TST).

A obrigatoriedade de comprovação do depósito recursal, por sua vez, está regulamentada pelo art. 899 da CLT. Nos termos do seu § 4º, esse será feito em conta vinculada ao juízo e corrigido com os mesmos índices da poupança. O valor do depósito equivalerá ao montante da condenação, salvo se essa ultrapassar o teto estabelecido anualmente pelo TST para cada modalidade de recurso[322], hipótese em que o valor da tabela deverá ser utilizado. Observe-se que, em relação ao Agravo de Instrumento, dispõe o § 7º do art. 899 da CLT que o depósito recursal, nesse caso, equivalerá a 50% do valor do depósito do recurso ao qual se pretende destrancar.

Assim como ocorre com as custas processuais, também existem peculiaridades e exceções relativas ao pagamento do depósito recursal. Nesse tocante, há interessantes novidades que ampliam o acesso à justiça nessa seara processual, como os que reduzem pela metade, isentam ou possibilitam a substituição do depósito em pecúnia, respectivamente nos §§ 8º, 9º e 10 do art. 899 da CLT:

(322) A título de exemplo, em agosto de 2020 a tabela foi reajustada. Pela nova tabela, o limite do depósito para interposição de recurso ordinário passou a ser R$ 10.059,15. Nos casos de recurso de revista, embargos, recurso extraordinário e recurso em ação rescisória, o valor foi fixado em R$ 20.118,30.

§ 9º O valor do depósito recursal será reduzido pela metade para entidades sem fins lucrativos, empregadores domésticos, microempreendedores individuais, microempresas e empresas de pequeno porte.

§ 10 – São isentos do depósito recursal os beneficiários da justiça gratuita, as entidades filantrópicas e as empresas em recuperação judicial.

§ 11 – O depósito recursal poderá ser substituído por fiança bancária ou seguro garantia judicial.

Certo é que a nova regra amplia o acesso à justiça para as empresas recorrentes, que muitas vezes encontram dificuldades para cumprir o requisito do depósito prévio e, consequentemente, deixam de interpor pertinente recurso, especialmente em se tratando de empresas de pequeno porte, empregadores domésticos, em recuperação judicial, entre outras previstas pelo legislador e que se beneficiarão da redução, isenção ou substituição do depósito por fiança bancária ou garantia judicial.

Apesar de se enxergar com bons olhos a alteração, não se pode olvidar que a nova legislação pode também trazer dificuldades para o reclamante autor, que poderá ter a suas garantias de futura execução reduzidas pelas hipóteses acima apresentadas.

Retomando a análise dos dispositivos do Códex processualista, tem-se que o § 2º do art. 1.007 do CPC prevê a ocorrência de deserção quando verificada a insuficiência no valor do preparo, mesmo intimado o recorrente na pessoa de seu advogado, esse não suprir a diferença apurada no prazo de 5 (cinco) dias. Esse regramento influenciou sobremaneira o processamento dos recursos trabalhistas, uma vez que, no Processo do Trabalho, em regra, se a parte deixasse de realizar o depósito recursal ou o recolhimento de custas em sua totalidade, ainda que por diferença de centavos, o recurso era declarado deserto e não conhecido, o que respaldado pela antiga redação da OJ n. 140 da SDI-I. Com advento do CPC de 2015 e inclusão do supracitado dispositivo, por sua vez, a referida Orientação Jurisprudencial foi reeditada, passando a dispor que:

OJ n. 140 da SDI-1 do TST: DEPÓSITO RECURSAL E CUSTAS PROCESSUAIS. RECOLHIMENTO INSUFICIENTE. DESERÇÃO. Em caso de recolhimento insuficiente das custas processuais ou do depósito recursal, somente haverá deserção do recurso se, concedido o prazo de 5 (cinco) dias previsto no § 2º do art. 1.007 do CPC de 2015.

A alteração da redação da OJ, analisada em conjunto com o § 2º do art. 1.007 do CPC aplicado supletivamente ao Processo do Trabalhado (corroborado inclusive pelo art. 10 da IN n. 39 do TST[(323)]) demonstram a possibilidade de as partes sanarem eventuais vícios de preparo, complementando os valores devidos a título de depósito recursal ou custas processuais quitadas à menor. A aplicabilidade do dispositivo à seara processual trabalhista encontra-se sedimentada, também, em Enunciados do FPPC, abaixo transcritos:

Enunciado n. 106 do FPPC: Não se pode reconhecer a deserção do recurso, em processo trabalhista, quando houver recolhimento insuficiente das custas e do depósito recursal, ainda que ínfima a diferença, cabendo ao juiz determinar a sua complementação.

Enunciado n. 214 do FPPC: Diante do § 2º do art. 1.007, fica prejudicada a OJ n. 140 da SDI-I do TST ("Ocorre deserção do recurso pelo recolhimento insuficiente das custas e do depósito recursal, ainda que a diferença em relação ao "quantum" devido seja ínfima, referente a centavos").

Sobre o aspecto, é válido salientar que, nos exatos termos do § 2º e da OJ n. 140, apenas nos casos em que resta verificada a insuficiência no valor recolhido a título de custas e deposito recursal é que será oportunizada a complementação no prazo de 5 (cinco) dias após a intimação para tanto. A ausência de quitação desses encargos, por sua vez, não enseja a possibilidade de regularização, nos termos dispostos no § 2º, o que é corroborado pela jurisprudência do TST.

DESERÇÃO DO RECURSO ORDINÁRIO DA RECLAMADA. DEPÓSITO RECURSAL. JUNTADA APENAS DE COMPROVANTE DE AUTOATENDIMENTO BANCÁRIO. NÃO APRESENTAÇÃO DA GFIP. APLICAÇÃO INDEVIDA DO PRAZO PREVISTO NO ART. 1.007, § 7º, DO CPC/15 E NA ORIENTAÇÃO JURISPRUDENCIAL N. 140 DA SBDI-1 DESTA CORTE. Embora esta Corte Superior, em atenção ao princípio da instrumentalidade das formas e do aproveitamento dos atos processuais, tenha considerado regular, para fins de regularidade das custas processuais, o comprovante de pagamento pelo convênio STN-GRU Judicial, igual entendimento não se aplica ao depósito recursal, em face do que estabelece a Instrução Normativa n. 26, em seu item IV, que exige a apresentação conjunta da Guia de Recolhimento para Fins

(323) **Art. 10 da IN n. 39 do TST:** Aplicam-se ao Processo do Trabalho as normas do parágrafo único do art. 932 do CPC, §§ 1º a 4º do art. 938 e §§ 2º e 7º do art. 1007.

de Recurso junto à Justiça do Trabalho. Assim, não tendo sido comprovado o depósito recursal no prazo alusivo ao recurso ordinário (Súmula n. 245 desta Corte), não haveria que se falar em concessão do prazo previsto no art. 1.007, § 7º, do CPC/15 para a regularização do depósito recursal, tal como procedeu o eg. Tribunal Regional. Nos termos da Orientação Jurisprudencial n. 140 da SBDI-1 desta Corte, a concessão de prazo para a regularização do depósito recursal se destina apenas às situações de "recolhimento insuficiente", o que não é o caso dos autos, devendo ser decretada a deserção do recurso ordinário da reclamada. Recurso de revista de que se conhece e a que se dá provimento. BÔNUS ALIMENTAÇÃO. EXAME PREJUDICADO. Diante do provimento do recurso de revista do espólio para decretar a deserção do recurso ordinário da reclamada, julga-se prejudicado o exame do recurso no aspecto. (TST – RR: 2147837201550407 02. Data de Julgamento: 29.08.2018. Data de Publicação: DEJT 31.08.2018) (Grifo nosso ???)

Em que pese o entendimento exposto, muitos Tribunais Regionais do Trabalho tem aplicado o art. 1.007 do CPC, bem como a OJ n. 140 da SDI-1 do TST, em sentido diverso, concedendo-se prazo para regularização do depósito ou do recolhimento das custas em todos os casos, sendo irrelevante se houve apenas recolhimento/depósito insuficiente ou se, na realidade, sequer houve depósito/recolhimento.

Parece-nos mais acertada a posição adotada pelo TST, no sentido de que é possível a regularização tão somente em caso de recolhimento insuficiente das custas ou depósito a menor. Não seria razoável entender que a parte pode, simplesmente, não realizar o depósito recursal e o recolhimento de custas quando da interposição do recurso, podendo, ainda, o fazer, tempos depois, quando intimada pelo Tribunal para tanto.

Observe-se, contudo, que o § 4º do dispositivo em comento aduz que "O recorrente que não comprovar, no ato de interposição do recurso, o recolhimento do preparo, inclusive porte de remessa e de retorno, será intimado, na pessoa de seu advogado, para realizar o recolhimento em dobro, sob pena de deserção". Nesse caso a ausência de preparo poderia ser regularizada se acrescida de uma penalidade, a saber, a quitação em dobro. Nada obstante, referido dispositivo não é aplicado ao Processo do Trabalho, conforme consta da redação do art. 10 da IN n. 39 do TST, que restringe à aplicação dos §§ 2º e 7º do art. 1.007 do CPC.

Conforme exposto, afere-se da Instrução Normativa n. 39 do TST que os §§ 3º, 5º e 6º do dispositivo em comento não são aplicáveis ao Processo do Trabalho, o que merece análise. Inicialmente, tem-se como acertada a inaplicabilidade do § 3º, que aduz ser dispensável o recolhimento do porte de remessa e de retorno no processo em autos eletrônicos. Isso porque, os encargos "porte de remessa e retorno" não são quitados separadamente das custas processuais no Processo do Trabalho, estando abarcados por essas, que são fixas na base de 2%, independentemente de o processo ser físico ou eletrônico.

O § 5º, que veda a complementação de valores quando o recolhimento do preparo for realizado de forma postergada e em dobro (na forma do § 4º) é igualmente inaplicável aos Processos Trabalhistas, uma vez que a própria concessão de prazo para regularização em caso de ausência de quitação (§ 4º) não é aplicada.

O § 6º, por sua vez, vale-se de termo jurídico indeterminado, a saber, "justo impedimento", respaldando a concessão de prazo para regularização do preparo, quando referido impedimento for comprovado. Trata-se de cláusula de tessitura aberta, que comporta diversas interpretações, inclusive de caráter subjetivo, não sendo aplicada ao Processo do Trabalho em que o preparo a tempo e modo é regra que comporta raras exceções.

Uma dessas encontra-se regulada no § 7º em comento, aplicável, que assim dispõe: "O equívoco no preenchimento da guia de custas não implicará a aplicação da pena de deserção, cabendo ao relator, na hipótese de dúvida quanto ao recolhimento, intimar o recorrente para sanar o vício no prazo de 5 (cinco) dias". Entende-se que, nessas hipóteses, o equívoco revela-se de ordem material e, portanto, passível de correção, sendo notório o *animus* de efetivação do preparo.

Artigo 1.008

O julgamento proferido pelo tribunal substituirá a decisão impugnada no que tiver sido objeto de recurso.

O art. 1.008 do CPC demonstra que o julgamento proferido pelo Tribunal aperfeiçoa a decisão de piso, de modo a integrá-la ou substituí-la, observado o objeto do recurso.

CAPÍTULO II — DA APELAÇÃO

Artigo 1.009

Da sentença cabe apelação.

§ 1º As questões resolvidas na fase de conhecimento, se a decisão a seu respeito não comportar agravo de instrumento, não são cobertas pela preclusão e devem ser suscitadas em preliminar de apelação, eventualmente interposta contra a decisão final, ou nas contrarrazões.

§ 2º Se as questões referidas no § 1º forem suscitadas em contrarrazões, o recorrente será intimado para, em 15 (quinze) dias, manifestar-se a respeito delas.

§ 3º O disposto no *caput* deste artigo aplica-se mesmo quando as questões mencionadas no art. 1.015 integrarem capítulo da sentença.

O art. 1.009 do CPC e os seguintes são destinados à regulação do recurso cabível em face das sentenças proferidas em 1º grau, na fase de conhecimento, no caso, a Apelação. Tal recurso não consta do rol do art. 893 da CLT, não sendo, pois, aplicável ao Processo do Trabalho.

Nos termos do dispositivo em comento, as questões resolvidas na fase de conhecimento e não passíveis de insurgência imediata pela via do Agravo de Instrumento devem ser suscitadas em preliminar de apelação ou nas contrarrazões. Por óbvio, tal premissa também não seria aplicada ao Processo do Trabalho em que, via de regra, as decisões interlocutórias não são recorríveis de imediato. Assim, todas as insurgências são tratadas no mérito recursal (ou em contrarrazões), sem a obrigatoriedade de arguição em sede preliminar, assim como a concessão de vista à parte contrária.

Nada obstante, na justiça especializada existe recurso equivalente, a saber, o Recurso Ordinário, cabível no prazo de oito dias em face das decisões definitivas ou terminativas[324] proferidas pelas varas do trabalho ou pelos tribunais (nos casos de competência originária), na fase de cognição. É o que disciplina o art. 895 da CLT, *in verbis:*

Art. 895 - Cabe recurso ordinário para a instância superior:

I - das decisões definitivas ou terminativas das Varas e Juízos, no prazo de 8 (oito) dias; e

II - das decisões definitivas ou terminativas dos Tribunais Regionais, em processos de sua competência originária, no prazo de 8 (oito) dias, quer nos dissídios individuais, quer nos dissídios coletivos.

§ 1º Nas reclamações sujeitas ao procedimento sumaríssimo, o recurso ordinário:

I - vetado;

II - será imediatamente distribuído, uma vez recebido no Tribunal, devendo o relator liberá-lo no prazo máximo de dez dias, e a Secretaria do Tribunal ou Turma colocá-lo imediatamente em pauta para julgamento, sem revisor;

III - terá parecer oral do representante do Ministério Público presente à sessão de julgamento, se este entender necessário o parecer, com registro na certidão;

IV - terá acórdão consistente unicamente na certidão de julgamento, com a indicação suficiente do processo e parte dispositiva, e das razões de decidir do voto prevalente. Se a sentença for confirmada pelos próprios fundamentos, a certidão de julgamento, registrando tal circunstância, servirá de acórdão.

§ 2º Os Tribunais Regionais, divididos em Turmas, poderão designar Turma para o julgamento dos recursos ordinários interpostos das sentenças prolatadas nas demandas sujeitas ao procedimento sumaríssimo.

Observe-se que, nos termos dispostos na legislação trabalhista, o Recurso Ordinário terá tratamento diferenciado e mais célere quando o processo estiver tramitando no Rito Sumaríssimo, isso é, quando o valor da causa for inferior a quarenta salários mínimos. Nesse caso, estabelece-se prazo de dez dias entre a distribuição e a decisão, afasta-se a necessidade de revisão, parecer oral do Ministério Público (se necessário), podendo o julgamento constar de simples certidão, que servirá de Acórdão.

Assim como a Apelação Cível, o Recurso Ordinário está atrelado ao princípio do duplo grau e jurisdição, que determina o direito da parte ter o seu caso analisado por dois juízes distintos, possibilitando o reexame da questão decidida por outra autoridade judicial, normalmente hierarquicamente superior[325].

(324) Observe-se que não importa se a decisão irá ou não apreciar o mérito, isso é, se será definitiva ou terminativa.

(325) A doutrina não é unânime acerca da necessidade de a decisão ser reapreciada por órgão de jurisdição de hierarquia superior àquele que proferiu a decisão para a concretização do princípio do duplo grau de jurisdição. Há divergência acerca da necessidade do referido órgão ser hierarquicamente

Esse também será o recurso cabível em face das decisões interlocutórias terminativas de feito, as quais são recorríveis de imediato. Assim, nos casos em que uma decisão do Tribunal Regional do Trabalho contraria a Súmula ou Orientação Jurisprudencial do Tribunal Superior do Trabalho, que é suscetível de impugnação mediante recurso para o mesmo Tribunal, além da que acolhe exceção de incompetência territorial, no caso, com a remessa dos autos para Tribunal Regional distinto daquele a que se vincula o juízo excepcionado (art. 799, § 2º, da CLT)(326) será possível a interposição imediata de Recurso Ordinário (Súmula n. 214 do TST).

Artigo 1.010

A apelação, interposta por petição dirigida ao juízo de primeiro grau, conterá:

I – os nomes e a qualificação das partes;

II – a exposição do fato e do direito;

III – as razões do pedido de reforma ou de decretação de nulidade;

IV – o pedido de nova decisão.

§ 1º O apelado será intimado para apresentar contrarrazões no prazo de 15 (quinze) dias.

§ 2º Se o apelado interpuser apelação adesiva, o juiz intimará o apelante para apresentar contrarrazões.

§ 3º Após as formalidades previstas nos §§ 1º e 2º, os autos serão remetidos ao tribunal pelo juiz, independentemente de juízo de admissibilidade.

O art. 1.010 dá seguimento ao tratamento do recurso de Apelação, trazendo questões relativas aos requisitos da petição de encaminhamento a ser direcionada ao Juízo de primeiro grau, a saber, nome e qualificação das partes, exposição do fato e do direito, razões do pedido de reforma ou de nulidade bem como o pedido de nova decisão.

No Processo do Trabalho, por sua vez, não há dispositivo que regulamente especificamente a petição e as razões recursais, podendo, a quem compete, a aplicação supletiva dos requisitos do CPC. Malgrado o exposto, alguns comentários merecem ser tecidos.

Inicialmente, aponta-se a desnecessidade de qualificação completa das partes em sede recursal, uma vez que tal atribuição já fora realizada quando da peça exordial ou de defesa, o que é suficiente para devida individualização das partes.

No que tange à exposição de fato e direito, é de se observar que em sede de Recurso Ordinário a indicação de dispositivo legal que sustente o pleito não é requisito essencial (como o é, por exemplo, no Recurso de Revista), embora seja comum essa indicação.

A fundamentação das razões do pedido de reforma também se mostra essencial, devendo guardar dialeticidade com a decisão impugnada. Dessa forma, tem-se que nas razões recursais devem ser impugnados especificamente os argumentos e fundamentos da decisão recorrida (e não apenas reprisar a petição inicial ou contestação, como se costuma observar).

No que tange ao prazo para interposição de recurso e contrarrazões, por sua vez, o Recurso Ordinário trabalhista conta com regramento específico, a saber, o prazo de oito dias (art. 6º da Lei n. 5.584/70), igualmente aplicável nas hipóteses de Recurso Ordinário adesivo e as suas respectivas contrarrazões.

Dispõe o § 3º do artigo em comento que os autos serão remetidos ao Tribunal independentemente do juízo de admissibilidade. Esse dispositivo não é, contudo, aplicável ao Processo do Trabalho, que impõe ao Juízo de piso o exercício do primeiro juízo de admissibilidade, hipótese em que o Recurso Ordinário poderá deixar de ser conhecido. Essa incompatibilidade consta expressamente do art. 2º, XI, da Instrução Normativa n. 39 do C. TST e também encontra amparo na alínea *"b"* do art. 897 da CLT, que prevê o cabimento de Agravo de Instrumento em face das decisões que denegarem seguimento a recursos.

---

superior ao que proferiu a primeira decisão. O jurista Nelson Nery Junior, por exemplo, defende que não é necessário que o julgamento seja conferido a órgão de categoria hierárquica superior a daquele que realizou o primeiro exame (NERY JUNIOR, Nelson. *Princípios Fundamentais:* Teoria Geral dos Recursos. 4 ed. São Paulo: Revista dos Tribunais, 1997. p. 41).

(326) Ressalte-se a possibilidade de interposição de Recurso Ordinário, também, quando o juízo pronunciar-se *ex officio* ou a requerimento acerca de sua incompetência absoluta.

Artigo 1.011

Recebido o recurso de apelação no tribunal e distribuído imediatamente, o relator:

I - decidi-lo-á monocraticamente apenas nas hipóteses do art. 932, incisos III a V ;

II - se não for o caso de decisão monocrática, elaborará seu voto para julgamento do recurso pelo órgão colegiado.

O art. 1.011 do CPC trata do procedimento de distribuição do recurso no Tribunal e da possibilidade de se decidi-lo monocraticamente.

Nos termos do **inciso** I, atribui-se ao magistrado relator a possibilidade de não conhecer do recurso ou negar provimento a esse, monocraticamente, nas hipóteses previstas no ar. 932, **incisos III a V**, aplicáveis ao Processo do Trabalho, *in verbis*:

Art. 932. Incumbe ao relator:

III - não conhecer de recurso inadmissível, prejudicado ou que não tenha impugnado especificamente os fundamentos da decisão recorrida;

IV - negar provimento a recurso que for contrário a:

a) súmula do Supremo Tribunal Federal, do Superior Tribunal de Justiça ou do próprio tribunal;

b) acórdão proferido pelo Supremo Tribunal Federal ou pelo Superior Tribunal de Justiça em julgamento de recursos repetitivos;

c) entendimento firmado em incidente de resolução de demandas repetitivas ou de assunção de competência;

V - depois de facultada a apresentação de contrarrazões, dar provimento ao recurso se a decisão recorrida for contrária a:

a) súmula do Supremo Tribunal Federal, do Superior Tribunal de Justiça ou do próprio tribunal;

b) acórdão proferido pelo Supremo Tribunal Federal ou pelo Superior Tribunal de Justiça em julgamento de recursos repetitivos;

c) entendimento firmado em incidente de resolução de demandas repetitivas ou de assunção de competência;

O disposto no **inciso III** acerca do não conhecimento de recurso que não tenha impugnado especificamente os fundamentos da decisão recorrida é também aplicado ao Recurso Ordinário trabalhista e encontra igual respaldo na jurisprudência do TST, que assim declara:

Súmula n. 422 do TST: RECURSO. FUNDAMENTO AUSENTE OU DEFICIENTE. NÃO CONHECIMENTO (redação alterada, com inserção dos itens I, II e III) - Res. n. 199/2015, DEJT divulgado em 24, 25 e 26.06.2015. Com errata publicada no DEJT divulgado em 1º.07.2015

I - Não se conhece de recurso para o Tribunal Superior do Trabalho se as razões do recorrente não impugnam os fundamentos da decisão recorrida, nos termos em que proferida.

II - O entendimento referido no item anterior não se aplica em relação à motivação secundária e impertinente, consubstanciada em despacho de admissibilidade de recurso ou em decisão monocrática.

III - Inaplicável a exigência do item I relativamente ao recurso ordinário da competência de Tribunal Regional do Trabalho, exceto em caso de recurso cuja motivação é inteiramente dissociada dos fundamentos da sentença.

Observe-se, contudo, que além das hipóteses elencadas no **inciso III**, o relator também poderá negar seguimento a recurso que não contiver os requisitos objetivos e subjetivos como legitimidade, interesse recursal, representação regular e outros, exercendo, assim, o segundo juízo de admissibilidade.

Nos termos do **inciso IV**, caberá também aos relatores dos Processos Trabalhistas negar provimento aos recursos que forem contrários a: a) súmulas do Supremo Tribunal Federal, do Superior Tribunal de Justiça ou do próprio tribunal; b) acórdão proferido pelo Supremo Tribunal Federal ou pelo Superior Tribunal de Justiça em julgamento de recursos repetitivos; c) entendimento firmado em incidente de resolução de demandas repetitivas ou de assunção de competência.

Há, pois, aplicação do dispositivo ao processo do trabalho, sendo certo que ao lado das Súmulas e dos acórdãos proferidos em julgamentos de recursos repetitivos pelo STF e STJ, devem ser incluídos aqueles oriundos do TST, Corte Superior em matéria trabalhista, sendo suas súmulas e decisões em IRR, IRDR e IAC de observância obrigatória.

No mesmo sentido, mas em momento diverso, o **inciso V** traz as mesmas hipóteses elencadas nos itens *"a"*, *"b"* e *"c"* do **inciso IV**, possibilitando ao relator dar provimento ao recurso, após o contraditório (apresentação de contrarrazões), quando a decisão recorrida for contrária a elas. Sobre o inciso em questão, assim restou consolidado no Enunciado n. 81 do Fórum Permanente de Processualistas Civis — FPPC:

Enunciado n. 81 do FPPC: Por não haver prejuízo ao contraditório, é dispensável a oitiva do recorrido antes do provimento monocrático do recurso, quando a decisão recorrida: (a) indeferir a inicial; (b) indeferir liminarmente a justiça gratuita; ou (c) alterar liminarmente o valor da causa.

Dessa forma, tem-se que, distribuído o recurso, o relator deverá exercer o segundo juízo de admissibilidade e, se admitido o recurso, poderá decidi-lo monocraticamente (de acordo com as hipóteses legais) ou elaborar seu voto e submetê-lo ao julgamento colegiado.

Imperioso que se observe, contudo, o disposto no parágrafo único do art. 932 do CPC, aplicável, bem como no *caput* do art. 933 do CPC, que preceituam, respectivamente que:

> Antes de considerar inadmissível o recurso, o relator concederá o prazo de 5 (cinco) dias ao recorrente para que seja sanado vício ou complementada a documentação exigível" e "Se o relator constatar a ocorrência de fato superveniente à decisão recorrida ou a existência de questão apreciável de ofício ainda não examinada que devam ser considerados no julgamento do recurso, intimará as partes para que se manifestem no prazo de 5 (cinco) dias[327].

Artigo 1.012

A apelação terá efeito suspensivo.

§ 1º Além de outras hipóteses previstas em lei, começa a produzir efeitos imediatamente após a sua publicação a sentença que:

I – homologa divisão ou demarcação de terras;

II – condena a pagar alimentos;

III – extingue sem resolução do mérito ou julga improcedentes os embargos do executado;

IV – julga procedente o pedido de instituição de arbitragem;

V – confirma, concede ou revoga tutela provisória;

VI – decreta a interdição.

§ 2º Nos casos do § 1º, o apelado poderá promover o pedido de cumprimento provisório depois de publicada a sentença.

§ 3º O pedido de concessão de efeito suspensivo nas hipóteses do § 1º poderá ser formulado por requerimento dirigido ao:

I – tribunal, no período compreendido entre a interposição da apelação e sua distribuição, ficando o relator designado para seu exame prevento para julgá-la;

II – relator, se já distribuída a apelação.

§ 4º Nas hipóteses do § 1º, a eficácia da sentença poderá ser suspensa pelo relator se o apelante demonstrar a probabilidade de provimento do recurso ou se, sendo relevante a fundamentação, houver risco de dano grave ou de difícil reparação.

O artigo em comento atribui efeito suspensivo ao recurso de Apelação. O efeito suspensivo consiste na suspensão da eficácia da decisão recorrida até que seja julgado o recurso interposto contra esta.

Tal efeito, por sua vez, não pode ser aplicado ao Recurso Ordinário trabalhista, que possui efeito meramente devolutivo, conforme regra[328] do Processo do Trabalho, nos termos do *caput* do art. 899 da CLT. Nesse sentido, a decisão proferida no âmbito de ação trabalhista pode, desde sua publicação, produzir seus efeitos, independentemente de haver recurso pendente de julgamento.

Em determinados casos, contudo, é admitido pela jurisprudência que a parte faça requerimento para a obtenção de efeito suspensivo ao recurso. A anterior redação da Súmula n. 414 do TST determinava que o meio próprio para a obtenção do efeito suspensivo ao recurso pela parte era a propositura de Ação Cautelar requerendo a aplicação do efeito suspensivo ao recurso interposto. Nada obstante, em razão de o Código de Processo Civil de 2015 não mais contemplar as ações cautelares autônomas, houve alteração do inciso I da Súmula, que passou a dispor:

(327) Para maiores esclarecimentos acerca da aplicação dos dispositivos indicados, retorne nos seus respectivos comentários que integram esta obra.

(328) Tem-se como exceção o Agravo de Instrumento e de Petição.

Súmula n. 414 do TST: MANDADO DE SEGURANÇA. TUTELA PROVISÓRIA CONCEDIDA ANTES OU NA SENTENÇA

I – A tutela provisória concedida na sentença não comporta impugnação pela via do mandado de segurança, por ser impugnável mediante recurso ordinário. É admissível a obtenção de efeito suspensivo ao recurso ordinário mediante requerimento dirigido ao tribunal, ao relator ou ao presidente ou ao vice-presidente do tribunal recorrido, por aplicação subsidiária ao processo do trabalho do art. 1.029, § 5º, do CPC de 2015.

Atualmente, portanto, para obter o efeito suspensivo ao recurso, deve a parte, na própria petição do Recurso Ordinário ou mediante petição apartada dirigida ao juízo competente, fazer o requerimento preliminar de concessão de efeito suspensivo ao recurso. Entende-se que o requerimento deve demonstrar elementos que evidenciem a probabilidade do direito e perigo do dano ou risco ao resultado útil do processo, assim como exigido na tutela de urgência, art. 300 e seguintes do CPC.

Ressalte-se, contudo, a possibilidade de cumprimento e execução imediata da parte incontroversa, que não tenha sido objeto de impugnação.

Retornando à análise do dispositivo em comento, tem-se que seu § 1º determina as hipóteses em que a Apelação Cível não terá efeito suspensivo, ou seja, diferentemente do Processo do Trabalho, no âmbito cível a não suspensão é a exceção e ocorre nos casos de sentença que: I – homologa divisão ou demarcação de terras; II – condena a pagar alimentos; III – extingue sem resolução do mérito ou julga improcedentes os embargos do executado; IV – julga procedente o pedido de instituição de arbitragem; V – confirma, concede ou revoga tutela provisória; VI – decreta a interdição.

Assim como ocorre no Processo do Trabalho, o § 2º prevê a possibilidade de a parte pedir o cumprimento provisório da sentença.

O § 3º, por sua vez, traz o método específico para se pleitear o efeito suspensivo das decisões elencadas no § 1º, o que difere do utilizado no âmbito trabalhista, por impor que o requerimento seja dirigido ao Tribunal "no período compreendido entre a interposição da apelação e sua distribuição", ou para o relator, se já distribuído. Importante, todavia, que seja demonstrada a probabilidade de provimento do recurso e, ainda, sendo relevante a fundamentação, o fato de a não suspensão implicar risco de dano grave ou de difícil reparação.

Artigo 1.013

A apelação devolverá ao tribunal o conhecimento da matéria impugnada.

§ 1º Serão, porém, objeto de apreciação e julgamento pelo tribunal todas as questões suscitadas e discutidas no processo, ainda que não tenham sido solucionadas, desde que relativas ao capítulo impugnado.

§ 2º Quando o pedido ou a defesa tiver mais de um fundamento e o juiz acolher apenas um deles, a apelação devolverá ao tribunal o conhecimento dos demais.

§ 3º Se o processo estiver em condições de imediato julgamento, o tribunal deve decidir desde logo o mérito quando:

I – reformar sentença fundada no art. 485;

II – decretar a nulidade da sentença por não ser ela congruente com os limites do pedido ou da causa de pedir;

III – constatar a omissão no exame de um dos pedidos, hipótese em que poderá julgá-lo;

IV – decretar a nulidade de sentença por falta de fundamentação.

§ 4º Quando reformar sentença que reconheça a decadência ou a prescrição, o tribunal, se possível, julgará o mérito, examinando as demais questões, sem determinar o retorno do processo ao juízo de primeiro grau.

§ 5º O capítulo da sentença que confirma, concede ou revoga a tutela provisória é impugnável na apelação.

O *caput* do dispositivo em comento aduz que "a apelação devolverá ao Tribunal o conhecimento da matéria impugnada". Esse efeito devolutivo das sentenças, regra no Processo do Trabalho, consiste na devolução da jurisdição ao tribunal para a apreciação do recurso, no caso, Recurso Ordinário (art. 3º, XXVIII, da IN n. 39 do TST e Enunciado n. 357 do FPPC: Aplicam-se ao recurso ordinário os arts. 1.013 e 1.014 do CPC).

O termo deriva do direito romano, em que toda a jurisdição pertencia ao Imperador, mas era delegada e exercida pelos seus prepostos. Quando os súditos ficavam insatisfeitos com a decisão dos prepostos, a jurisdição era devolvida ao Imperador, para que este examinasse a matéria e, por isso, a denominação "efeito devolutivo".

A conceituação moderna do efeito devolutivo fundamenta-se na devolução ao órgão *ad quem* da matéria julgada e impugnada pelas partes recorrentes, exigindo uma nova decisão do colegiado sobre aquilo que acredita o recorrente ter sido prejudicado pela decisão do juiz singular. O efeito devolutivo, portanto, é a essência do recurso, é a possibilidade de o Tribunal analisar novamente a matéria julgada.

Importante salientar que há limites ao efeito devolutivo e o Tribunal deve se ater às questões impugnadas e devolvidas pelo recorrente. Ou seja, o órgão *ad quem* não possui liberdade para extrapolar os limites do pedido recursal e reformar a decisão em sua totalidade.

O efeito devolutivo pode ser analisado sob duas perspectivas: a primeira é o **efeito devolutivo em extensão** — que é justamente a devolução ao Tribunal da matéria impugnada pelo recurso, ou seja, a parte recorrente fixa a extensão do recurso, uma vez que serão analisados tão somente os pontos impugnados, havendo trânsito em julgado dos demais.

O **efeito devolutivo em profundidade**, por sua vez, consiste na possibilidade de os fundamentos da petição inicial e da defesa serem devolvidos ao Tribunal ainda que não analisados pela sentença. Nesse caso, tais fundamentos podem ser apreciados e utilizados pelo juízo *ad quem* na fundamentação da decisão, como prevê a redação do § 2º do artigo em comento, segundo o qual "Quando o pedido ou a defesa tiver mais de um fundamento e o juiz acolher apenas um deles, a apelação devolverá ao tribunal o conhecimento dos demais". Assim, atento aos comandos do § 2º, o FPPC editou o **Enunciado n. 102**, segundo o qual, "o pedido subsidiário ou alternativo não apreciado pelo juiz é devolvido ao tribunal com a apelação".

O efeito devolutivo em profundidade merece algumas considerações mais específicas, por levar à apreciação do Tribunal todas as questões suscitadas e discutidas no processo, ainda que não tenham sido solucionadas, desde que relativas ao capítulo impugnado, conforme art. 1.013, § 1º, do CPC de 2015. Sobre o tema, o FPPC firmou entendimento esclarecedor, *in verbis:*

> **Enunciado n. 100 do FPPC:** Não é dado ao tribunal conhecer de matérias vinculadas ao pedido transitado em julgado pela ausência de impugnação.

O efeito devolutivo em profundidade no Processo do Trabalho encontra respaldo no próprio art. 1.013, § 1º do CPC, além da Súmula n. 393 do TST. A novidade, entretanto, está na nova redação da referida Súmula, tendo sido incluído o item II após a vigência do CPC de 2015. De acordo com o mencionado item, se a causa estiver madura para julgamento, poderia o Tribunal decidir logo o mérito do caso, ainda que omissa a sentença no exame de um dos pedidos, *in verbis:*

> **Súmula n. 393 do TST:** RECURSO ORDINÁRIO. EFEITO DEVOLUTIVO EM PROFUNDIDADE. ART. 1.013, § 1º, DO CPC DE 2015. ART. 515, § 1º, DO CPC DE 1973. (nova redação em decorrência do CPC de 2015) - Res. n. 208/2016, DEJT divulgado em 22, 25 e 26.04.2016
>
> I - O efeito devolutivo em profundidade do recurso ordinário, que se extrai do § 1º do art. 1.013 do CPC de 2015 (art. 515, § 1º, do CPC de 1973), transfere ao Tribunal a apreciação dos fundamentos da inicial ou da defesa, não examinados pela sentença, ainda que não renovados em contrarrazões, desde que relativos ao capítulo impugnado.
>
> II - Se o processo estiver em condições, o tribunal, ao julgar o recurso ordinário, deverá decidir desde logo o mérito da causa, nos termos do § 3º do art. 1.013 do CPC de 2015, inclusive quando constatar a omissão da sentença no exame de um dos pedidos.

A nova redação da Súmula guarda consonância com o § 3º do art. 1.013 do CPC/15, ao possibilitar o imediato julgamento de mérito pelo Tribunal, quando o processo estiver em condições para tanto, isso é, quando já instruído de forma satisfatória ou quando o recurso versar sobre questões de direito. O parágrafo em comento, por sua vez, elenca algumas situações em que o Tribunal deverá decidir desde logo o mérito, a saber:

- Quando houver reforma de uma sentença que extinguiu o processo sem resolução de mérito, hipótese em que esse poderá se decidido, de plano, pelo Tribunal;

- Quando se decretar a nulidade de uma sentença não congruente com os limites do pedido ou da causa de pedir, circunstância na qual o Tribunal proferirá decisão congruente e dentro dos contornos da lide;

- Quando constatada omissão no exame de um dos pedidos, que poderá ser julgado diretamente pelo Tribunal (ainda que passível a oposição de Embargos de Declaração);

- Quando ocorrer a decretação de nulidade da sentença por falta de fundamentação, ocasião em que o Tribunal proferirá nova decisão fundamentada.

Para fins de exemplificar a amplitude do efeito devolutivo em profundidade e as implicações da nova redação da Súmula n. 393 do TST, especificamente no que pertine ao § 4º do artigo em comento, imagine-se uma situação em que o juízo de primeiro grau tenha analisado uma questão prejudicial, como, por exemplo, a prescrição e, entendido por sua ocorrência, hipótese em que todos os pedidos foram julgados improcedentes. Em sede recursal, e em razão do efeito devolutivo em profundidade, poderia o Tribunal sustentar a não ocorrência da prescrição e julgar os demais pedidos.

Em resumo, a nova redação da Súmula n. 393 permite que o Tribunal, ao invés de determinar o retorno dos autos à vara de origem para prolação de nova sentença, presentes os requisitos do § 3º do art. 1.013 do CPC, ou seja, estando a causa madura para julgamento, julgue o mérito do caso, sem que isso configure supressão de instância.

Artigo 1.014

As questões de fato não propostas no juízo inferior poderão ser suscitadas na apelação, se a parte provar que deixou de fazê-lo por motivo de força maior.

A fim de se respeitar os limites objetivos da lide e não viabilizar a inovação em sede recursal, o art. 1.014 do CPC, aplicável subsidiariamente ao Recurso Ordinário Trabalhista, pois compatível[(329)], restringiu o conteúdo recursal ao admitir que novas questões de fato apenas sejam suscitadas caso comprovado que a parte deixou de argui-las oportunamente, por motivo de força maior.

A jurisprudência do TST consolidada pela Súmula n. 8 também delimitou a juntada de documentos na fase recursal quando provado justo impedimento para sua oportuna apresentação ou quando se referir a fato posterior à Sentença, o que pode ser interpretado ampliativamente e aplicado à arguição de fatos novos. No mesmo sentido é a redação do art. 435 do CPC, *in verbis:*

> **Art. 435.** É lícito às partes, em qualquer tempo, juntar aos autos documentos novos, quando destinados a fazer prova de fatos ocorridos depois dos articulados ou para contrapô-los aos que foram produzidos nos autos.
>
> Parágrafo único. Admite-se também a juntada posterior de documentos formados após a petição inicial ou a contestação, bem como dos que se tornaram conhecidos, acessíveis ou disponíveis após esses atos, cabendo à parte que os produzir comprovar o motivo que a impediu de juntá-los anteriormente e incumbindo ao juiz, em qualquer caso, avaliar a conduta da parte de acordo com o art. 5º.

Assim, para analisar a disposição do art. 1.014 do CPC, em comento, deve-se atentar, também, para os conceitos de força maior e justo impedimento, que pode ser aferido pela redação do art. 501 da CLT, segundo o qual a força maior equivaleria a um acontecimento inevitável, para a realização do qual a parte não concorreu direta ou indiretamente.

Outrossim, por se tratar de interpretação subjetiva e variável de acordo com o caso, a inovação deve ser amplamente fundamentada e deve a decisão, quanto à aceitação de fatos e/ou documentos novos, passar sob o crivo de admissibilidade dos julgadores, oportunizado o contraditório amplo, com nova manifestação da parte contrária.

CAPÍTULO III — DO AGRAVO DE INSTRUMENTO

Artigo 1.015

Cabe agravo de instrumento contra as decisões interlocutórias que versarem sobre:

I - tutelas provisórias;

II - mérito do processo;

III - rejeição da alegação de convenção de arbitragem;

IV - incidente de desconsideração da personalidade jurídica;

V - rejeição do pedido de gratuidade da justiça ou acolhimento do pedido de sua revogação;

VI - exibição ou posse de documento ou coisa;

(329) Além de ratificado pelo Enunciado n. 357 do FPPC e art. 3º, XXVIII da IN n. 39 do TST, *vide* comentário do art. 1.013 do CPC.

VII – exclusão de litisconsorte;
VIII – rejeição do pedido de limitação do litisconsórcio;
IX – admissão ou inadmissão de intervenção de terceiros;
X – concessão, modificação ou revogação do efeito suspensivo aos embargos à execução;
XI – redistribuição do ônus da prova nos termos do art. 373, § 1º;
XII – (VETADO);
XIII – outros casos expressamente referidos em lei.
Parágrafo único. Também caberá agravo de instrumento contra decisões interlocutórias proferidas na fase de liquidação de sentença ou de cumprimento de sentença, no processo de execução e no processo de inventário.

A modalidade recursal regulada pelo art. 1.015 do CPC, a saber, Agravo de Instrumento, é cabível em face de decisões interlocutórias.

Os incisos do artigo em comento e seu parágrafo único, contudo, elencam quais as decisões ensejarão a interposição desse recurso, o que não exclui que outras hipóteses sejam expressamente referidas em lei. São elas:

- Decisões de tutelas provisórias;
- Decisões de mérito do processo;
- Decisões que rejeitam a alegação de convenção de arbitragem;
- Decisões em incidente de desconsideração da personalidade jurídica;
- Decisões que rejeitam a gratuidade da justiça ou acolhem sua revogação;
- Decisão que determina exibição ou posse de documento ou coisa;
- Decisão que determina a exclusão de litisconsorte;
- Decisão que rejeita o pedido de limitação do litisconsórcio;
- Decisão que admite ou inadmite a intervenção de terceiros;
- Decisão que concede, modifica ou revoga o efeito suspensivo aos embargos à execução;
- Decisão que redistribui o ônus da prova nos termos do art. 373, § 1º;
- Decisões interlocutórias proferidas na fase de liquidação ou cumprimento de sentença ou de cumprimento de sentença, no processo de execução e de inventário.
- Outros casos expressamente referidos em lei.

Observe-se que o Agravo de Instrumento previsto e regulamentado pelo CPC/15 não se confunde com seu homônimo trabalhista, regulado pelo art. 897, '*b*', da CLT, o qual é cabível em face das decisões que denegarem a admissibilidade de outros recursos, no intuito de justificar a viabilidade de seu processamento.

Diferentemente do previsto no CPC, no Processo do Trabalho não existe recurso próprio cabível em face de decisões interlocutória — embora algumas dessas sejam recorríveis —, conforme preceitua o § 1º do art. 893 da CLT e Súmula n. 214 do TST, *in verbis:*

Art. 893 da CLT:

§ 1º Os incidentes do processo são resolvidos pelo próprio Juízo ou Tribunal, admitindo-se a apreciação do merecimento das decisões interlocutórias somente em recursos da decisão definitiva.

Súmula n. 214 do TST: DECISÃO INTERLOCUTÓRIA. IRRECORRIBILIDADE. Na Justiça do Trabalho, nos termos do art. 893, § 1º, da CLT, as decisões interlocutórias não ensejam recurso imediato, salvo nas hipóteses de decisão: *a)* de Tribunal Regional do Trabalho contrária à Súmula ou Orientação Jurisprudencial do Tribunal Superior do Trabalho; *b)* suscetível de impugnação mediante recurso para o mesmo Tribunal; **c)** que acolhe exceção de incompetência territorial, com a remessa dos autos para Tribunal Regional distinto daquele a que se vincula o juízo excepcionado, consoante o disposto no art. 799, § 2º, da CLT.

A título de exemplo, tem-se a decisão proferida em sede de exceção de suspeição ou incompetência não terminativa de feito possui natureza-interlocutória e, portanto, irrecorrível de plano. Nesse caso, a parte prejudicada pela decisão poderá renovar a questão no momento em que for recorrer, por meio de Recurso Ordinário, da decisão final. É o que é a decisão final.ecisão final, r da decisrina e jurisprudtrando o seu preceitua o § 2º do art. 799 da CLT.

A praxe demonstra, contudo, a imperiosa necessidade de a parte demonstrar seu inconformismo em face de eventual decisão interlocutória que lhe for desfavorável na primeira oportunidade que tiver para manifestar nos autos, inclusive oralmente, quando da audiência, registrando o que a doutrina e jurisprudência denominam "protesto antipreclusivo".

Para Mauro Schiavi[(330)], o "protesto" encontra amparo nos arts. 794 e 795 da CLT, que tratam das nulidades processuais, assim dispondo:

> [...] havendo uma decisão proferida no curso do processo que cause prejuízo à parte, mas não possa ser recorrível de imediato, a parte lesada deverá registrar os protestos a fim de evitar a preclusão da questão e eventual convalidação da nulidade.

Ressalte-se que também será cabível a interposição de Agravo de Instrumento em face de capítulo denegatório da decisão. Nesse caso, se um recurso é parcialmente admitido, tal fato oportunizará a interposição de Agravo de Instrumento em face daquele tópico recursal denegado, o que evita a preclusão do direito e formação da coisa julgada. Exatamente nesse sentido é que dispõe o art. 1º da Instrução Normativa n. 40/2016 do TST, *in verbis*: "Art. 1º Admitido apenas parcialmente o recurso de revista, constitui ônus da parte impugnar, mediante agravo de instrumento, o capítulo denegatório da decisão, sob pena de preclusão".

Artigo 1.016

O agravo de instrumento será dirigido diretamente ao tribunal competente, por meio de petição com os seguintes requisitos:

I - os nomes das partes;

II - a exposição do fato e do direito;

III - as razões do pedido de reforma ou de invalidação da decisão e o próprio pedido;

IV - o nome e o endereço completo dos advogados constantes do processo

O art. 1.016 do CPC apresenta os requisitos da petição de Agravo de Instrumento, que deve constar a identificação das partes, dos advogados (com endereço completo), as razões de fato e de direito que sustentem o pedido de reforma ou invalidação da decisão.

O Agravo de Instrumento previsto no Processo do Trabalho, por sua vez, é dirigido para o Tribunal no qual o recurso foi denegado e julgado pelo órgão superior (art. 897, § 4º, da CLT). A título de exemplo, tem-se que, efetuado o 1º juízo de admissibilidade de um Recurso de Revista pela presidência de um Tribunal Regional do Trabalho, o seu despacho denegatório será recorrível mediante Agravo de Instrumento dirigido a esse mesmo Tribunal, que, após, poderá remetê-lo à análise do TST.

O recurso em questão não pode ser interposto por simples petição, pois necessária a robusta demonstração do equívoco cometido pelo Julgador que não conheceu de determinado recurso. Por essa razão, o § 5º do art. 897 da CLT exige a juntada de uma série de documentos (como a peça inicial, contestação, decisão originária, comprovante do preparo, etc), a fim de facilitar o exame da questão pelo Julgador, bem como propiciar que esse, em caso de procedência do Agravo de Instrumento, consiga julgar desde logo o recurso trancado (art. 897, § 7º, da CLT).

Uma vez admitido o recurso, o agravado será intimado para apresentar resposta tanto ao Agravo de Instrumento quanto ao recurso principal que se pretende ver processado (art. 897, § 6º, da CLT).

Nos termos da Instrução Normativa n. 40/2016 do TST, faculta-se ao relator do Agravo de Instrumento, por decisão irrecorrível, restituí-lo ao presidente do Tribunal Regional do Trabalho de origem, a fim de que esse, em caso de omissão

(330) SCHIAVI, Mauro. *Manual de Direito Processual do Trabalho*. De acordo com o Novo CPC. 12. ed. São Paulo: LTr, 2017. p. 495.

apontada via Embargos de Declaração, complemente seu juízo de admissibilidade, de modo a analisar integralmente as temáticas levantadas (art. 1º, § 4º)[331].

Processado o Agravo de Instrumento e remetido ao TST, poderá o Ministro Relator julgar procedente o recurso, superando o óbice ao processamento do Recurso de Revista apontado pelo Tribunal Regional, mas, ainda assim, proceder a análise de outros pressupostos extrínsecos e intrínsecos do Recurso de Revista, ainda que não apreciados pelo Tribunal de origem (OJ n. 282 da SDI-I do TST[332]). Nesse caso, existe a hipótese de procedência do Agravo de Instrumento sem o necessário processamento do Recurso de Revista.

Artigo 1.017

A petição de agravo de instrumento será instruída:

I - obrigatoriamente, com cópias da petição inicial, da contestação, da petição que ensejou a decisão agravada, da própria decisão agravada, da certidão da respectiva intimação ou outro documento oficial que comprove a tempestividade e das procurações outorgadas aos advogados do agravante e do agravado;

II - com declaração de inexistência de qualquer dos documentos referidos no inciso I, feita pelo advogado do agravante, sob pena de sua responsabilidade pessoal;

III - facultativamente, com outras peças que o agravante reputar úteis.

§ 1º Acompanhará a petição o comprovante do pagamento das respectivas custas e do porte de retorno, quando devidos, conforme tabela publicada pelos tribunais.

§ 2º No prazo do recurso, o agravo será interposto por:

I - protocolo realizado diretamente no tribunal competente para julgá-lo;

II - protocolo realizado na própria comarca, seção ou subseção judiciárias;

III - postagem, sob registro, com aviso de recebimento;

IV - transmissão de dados tipo fac-símile, nos termos da lei;

V - outra forma prevista em lei.

§ 3º Na falta da cópia de qualquer peça ou no caso de algum outro vício que comprometa a admissibilidade do agravo de instrumento, deve o relator aplicar o disposto no art. 932, parágrafo único .

§ 4º Se o recurso for interposto por sistema de transmissão de dados tipo fac-símile ou similar, as peças devem ser juntadas no momento de protocolo da petição original.

§ 5º Sendo eletrônicos os autos do processo, dispensam-se as peças referidas nos incisos I e II do caput, facultando-se ao agravante anexar outros documentos que entender úteis para a compreensão da controvérsia.

Os incisos I, II e III do art. 1.017 do CPC, ora em comento, encabecem documentos que deverão instruir o Agravo de Instrumento. O homônimo trabalhista também possui seus requisitos, não podendo ser interposto por simples petição, pois necessária a robusta demonstração do equívoco cometido pelo Julgador que não conheceu de determinado recurso.

Por essa razão, o § 5º do art. 897 da CLT também exige a juntada de uma série de documentos destinados a facilitar o exame da questão pelo Julgador, bem como propiciar que esse, em caso de procedência do Agravo de Instrumento, consiga julgar desde logo o recurso destrancado, a saber:

> **Art. 897, § 5º da CLT:** Sob pena de não conhecimento, as partes promoverão a formação do instrumento do agravo de modo a possibilitar, caso provido, o imediato julgamento do recurso denegado, instruindo a petição de interposição:
>
> **I - obrigatoriamente,** com cópias da decisão agravada, da certidão da respectiva intimação, das procurações outorgadas aos advogados do agravante e do agravado, da petição inicial, da contestação, da decisão originária, do depósito recursal referente ao recurso que se pretende destrancar, da comprovação do recolhimento das custas e do depósito recursal a que se refere o § 7º do art. 899 desta Consolidação;
>
> **II - facultativamente,** com outras peças que o agravante reputar úteis ao deslinde da matéria de mérito controvertida.

---

(331) § 4º Faculta-se ao Ministro Relator, por decisão irrecorrível (CLT, art.896, § 5º, por analogia), determinar a restituição do agravo de instrumento ao Presidente do Tribunal Regional do Trabalho de origem para que complemente o juízo de admissibilidade, desde que interpostos embargos de declaração.

(332) OJ n. 282 da SDI-I do TST. AGRAVO DE INSTRUMENTO. JUÍZO DE ADMISSIBILIDADE "AD QUEM" (DJ 11.08.2003). No julgamento de Agravo de Instrumento, ao afastar o óbice apontado pelo TRT para o processamento do recurso de revista, pode o juízo "ad quem" prosseguir no exame dos demais pressupostos extrínsecos e intrínsecos do recurso de revista, mesmo que não apreciados pelo TRT.

Sobre o tema, dispõe a **OJ n. 183 da SDI-I do C. TST** que será *"[...] válido o traslado de peças essenciais efetuado pelo agravado, pois a regular formação do agravo incumbe às partes e não somente ao agravante"*.

Deve-se observar, contudo, que todos os novos processos da Justiça do Trabalho já tramitam no meio eletrônico, estando o processo integralmente disponível para consulta do julgador, o que torna desnecessária nova juntada de documentos pela parte recorrente. Aplica-se, na hipótese o disposto no § 5º do art. 1.017 do CPC, ora em comento, que assim dispõe:

Art. 1.007, § 5º do CPC: Sendo eletrônicos os autos do processo, dispensam-se as peças referidas nos incisos I e II do *caput*, facultando--se ao agravante anexar outros documentos que entender úteis para a compreensão da controvérsia.

Nessa perspectiva, chama-se atenção para Resolução Administrativa n. 1418 de 2010, que regulamentou o processamento dos Agravos de Instrumento perante o Tribunal Superior do Trabalho, retratando exatamente a realidade da digitalização/ virtualização dos processos perante a Corte, e a determinação para que os agravos de instrumentos direcionados ao TST sejam processados nos autos do recurso principal, tornando desnecessária toda à formação do instrumento.

O § 1º do art. 1.017 trata da comprovação de pagamento das custas e do porte de retorno, quando devidos, como pressuposto de admissibilidade recursal.

O Agravo de Instrumento Trabalhista, por sua vez, prescinde do pagamento de custas[333], sendo devido, todavia, a comprovação de depósito recursal pela parte Reclamada, a luz do que determina o § 7º do art. 899 da CLT, *in verbis*: "**No ato** de interposição do agravo de instrumento, o depósito recursal corresponderá a 50% (cinquenta por cento) do valor do depósito do recurso ao qual se pretende destrancar". (Grifo nosso)

Pondera-se, entretanto, que uma vez atingido o valor da condenação por meio dos depósitos recursais eventualmente já realizado anteriormente pela parte Agravante, nada mais será devido a esse título, pois alcançado o objetivo de garantia da execução.

Há uma exceção, contudo. Trata-se da hipótese trazida pelo art. 899, § 8º, da CLT, segundo o qual não será obrigatório o depósito recursal quando o objetivo do Agravo de Instrumento for destrancar Recurso de Revista que se insurge contra decisão que contraria jurisprudência uniforme do TST (Súmulas ou OJ). Trata-se de exceção peculiar e que exige cautela, o que pode ser aferido pelo Ato Normativo do TST (491/SEJUD, DP, de 23 de setembro de 2014), que assim dispôs em seu art. 23:

Art. 23. A dispensa de depósito recursal a que se refere o § 8º do art. 899 da CLT não será aplicável aos casos em que o agravo de instrumento se refira a uma parcela de condenação, pelo menos, que não seja objeto de arguição de contrariedade a súmula ou a orientação jurisprudencial do Tribunal Superior do Trabalho.

Parágrafo único. Quando a arguição a que se refere o caput deste artigo revelar- se manifestamente infundada, temerária ou artificiosa, o agravo de instrumento será considerado deserto[334].

Ao final, vale ressaltar o entendimento consolidado na OJ n. 217 da SDI-I do C. TST, segundo a qual:

Orientação Jurisprudencial n. 217 da SDI-I do C. TST: AGRAVO DE INSTRUMENTO. TRASLADO. LEI N. 9.756/98. GUIAS DE CUSTAS E DE DEPÓSITO RECURSAL (inserida em 02.04.2001). Para a formação do agravo de instrumento, não é necessária a juntada de comprovantes de recolhimento de custas e de depósito recursal relativamente ao recurso ordinário, desde que não seja objeto de controvérsia no recurso de revista a validade daqueles recolhimentos.

O § 2º do art. 1.017 trata do prazo para interposição do Agravo de Instrumento e seu direcionamento.

Assim como os demais recursos trabalhistas[335], o prazo para o Agravo será de 8 (oito) dias, devendo ser protocolado perante o Juízo que inadmitiu o recurso que se pretende destrancar.

---

(333) Observe-se que as custas não são consideradas pressuposto de admissibilidade do Agravo de Instrumento, embora sejam devidas quando interposto o recurso na fase recursal. Nesse caso, as custas são fixadas em R$ 44,26 e devem ser pagas ao final pelo executado, nos termos do art. 789-A, III, da CLT.

(334) Redação similar é dada pelos arts. 253 e 254 do Regimento Interno do TST.

(335) A teor do art. 6º da CLT e arts. 1º e 2º da Instrução Normativa n. 39/2016 do C. TST os prazos recursais trabalhistas serão sempre de 8 (oito) dias. Algumas exceções, contudo, devem ser relembradas, a exemplo dos Embargos de Declaração, previstos no art. 897-A da CLT, cujo prazo para oposição é de 5 (cinco dias). Outrossim, os Recursos Extraordinários e Recurso Ordinário Constitucional, ambos regulados pelo CPC (art. 1.003, § 5º, que ainda será analisado), contam com o prazo de 15 (quinze) dias. Ao final, relembre-se também que a Fazenda Pública e o Ministério Público possuem prazo em

Na atual sistemática trabalhista, em que os protocolos são viabilizados pela via eletrônica, tem-se que esse será feito pelo Sistema PJE (se o processo já tramitar integralmente na modalidade virtual), ou pelo programa determinado pelo Tribunal competente para o processamento do recurso. Em razão do exposto, o comando externado pelo § 4º encontra-se praticamente em desuso na Justiça do Trabalho.

Dispõe o § 3º do artigo em comento que "na falta da cópia de qualquer peça ou no caso de algum outro vício que comprometa a admissibilidade do agravo de instrumento, deve o relator aplicar o disposto no art. 932, parágrafo único". Aplica-se, no caso, o dispositivo civilista que prevê o prazo de 5 (cinco) dias para sanar irregularidade ou vício capaz de ensejar o não conhecimento de um recurso. Como já dito oportunamente, apesar de inexistir dispositivo equivalente na legislação trabalhista, esse pode ser subsidiariamente aplicado ante a sua compatibilidade e, sobretudo, em atenção aos princípios da celeridade e informalidade típicos do Processo do Trabalho.

No que tange à irregularidade de representação em sede de Agravo de Instrumento, a jurisprudência firmada por meio de OJs do TST é no sentido de que: "a existência de instrumento de mandato apenas nos autos de agravo de instrumento, ainda que em apenso, não legitima a atuação de advogado nos processos de que se originou o agravo". **(OJ n. 110 da SDI-I do C. TST)**; "A juntada da ata de audiência, em que consignada a presença do advogado, desde que não estivesse atuando com mandato expresso, torna dispensável a procuração deste, porque demonstrada a existência de mandato tácito" e "Configurada a existência de mandato tácito fica suprida a irregularidade detectada no mandato expresso" **(OJ n. 286 da SDI-I do C. TST)**; e que "é regular a representação processual do subscritor do agravo de instrumento ou do recurso de revista que detém mandato com poderes de representação limitados ao âmbito do Tribunal Regional do Trabalho, pois, embora a apreciação desse recurso seja realizada pelo Tribunal Superior do Trabalho, a sua interposição é ato praticado perante o Tribunal Regional do Trabalho, circunstância que legitima a atuação do advogado no feito" **(OJ n. 374 da SDI-I do C. TST)**.

Ainda sobre o Agravo de Instrumento trabalhista no âmbito do TST, importante destacar a Resolução Administrativa n. 1340/2009, que possibilita ao Presidente do Tribunal decidir monocraticamente os Agravos de Instrumento em Recurso de Revista que não preencham os pressupostos extrínsecos de admissibilidade, *in verbis:*

> **Art. 2º** Compete, ainda, ao Presidente, antes da distribuição:
>
> I – negar provimento a agravo de instrumento manifestamente incabível;
>
> II – negar provimento ao agravo de instrumento na hipótese de o recurso de revista não atender os pressupostos extrínsecos de admissibilidade;
>
> III – negar provimento ao agravo de instrumento para manter o despacho que denegou seguimento ao recurso de revista, por estar a decisão do Tribunal Regional em conformidade com súmula ou orientação jurisprudencial de direito material, da Corte.

Artigo 1.018

O agravante poderá requerer a juntada, aos autos do processo, de cópia da petição do agravo de instrumento, do comprovante de sua interposição e da relação dos documentos que instruíram o recurso.

§ 1º Se o juiz comunicar que reformou inteiramente a decisão, o relator considerará prejudicado o agravo de instrumento.

§ 2º Não sendo eletrônicos os autos, o agravante tomará a providência prevista no *caput*, no prazo de 3 (três) dias a contar da interposição do agravo de instrumento.

§ 3º O descumprimento da exigência de que trata o § 2º, desde que arguido e provado pelo agravado, importa inadmissibilidade do agravo de instrumento.

O artigo em comento trata de procedimentos aplicáveis exclusivamente ao Agravo de Instrumento previsto e regulado pelo CPC. Assim, no Processo do Trabalho não há que se falar em juntada da cópia do Agravo de Instrumento.

dobro para recorrer, inclusive nas lides trabalhistas, em razão do disposto no art. 1º, III, do Deacreto-lei n. 779/69 e art. 183 do CPC. A possibilidade de prazo em dobro litisconsortes com procuradores diversos, prevista no art. 229 do CPC, não é aplicável ao Processo do Trabalho, seja em razão da celeridade que se espera da Especializada Trabalhista, seja em razão da informatização e virtualização dos processos, o que viabiliza a fluência conjunta dos prazos. Nesse sentido é a OJ n. 310 do TST. Ainda no que tange ao prazo recursal, vale lembrar que até o advento da Lei n. 13.467/2017 — Reforma Trabalhista, os prazos no Processo do Trabalho eram corridos, excetuando-se o dia da publicação e incluindo o termo final (observado sempre o início e término em dias úteis). Hoje, a regulamentação dos prazos encontra-se no art. 775 e seguintes da CLT.

Artigo 1.019

Recebido o agravo de instrumento no tribunal e distribuído imediatamente, se não for o caso de aplicação do art. 932, incisos III e IV, o relator, no prazo de 5 (cinco) dias:

I - poderá atribuir efeito suspensivo ao recurso ou deferir, em antecipação de tutela, total ou parcialmente, a pretensão recursal, comunicando ao juiz sua decisão;

II - ordenará a intimação do agravado pessoalmente, por carta com aviso de recebimento, quando não tiver procurador constituído, ou pelo Diário da Justiça ou por carta com aviso de recebimento dirigida ao seu advogado, para que responda no prazo de 15 (quinze) dias, facultando-lhe juntar a documentação que entender necessária ao julgamento do recurso;

III - determinará a intimação do Ministério Público, preferencialmente por meio eletrônico, quando for o caso de sua intervenção, para que se manifeste no prazo de 15 (quinze) dias.

O dispositivo em questão trata do procedimento atinente à distribuição do Agravo de Instrumento e primeiras providências. Sua aplicação destina-se ao Agravo de Instrumento civilista, e não ao recurso previsto no Processo do Trabalho.

Como demonstrado nos comentários ao art. 1.016 do CPC, o Agravo de Instrumento do Processo do Trabalho é dirigido para o Tribunal no qual o recurso foi denegado e julgado pelo órgão superior. A título de exemplo, apontou-se o Recurso de Revista, cujo 1º juízo de admissibilidade é realizado pela presidência de um Tribunal Regional do Trabalho, e o seu despacho denegatório desafia a interposição de Agravo de Instrumento dirigido **a esse mesmo Tribunal**, que, se conhecido, e após a intimação do agravado para oferecer resposta (§ 6º do art. 897 da CLT), irá remetê-lo à análise do TST.

No âmbito dos Tribunais, o procedimento relativo à distribuição e julgamento do Agravo está disciplinado pelos respectivos Regimentos Internos. No âmbito do TST, tem-se a seguinte normativa:

Art. 255. Distribuído o agravo de instrumento, o relator poderá:

I - nos casos de que trata o artigo anterior e se constatar a existência de omissão não suprida pelo Presidente do Tribunal Regional do Trabalho de origem, apesar da interposição, pelo agravante, dos embargos de declaração, determinar, por decisão irrecorrível, a restituição do agravo de instrumento em recurso de revista ao órgão judicante de origem para que este complemente o juízo de admissibilidade;

II - não conhecer do agravo de instrumento inadmissível, prejudicado ou daquele que não tenha impugnado especificamente todos os fundamentos da decisão recorrida;

III - conhecer do agravo de instrumento para:

a) negar-lhe provimento em caso de recurso de revista inadmissível, prejudicado ou em que não tenha havido impugnação específica de todos os fundamentos da decisão recorrida, inclusive nas hipóteses do art. 896, § 1º-A, da CLT;

b) negar-lhe provimento nos casos em que o recurso for contrário a tese fixada em julgamento de recursos repetitivos ou de repercussão geral, a entendimento firmado em incidente de assunção de competência ou de demandas repetitivas, a súmula vinculante do Supremo Tribunal Federal ou a súmula ou orientação jurisprudencial do Tribunal Superior do Trabalho ou, ainda, a jurisprudência dominante acerca do tema;

c) dar-lhe provimento nos casos em que o recurso impugnar acórdão contrário a tese fixada em julgamento de casos repetitivos ou de repercussão geral, a entendimento firmado em incidente de assunção de competência ou de demandas repetitivas, a súmula vinculante do Supremo Tribunal Federal ou a súmula ou orientação jurisprudencial do Tribunal Superior do Trabalho ou, ainda, a jurisprudência dominante acerca do tema, determinando a sua autuação como recurso ordinário ou recurso de revista, observando-se, daí em diante, os procedimentos respectivos.

Parágrafo único. No caso de ser provido o agravo de instrumento, mas ficando vencido o relator, será designado redator do acórdão e relator do recurso de revista o Ministro prolator do primeiro voto vencedor no julgamento do agravo de instrumento.

Quanto aos seus efeitos, tem-se que, como ocorre em regra no Processo do Trabalho, o Agravo de Instrumento não possui efeito suspensivo.

Por sua vez, tem-se que o recurso pode surtir efeito regressivo, ao possibilitar o juízo de retratação da decisão. Nesse sentido, o magistrado que denegou seguimento a um recurso poderá reconsiderar sua decisão após a análise do Agravo de Instrumento interposto, hipótese em que esse perderá seu objeto.

Sobre o tem, a CLT traz dispositivo especifico, porém direcionado à fase de execução. É o art. 897, § 2º, que assim dispõe: *"O agravo de instrumento interposto contra o despacho que não receber agravo de petição não suspende a execução da sentença"*.

Artigo 1.020

O relator solicitará dia para julgamento em prazo não superior a 1 (um) mês da intimação do agravado.

Conforme demonstrado no comentário dos artigos anteriores, tem-se que o Agravo de Instrumento previsto no CPC não coincide com a modalidade recursal homônima existente no Processo do Trabalho. Nesse sentido, nem todas as normas previstas neste capítulo são aplicáveis à seara trabalhista.

No que tange às normas relativas a seu processamento e procedimentos iniciais, tem-se que a CLT não trata amplamente do tema, restando aos Regimentos Internos dos Tribunais a maior regulamentação da questão.

Especificamente no que tange ao prazo para julgamento, a lei não estabelece prazo específico. Sobre o julgamento, assim dispõe a CLT:

Art. 897, § 7º da CLT: Provido o agravo, a Turma deliberará sobre o julgamento do recurso principal, observando-se, se for o caso, daí em diante, o procedimento relativo a esse recurso.

Nos processos que em além do Agravo de Instrumento exista também recurso admitido da parte contrária, tem-se que, uma vez provido o Agravo, será publicada certidão constando que o julgamento de ambos os recursos (o originalmente admitido e o destrancado pelo Agravo de Instrumento) serão julgados na primeira sessão ordinária subsequente à data da publicação. Na oportunidade do julgamento será lavrado um único Acórdão, que também constará a fundamentação do provimento do Agravo de Instrumento.

Se nessa mesma hipótese o Agravo de Instrumento for julgado improcedente, o recurso devidamente admitido da parte contrária será julgado de imediato e do seu Acórdão constará também a decisão denegatória do Agravo de Instrumento.

CAPÍTULO IV — DO AGRAVO INTERNO

Artigo 1.021

Contra decisão proferida pelo relator caberá agravo interno para o respectivo órgão colegiado, observadas, quanto ao processamento, as regras do regimento interno do tribunal.

§ 1º Na petição de agravo interno, o recorrente impugnará especificadamente os fundamentos da decisão agravada.

§ 2º O agravo será dirigido ao relator, que intimará o agravado para manifestar-se sobre o recurso no prazo de 15 (quinze) dias, ao final do qual, não havendo retratação, o relator levá-lo-á a julgamento pelo órgão colegiado, com inclusão em pauta.

§ 3º É vedado ao relator limitar-se à reprodução dos fundamentos da decisão agravada para julgar improcedente o agravo interno.

§ 4º Quando o agravo interno for declarado manifestamente inadmissível ou improcedente em votação unânime, o órgão colegiado, em decisão fundamentada, condenará o agravante a pagar ao agravado multa fixada entre um e cinco por cento do valor atualizado da causa.

§ 5º A interposição de qualquer outro recurso está condicionada ao depósito prévio do valor da multa prevista no § 4º, à exceção da Fazenda Pública e do beneficiário de gratuidade da justiça, que farão o pagamento ao final.

Nos termos do *caput* do art. 1.021 do CPC, "contra decisão proferida pelo relator caberá agravo interno para o respectivo órgão colegiado, observadas, quanto ao processamento, as regras do regimento interno do tribunal".

Referida modalidade recursal é aplicável ao Processo do Trabalho, o que encontra amparo no inciso XXIX do art. 3º da Instrução Normativa n. 39 do C. TST, que aduz sua compatibilidade, exceto quanto ao prazo para interposição (nos termos do § 2º do artigo em comento o prazo é de quinze dias, enquanto na Justiça do Trabalho o prazo será de oito dias).

Embora inexista dispositivo regulamentando especificamente a modalidade recursal na Consolidação das Leis do Trabalho — CLT, o inciso III do art. 855-A da CLT faz referência ao recurso, possibilitando a sua interposição em face de decisão interlocutória que acolher ou rejeitar Incidente de Desconsideração da Personalidade Jurídica instaurado originariamente nos Tribunais.

As demais hipóteses de cabimento do Agravo Interno, por sua vez, encontram-se nos Regimentos Internos dos Tribunais Regionais e do TST. Cite-se a título de exemplo algumas decisões passiveis de insurgência via Agravo Interno no âmbito do TST:

Art. 46. Das decisões proferidas pelo Corregedor-Geral da Justiça do Trabalho caberá agravo interno para o Órgão Especial, incumbindo-lhe determinar sua inclusão em pauta.

Art. 229, § 4º. Da decisão do relator que conceder ou denegar a medida liminar [em Mandado de Segurança] caberá agravo interno ao órgão colegiado competente do Tribunal do qual o magistrado seja integrante.

Art. 261. Parágrafo único. Da decisão denegatória dos embargos [para a Subseção I da Seção Especializada em Dissídios Individuais] caberá agravo interno, no prazo de 8 (oito) dias úteis.

Art. 264. Não atendidas as exigências legais relativas ao cabimento dos embargos infringentes, o relator denegará seguimento ao recurso, facultada à parte a interposição de agravo interno.

Art. 265. Cabe agravo interno contra decisão dos Presidentes do Tribunal e das Turmas, do Vice-Presidente, do Corregedor-Geral da Justiça do Trabalho ou de relator, nos termos da legislação processual, no prazo de 8 (oito) dias úteis, pela parte que se considerar prejudicada.

Parágrafo único. Ressalvam-se os casos em que haja recurso próprio ou decisão de caráter irrecorrível, nos termos do Regimento ou da lei.

Art. 306, § 5º. Da decisão que conceder ou denegar a suspensão [processos individuais ou coletivos em curso no território nacional que versem sobre a questão objeto do incidente de resolução de demandas repetitivas], caberá agravo interno sem efeito suspensivo, no prazo de 8 (oito) dias úteis, que será relatado pelo Presidente, na primeira sessão do Órgão Especial seguinte à sua interposição.

Art. 308, § 3º. Da decisão que conceder ou denegar a suspensão [da execução de liminar ou de decisão concessiva de mandado de segurança, proferida em última instância pelos Tribunais Regionais do Trabalho], caberá agravo interno sem efeito suspensivo, no prazo de 8 (oito) dias úteis, que será relatado pelo Presidente na primeira sessão do Órgão Especial seguinte à sua interposição.

Art. 309, § 3º. Da decisão que conceder ou denegar a suspensão [a execução de liminar ou a efetivação de tutela provisória de urgência ou da evidência concedida ou mantida pelos Tribunais Regionais do Trabalho nas ações movidas contra o Poder Público ou seus agentes], caberá agravo interno sem efeito suspensivo, no prazo de 8 (oito) dias úteis, que será relatado pelo Presidente na primeira sessão do Órgão Especial seguinte à sua interposição.

Em atenção ao princípio da dialeticidade, exige-se, nos termos do § 1º, a específica impugnação dos fundamentos da decisão agravada. Via de consequência, a decisão proferida deve ser devidamente fundamentada pelo magistrado, que não pode limitar-se à reprodução dos fundamentos da decisão agravada para justificar a improcedência o agravo interno (§ 3º).

A fim de evitar abusos e recursos protelatórios, o § 4º do artigo em análise impõe à parte recorrente o pagamento de multa fixada entre um e cinco por cento do valor atualizado da causa quando o Agravo Interno for considerado manifestamente inadmissível ou improcedente, em votação unânime, fundamentada e colegiada. A interposição de qualquer outro recurso está condicionada ao depósito prévio do valor da respectiva multa, à exceção da Fazenda Pública e do beneficiário de gratuidade da justiça, que farão o pagamento ao final. Nesse mesmo sentido são os § 5º e § 6º do art. 266 do RITST, corroborado pelo Enunciado n. 358 do FPPC, *in verbis:*

§ 5º Quando o agravo interno for declarado manifestamente inadmissível ou improcedente em votação unânime, o órgão colegiado, em decisão fundamentada, condenará o agravante a pagar ao agravado multa fixada entre 1 e 5% (um e cinco por cento) do valor atualizado da causa.

§ 6º A interposição de qualquer outro recurso está condicionada ao depósito prévio do valor da multa prevista no parágrafo anterior, à exceção da Fazenda Pública e do beneficiário da gratuidade da justiça, que farão o pagamento ao final.

Enunciado n. 359 do FPPC: (art. 1.021, § 4º) A aplicação da multa prevista no art. 1.021, § 4º, exige que a manifesta inadmissibilidade seja declarada por unanimidade. (Grupo: Recursos)

CAPÍTULO V — DOS EMBARGOS DE DECLARAÇÃO

Artigo 1.022

Cabem embargos de declaração contra qualquer decisão judicial para:

I – esclarecer obscuridade ou eliminar contradição;

II – suprir omissão de ponto ou questão sobre o qual devia se pronunciar o juiz de ofício ou a requerimento;

III – corrigir erro material.

Parágrafo único. Considera-se omissa a decisão que:

I – deixe de se manifestar sobre tese firmada em julgamento de casos repetitivos ou em incidente de assunção de competência aplicável ao caso sob julgamento;

II – incorra em qualquer das condutas descritas no art. 489, § 1º.

Os Embargos de Declaração regulados pelos arts. 1.022 e seguintes do CPC são igualmente aplicáveis ao Processo do Trabalho, encontrando correspondência, embora de forma mais concisa, nos arts. 893, I c/c art. 897-A da CLT, *in verbis*:

Art. 897-A. Caberão embargos de declaração da sentença ou acórdão, no prazo de cinco dias, devendo seu julgamento ocorrer na primeira audiência ou sessão subsequente a sua apresentação, registrado na certidão, admitido efeito modificativo da decisão nos casos de omissão e contradição no julgado e manifesto equívoco no exame dos pressupostos extrínsecos do recurso.

§ 1º Os erros materiais poderão ser corrigidos de ofício ou a requerimento de qualquer das partes.

§ 2º Eventual efeito modificativo dos embargos de declaração somente poderá ocorrer em virtude da correção de vício na decisão embargada e desde que ouvida a parte contrária, no prazo de 5 (cinco) dias.

§ 3º Os embargos de declaração interrompem o prazo para interposição de outros recursos, por qualquer das partes, salvo quando intempestivos, irregular a representação da parte ou ausente a sua assinatura.

São hipóteses para oposição dos Embargos de Declaração a existência de contradição, omissão, obscuridade, manifesto equívoco no exame dos pressupostos extrínsecos do recurso ou ocorrência de erro material no julgado.

Ressalte-se ainda que a jurisprudência também atribui aos Embargos de Declaração a função de prequestionamento de determinadas matérias para fins de interposição de recurso perante o TST (Súmula n. 297 do TST), e para fins de Ação Rescisória (Súmula n. 298 do TST), vejamos:

Súmula n. 297 do TST: PREQUESTIONAMENTO. OPORTUNIDADE. CONFIGURAÇÃO

I. Diz-se prequestionada a matéria ou questão quando na decisão impugnada haja sido adotada, explicitamente, tese a respeito.

II. Incumbe à parte interessada, desde que a matéria haja sido invocada no recurso principal, opor embargos declaratórios objetivando o pronunciamento sobre o tema, sob pena de preclusão.

III. Considera-se prequestionada a questão jurídica invocada no recurso principal sobre a qual se omite o Tribunal de pronunciar tese, não obstante opostos embargos de declaração.

Súmula n. 298 do TST: AÇÃO RESCISÓRIA. VIOLAÇÃO A DISPOSIÇÃO DE LEI. PRONUNCIAMENTO EXPLÍCITO

I – A conclusão acerca da ocorrência de violação literal a disposição de lei pressupõe pronunciamento explícito, na sentença rescindenda, sobre a matéria veiculada.

II – O pronunciamento explícito exigido em ação rescisória diz respeito à matéria e ao enfoque específico da tese debatida na ação, e não, necessariamente, ao dispositivo legal tido por violado. Basta que o conteúdo da norma reputada violada haja sido abordado na decisão rescindenda para que se considere preenchido o pressuposto.

III – Para efeito de ação rescisória, considera-se pronunciada explicitamente a matéria tratada na sentença quando, examinando remessa de ofício, o Tribunal simplesmente a confirma.

IV – A sentença meramente homologatória, que silencia sobre os motivos de convencimento do juiz, não se mostra rescindível, por ausência de pronunciamento explícito.

V – Não é absoluta a exigência de pronunciamento explícito na ação rescisória, ainda que esta tenha por fundamento violação de dispositivo de lei. Assim, prescindível o pronunciamento explícito quando o vício nasce no próprio julgamento, como se dá com a sentença *"extra, citra e ultra petita"*.

Pelo que se percebe, a finalidade precípua dos Embargos de Declaração não é a reforma da decisão, mas o esclarecimento de vícios, correção de falhas e inconsistências (embora a alteração possa, por mera consequência ou reflexo, ocorrer — o que se denomina "efeito infringente" e será adiante tratado), o que coloca em questão a sua natureza jurídica. Apesar de constar no rol de "recursos" do art. 1.022, IV do CPC, há divergência quanto a esse enquadramento, notadamente em face de sua finalidade, que não é (ou não deveria ser) a reforma da decisão impugnada.

Nesse sentido, leciona Manoel Antonio Teixeira Filho, entendimento com o qual se coaduna:

> O traço essencial, capaz de distinguir com eficácia os embargos de declaração dos recursos é a *finalidade*. Enquanto estes visam à reforma, à cassação da decisão impugnada, aqueles se destinam, meramente, a obter, do mesmo órgão jurisdicional, uma declaração de qual seja o verdadeiro conteúdo da sentença (ou do acórdão), para integrá-la ou liberá-la de qualquer eiva de expressão. [...] Os embargos declaratórios têm como destinatária exclusiva a *forma*, a *expressão* material do julgado, ao passo que os recursos se arremetem, em regra, contra o conteúdo.[336]

Embora o artigo celetista não preveja como hipótese para oposição dos Embargos de Declaração a existência de **obscuridade** a ser esclarecida, nesse aspecto, o Código de Processo Civil pode ser aplicado supletivamente ao dispositivo celetista. É que, as decisões judiciais devem ser claras, inteligíveis, a fim de não inviabilizar eventual recurso e, especialmente, futura execução. Assim, os Embargos se prestam a sanar essas falhas de expressão capazes de prejudicar a efetiva entrega da prestação jurisdicional.

A **contradição**, por sua vez, deve ser aferida no bojo do julgado, isso é, apenas será objeto de Embargos a decisão judicial que contenha proposições opostas, ilógicas, incoerentes. Muitas vezes, o que se observa, é a contradição entre a fundamentação da decisão e seu dispositivo. Eventual decisão contrária/ contraditória à lei, à prova dos autos ou qualquer outro elemento alheio à decisão, por sua vez, não será objeto de Embargos, mas de recurso próprio.

A **omissão** é compreendida como a ausência de manifestação acerca de ponto ou questão sobre o qual devia se pronunciar o juiz de ofício ou a requerimento de qualquer uma das partes, o que enseja, por consequência, um julgamento *citra petita*, que enseja complementação pela via dos Embargos de Declaração.

O parágrafo único do art. 1.022 do CPC exemplifica duas importantes hipóteses de omissão da decisão: a) a não manifestação sobre tese firmada em julgamento de casos repetitivos ou em incidente de assunção de competência aplicável ao caso sob julgamento; b) a ocorrência de qualquer das condutas descritas no art. 489, § 1º do CPC.

A primeira hipótese consubstancia dois importantes pilares do Sistema de Precedentes Vinculantes, a saber, o dever de estabilidade e de fundamentação das decisões. Dessa forma, se um Precedente oriundo de julgamento de IRR, IRDR ou IAC for aplicável ao caso *sub judice* esse deve ser obrigatoriamente aplicado e fundamentado, sob pena de omissão do julgado. Na mesma perspectiva, a ausência de fundamentação exauriente de uma decisão (nos termos delineados pelos incisos do § 1º do art. 489 do CPC[337]), também implicarão em omissão do julgado, vício sanável mediante a oposição de Embargos de Declaração.

No que tange à existência de **erro material** (digitação, cálculo...) dispõe o § 1º do art. 897-A da CLT, que esse pode ser corrigido de ofício ou a requerimento de qualquer das partes, prescindindo da oposição de Embargos. O inciso III

(336) TEIXEIRA FILHO, Manoel Antonio. *Comentários ao Novo Código de Processo Civil sob a perspectiva do Processo do Trabalho*. São Paulo: LTr, 2015. p. 1.307.

(337) **Art. 489.** São elementos essenciais da sentença:

§ 1º Não se considera fundamentada qualquer decisão judicial, seja ela interlocutória, sentença ou acórdão, que:

I - se limitar à indicação, à reprodução ou à paráfrase de ato normativo, sem explicar sua relação com a causa ou a questão decidida;

II - empregar conceitos jurídicos indeterminados, sem explicar o motivo concreto de sua incidência no caso;

III - invocar motivos que se prestariam a justificar qualquer outra decisão;

IV - não enfrentar todos os argumentos deduzidos no processo capazes de, em tese, infirmar a conclusão adotada pelo julgador;

V - se limitar a invocar precedente ou enunciado de súmula, sem identificar seus fundamentos determinantes nem demonstrar que o caso sob julgamento se ajusta àqueles fundamentos;

VI - deixar de seguir enunciado de súmula, jurisprudência ou precedente invocado pela parte, sem demonstrar a existência de distinção no caso em julgamento ou a superação do entendimento.

do art. 1.022 do CPC, ora em comento, por sua vez, elenca o erro material como hipótese de cabimento dos Embargos. Observe-se, entretanto, que tanto no Processo Civil quanto no Processo do Trabalho, a *"não oposição de embargos de declaração em caso de erro material na decisão não impede sua correção a qualquer tempo"*, nos termos consolidados no **Enunciado n. 360 do FPPC.**

Ao final, observe-se que, apesar de o dispositivo celetista aduzir o cabimento de Embargos de Declaração em face de sentenças ou acórdãos, deve-se aplicar o regramento ampliativo trazido pelo Código de Processo Civil, segundo o qual **os Embargos serão oponíveis em face de "qualquer decisão judicial".**

Exatamente nesse sentido é que TST passou a prever em seu Regimento Interno o cabimento de Embargos em face de despachos do relator, assim como o inciso I da Súmula n. 421, e também encontra respaldo no § 1º do art. 1º da Instrução Normativa n. 40 do C. TST, que assim dispõe, respectivamente:

Súmula n. 421 do TST: EMBARGOS DE DECLARAÇÃO. CABIMENTO. DECISÃO MONOCRÁTICA DO RELATOR CALCADA NO ART. 932 DO CPC DE 2015. ART. 557 DO CPC DE 1973. (atualizada em decorrência do CPC de 2015)

I – Cabem embargos de declaração da decisão monocrática do relator prevista no art. 932 do CPC de 2015 (art. 557 do CPC de 1973), se a parte pretende tão somente juízo integrativo retificador da decisão e, não, modificação do julgado.

Instrução Normativa n. 40 do TST:

Art. 1º Admitido apenas parcialmente o recurso de revista, constitui ônus da parte impugnar, mediante agravo de instrumento, o capítulo denegatório da decisão, sob pena de preclusão.

§ 1º Se houver omissão no juízo de admissibilidade do recurso de revista quanto a um ou mais temas, é ônus da parte interpor embargos de declaração para o órgão prolator da decisão embargada supri-la (CPC, art. 1024, § 2º), sob pena de preclusão.

Artigo 1.023

Os embargos serão opostos, no prazo de 5 (cinco) dias, em petição dirigida ao juiz, com indicação do erro, obscuridade, contradição ou omissão, e não se sujeitam a preparo.

§ 1º Aplica-se aos embargos de declaração o art. 229.

§ 2º O juiz intimará o embargado para, querendo, manifestar-se, no prazo de 5 (cinco) dias, sobre os embargos opostos, caso seu eventual acolhimento implique a modificação da decisão embargada.

Assim como previsto na legislação atinente ao Processo do Trabalho, os Embargos de Declaração serão opostos ao Magistrado que proferiu a decisão, no prazo de 5 (cinco) dias, não estando condicionado a preparo recursal.

A disposição do § 1º, por sua vez, que se refere a contagem em dobro para os litisconsortes com procuradores diversos. Entende-se que essa regra não se aplica ao Processo do Trabalho, uma vez que incompatível com a celeridade amplamente visada, bem como em razão de os processos, em sua maioria, tramitarem em meio eletrônico, o que não justifica a dobra do prazo, que flui concomitantemente[338]. Nada obstante, nos termos da **OJ n. 192 do TST**, permanece em dobro o prazo para Pessoa jurídica de direito público embargar.

Embora a finalidade precípua dos Embargos não seja, diretamente, a modificação do julgado, mas a correção de vícios e inconsistências, essa pode ocorrer, o que se denomina "efeito infringente". Nessa hipótese, em atenção aos princípios do contraditório e ampla defesa, deve-se facultar a manifestação da parte contrária, também no mesmo prazo, o que previsto no § 2º do art. 1.023 do CPC e § 2º do art. 897-A da CLT. A fim de se evitar a alegação de nulidade, entendeu o FPPC, por meio de seu Enunciado n. 614 que:

Enunciado n. 614 do FPPC: Não tendo havido prévia intimação do embargado para apresentar contrarrazões aos embargos de declaração, se surgir divergência capaz de acarretar o acolhimento com atribuição de efeito modificativo do recurso durante a sessão de julgamento, esse será imediatamente suspenso para que seja o embargado intimado a manifestar-se no prazo do § 2º do art. 1.023.

---

(338) **Orientação Jurisprudencial n. 310 da SDI-I do C. TST:** LITISCONSORTES. PROCURADORES DISTINTOS. PRAZO EM DOBRO. ART. 229, *CAPUT* E §§ 1º E 2º, DO CPC DE 2015. ART. 191 DO CPC DE 1973. INAPLICÁVEL AO PROCESSO DO TRABALHO (atualizada em decorrência do CPC de 2015) – Res. 208/2016, DEJT divulgado em 22, 25 e 26.04.2016. Inaplicável ao processo do trabalho a norma contida no art. 229, *caput* e §§ 1º e 2º, do CPC de 2015 (art. 191 do CPC de 1973), em razão de incompatibilidade com a celeridade que lhe é inerente.

Artigo 1.024

O juiz julgará os embargos em 5 (cinco) dias.

§ 1º Nos tribunais, o relator apresentará os embargos em mesa na sessão subsequente, proferindo voto, e, não havendo julgamento nessa sessão, será o recurso incluído em pauta automaticamente.

§ 2º Quando os embargos de declaração forem opostos contra decisão de relator ou outra decisão unipessoal proferida em tribunal, o órgão prolator da decisão embargada decidi-los-á monocraticamente.

§ 3º O órgão julgador conhecerá dos embargos de declaração como agravo interno se entender ser este o recurso cabível, desde que determine previamente a intimação do recorrente para, no prazo de 5 (cinco) dias, complementar as razões recursais, de modo a ajustá-las às exigências do art. 1.021, § 1º.

§ 4º Caso o acolhimento dos embargos de declaração implique modificação da decisão embargada, o embargado que já tiver interposto outro recurso contra a decisão originária tem o direito de complementar ou alterar suas razões, nos exatos limites da modificação, no prazo de 15 (quinze) dias, contado da intimação da decisão dos embargos de declaração.

§ 5º Se os embargos de declaração forem rejeitados ou não alterarem a conclusão do julgamento anterior, o recurso interposto pela outra parte antes da publicação do julgamento dos embargos de declaração será processado e julgado independentemente de ratificação.

Nos termos do dispositivo em comento, o Magistrado julgará os Embargos de Declaração no prazo de 5 (cinco) dias. Contudo, de maneira mais específica e compatível com o disposto na norma trabalhista, o § 1º dispõe que os Embargos serão incluídos na pauta da sessão subsequente (que pode ser superior a cinco dias, dado ao acúmulo de demandas), ocasião em que serão julgados. Complementa que, não havendo julgamento, os Embargos serão incluídos automaticamente na pauta de julgamentos subsequente(339).

Dispõe o § 2º que quando os Embargos forem opostos em face de decisão monocrática, esses também serão apreciados e julgados de forma individual.

O § 3º, por sua vez, apresenta hipótese de fungibilidade recursal. Especificamente, aponta a possibilidade de os Embargos configurarem, efetivamente, Agravo Interno, sendo então recebidos como tal, o que encontra respaldo, também, no **Enunciado n. 104 do FPPC** que aduz: "O princípio da fungibilidade recursal é compatível com o CPC e alcança todos os recursos, sendo aplicável de ofício." Ocorre que, por inexistir referida modalidade recursal no Processo do Trabalho, esse regramento não é aplicável, pois incompatível.

Verifica-se comumente que, no prazo para oposição de recursos, uma das partes opõe Embargos de Declaração, ao passo que a outra interpõe o recurso principal cabível. Nessa hipótese de pendência concomitante do julgamento de ambos os recursos, tem-se que os Embargos serão primeiramente decididos, a fim de que quaisquer vícios sejam sanados (o que pode acarretar, como já exposto, até mesmo a modificação da decisão). Exatamente nessa perspectiva, o § 4º do dispositivo em comento assegura que, quando o acolhimento dos Embargos implicar qualquer modificação da decisão, a parte que, à época, já tiver interposto recurso contra o julgado originário possa complementá-lo ou alterar suas razões, no mesmo prazo atinente a modalidade recursal interposta (sendo que no Processo do Trabalho o prazo será de 8 (oito) dias a partir da publicação da nova decisão).

O § 5º, esclarece, por sua vez, que se os Embargos de Declaração forem rejeitados ou não alterarem a conclusão anterior, o recurso interposto pela outra parte antes da publicação do julgamento dos embargos será processado e julgado independentemente de ratificação, não havendo que se falar em extemporaneidade.

Artigo 1.025

Consideram-se incluídos no acórdão os elementos que o embargante suscitou, para fins de pré-questionamento, ainda que os embargos de declaração sejam inadmitidos ou rejeitados, caso o tribunal superior considere existentes erro, omissão, contradição ou obscuridade.

(339) **Enunciado n. 650 do FPPC:** Os embargos de declaração, se não submetidos a julgamento na primeira sessão subsequente à sua oposição, deverão ser incluídos em pauta.

Dispõe o artigo em comento que, ainda que inadmitidos ou rejeitados os Embargos de Declaração, as violações nele aduzidas pela parte podem ser reapreciadas pelo Tribunal Superior, pois "consideram-se incluídos no acórdão os elementos que o embargante suscitou", isso é, consideram-se prequestionadas.

Nessa perspectiva é o entendimento consolidado no inciso III da Súmula n. 297 do TST, apta a demonstrar que a parte embargante não será prejudicada quando o julgador se omitir quanto às violações devidamente apontadas em sede de Embargos Declaratórios.

Súmula n. 297 do TST: PREQUESTIONAMENTO. OPORTUNIDADE. CONFIGURAÇÃO

III. Considera-se prequestionada a questão jurídica invocada no recurso principal sobre a qual se omite o Tribunal de pronunciar tese, não obstante opostos embargos de declaração.

Artigo 1.026

Os embargos de declaração não possuem efeito suspensivo e interrompem o prazo para a interposição de recurso.

§ 1º A eficácia da decisão monocrática ou colegiada poderá ser suspensa pelo respectivo juiz ou relator se demonstrada a probabilidade de provimento do recurso ou, sendo relevante a fundamentação, se houver risco de dano grave ou de difícil reparação.

§ 2º Quando manifestamente protelatórios os embargos de declaração, o juiz ou o tribunal, em decisão fundamentada, condenará o embargante a pagar ao embargado multa não excedente a dois por cento sobre o valor atualizado da causa.

§ 3º Na reiteração de embargos de declaração manifestamente protelatórios, a multa será elevada a até dez por cento sobre o valor atualizado da causa, e a interposição de qualquer recurso ficará condicionada ao depósito prévio do valor da multa, à exceção da Fazenda Pública e do beneficiário de gratuidade da justiça, que a recolherão ao final.

§ 4º Não serão admitidos novos embargos de declaração se os 2 (dois) anteriores houverem sido considerados protelatórios.

Nos termos do *caput* do artigo em comento, os Embargos de Declaração não possuem efeito suspensivo, mas interrompem o prazo para a interposição de recurso para todas as partes (mesmo aquelas que, eventualmente, não se valeram dos Embargos de Declaração)[340].

O § 3º do art. 897-A da CLT, por sua vez, excetua o efeito interruptivo, quando constatada a irregularidade nos seus pressupostos de admissibilidade, citando como exemplo a ausência de representação da parte ou sua assinatura, hipótese em que o prazo recursal continuará fluindo.

No que tange ao efeito suspensivo, inexistente, via de regra, dispõe o § 1º do artigo em comento que a eficácia da Decisão Embargada poderá ser suspensa pelo respectivo Magistrado, se demonstrada pela parte a probabilidade de provimento do recurso ou, sendo relevante a fundamentação, houver risco de dano grave ou de difícil reparação.

Apesar de as hipóteses de cabimento dos Embargos de Declaração serem claras, o que se observa na lida diária é a constante utilização dos Embargos de forma protelatória, isso é, como o objetivo de postergar o curso normal no processo (seja para ganhar tempo para efetuar o depósito recursal, seja para retardar o trânsito em julgado, dentre outras razões). Por tal razão fora instituída multa destinada a coibir tal prática, não excedente a dois por cento sobre o valor atualizado da causa, o que previsto no § 2º do dispositivo em comento.

A conduta protelatória é agravada pelo disposto nos §§ 3º e 4º, que dispõe respectivamente que:

§ 3º Na reiteração de embargos de declaração manifestamente protelatórios, a multa será elevada a até dez por cento sobre o valor atualizado da causa, e a interposição de qualquer recurso ficará condicionada ao depósito prévio do valor da multa, à exceção da Fazenda Pública e do beneficiário de gratuidade da justiça, que a recolherão ao final.

§ 4º Não serão admitidos novos embargos de declaração se os 2 (dois) anteriores houverem sido considerados protelatórios.[341]

(340) **Enunciado n. 563 do FPPC:** (art. 1.026; art. 339 do RISTF). Os embargos de declaração no âmbito do Supremo Tribunal Federal interrompem o prazo para a interposição de outros recursos.

(341) Nessa hipótese, o entendimento consolidado no **Enunciado n. 361 do FPPC** é no sentido de que "não cabem embargos de declaração e, caso opostos, não produzirão qualquer efeito".

CAPÍTULO VI — DOS RECURSOS PARA O SUPREMO TRIBUNAL FEDERAL E PARA O SUPERIOR TRIBUNAL DE JUSTIÇA

Seção I — Do Recurso Ordinário

Artigo 1.027

Serão julgados em recurso ordinário:

I - pelo Supremo Tribunal Federal, os mandados de segurança, os habeas data e os mandados de injunção decididos em única instância pelos tribunais superiores, quando denegatória a decisão;

II - pelo Superior Tribunal de Justiça:

a) os mandados de segurança decididos em única instância pelos tribunais regionais federais ou pelos tribunais de justiça dos Estados e do Distrito Federal e Territórios, quando denegatória a decisão;

b) os processos em que forem partes, de um lado, Estado estrangeiro ou organismo internacional e, de outro, Município ou pessoa residente ou domiciliada no País.

§ 1º Nos processos referidos no inciso II, alínea "b", contra as decisões interlocutórias caberá agravo de instrumento dirigido ao Superior Tribunal de Justiça, nas hipóteses do art. 1.015.

§ 2º Aplica-se ao recurso ordinário o disposto nos arts. 1.013, § 3º e 1.029, § 5º.

O Recurso Ordinário, previsto no inciso V, do art. 994 do CPC e regulado pelo art. 1.027 do CPC, ora em comento, não se confunde, por sua vez, com seu homônimo trabalhista previsto no art. 893, II, c/c 895 da CLT, cabível em face das decisões definitivas ou terminativas proferidas na fase de conhecimento, em primeira instância ou pelos Tribunais Regionais, quando de sua competência originária.

No Processo do Trabalho, o recurso cabível em face das decisões proferidas em única ou última instância pelo Tribunal Superior do Trabalho — TST, será, via de regra, o **Recurso Extraordinário** (previsto no inciso VII do art. 994 do CPC), que será adiante comentado.

Nada obstante, nos termos do art. 1.027, I, c/c art. 102, II, "a", da CR/88, também se utiliza no Processo do Trabalho o **Recurso Ordinário Constitucional**, que possui a finalidade de encaminhar ao Supremo Tribunal Federal — STF o julgamento de *habeas corpus*, mandado de segurança, *habeas data* e o mandado de injunção decididos em **única instância** pelos Tribunais Superiores, no caso, pelo TST, quando denegatória a decisão.

O dispositivo em comento trata da competência do Supremo Tribunal Federal — STF e do Superior Tribunal de Justiça — STJ em sede de Recurso Ordinário. No caso, apenas o inciso I, que trata especificamente do STF, pode ser aplicado ao Processo do Trabalho, nos termos acima expostos (não interessando ao presente estudo a competência do STJ prevista no inciso II).

Inaplicável o inciso II ao Processo do Trabalho, também não há que se falar na incidência do § 1º, pois, nos termos do art. 893, § 1º da CLT, via de regra, incabível recurso autônomo e imediato em face de decisões interlocutórias na Justiça Especializada Laboral.

O § 2º do dispositivo em comento, por sua vez, confere ao Recurso Ordinário constitucional a possibilidade de aplicação do julgamento imediato de mérito (§ 3º do art. 1.013 do CPC) e da concessão de efeito suspensivo (§ 5º do art. 1.029), *in verbis*:

> **Art. 1.013.** A apelação devolverá ao tribunal o conhecimento da matéria impugnada.
>
> § 3º Se o processo estiver em condições de imediato julgamento, o tribunal deve decidir desde logo o mérito quando:
>
> I - reformar sentença fundada no art. 485;
>
> II - decretar a nulidade da sentença por não ser ela congruente com os limites do pedido ou da causa de pedir;
>
> III - constatar a omissão no exame de um dos pedidos, hipótese em que poderá julgá-lo;
>
> IV - decretar a nulidade de sentença por falta de fundamentação.

Art. 1.029. O recurso extraordinário e o recurso especial, nos casos previstos na Constituição Federal, serão interpostos perante o presidente ou o vice-presidente do tribunal recorrido, em petições distintas que conterão:

§ 5º O pedido de concessão de efeito suspensivo a recurso extraordinário ou a recurso especial poderá ser formulado por requerimento dirigido:

I – ao tribunal superior respectivo, no período compreendido entre a publicação da decisão de admissão do recurso e sua distribuição, ficando o relator designado para seu exame prevento para julgá-lo;

II – ao relator, se já distribuído o recurso;

III – ao presidente ou ao vice-presidente do tribunal recorrido, no período compreendido entre a interposição do recurso e a publicação da decisão de admissão do recurso, assim como no caso de o recurso ter sido sobrestado, nos termos do art. 1.037.

Nos termos do **Enunciado n. 357 do FPPC**, também são aplicáveis, à espécie, as disposições do art. 1.014 do CPC, que assim preceitua: "Art. 1.014. As questões de fato não propostas no juízo inferior poderão ser suscitadas na apelação, se a parte provar que deixou de fazê-lo por motivo de força maior", tanto no processo civil como no processo do trabalho.

Artigo 1.028

Ao recurso mencionado no art. 1.027, inciso II, alínea *"b"*, aplicam-se, quanto aos requisitos de admissibilidade e ao procedimento, as disposições relativas à apelação e o Regimento Interno do Superior Tribunal de Justiça.

§ 1º Na hipótese do art. 1.027, § 1º, aplicam-se as disposições relativas ao agravo de instrumento e o Regimento Interno do Superior Tribunal de Justiça.

§ 2º O recurso previsto no art. 1.027, incisos I e II, alínea *"a"*, deve ser interposto perante o tribunal de origem, cabendo ao seu presidente ou vice-presidente determinar a intimação do recorrido para, em 15 (quinze) dias, apresentar as contrarrazões.

§ 3º Findo o prazo referido no § 2º, os autos serão remetidos ao respectivo tribunal superior, independentemente de juízo de admissibilidade.

Conforme disposto nos comentários ao art. 1.027 do CPC, não se aplica ao Processo do Trabalho as disposições relativas aos Recursos Ordinários de competência do Superior Tribunal de Justiça – STJ.

No que tange ao Recurso Ordinário de competência do STF que, por sua vez, é aplicável ao Processo do Trabalho (art. 1.027, I, do CPC), determina o § 2º do dispositivo em comento que a parte recorrida será intimada para apresentação de Contrarrazões ao Recurso Ordinário no prazo de 15 (quinze) dias. Findo o prazo recursal, tem-se que os autos serão remetidos ao STF independentemente de juízo de admissibilidade.

No processo do trabalho o recurso é utilizado com maior frequência em face das decisões denegatórias de mandado de segurança proferidas em única instância pelo TST. Nessas hipóteses o julgamento é encaminhado para o STF. A título de exemplo, segue ementa proferida em Recurso Ordinário Constitucional oriundo da Corte Trabalhista pelo STF, *in verbis:*

RECURSO ORDINÁRIO EM MANDADO DE SEGURANÇA. CONCURSO PÚBLICO. ANALISTA JUDICIÁRIO ESPECIALIDADE TAQUIGRAFIA DO TRIBUNAL SUPERIOR DO TRABALHO. DENEGAÇÃO DA ORDEM PELA CORTE A QUO. AUSÊNCIA DE SUCUMBÊNCIA EM RELAÇÃO À CANDIDATA APROVADA NO CERTAME QUE PRETENDE SER RECONHECIDA COMO PARTE NO FEITO. NÃO CONHECIMENTO. RECURSO INTERPOSTO PELOS IMPETRANTES. EDITAL DO CERTAME QUE PREVIA A REALIZAÇÃO DE PROVA PRÁTICA EM VELOCIDADE CRESCENTE E VARIÁVEL. DITADO REALIZADO EM VELOCIDADE DECRESCENTE E VARIÁVEL. AUSÊNCIA DE DEMONSTRAÇÃO DO EFETIVO PREJUÍZO NO CASO CONCRETO. INADEQUAÇÃO DA VIA ELEITA PARA IMPUGNAÇÃO DO CONCURSO. NEGATIVA DE PROVIMENTO AO APELO. 1. Não cabe recurso ordinário diante da ausência de sucumbência de candidata aprovada no certame que pretende ser reconhecida como parte no mandado de segurança, em face da denegação da ordem mandamental pretendida pelos candidatos não aprovados no concurso público em debate. Hipótese constitucional estrita de cabimento do apelo. Art. 102, II, *"a"*, da Constituição da República. 2. Inexistente prova pré-constituída e objetivamente demonstrada no mandado de segurança que evidencie a ocorrência de prejuízo e quebra da isonomia entre os candidatos pela inversão verificada na velocidade aplicada na prova prática de Taquigrafia, descabe a concessão de ordem apta a gerar a suspensão do concurso público e aplicação de nova prova prática pelo Tribunal Superior do Trabalho. Incidência do princípio da instrumentalidade das formas e do brocardo *pas de nullité sans grief.* 3. Recurso ordinário interposto por Sara Cavalcante Nogueira Vasconcellos não conhecido. Recurso ordinário interposto por Adriana Amorim da Silva e Outros a que se nega provimento. (RMS 36305. Órgão julgador: Segunda Turma do STF. Relator: Min. Edson Fachin. Julgamento: 17.09.2019. Publicação: 14.10.2019) (grifos nossos)

Seção II — Do Recurso Extraordinário e do Recurso Especial

Subseção I — Disposições Gerais

Artigo 1.029

O recurso extraordinário e o recurso especial, nos casos previstos na Constituição Federal, serão interpostos perante o presidente ou o vice-presidente do tribunal recorrido, em petições distintas que conterão:

I - a exposição do fato e do direito;

II - a demonstração do cabimento do recurso interposto;

III - as razões do pedido de reforma ou de invalidação da decisão recorrida.

§ 1º Quando o recurso fundar-se em dissídio jurisprudencial, o recorrente fará a prova da divergência com a certidão, cópia ou citação do repositório de jurisprudência, oficial ou credenciado, inclusive em mídia eletrônica, em que houver sido publicado o acórdão divergente, ou ainda com a reprodução de julgado disponível na rede mundial de computadores, com indicação da respectiva fonte, devendo-se, em qualquer caso, mencionar as circunstâncias que identifiquem ou assemelhem os casos confrontados.

§ 2º (Revogado). (Redação dada pela Lei n. 13.256, de 2016) (Vigência).

§ 3º O Supremo Tribunal Federal ou o Superior Tribunal de Justiça poderá desconsiderar vício formal de recurso tempestivo ou determinar sua correção, desde que não o repute grave.

§ 4º Quando, por ocasião do processamento do incidente de resolução de demandas repetitivas, o presidente do Supremo Tribunal Federal ou do Superior Tribunal de Justiça receber requerimento de suspensão de processos em que se discuta questão federal constitucional ou infraconstitucional, poderá, considerando razões de segurança jurídica ou de excepcional interesse social, estender a suspensão a todo o território nacional, até ulterior decisão do recurso extraordinário ou do recurso especial a ser interposto.

§ 5º O pedido de concessão de efeito suspensivo a recurso extraordinário ou a recurso especial poderá ser formulado por requerimento dirigido:

I - ao tribunal superior respectivo, no período compreendido entre a publicação da decisão de admissão do recurso e sua distribuição, ficando o relator designado para seu exame prevento para julgá-lo;

II - ao relator, se já distribuído o recurso;

III - ao presidente ou ao vice-presidente do tribunal recorrido, no período compreendido entre a interposição do recurso e a publicação da decisão de admissão do recurso, assim como no caso de o recurso ter sido sobrestado, nos termos do art. 1.037.

O dispositivo em comento regulamenta os Recursos Extraordinário e Especial, nos termos previstos na Constituição Federal, os quais são interpostos perante o presidente ou o vice-presidente do Tribunal recorrido e encaminhados para apreciação do Supremo Tribunal Federal — STF e Superior Tribunal de Justiça — STJ, respectivamente[(342)].

Conforme exposto nos comentários dos artigos anteriores, o STJ não possui competência trabalhista, razão pela qual no Processo do Trabalho inexistem recursos direcionados para esse Órgão Julgador.

Dessa feita, os comentários aos dispositivos desta 'seção II' se limitarão à análise do Recurso Extraordinário e a competência do STF, observando-se o disposto no Regimento Interno do TST (art. 324 e seguintes[(343)]) e o inciso III do art. 102 da Constituição Federal, que assim preceitua:

> **Art. 102.** Compete ao Supremo Tribunal Federal, precipuamente, a guarda da Constituição, cabendo-lhe:
>
> III - julgar, mediante recurso extraordinário, as causas decididas em única ou última instância, quando a decisão recorrida[(344)]:
>
> *a)* contrariar dispositivo desta Constituição;

(342) Conforme sedimentado no **Enunciado n. 664 do FPPC** "O Presidente ou Vice-Presidente do Tribunal de origem tem competência para homologar acordo celebrado antes da publicação da decisão de admissão do recurso especial ou extraordinário".

(343) Regimento Interno do TST: Capítulo VII - Dos Recursos para o Supremo Tribunal Federal. Seção I - Do Recurso Extraordinário. Art. 324. Cabe recurso extraordinário das decisões do Tribunal proferidas em única ou última instância, nos termos da Constituição da República [...].

(344) **Súmula n. 292 do STF:** Interposto o recurso extraordinário por mais de um dos fundamentos indicados no art. 101, III, da Constituição, a admissão apenas por um deles não prejudica o seu conhecimento por qualquer dos outros.

b) declarar a inconstitucionalidade de tratado ou lei federal;

c) julgar válida lei ou ato de governo local contestado em face desta Constituição.

d) julgar válida lei local contestada em face de lei federal.

§ 3º No recurso extraordinário o recorrente deverá demonstrar a repercussão geral das questões constitucionais discutidas no caso, nos termos da lei, a fim de que o Tribunal examine a admissão do recurso, somente podendo recusá-lo pela manifestação de dois terços de seus membros.

São requisitos da petição do Recurso Extraordinário: (I) a exposição do fato e do direito; (II) – a demonstração do cabimento do recurso interposto e (III) – as razões do pedido de reforma ou de invalidação da decisão recorrida. Sugere-se, também, a comprovação de prequestionamento[(345)].

Além dos citados requisitos formais, quando o recurso fundar-se em dissídio jurisprudencial, o § 1º do dispositivo em comento exige a prova da divergência, a ser feita por meio de cópia da certidão do julgado, cópia ou citação do repositório de jurisprudência oficial ou credenciado (inclusive em mídia eletrônica em que houver sido publicado o acórdão divergente), ou ainda com a reprodução de julgado disponível na rede mundial de computadores (com indicação da respectiva fonte), devendo o recorrente, em qualquer das hipóteses, demonstrar as circunstâncias que identifiquem ou assemelhem os casos confrontados. Trata-se do cotejo entre as decisões divergentes, também exigido para o recurso de revista.

Observe-se, ainda, que a divergência jurisprudencial não poderá versar sobre questão já firmada pelo Plenário do Supremo, nos termos consolidados pela **Súmula n. 286 do STF**[(346)], tampouco representar divergência jurisprudencial eventualmente existente no âmbito de um mesmo Tribunal **(Súmula n. 369 do STF)** ou da Justiça do Trabalho **(Súmula n. 432 da STF)**.

Os requisitos formais previstos no § 1º do art. 1.029, desde que não sejam graves, poderão ser desconsiderados pelo Tribunal, que poderá optar, também, por determinar a sua correção para posterior admissão (desde que tempestivamente aviado), como preceitua o § 3º. Essas condições que combatem a jurisprudência defensiva, estão também consolidadas nos Enunciados n. 197, 219, 220,550 e 593 do FPPC, *in verbis:*

Enunciado n. 197 do FPPC: Aplica-se o disposto no parágrafo único do art. 932 aos vícios sanáveis de todos os recursos, inclusive dos recursos excepcionais.

Enunciado n. 219 do FPPC: O relator ou o órgão colegiado poderá desconsiderar o vício formal de recurso tempestivo ou determinar sua correção, desde que não o repute grave.

Enunciado n. 220 do FPPC: O Supremo Tribunal Federal ou o Superior Tribunal de Justiça inadmitirá o recurso extraordinário ou o recurso especial quando o recorrente não sanar o vício formal de cuja falta foi intimado para corrigir.

Enunciado n. 550 do FPPC: A inexistência de repercussão geral da questão constitucional discutida no recurso extraordinário é vício insanável, não se aplicando o dever de prevenção de que trata o parágrafo único do art. 932, sem prejuízo do disposto no art. 1.033.

Enunciado n. 593 do FPPC: Antes de inadmitir o recurso especial ou recurso extraordinário, cabe ao presidente ou vice-presidente do tribunal recorrido conceder o prazo de cinco dias ao recorrente para que seja sanado o vício ou complementada a documentação exigível, nos termos do parágrafo único do art. 932.

O § 4º do dispositivo em comento abarca questões atinentes ao processamento do Incidente de Resolução de Demandas Repetitivas — IRDR, especificamente quanto à possibilidade de suspensão dos processos paradigmas (por razão de segurança jurídica ou excepcional interesse social) e da possibilidade de, levando-se em consideração a segurança jurídica e o interesse social, a sua extensão por todo o território nacional.

Via de regra, o Recurso Extraordinário não possui efeito suspensivo, não impedindo, dessa forma, o início da execução, o que é corroborado pelo § 2º do art. 893 da CLT[(347)]. Nada obstante, assim como ocorre com o Recurso Ordinário

(345) **Súmula n. 356 do STF:** O ponto omisso da decisão, sobre o qual não foram opostos embargos declaratórios, não pode ser objeto de recurso extraordinário, por faltar o requisito do prequestionamento.

(346) Preceito semelhante ao consolidado pela **Súmula n. 333 do TST**: "Não ensejam recurso de revista decisões superadas por iterativa, notória e atual jurisprudência do Tribunal Superior do Trabalho"..

(347) **Art. 893, § 2º da CLT:** "A interposição de recurso para o Supremo Tribunal Federal não prejudicará a execução do julgado".

Trabalhista (Súmula n. 414 do TST[348]), o § 5º do dispositivo em comento possibilita o requerimento de aplicação do efeito suspensivo ao Recurso Extraordinário, o qual deve ser dirigido:

> I – ao tribunal superior respectivo, no período compreendido entre a publicação da decisão de admissão do recurso e sua distribuição, ficando o relator designado para seu exame prevento para julgá-lo;
>
> II – ao relator, se já distribuído o recurso;
>
> III – ao presidente ou ao vice-presidente do tribunal recorrido, no período compreendido entre a interposição do recurso e a publicação da decisão de admissão do recurso, assim como no caso de o recurso ter sido sobrestado, nos termos do art. 1.037.

No que tange ainda aos Recursos Extraordinários, as Súmulas ns. 279, 282 e 636 do STF merecem destaque no presente estudo e seguem transcritas *in verbis*:

> **Súmula n. 279 do STF:** Para simples reexame de prova não cabe recurso extraordinário.
>
> **Súmula n. 282 do STF:** É inadmissível o recurso extraordinário, quando não ventilada, na decisão recorrida, a questão federal suscitada.
>
> **Súmula n. 636 do STF:** Não cabe recurso extraordinário por contrariedade ao princípio constitucional da legalidade, quando a sua verificação pressuponha rever a interpretação dada a normas infraconstitucionais pela decisão recorrida.

Artigo 1.030

Recebida a petição do recurso pela secretaria do tribunal, o recorrido será intimado para apresentar contrarrazões no prazo de 15 (quinze) dias, findo o qual os autos serão conclusos ao presidente ou ao vice-presidente do tribunal recorrido, que deverá: (Redação dada pela Lei n. 13.256, de 2016) (Vigência)

I – negar seguimento: Incluído pela Lei n. 13.256, de 2016) (Vigência)

a) a recurso extraordinário que discuta questão constitucional à qual o Supremo Tribunal Federal não tenha reconhecido a existência de repercussão geral ou a recurso extraordinário interposto contra acórdão que esteja em conformidade com entendimento do Supremo Tribunal Federal exarado no regime de repercussão geral; (Incluída pela Lei n. 13.256, de 2016) (Vigência)

b) a recurso extraordinário ou a recurso especial interposto contra acórdão que esteja em conformidade com entendimento do Supremo Tribunal Federal ou do Superior Tribunal de Justiça, respectivamente, exarado no regime de julgamento de recursos repetitivos; (Incluída pela Lei n. 13.256, de 2016) (Vigência).

II – encaminhar o processo ao órgão julgador para realização do juízo de retratação, se o acórdão recorrido divergir do entendimento do Supremo Tribunal Federal ou do Superior Tribunal de Justiça exarado, conforme o caso, nos regimes de repercussão geral ou de recursos repetitivos; (Incluído pela Lei n. 13.256, de 2016) (Vigência).

III – sobrestar o recurso que versar sobre controvérsia de caráter repetitivo ainda não decidida pelo Supremo Tribunal Federal ou pelo Superior Tribunal de Justiça, conforme se trate de matéria constitucional ou infraconstitucional; (Incluído pela Lei n. 13.256, de 2016) (Vigência)

IV – selecionar o recurso como representativo de controvérsia constitucional ou infraconstitucional, nos termos do § 6º do art. 1.036; (Incluído pela Lei n. 13.256, de 2016) (Vigência).

V – realizar o juízo de admissibilidade e, se positivo, remeter o feito ao Supremo Tribunal Federal ou ao Superior Tribunal de Justiça, desde que: (Incluído pela Lei n. 13.256, de 2016).

a) o recurso ainda não tenha sido submetido ao regime de repercussão geral ou de julgamento de recursos repetitivos; (Incluída pela Lei n. 13.256, de 2016) (Vigência)

b) o recurso tenha sido selecionado como representativo da controvérsia; ou (Incluída pela Lei n. 13.256, de 2016) (Vigência).

c) o tribunal recorrido tenha refutado o juízo de retratação. (Incluída pela Lei n. 13.256, de 2016) (Vigência)

§ 1º Da decisão de inadmissibilidade proferida com fundamento no inciso V caberá agravo ao tribunal superior, nos termos do art. 1.042. (Incluído pela Lei n. 13.256, de 2016) (Vigência)

§ 2º Da decisão proferida com fundamento nos incisos I e III caberá agravo interno, nos termos do art. 1.021. (Incluído pela Lei n. 13.256, de 2016) (Vigência)

(348) **Súmula n. 414 do TST:** MANDADO DE SEGURANÇA. TUTELA PROVISÓRIA CONCEDIDA ANTES OU NA SENTENÇA. I – A tutela provisória concedida na sentença não comporta impugnação pela via do mandado de segurança, por ser impugnável mediante recurso ordinário. É admissível a obtenção de efeito suspensivo ao recurso ordinário mediante requerimento dirigido ao tribunal, ao relator ou ao presidente ou ao vice-presidente do tribunal recorrido, por aplicação subsidiária ao processo do trabalho do art. 1.029, § 5º, do CPC de 2015 [...].

O dispositivo em comento trata das providências e decisões que poderão ser tomadas pelo presidente ou vice--presidente do Tribunal recorrido que, no caso do Processo do Trabalho, será o TST.

Inicialmente, como preceitua o *caput* do artigo em questão c/c §§ 1º e 2º do art. 324 e art. 325 do Regimento Interno do TST, deve ser estabelecido o princípio do contraditório com a possibilidade de apresentação de contra razões recursais pela parte contrária:

Art. 324 do Regimento Interno do TST:

§ 1º o recurso será interposto em petição fundamentada, no prazo de 15 (quinze) dias úteis da publicação do acórdão ou de suas conclusões no órgão oficial;

§ 2º A petição do recurso extraordinário será juntada aos autos após transcorrido o prazo legal sem a interposição de recurso de competência do Tribunal Superior do Trabalho, abrindo-se, de imediato, vista dos autos à parte contrária para apresentação de contrarrazões no prazo de 15 (quinze) dias úteis.

Art. 325 do Regimento Interno do TST: Findo o prazo das contrarrazões, os autos serão conclusos ao Vice-Presidente do Tribunal para exame da admissibilidade do recurso.

Conclusos os autos para o exame de admissibilidade, poderá o Presidente ou vice-presidente do Tribunal recorrido negar seguimento ao recurso quando:

a) o STF já houver declarado a ausência de repercussão geral da questão constitucional discutida no recurso.

b) a questão constitucional discutida estiver em conformidade com entendimento exarado pelo STF no regime de repercussão geral — haja vista a observância obrigatória dessas decisões (art. 988, § 5º, II do CPC).

Nessa última hipótese, isso é, se o Acórdão recorrido divergir do entendimento exarado pelo STF nos regimes de repercussão geral ou de recursos repetitivos, poderá o Ministro Vice-Presidente do TST encaminhar o processo ao órgão julgador para realização do **juízo de retratação**, justamente em razão do dever de observância obrigatória dessas decisões (art. 926, 927, III, e 988, § 5º, II, do CPC).

Tratando-se de recurso cujo objeto consubstancie uma controvérsia reiterada pendente de decisão em incidente de recursos repetitivos, poderá haver o sobrestamento do recurso. Ainda, poderá o recurso ser selecionado como representativo de controvérsia constitucional ou infraconstitucional que se pretende julgar em regime de Incidente de Recursos Repetitivos — IRR (desde que contenham abrangente argumentação e discussão a respeito da questão a ser decidida), tema que será aprofundado na análise do art. 1.036 e seguintes.

Ao final, poderá o Ministro Presidente ou Vice-Presidente do Tribunal Recorrido exercer o juízo de admissibilidade positivo, hipótese em que remeterá as razões do Recurso Extraordinário interposto e as contrarrazões para apreciação do STF. Para tanto, faz-se necessário que:

a) o recurso ainda não tenha sido submetido ao regime de repercussão geral ou de julgamento de recursos repetitivos;

b) o recurso tenha sido selecionado como representativo da controvérsia; ou

c) o tribunal recorrido tenha refutado o juízo de retratação.

Da decisão de inadmissibilidade proferida em razão de o objeto já ter sido submetido ao regime de repercussão geral ou julgamento de recursos repetitivos caberá Agravo ao Tribunal Superior, nos termos do art. 1.042 do CPC[349], adiante analisado e, nas demais hipóteses, caberá Agravo, nos termos do ar. 1.021 do CPC[350].

Observe-se, contudo, que a negativa de seguimento ou sobrestamento do Recurso Extraordinário sob o fundamento de que a questão de direito já foi ou está selecionada para julgamento em Incidente de Recursos Repetitivos — IRR, não pode ser feita via carimbo ou outra forma automatizada, tampouco por servidor não investido no cargo de magistrado. **(Enunciado n. 665 do FPPC)**.

---

(349) **Art. 1.042 do CPC:** Cabe agravo contra decisão do presidente ou do vice-presidente do tribunal recorrido que inadmitir recurso extraordinário ou recurso especial, salvo quando fundada na aplicação de entendimento firmado em regime de repercussão geral ou em julgamento de recursos repetitivos.

(350) **Art. 1.021 do CPC.** Contra decisão proferida pelo relator caberá agravo interno para o respectivo órgão colegiado, observadas, quanto ao processamento, as regras do regimento interno do tribunal.

Artigo 1.031

Na hipótese de interposição conjunta de recurso extraordinário e recurso especial, os autos serão remetidos ao Superior Tribunal de Justiça.

§ 1º Concluído o julgamento do recurso especial, os autos serão remetidos ao Supremo Tribunal Federal para apreciação do recurso extraordinário, se este não estiver prejudicado.

§ 2º Se o relator do recurso especial considerar prejudicial o recurso extraordinário, em decisão irrecorrível, sobrestará o julgamento e remeterá os autos ao Supremo Tribunal Federal.

§ 3º Na hipótese do § 2º, se o relator do recurso extraordinário, em decisão irrecorrível, rejeitar a prejudicialidade, devolverá os autos ao Superior Tribunal de Justiça para o julgamento do recurso especial.

Novamente, o procedimento apresentado pelo dispositivo em comento não se aplica ao Processo do Trabalho, pois inexistente a modalidade recursal 'Recurso Especial', sendo o STJ incompetente para julgamento de lides trabalhistas.

O Recurso Extraordinário é, pois, interposto de forma independente e, se admitido pelo TST, é prontamente encaminhado para admissibilidade e julgamento pelo STF.

Artigo 1.032

Se o relator, no Superior Tribunal de Justiça, entender que o recurso especial versa sobre questão constitucional, deverá conceder prazo de 15 (quinze) dias para que o recorrente demonstre a existência de repercussão geral e se manifeste sobre a questão constitucional.

Parágrafo único. Cumprida a diligência de que trata o *caput*, o relator remeterá o recurso ao Supremo Tribunal Federal, que, em juízo de admissibilidade, poderá devolvê-lo ao Superior Tribunal de Justiça.

Conforme exposto e novamente reiterado, o procedimento apresentado pelo dispositivo não se aplica ao Processo do Trabalho, sendo o Recurso Extraordinário interposto de forma independente e, se admitido pelo TST, prontamente encaminhado para admissibilidade e julgamento pelo STF.

Artigo 1.033

Se o Supremo Tribunal Federal considerar como reflexa a ofensa à Constituição afirmada no recurso extraordinário, por pressupor a revisão da interpretação de lei federal ou de tratado, remetê-lo-á ao Superior Tribunal de Justiça para julgamento como recurso especial.

Quando do julgamento de Recursos Extraordinários envolvendo direitos trabalhistas constitucionalmente assegurados, pode o Supremo Tribunal Federal reconhecer que a ofensa constitucional apontada no recurso é meramente reflexa, hipótese em que a norma infraconstitucional deveria ser analisada. Nada obstante, diferentemente do determinado no artigo em comento, o STF não remete o recurso para análise do TST, haja vista que eventuais violações já foram analisadas pela Corte Superior Trabalhista em sede de Recurso de Revista.

Artigo 1.034

Admitido o recurso extraordinário ou o recurso especial, o Supremo Tribunal Federal ou o Superior Tribunal de Justiça julgará o processo, aplicando o direito.

Parágrafo único. Admitido o recurso extraordinário ou o recurso especial por um fundamento, devolve-se ao tribunal superior o conhecimento dos demais fundamentos para a solução do capítulo impugnado.

Admitido o Recurso Extraordinário trabalhista, o STF julgará o processo analisando todos os fundamentos apontados como capazes de infirmar o convencimento dos julgadores, não se limitando àquele que, efetivamente, ensejou a admissibilidade e processamento do recurso.

Artigo 1.035

O Supremo Tribunal Federal, em decisão irrecorrível, não conhecerá do recurso extraordinário quando a questão constitucional nele versada não tiver repercussão geral, nos termos deste artigo.

§ 1º Para efeito de repercussão geral, será considerada a existência ou não de questões relevantes do ponto de vista econômico, político, social ou jurídico que ultrapassem os interesses subjetivos do processo.

§ 2º O recorrente deverá demonstrar a existência de repercussão geral para apreciação exclusiva pelo Supremo Tribunal Federal.

§ 3º Haverá repercussão geral sempre que o recurso impugnar acórdão que:

I – contrarie súmula ou jurisprudência dominante do Supremo Tribunal Federal;

II – tenha sido proferido em julgamento de casos repetitivos;

III – tenha reconhecido a inconstitucionalidade de tratado ou de lei federal, nos termos do art. 97 da Constituição Federal.

§ 4º O relator poderá admitir, na análise da repercussão geral, a manifestação de terceiros, subscrita por procurador habilitado, nos termos do Regimento Interno do Supremo Tribunal Federal.

§ 5º Reconhecida a repercussão geral, o relator no Supremo Tribunal Federal determinará a suspensão do processamento de todos os processos pendentes, individuais ou coletivos, que versem sobre a questão e tramitem no território nacional.

§ 6º O interessado pode requerer, ao presidente ou ao vice-presidente do tribunal de origem, que exclua da decisão de sobrestamento e inadmita o recurso extraordinário que tenha sido interposto intempestivamente, tendo o recorrente o prazo de 5 (cinco) dias para manifestar-se sobre esse requerimento.

§ 7º Da decisão que indeferir o requerimento referido no § 6º ou que aplicar entendimento firmado em regime de repercussão geral ou em julgamento de recursos repetitivos caberá agravo interno.

§ 8º Negada a repercussão geral, o presidente ou o vice-presidente do tribunal de origem negará seguimento aos recursos extraordinários sobrestados na origem que versem sobre matéria idêntica.

§ 9º O recurso que tiver a repercussão geral reconhecida deverá ser julgado no prazo de 1 (um) ano e terá preferência sobre os demais feitos, ressalvados os que envolvam réu preso e os pedidos de *habeas corpus*.

§ 11. A súmula da decisão sobre a repercussão geral constará de ata, que será publicada no diário oficial e valerá como acórdão.

O dispositivo em comento regulamenta o requisito de admissibilidade exclusivo do Recurso Extraordinário, denominado "Repercussão Geral".

Segundo preceitua o artigo, quando do juízo de admissibilidade do Recurso Extraordinário pelo STF, deverá ser aferido requisito essencial, a saber, a Repercussão Geral da questão constitucional *sub judice*.

O instituto consiste em requisito para admissibilidade do recurso introduzido na legislação processual (art.543-A do CPC/73) por meio da Lei n. 11.418, de 2006. A partir de então, apenas "questões relevantes do ponto de vista econômico, político, social ou jurídico, que ultrapassem os interesses subjetivos da causa" passaram a admitir o processamento do recurso.

Trata-se, efetivamente, da análise da relevância da questão discutida sob o ponto de vista econômico, político, social e jurídico (§ 1º), que vai além do interesse individual das partes e que deve ser demonstrado pela parte recorrente (§ 2º), quando da interposição do recurso.

Manoel Antonio Teixeira Filho esclarece que:

> O requisito da *repercussão geral* foi instituído com dois objetivos fundamentais: a) um, de natureza política, consistente na exaltação da competência do Supremo Tribunal Federal, como Corte Constitucional, liberando o órgão do encargo de pronunciar-se sobre questões miúdas, irrelevantes; b) outro, de índole pragmática, tendente a reduzir a quantidade de recursos apreciados pela Suprema Corte, pois era notória a maré-montante de recursos que estavam a abarrotar os gabinetes dos Srs. Ministros.[351]

(351) TEIXEIRA FILHO, Manoel Antonio. *Comentários ao Novo Código de Processo Civil sob a perspectiva do Processo do Trabalho.* São Paulo: LTr, 2015. p. 1.348.

Nos exatos termos do § 3º, pressupõe-se a existência de 'Repercussão Geral' sempre que o Acórdão: **I)** contrariar súmula ou jurisprudência dominante do Supremo Tribunal Federal; **II)** for proferido em julgamento de casos repetitivos; **III)** reconhecer a inconstitucionalidade de tratado ou de lei federal, notadamente em razão da relevância jurídica e observância obrigatória dessas decisões (art. 927 do CPC).

A inserção do requisito eleva, pois, a força e o valor da jurisprudência uniformizada, bem como da estabilidade, integridade e coerência das decisões, sendo que eventuais violações ao entendimento consolidado são levadas à análise e deliberação pela Corte Suprema do país.

Em decorrência da relevância da questão constitucional em análise, faculta-se ao Ministro relator a admissão da manifestação de terceiros, nos termos dispostos no Regimento Interno do STF (art. 321 e seguintes). Trata-se da figura do *amicus curiae*, prevista no art. 138 do CPC, cuja importância já foi demonstrado nos comentários do artigo no volume I da coleção e também será explorada nos comentários ao art. 1.036 do CPC.

Uma vez preenchido o requisito, a decisão constará de ata a ser publicada no diário oficial, que valerá como Acórdão (§ 11). Ato contínuo, será determinada a suspensão do processamento de todos os processos pendentes, individuais ou coletivos, que versem sobre a questão e tramitem no território nacional até o julgamento do recurso, que deverá ser finalizado no prazo de 1 (um) ano (§ 9º). Imperioso, contudo, que o prazo apontado seja respeitado, sob pena de se ver paralisada, indefinitivamente, a entrega da prestação jurisdicional, o que voltará a ser analisado no comentário do artigo seguinte.

Nos termos do § 6º, as partes interessadas poderão requerer, ao presidente ou ao vice-presidente do tribunal de origem, no caso, do C. TST, que "exclua da decisão de sobrestamento e inadmita o recurso extraordinário que tenha sido interposto intempestivamente, tendo o recorrente o prazo de 5 (cinco) dias para manifestar-se sobre esse requerimento". Indeferido o pedido, será cabível a interposição de Agravo Interno (§ 7º), o que também está previsto no Regimento Interno do TST, que assim regulamenta:

> **Art. 328.** Cabe agravo contra decisão denegatória do recurso extraordinário, no prazo de 15 (quinze) dias úteis, contados de sua publicação no órgão oficial, salvo quando fundada na aplicação de entendimento firmado em regime de repercussão geral ou em julgamento de recursos repetitivos.
>
> Parágrafo único. A petição do agravo será dirigida ao Vice-Presidente do Tribunal e independe do pagamento de custas e despesas postais, aplicando-se a ela o regime de repercussão geral e de recursos repetitivos, inclusive quanto à possibilidade de sobrestamento e do juízo de retratação.

Não reconhecida a Repercussão Geral pelo STF, o presidente ou o vice-presidente do tribunal de origem negará seguimento aos recursos extraordinários sobrestados na origem (TST) que versem sobre matéria idêntica (§ 8º). Nessa hipótese, segundo entendimento consolidado pelo **Enunciado n. 550 do FFPC**, não há que se falar em "vício sanável", não se aplicando a providência estabelecida pelo parágrafo único do art. 932 do CPC[(352)].

Observe-se, ao final, que as decisões proferidas em Acórdão de Recurso Extraordinário com Repercussão Geral reconhecida foram elevadas à modalidade de Precedente Vinculante pela Lei n. 13.256 de 2016, que alterou o CPC/15 para incluir o § 5º ao art. 988[(353)].

Isso porque, o inciso II do § 5º passou a prever o cabimento de Reclamação para o STF em casos de inobservância às decisões proferidas em Recurso Extraordinário com Repercussão Geral reconhecida[(354)], o que demonstra a obrigatoriedade de sua observância.

---

(352) "Antes de considerar inadmissível o recurso, o relator concederá o prazo de 5 (cinco) dias ao recorrente para que seja sanado vício ou complementada a documentação exigível".

(353) **Art. 988.** Caberá reclamação da parte interessada ou do Ministério Público para: § 5º – II – proposta para garantir a observância de acórdão de recurso extraordinário com repercussão geral reconhecida ou de acórdão proferido em julgamento de recursos extraordinário ou especial repetitivos, quando não esgotadas as instâncias ordinárias.

(354) Ressalta-se que, embora a inobservância às decisões em recurso extraordinário com repercussão geral desafie reclamação, nos termos do inciso II do § 5º do art. 988 do CPC, essa apenas é possível após o esgotamento das vias ordinárias. Dessa forma, essa modalidade decisória pode ser considerada como Precedente Vinculante de coercibilidade diferida, ao passo que os incisos I, II e III do art. 927 do CPC possuem coercibilidade imediata via reclamação.

Diante da nova proposição, deixou claro o legislador o caráter também vinculante das decisões proferidas em Recurso Extraordinário com Repercussão Geral reconhecida. Trata-se de inclusão pertinente, pois desarrazoado seria a Corte Suprema conhecer de um Recurso Extraordinário, declarar sua Repercussão Geral, suspender o processamento de todas as lides pendentes acerca da questão no território nacional, se a sua decisão final fosse apenas persuasiva.

Em relação à vinculatividade das decisões em Recurso Extraordinário com Repercussão Geral, Cesar Zucatti Pritsch(355) sustenta que:

> Em que pese o lapso técnico de não terem sido expressamente incluídos no rol dos arts. 927 e 588, *caput*, do CPC, agora o acórdão de recurso extraordinário com repercussão geral reconhecida é expressamente tido como precedente vinculante, inclusive, sendo protegido por reclamação, conforme se depreende do inciso II do § 5º do art. 988 do CPC, incluído pela Lei n. 13.256/2016. [...] O art. 588, § 5º, II, do CPC, veio para fazer justiça ao RE com repercussão geral, ainda que de forma atécnica — deveria ter constado do rol do art. 927 e dos incisos do art. 988, do CPC.

Assim, além do rol firmado pelo art. 927 do CPC, as decisões proferidas em Recurso Extraordinário com Repercussão Geral também são consideradas com força vinculante e, portanto, de observância obrigatória para todos.

Subseção II — Do Julgamento dos Recursos Extraordinário e Especial Repetitivos

Artigo 1.036

Sempre que houver multiplicidade de recursos extraordinários ou especiais com fundamento em idêntica questão de direito, haverá afetação para julgamento de acordo com as disposições desta Subseção, observado o disposto no Regimento Interno do Supremo Tribunal Federal e no do Superior Tribunal de Justiça.

§ 1º O presidente ou o vice-presidente de tribunal de justiça ou de tribunal regional federal selecionará 2 (dois) ou mais recursos representativos da controvérsia, que serão encaminhados ao Supremo Tribunal Federal ou ao Superior Tribunal de Justiça para fins de afetação, determinando a suspensão do trâmite de todos os processos pendentes, individuais ou coletivos, que tramitem no Estado ou na região, conforme o caso.

§ 2º O interessado pode requerer, ao presidente ou ao vice-presidente, que exclua da decisão de sobrestamento e inadmita o recurso especial ou o recurso extraordinário que tenha sido interposto intempestivamente, tendo o recorrente o prazo de 5 (cinco) dias para manifestar-se sobre esse requerimento.

§ 3º Da decisão que indeferir este requerimento caberá agravo, nos termos do art. 1.042.

§ 4º A escolha feita pelo presidente ou vice-presidente do tribunal de justiça ou do tribunal regional federal não vinculará o relator no tribunal superior, que poderá selecionar outros recursos representativos da controvérsia.

§ 5º O relator em tribunal superior também poderá selecionar 2 (dois) ou mais recursos representativos da controvérsia para julgamento da questão de direito independentemente da iniciativa do presidente ou do vice-presidente do tribunal de origem.

§ 6º Somente podem ser selecionados recursos admissíveis que contenham abrangente argumentação e discussão a respeito da questão a ser decidida.

Inicialmente, repisa-se que o procedimento relativo aos Recursos Especiais remetidos ao STJ não se aplicam ao Processo do Trabalho, pois inexistente a modalidade recursal 'Recurso Especial', sendo o STJ incompetente para julgamento de lides trabalhistas. Dessa forma, a análise desta subseção se restringirá aos Recursos Extraordinários de competência do STF.

Após os comentários sobre a finalidade e os requisitos do Recurso Extraordinário nos dispositivos anteriores, passa-se à análise do julgamento de Recursos Extraordinários Repetitivos, modalidade de julgamento instituída em 2006 pela Lei n. 11.418, que incluiu o art. 543-B do CPC/73.

(355) PRITSCH, Cesar Zucatti. *Manual de Prática dos Precedentes no Processo Civil e do Trabalho*. Atualizado conforme o CPC 2015 e Reforma Trabalhista. São Paulo: LTr, 2018. p. 89.

A inclusão demonstrou mais um aspecto da evolução do Direito Jurisprudencial[356] brasileiro, que passou a padronizar o entendimento dos Tribunais Superiores por meio de teses fixadas em recursos repetitivos. A partir de então, todos os Recursos Extraordinários que se insurgiam contra decisões consonantes com as teses já fixadas pelos Tribunais Superiores tiveram seguimento denegado, o que demonstra que, mais uma vez, a jurisprudência uniformizada foi elevada a requisito de análise da admissibilidade recursal.

Ademais, o instituto acaba por atender aos "reclamos de economia processual", buscando-se "[...] evitar os inconvenientes da enorme sucessão de decisões de questões iguais, em processos distintos, com grande perda de energia e gastos, em tribunais notoriamente assoberbados por uma sempre crescente pletora de recursos"[357].

A modalidade de julgamento foi mantida pelo CPC de 2015, mas com algumas alterações, o que inclui a vinculatividade desses julgados, nos termos do art. 927 do CPC[358], já comentado, e do art. 1.039 do CPC, que será oportunamente tratado.

Tem-se, pois, que as decisões proferidas em sede de incidente de recursos repetitivos, IRR, inserem-se no rol de Precedentes, inserindo-se no Sistema de Precedentes Vinculantes formalmente instituído pelo CPC de 2015 e constantes, especificamente no inciso III do art. 927 do CPC.

O *caput* do art. 1.036 do CPC dispõe que:

Sempre que houver multiplicidade de recursos extraordinários ou especiais com fundamento em idêntica questão de direito, haverá afetação para julgamento de acordo com as disposições desta Subseção, observado o disposto no Regimento Interno do Supremo Tribunal Federal e no do Superior Tribunal de Justiça.

Inicialmente, deve-se chamar atenção para o requisito *multiplicidade*, que possui notório caráter subjetivo, sendo impossível aferir o número de recursos repetitivos necessários para ensejar o processamento do incidente. O requisito "*idêntica questão de direito*", por sua vez, evidencia a existência de controvérsia relativa a questões de direito e não de fato (muito embora os fatos sejam relevantes para contextualização).

O § 1º do art. 1.036, aplicável ao Processo do Trabalho[359], estabelece que o vice-presidente do TST selecionará 2 (dois) ou mais recursos representativos da controvérsia, que serão encaminhados ao Supremo Tribunal Federal para fins de afetação (a escolha não é vinculante, o Ministro relator do STF poderá selecionar outros recursos, inclusive por iniciativa própria, como consta dos §§ 4º e 5º), determinando a suspensão do trâmite de todos os processos pendentes, individuais ou coletivos, que tramitem no Estado ou na região, conforme o caso.

Uma importante consideração consta do § 6º, segundo o qual "somente podem ser selecionados recursos admissíveis que contenham abrangente argumentação e discussão a respeito da questão a ser decidida."[360]. Isso porque, quanto mais amplo e detalhado for o recurso *sub judice*, mais abrangente será a apreciação da temática e das variáveis interpretações jurídicas existentes. Dessa forma, imperiosa a apresentação de exauriente fundamentação, com diversas correntes que tratem a temática, inclusive com a análise de eventuais votos vencidos[361]. Nessa perspectiva, o STF consolida em suas Súmulas que:

Súmula n. 283 do STF: É inadmissível o recurso extraordinário, quando a decisão recorrida assenta em mais de um fundamento suficiente e o recurso não abrange todos eles.

---

(356) A expressão "Direito Jurisprudencial" é utilizada no presente trabalho para retratar o cenário de valorização da jurisprudência como fonte do direito e, sobretudo, de sua imperiosa uniformização, consubstanciada por meio de súmulas e demais Precedentes Vinculantes no ordenamento jurídico brasileiro.

(357) THEODORO JÚNIOR, Humberto. *Curso de Direito Processual Civil*. Volume III. 47. ed. Rio de Janeiro: GEN, 2015. p. 1.044.

(358) **Art. 927 do CPC.** Os juízes e os tribunais observarão: **III** – os acórdãos em incidente de assunção de competência ou de resolução de demandas repetitivas e em julgamento de recursos extraordinário e especial repetitivos;

(359) Art. 327 do Regimento Interno do TST: "Aos recursos extraordinários interpostos perante o Tribunal Superior do Trabalho será aplicado o procedimento previsto no Código de Processo Civil para o julgamento dos recursos extraordinário e especial repetitivos, cabendo ao Presidente do Tribunal Superior do Trabalho selecionar um ou mais recursos representativos da controvérsia e encaminhá-los ao Supremo Tribunal Federal, sobrestando os demais até o pronunciamento definitivo da Corte, na forma ali prevista".

(360) **Enunciado n. 615 do FPPC:** Na escolha dos casos paradigmas, devem ser preferidas, como representativas da controvérsia, demandas coletivas às individuais, observados os requisitos do art. 1.036, especialmente do respectivo § 6º.

(361) Com fulcro no § 3º do art. 941 do CPC e do art. 168 do Regimento Interno do TST, o voto vencido passa a ser necessariamente parte integrante do acórdão principal. Esse entendimento, que não é unânime no TST, foi objeto de recente decisão proferida no bojo do processo RR 10319-17.2016.5.0112, que determinou que o TRT da 3ª Região juntasse o voto vencido no acórdão de um Recurso Ordinário por ela julgado.

Súmula n. 284 do STF: É inadmissível o recurso extraordinário, quando a deficiência na sua fundamentação não permitir a exata compreensão da controvérsia.

Da mesma forma, essa ampla fundamentação é também exigível da decisão a ser proferida, pois apenas assim se garantirá democraticidade e credibilidade ao julgado. Essa imposição racionaliza o sistema, valorizando a argumentação jurídica e a qualidade decisória, o que se coaduna com a cultura jurídica e o Processo Democrático que se pretende consolidar, o que voltará a ser tratado oportunamente.

Conforme brevemente suscitado no comentário do art. 1.035, apesar de importante, a suspensão dos processos paradigmas deve se dar por prazo razoável, de modo a não paralisar indefinitivamente a entrega da prestação jurisdicional.

No que tange ao sobrestamento de processos em primeira instância, imperioso que se observe se a produção de provas será imprescindível para efeitos de distinção na aplicação dos Precedentes. Se positivo, o sobrestamento não deverá ocorrer, conforme consta do **Enunciado n. 364 do FPPC**.

Nos termos do § 2º, as partes interessadas poderão requerer, ao presidente ou ao vice-presidente do tribunal de origem, no caso, do C. TST, que "exclua da decisão de sobrestamento e inadmita o recurso extraordinário que tenha sido interposto intempestivamente, tendo o recorrente o prazo de 5 (cinco) dias para manifestar-se sobre esse requerimento". Indeferido o pedido, será cabível a interposição de Agravo, nos termos do art. 1.042 do CPC (§ 3º), o que também está previsto no Regimento Interno do TST (art.328).

Certo é que o procedimento dos Recursos Repetitivos aplica-se também, e por analogia, aos recursos de competência do TST(362). O CPC/15, entretanto, não influenciou diretamente o procedimento aplicável ao IRR na seara trabalhista, porquanto, no Processo do Trabalho, o incidente decorre da repetitividade de recursos específicos a esta área pertinentes, a saber, Recursos de Revista e Embargos ao TST.

O IRR aplicável ao Processo do Trabalho é regido, pois, pelos arts. 896-B e 896-C da CLT, inseridos pela Lei n. 13.015/2014 (anterior ao novo CPC), o que é ratificado pelo art. 169 do Regimento Interno do TST e pela IN n. 38 do TST/15, muito embora o art. 280 do Regimento Interno do TST preveja a aplicação supletiva dos arts. 1.036 a 1.041 do CPC/15, no que couberem.

Artigo 1.037

Selecionados os recursos, o relator, no tribunal superior, constatando a presença do pressuposto do *caput* do art. 1.036, proferirá decisão de afetação, na qual:

I – identificará com precisão a questão a ser submetida a julgamento;

II – determinará a suspensão do processamento de todos os processos pendentes, individuais ou coletivos, que versem sobre a questão e tramitem no território nacional;

III – poderá requisitar aos presidentes ou aos vice-presidentes dos tribunais de justiça ou dos tribunais regionais federais a remessa de um recurso representativo da controvérsia.

§ 1º Se, após receber os recursos selecionados pelo presidente ou pelo vice-presidente de tribunal de justiça ou de tribunal regional federal, não se proceder à afetação, o relator, no tribunal superior, comunicará o fato ao presidente ou ao vice-presidente que os houver enviado, para que seja revogada a decisão de suspensão referida no art. 1.036, § 1º.

§ 3º Havendo mais de uma afetação, será prevento o relator que primeiro tiver proferido a decisão a que se refere o inciso I do *caput*.

§ 4º Os recursos afetados deverão ser julgados no prazo de 1 (um) ano e terão preferência sobre os demais feitos, ressalvados os que envolvam réu preso e os pedidos de *habeas corpus* .

§ 5º (Revogado)

§ 6º Ocorrendo a hipótese do § 5º, é permitido a outro relator do respectivo tribunal superior afetar 2 (dois) ou mais recursos representativos da controvérsia na forma do art. 1.036.

§ 7º Quando os recursos requisitados na forma do inciso III do *caput* contiverem outras questões além daquela que é objeto da afetação, caberá ao tribunal decidir esta em primeiro lugar e depois as demais, em acórdão específico para cada processo.

---

(362) **Enunciado n. 363 do FPPC:** O procedimento dos recursos extraordinários e especiais repetitivos aplica-se por analogia às causas repetitivas de competência originária dos tribunais superiores, como a reclamação e o conflito de competência.

§ 8º As partes deverão ser intimadas da decisão de suspensão de seu processo, a ser proferida pelo respectivo juiz ou relator quando informado da decisão a que se refere o inciso II do *caput*.

§ 9º Demonstrando distinção entre a questão a ser decidida no processo e aquela a ser julgada no recurso especial ou extraordinário afetado, a parte poderá requerer o prosseguimento do seu processo.

§ 10. O requerimento a que se refere o § 9º será dirigido:

I - ao juiz, se o processo sobrestado estiver em primeiro grau;

II - ao relator, se o processo sobrestado estiver no tribunal de origem;

III - ao relator do acórdão recorrido, se for sobrestado recurso especial ou recurso extraordinário no tribunal de origem;

IV - ao relator, no tribunal superior, de recurso especial ou de recurso extraordinário cujo processamento houver sido sobrestado.

§ 11. A outra parte deverá ser ouvida sobre o requerimento a que se refere o § 9º, no prazo de 5 (cinco) dias.

§ 12. Reconhecida a distinção no caso:

I - dos incisos I, II e IV do § 10, o próprio juiz ou relator dará prosseguimento ao processo;

II - do inciso III do § 10, o relator comunicará a decisão ao presidente ou ao vice-presidente que houver determinado o sobrestamento, para que o recurso especial ou o recurso extraordinário seja encaminhado ao respectivo tribunal superior, na forma do art. 1.030, parágrafo único.

§ 13. Da decisão que resolver o requerimento a que se refere o § 9º caberá:

I - agravo de instrumento, se o processo estiver em primeiro grau;

II - agravo interno, se a decisão for de relator.

O dispositivo em comento trata do procedimento adotado após a admissibilidade do Recurso Extraordinário ou especial repetitivo pelo Ministro relator no Supremo Tribunal Federal ou Superior Tribunal de Justiça, incluída a seleção de recursos paradigmas objeto da controvérsia.

Selecionados os recursos, o relator (I) proferirá decisão de afetação identificando precisamente a questão a ser submetida a julgamento, (II) determinará a suspensão do processamento de todos os processos pendentes, individuais ou coletivos que versem sobre a questão e tramitem no território nacional e (III) poderá requerer aos presidentes dos Tribunais Regionais a remessa de outros processos representantes da controvérsia, a fim de fomentar a melhor apreciação da temática. Se não houver a afetação, os presidentes dos respectivos Tribunais Regionais serão comunicados conforme estabelece o § 1º do dispositivo.

Após a afetação dos processos, as partes deverão ser intimadas da decisão de suspensão de seu processo (**§ 8º**), podendo demonstrar, se for o caso, a distinção entre a questão afetada e aquela objeto de seu processo individual, operando-se a hipótese de *distinguishing*(363) (**§ 9º**).

Nesse sentido restou consolidado pelo FPPC que:

Enunciado n. 174 do FPPC: A realização da distinção compete a qualquer órgão jurisdicional, independentemente da origem do precedente invocado.

Enunciado n. 348 do FPPC: Os interessados serão intimados da suspensão de seus processos individuais, podendo requerer o prosseguimento ao juiz ou tribunal onde tramitarem, demonstrando a distinção entre a questão a ser decidida e aquela a ser julgada no incidente de resolução de demandas repetitivas, ou nos recursos repetitivos.

O procedimento de *distinguishing* consta dos **§§ 10 e 11** do artigo em comento, devendo o requerimento da parte que teve seu processo sobrestado ser feito ao juiz ou relator de seu processo, conforme a instância que se encontre, garantido o contraditório.

Quando reconhecida a distinção, o processo segue o seu regular trâmite e julgamento. Da decisão que não conhece a divergência, por sua vez, é possível a interposição de agravo de instrumento(364), se o processo estiver em primeiro grau ou agravo interno, se a decisão for de relator (**§ 13**).

(363) Hipótese de distinção, isso é, fundamentação da não aplicação de um determinado ~~um~~ precedente vinculante, porquanto não identificado no caso *sub judice*, os mesmos fundamentos relevantes *(ratio decidendi)* da decisão vinculante. O *distinguishing* também é tratado no comentário ao art. 982 do CPC, nesta obra.

(364) **Enunciado n. 557 do FPPC:** O agravo de instrumento previsto no art. 1.037, § 13, I, também é cabível contra a decisão prevista no art. 982, inc. I.

Na hipótese de existir mais de uma afetação, será prevento o Ministro relator que primeiro tiver proferido a decisão a que identifica a questão que será levada a julgamento (§ 3º).

Nos termos do § 4º, "os recursos afetados deverão ser julgados no prazo de 1 (um) ano e terão preferência sobre os demais feitos, ressalvados os que envolvam réu preso e os pedidos de *habeas corpus*"[365]. Trata-se de regulamentação importante e, assim, deve o prazo estipulado ser respeitado, sob pena de se ver paralisada, indevidamente, a entrega da prestação jurisdicional.

Nessa perspectiva, entende-se como controversa a revogação do disposto no § 5º, o qual preceituava que "Não ocorrendo o julgamento no prazo de 1 (um) ano a contar da publicação da decisão de que trata o inciso I do *caput*, cessam automaticamente, em todo o território nacional, a afetação e a suspensão dos processos, que retomarão seu curso normal. "

Defende-se, aqui, pois, a importância de os incidentes instaurados serem julgados em prazos razoáveis e estabelecidos em lei, a fim de não se eternizar a suspensão integral de processos paradigmas, em detrimento da celeridade processual e efetividade da prestação jurisdicional relativa ao direito material vindicado.

A abrangência das suspensões afeta especialmente as lides trabalhistas — regularmente dotadas de múltiplos objetos —, por implicar a paralisação integral e indeterminada de inúmeros processos que, não raras vezes, apenas sofrerão parcial influência da decisão final proferida no IRR (isso é, apenas no tópico uniformizado), além de abrangerem, majoritariamente, verbas de natureza alimentar, que precisam ser deliberadas da maneira mais célere e efetiva, pois inerentes à subsistência do trabalhador. Assim, considerando que suspensão alcança, inclusive, processos em trâmite em primeiro grau e sequer instruídos, imperiosa a reflexão acerca dos impactos dessa paralisação processual[366].

Malgrado o exposto, o § 7º do dispositivo prevê que os Tribunais Regionais deverão decidir em primeiro lugar as questões objeto de afetação e, apenas depois, as demais temáticas constantes no processo paradigma requisitado, o que afeta consideravelmente a entrega da prestação jurisdicional, sobretudo se o incidente não for julgado em prazo razoável.

Como exposto, tal fato se agrava no âmbito do Processo do Trabalho, por retardar o pronunciamento relativo a pretensões não abarcadas pelo incidente instaurado. Exatamente nesse sentido preceituam Cesar Zucatti Pritsch, Ney Maranhão e Fernanda Antunes Marques Junqueira[367]:

> Se, por um lado, a suspensão tem o condão de garantir a sanidade do sistema, observando-se o tratamento isonômico dos casos que versam sobre a mesma matéria, de outro, pode promover uma injusta demora na entrega do provimento jurisdicional, notadamente se atingir pedidos não relacionados com o tema da repercussão geral.

Manoel Antonio Teixeira Filho expõe que "o sobrestamento desses processos significa o trancamento, ainda que provisório, da prestação jurisdicional, que, por sua vez, implica uma considerável dilatação do tempo de tramitação do processo, ou seja, de sua razoável duração (CF, art. 5º, LXXVIII)" O Ministro José Roberto Freire Pimenta do TST também corrobora esse entendimento, o que pode ser constatado no seguinte despacho por ele proferido em uma proposta de afetação:

> [...] a frequente cumulação objetiva de numerosos pleitos iniciais principais de natureza trabalhista torna inconveniente e desproporcional que, apenas em função dessa pretensão acessória, seja suspenso o andamento de todos os processos que o tenham por objeto no território nacional [...] com evidente prejuízo para as partes e para a aplicação do princípio da duração razoável do processo, consagrado no inciso LXXVIII do art. 5º da Constituição da República.[368]

---

(365) Incluem-se na exceção, também, os processos nos quais a parte autora, ré ou interveniente possua idade igual ou superior a 60 (sessenta) anos, ou seja, portadora de doença grave, nos termos das leis 10.741/03 e 8.069/90, respectivamente.

(366) Questão tratada, também, nos comentários aos arts. 980 e 982 do CPC, nesta obra.

(367) JUNQUEIRA, Fernanda Antunes Marques; MARANHÃO, Ney; PRITSCH, Cesar Zucatti. Repercussão geral de um tema não pode paralisar processo trabalhista inteiro. *Consultor Jurídico*. 09 jul. 2019. Disponível em: <https://www.conjur.com.br/2019-jul-09/opiniao-repercussao-geral-nao-paralisar-acao-trabalhista-inteira>. Acesso em: 30 ago. 2019.

(368) TEIXEIRA FILHO, Manoel Antonio. Perlustrações à Lei n. 13.015/2014 com destaque para o incidente de Recursos de Revista repetitivos. *Revista do Tribunal Superior do Trabalho*, Brasília, v. 80, n. 4, p. 311-348, out./dez. 2014. p. 321.

A busca pela segurança jurídica e isonomia não pode colocar em risco outros importantes princípios, como a celeridade e efetividade processual, que também devem ser preservados. Para tanto, espera-se que os julgamentos e os sobrestamentos decorrentes sejam concluídos em prazos razoáveis, bem como que os magistrados se valham da possibilidade de julgamento antecipado de mérito, conforme permite o art. 356 do CPC (ver comentários do dispositivo no volume II da presente obra), já discutido nos comentários aos arts. 980 e 982 do CPC.

Artigo 1.038

O relator poderá:

I - solicitar ou admitir manifestação de pessoas, órgãos ou entidades com interesse na controvérsia, considerando a relevância da matéria e consoante dispuser o regimento interno;

II - fixar data para, em audiência pública, ouvir depoimentos de pessoas com experiência e conhecimento na matéria, com a finalidade de instruir o procedimento;

III - requisitar informações aos tribunais inferiores a respeito da controvérsia e, cumprida a diligência, intimará o Ministério Público para manifestar-se.

§ 1º No caso do inciso III, os prazos respectivos são de 15 (quinze) dias, e os atos serão praticados, sempre que possível, por meio eletrônico.

§ 2º Transcorrido o prazo para o Ministério Público e remetida cópia do relatório aos demais ministros, haverá inclusão em pauta, devendo ocorrer o julgamento com preferência sobre os demais feitos, ressalvados os que envolvam réu preso e os pedidos de *habeas corpus*.

§ 3º O conteúdo do acórdão abrangerá a análise dos fundamentos relevantes da tese jurídica discutida. (Redação dada pela Lei n. 13.256, de 2016)

O art. 1.038 do CPC dispõe que, na análise da temática controvertida, poderá o relator solicitar ou admitir manifestação de pessoas, órgãos ou entidades com interesse na controvérsia, considerando a relevância da matéria e consoante dispuser o regimento interno, assim como fixar data para, em audiência pública, ouvir depoimentos de pessoas com experiência e conhecimento na matéria, com a finalidade de instruir o procedimento, além de poder requisitar informações aos tribunais inferiores a respeito da controvérsia e, cumprida a diligência, intimar o Ministério Público para manifestar-se (observando-se o prazo de 15 dias — **§ 1º**). Trata-se de procedimento relevante, que democratiza o julgamento de questão de considerável relevo, por possibilitar um contraditório mais amplo para fixação da tese jurídica.

Conforme sedimentou o FPPC em seu **Enunciado n. 659**, o relator tem o dever de zelar pelo equilíbrio do contraditório, o fazendo, por exemplo, por meio da solicitação de participação de pessoas, órgãos ou entidades capazes de suscitar diferentes pontos de vista, na condição de *amicus curiae* sobre a tese a ser firmada. Sustenta-se, contudo, que não deveria ser uma faculdade, mas um dever (os que envolvam réu preso e os pedidos de *habeas corpus*, nos termos do § 2º).

O § 3º traz requisito imprescindível, a saber, a análise dos fundamentos relevantes da tese jurídica decidida. A fundamentação das decisões em incidentes de julgamento revela-se ainda mais relevante e representa, inclusive, um dos pilares do Sistema Precedencialista. Nos termos corretamente sedimentados pelo Enunciado n. 305 do FPPC:

Enunciado n. 305 do FPPC: No julgamento de casos repetitivos, o tribunal deverá enfrentar todos os argumentos contrários e favoráveis à tese jurídica discutida, inclusive os suscitados pelos interessados.

Artigo 1.039

Decididos os recursos afetados, os órgãos colegiados declararão prejudicados os demais recursos versando sobre idêntica controvérsia ou os decidirão aplicando a tese firmada.

Parágrafo único. Negada a existência de repercussão geral no recurso extraordinário afetado, serão considerados automaticamente inadmitidos os recursos extraordinários cujo processamento tenha sido sobrestado.

O dispositivo em comento ratifica a vinculatividade das decisões proferidas em Incidentes de Recursos Repetitivo — IRR, a exemplo dos Recursos Extraordinários Repetitivos (objeto dos artigos em comento), aplicando-se, também, às decisões proferidas no âmbito da Justiça do Trabalho (em sede de Recurso de Revista e Embargos de Divergência repetitivos).

Nesse sentido, a tese firmada se revela como pressuposto de admissibilidade recursal, isso é, conforme consta do *caput* do art. 1.039 do CPC, restarão prejudicados (e também inadmitidos) os recursos que se insurjam contra decisão já estabilizada pelo Tribunal, em razão de sua observância obrigatória.

Da mesma forma, uma vez negada a existência do pressuposto da Repercussão Geral, serão considerados automaticamente inadmitidos novos Recursos Extraordinários que abranjam a temática, seja no processo civil ou no processo do trabalho.

Artigo 1.040

Publicado o acórdão paradigma:

I – o presidente ou o vice-presidente do tribunal de origem negará seguimento aos recursos especiais ou extraordinários sobrestados na origem, se o acórdão recorrido coincidir com a orientação do tribunal superior;

II – o órgão que proferiu o acórdão recorrido, na origem, reexaminará o processo de competência originária, a remessa necessária ou o recurso anteriormente julgado, se o acórdão recorrido contrariar a orientação do tribunal superior;

III – os processos suspensos em primeiro e segundo graus de jurisdição retomarão o curso para julgamento e aplicação da tese firmada pelo tribunal superior;

IV – se os recursos versarem sobre questão relativa a prestação de serviço público objeto de concessão, permissão ou autorização, o resultado do julgamento será comunicado ao órgão, ao ente ou à agência reguladora competente para fiscalização da efetiva aplicação, por parte dos entes sujeitos a regulação, da tese adotada.

§ 1º A parte poderá desistir da ação em curso no primeiro grau de jurisdição, antes de proferida a sentença, se a questão nela discutida for idêntica à resolvida pelo recurso representativo da controvérsia.

§ 2º Se a desistência ocorrer antes de oferecida contestação, a parte ficará isenta do pagamento de custas e de honorários de sucumbência.

§ 3º A desistência apresentada nos termos do § 1º independe de consentimento do réu, ainda que apresentada contestação.

O dispositivo em comento regulamenta o procedimento a ser adotado após a publicação do Acórdão paradigma, cuja *ratio decidendi*(369) deverá ser obrigatoriamente observada por todos.

Ante a apresentada vinculatividade, o presidente ou o vice-presidente do Tribunal de origem (no caso, o vice-presidente do TST) negará seguimento aos Recursos Extraordinários sobrestados, caso a conclusão do v. Acórdão recorrido coincida com a orientação do Tribunal Superior(370). Na hipótese de a tese ser diversa àquela estabilizada pelo STF, caberá ao Tribunal que o proferiu reexaminar a decisão, a fim de adequá-la ao precedente vinculante. Ato contínuo, os demais processos suspensos retomarão o curso para julgamento, observando-se a tese firmada.

Objetivando-se a celeridade, economia e efetividade processual, é facultada a desistência de ação em curso no primeiro grau de jurisdição, antes de proferida a sentença e independente de consentimento do réu, quando seu objeto for contrário à questão idêntica à resolvida pelo recurso representativo da controvérsia (§ 1º). Se a desistência ocorrer antes de oferecida contestação, haverá, também, isenção do pagamento de custas e de honorários de sucumbência.

O inciso IV, que versa sobre decisões que envolvem a prestação de serviço público objeto de concessão, permissão ou autorização inexistente na jurisdição trabalhista, sendo o dispositivo, pois, inaplicável ao Processo do Trabalho.

(369) Para revisitar a conceituação e importância da *ratio decidendi* no âmbito do Sistema de Precedentes Vinculantes, retomar ao comentário do art. 926 do CPC nesta obra.

(370) **Enunciado n. 482 do TST:** Aplica-se o art. 1.040, I, aos recursos extraordinários interpostos nas turmas ou colégios recursais dos juizados especiais cíveis, federais e da fazenda pública. **(Favor verificar. Não tem esse n. de Súmula ou Enunciado).**

Artigo 1.041

Mantido o acórdão divergente pelo tribunal de origem, o recurso especial ou extraordinário será remetido ao respectivo tribunal superior, na forma do art. 1.036, § 1º.

§ 1º Realizado o juízo de retratação, com alteração do acórdão divergente, o tribunal de origem, se for o caso, decidirá as demais questões ainda não decididas cujo enfrentamento se tornou necessário em decorrência da alteração.

§ 2º Quando ocorrer a hipótese do inciso II do caput do art. 1.040 e o recurso versar sobre outras questões, caberá ao presidente ou ao vice-presidente do tribunal recorrido, depois do reexame pelo órgão de origem e independentemente de ratificação do recurso, sendo positivo o juízo de admissibilidade, determinar a remessa do recurso ao tribunal superior para julgamento das demais questões.

Conforme disposto no art. 1.040, II, do CPC, na hipótese de o Acórdão recorrido adotar tese diversa àquela estabilizada pelo STF, caberá ao Tribunal que o proferiu reexaminar a decisão, a fim de adequá-la. Nessa hipótese, complementa o § 1º do dispositivo em comento que será realizado o juízo de retratação e, se for o caso, o Tribunal de origem também decidirá as demais questões pendentes e cujo enfrentamento, consequentemente, se fez necessário. Quanto às demais temáticas, e sendo positivo o juízo de admissibilidade, o recurso será submetido à analise da instância *ad quem* (§ 2º).

Nada obstante, caso mantida a decisão divergente, será cabível a interposição de Recurso Extraordinário, tanto no processo civil como no processo do trabalho.

Seção III — Do Agravo em Recurso Especial e em Recurso Extraordinário

Artigo 1.042

Cabe agravo contra decisão do presidente ou do vice-presidente do tribunal recorrido que inadmitir recurso extraordinário ou recurso especial, salvo quando fundada na aplicação de entendimento firmado em regime de repercussão geral ou em julgamento de recursos repetitivos. (Redação dada pela Lei n. 13.256, de 2016)

I - (Revogado); (Redação dada pela Lei n. 13.256, de 2016)

II - (Revogado): (Redação dada pela Lei n. 13.256, de 2016)

a) (Revogada); (Redação dada pela Lei n. 13.256, de 2016)

b) (Revogada). (Redação dada pela Lei n. 13.256, de 2016)

§ 2º A petição de agravo será dirigida ao presidente ou ao vice-presidente do tribunal de origem e independe do pagamento de custas e despesas postais, aplicando-se a ela o regime de repercussão geral e de recursos repetitivos, inclusive quanto à possibilidade de sobrestamento e do juízo de retratação. (Redação dada pela Lei n. 13.256, de 2016)

§ 3º O agravado será intimado, de imediato, para oferecer resposta no prazo de 15 (quinze) dias.

§ 4º Após o prazo de resposta, não havendo retratação, o agravo será remetido ao tribunal superior competente.

§ 5º O agravo poderá ser julgado, conforme o caso, conjuntamente com o recurso especial ou extraordinário, assegurada, neste caso, sustentação oral, observando-se, ainda, o disposto no regimento interno do tribunal respectivo.

§ 6º Na hipótese de interposição conjunta de recursos extraordinário e especial, o agravante deverá interpor um agravo para cada recurso não admitido.

§ 7º Havendo apenas um agravo, o recurso será remetido ao tribunal competente, e, havendo interposição conjunta, os autos serão remetidos ao Superior Tribunal de Justiça.

§ 8º Concluído o julgamento do agravo pelo Superior Tribunal de Justiça e, se for o caso, do recurso especial, independentemente de pedido, os autos serão remetidos ao Supremo Tribunal Federal para apreciação do agravo a ele dirigido, salvo se estiver prejudicado.

Da decisão do presidente ou do vice-presidente do Tribunal recorrido (no âmbito trabalhista, do Vice-Presidente do TST), que inadmitir Recurso Extraordinário (salvo quando decorrente de decisão estabilizada – firmada em regime de repercussão geral ou em julgamento de recursos repetitivos), caberá Agravo[371] a ele direcionado, no prazo de 15

(371) **Enunciado n. 225 do FPPC:** O agravo em recurso especial ou extraordinário será interposto nos próprios autos.

(quinze) dias, independentemente do pagamento de custas, e sob o mesmo regime de Repercussão Geral e Incidente de Recursos Repetitivos.

No mesmo prazo será conferida oportunidade de manifestação ao agravado e, ante a inexistência de retratação, o recurso será direcionado à Corte Superior competente, independentemente do traslado do agravo e cópia de suas peças[372].

Processado o Agravo, este poderá ser julgado de forma isolada ou conjuntamente com o Recurso Extraordinário não admitido, garantido o direito de sustentação oral aos advogados.

Não se aplicam ao Processo do Trabalho o disposto nos §§ 6º, 7º e 8º, no que se refere aos Recursos Especiais, de competência do STJ.

O Regimento Interno do TST regulamenta essa modalidade recursal nos seguintes termos:

Seção II — Do Agravo em Recurso Extraordinário

Art. 328. Cabe agravo contra decisão denegatória do recurso extraordinário, no prazo de 15 (quinze) dias úteis, contados de sua publicação no órgão oficial, salvo quando fundada na aplicação de entendimento firmado em regime de repercussão geral ou em julgamento de recursos repetitivos.

Parágrafo único. A petição do agravo será dirigida ao Vice-Presidente do Tribunal e independe do pagamento de custas e despesas postais, aplicando-se a ela o regime de repercussão geral e de recursos repetitivos, inclusive quanto à possibilidade de sobrestamento e do juízo de retratação.

Art. 329. A petição de agravo será juntada aos autos, após o que, de imediato, abrir-se-á vista ao agravado, por igual prazo, para apresentação de contraminuta. Após, os autos serão conclusos ao Vice-Presidente do Tribunal, que se retratará ou manterá a decisão agravada.

Art. 330. O agravante e o agravado poderão, com documentos novos, instruir, respectivamente, as razões e as contrarrazões. Parágrafo único. Apresentado documento novo pelo agravado, será aberta vista ao agravante, no prazo de 5 (cinco) dias úteis.

Seção IV — Dos Embargos de Divergência

Artigo 1.043

É embargável o acórdão de órgão fracionário que:

I – em recurso extraordinário ou em recurso especial, divergir do julgamento de qualquer outro órgão do mesmo tribunal, sendo os acórdãos, embargado e paradigma, de mérito;

III – em recurso extraordinário ou em recurso especial, divergir do julgamento de qualquer outro órgão do mesmo tribunal, sendo um acórdão de mérito e outro que não tenha conhecido do recurso, embora tenha apreciado a controvérsia;

§ 1º Poderão ser confrontadas teses jurídicas contidas em julgamentos de recursos e de ações de competência originária.

§ 2º A divergência que autoriza a interposição de embargos de divergência pode verificar-se na aplicação do direito material ou do direito processual.

§ 3º Cabem embargos de divergência quando o acórdão paradigma for da mesma turma que proferiu a decisão embargada, desde que sua composição tenha sofrido alteração em mais da metade de seus membros.

§ 4º O recorrente provará a divergência com certidão, cópia ou citação de repositório oficial ou credenciado de jurisprudência, inclusive em mídia eletrônica, onde foi publicado o acórdão divergente, ou com a reprodução de julgado disponível na rede mundial de computadores, indicando a respectiva fonte, e mencionará as circunstâncias que identificam ou assemelham os casos confrontados.

---

(372) Nos termos dos **Enunciados n. 228 e 229 do FPPC**: 228 – Fica superado o Enunciado n. 639 da súmula do STF após a entrada em vigor do CPC ("Aplica-se a Súmula n. 288 quando não constarem do traslado do agravo de instrumento as cópias das peças necessárias à verificação da tempestividade do recurso extraordinário não admitido pela decisão agravada"). 229. – Fica superado o Enunciado n. 288 da súmula do STF após a entrada em vigor do CPC ("Nega-se provimento a agravo para subida de recurso extraordinário, quando faltar no traslado o despacho agravado, a decisão recorrida, a petição de recurso extraordinário ou qualquer peça essencial à compreensão da controvérsia").

Nos termos do inciso XII do art. 2º da Instrução Normativa n. 39 do TST, os arts. 1.043 e 1.044 do CPC/15, que disciplinam os Embargos de Divergência, não são aplicáveis ao Processo do Trabalho que, por sua vez, traz regulamentação expressa sobre os Embargos de Divergência, nos termos do art. 894 da CLT, *in verbis:*

> **Art. 894.** No Tribunal Superior do Trabalho cabem embargos, no prazo de 8 (oito) dias:
>
> I - de decisão não unânime de julgamento que:
>
> *a)* conciliar, julgar ou homologar conciliação em dissídios coletivos que excedam a competência territorial dos Tribunais Regionais do Trabalho e estender ou rever as sentenças normativas do Tribunal Superior do Trabalho, nos casos previstos em lei; e
>
> II - das decisões das Turmas que divergirem entre si ou das decisões proferidas pela Seção de Dissídios Individuais, ou contrárias a súmula ou orientação jurisprudencial do Tribunal Superior do Trabalho ou súmula vinculante do Supremo Tribunal Federal.
>
> Parágrafo único. (Revogado).
>
> § 2º A divergência apta a ensejar os embargos deve ser atual, não se considerando tal a ultrapassada por súmula do Tribunal Superior do Trabalho ou do Supremo Tribunal Federal, ou superada por iterativa e notória jurisprudência do Tribunal Superior do Trabalho.
>
> § 3º O Ministro Relator denegará seguimento aos embargos:
>
> I - se a decisão recorrida estiver em consonância com súmula da jurisprudência do Tribunal Superior do Trabalho ou do Supremo Tribunal Federal, ou com iterativa, notória e atual jurisprudência do Tribunal Superior do Trabalho, cumprindo-lhe indicá-la;
>
> II - nas hipóteses de intempestividade, deserção, irregularidade de representação ou de ausência de qualquer outro pressuposto extrínseco de admissibilidade.
>
> § 4º Da decisão denegatória dos embargos caberá agravo, no prazo de 8 (oito) dias.

Dessa forma, passa-se à breve análise do dispositivo celetista, que prevê o cabimento de Embargos no TST em duas hipóteses: **I** - em face de decisões não unânimes de julgamento que conciliar, julgar ou homologar conciliação em dissídios coletivos que excedam a competência territorial dos Tribunais Regionais do Trabalho e estender ou rever as sentenças normativas do Tribunal Superior do Trabalho, nos casos previstos em lei; e **II** - em face das decisões das Turmas que divergirem entre si ou das decisões proferidas pela Seção de Dissídios Individuais - SDI, ou contrárias a Súmula ou Orientação Jurisprudencial do TST ou Súmula Vinculante do STF.

Estabelece o § 2º que a divergência apta a ensejar o processamento dos Embargos deve ser atual, não se considerando tal a ultrapassada por súmula do Tribunal Superior do Trabalho ou do STF, ou superada por iterativa e notória jurisprudência do TST. No mesmo sentido de se prestigiar a estabilização jurisprudencial, o § 3º estabelece que será denegado seguimento ao Embargos quando a decisão recorrida já estiver em consonância com a iterativa e notória jurisprudência do TST e STF. Também se revelam como pressupostos de admissibilidade a tempestividade, preparo e regularidade de representação. Dessa decisão denegatória é admissível a interposição de Agravo no prazo de 8 (oito) dias.

Observe-se que os processos em curso no STF, originários da Justiça do Trabalho, se submeterão ao regramento do artigo em comento, sendo embargáveis, pois, as decisões proferidas por seus órgãos fracionários que, em Recurso Extraordinário[(373)], divergirem (na aplicação do direito material ou processual) do julgamento de qualquer outro órgão do mesmo tribunal, sendo os acórdãos, embargado e paradigma, de mérito ou um acórdão de mérito e outro que não tenha conhecido do recurso, embora tenha apreciado a controvérsia.

Assim como os Recursos Extraordinários fundados em dissenso jurisprudencial impõe aos recorrentes o dever de indicar a divergência interpretativa, o mesmo é exigido em relação aos Embargos de Divergência, conforme preceitua o § 4º do art. 1.043, em comento, que estabelece a necessidade de indicação da fonte, bem como de se mencionar as circunstâncias que identificam ou assemelham os casos confrontados, para fins de *distinguishing* ou correta aplicação de decisões vinculantes.

---

(373) **Enunciado n. 230 do FPPC:** Cabem embargos de divergência contra acórdão que, em agravo interno ou agravo em recurso especial ou extraordinário, decide recurso especial ou extraordinário.

Artigo 1.044

No recurso de embargos de divergência, será observado o procedimento estabelecido no regimento interno do respectivo tribunal superior.

§ 1º A interposição de embargos de divergência no Superior Tribunal de Justiça interrompe o prazo para interposição de recurso extraordinário por qualquer das partes.

§ 2º Se os embargos de divergência forem desprovidos ou não alterarem a conclusão do julgamento anterior, o recurso extraordinário interposto pela outra parte antes da publicação do julgamento dos embargos de divergência será processado e julgado independentemente de ratificação.

A interposição de Embargos de Divergência no âmbito do STF observa o procedimento estabelecido em seu Regimento Interno, a saber, art. 330 e seguintes. O julgamento no STJ, por sua vez, não é objeto de estudo no âmbito Processual do Trabalho.

LIVRO COMPLEMENTAR

DISPOSIÇÕES FINAIS E TRANSITÓRIAS

Artigo 1.045

Este Código entra em vigor após decorrido 1 (um) ano da data de sua publicação oficial.

O prazo estabelecido no art. 1.045 do CPC/15, consistente na *vacatio legis*, teve o objetivo de propiciar o estudo e adaptação dos operadores do direito quanto à nova sistemática processual civil.

Artigo 1.046

Ao entrar em vigor este Código, suas disposições se aplicarão desde logo aos processos pendentes, ficando revogada a Lei n. 5.869, de 11 de janeiro de 1973.

§ 1º As disposições da Lei n. 5.869, de 11 de janeiro de 1973, relativas ao procedimento sumário e aos procedimentos especiais que forem revogadas aplicar-se-ão às ações propostas e não sentenciadas até o início da vigência deste Código.

§ 2º Permanecem em vigor as disposições especiais dos procedimentos regulados em outras leis, aos quais se aplicará supletivamente este Código.

§ 3º Os processos mencionados no art. 1.218 da Lei n. 5.869, de 11 de janeiro de 1973, cujo procedimento ainda não tenha sido incorporado por lei submetem-se ao procedimento comum previsto neste Código.

§ 4º As remissões a disposições do Código de Processo Civil revogado, existentes em outras leis, passam a referir-se às que lhes são correspondentes neste Código.

§ 5º A primeira lista de processos para julgamento em ordem cronológica observará a antiguidade da distribuição entre os já conclusos na data da entrada em vigor deste Código.

O dispositivo em comento trata de questões de direito intertemporal. Respeita a *teoria do isolamento dos atos processuais*, segundo a qual a nova lei não se aplica aos atos já realizados e disciplina a aplicação imediata do Código aos processos pendentes, isso é, aqueles que originaram e se desenvolveram na vigência da Lei anterior, mas que ainda estão em curso, logicamente para os atos processuais que ainda serão praticados.

Tal como disposto, a norma gerou diversos questionamentos quanto à sua aplicação no tempo, os quais foram sendo paulatinamente elucidados pela doutrina e pela jurisprudência.

A sua aplicação no Processo do Trabalho também foi amplamente controvertida, suscitando discussões no âmbito dos Tribunais Regionais, que foram posteriormente aclaradas por meio da Instrução Normativa n. 39 do TST. Embora sem caráter vinculante, a instrução normativa foi capaz de demonstrar um caminho a ser perseguido, notadamente por meio de seus arts. 2º e 3º, que apontaram os dispositivos do CPC/15 compatíveis ou não com o Processo do Trabalho. No que tange às questões processuais, consolidou-se o entendimento de que as normas dessa natureza seriam aplicadas de imediato, respeitando-se a teoria do isolamento dos atos processuais, ou seja, os atos processuais já praticados sob a égide da lei antiga.

Algumas questões também foram consolidadas em Enunciados do Fórum Permanente de Processualistas Civis — FPPC, os quais entende-se pertinente a transcrição:

Enunciado n. 267 do FPPC: Os prazos processuais iniciados antes da vigência do CPC serão integralmente regulados pelo regime revogado.

Enunciado n. 268 do FPPC: A regra de contagem de prazos em dias úteis só se aplica aos prazos iniciados após a vigência do Novo Código. (Grupo: Direito intertemporal e disposições finais e transitórias)

Enunciado n. 275 do FPPC: Nos processos que tramitam eletronicamente, a regra do art. 229, § 2º, não se aplica aos prazos já iniciados no regime anterior.

Enunciado n. 308 do FPPC: Aplica-se o art. 489, § 1º, a todos os processos pendentes de decisão ao tempo da entrada em vigor do CPC, ainda que conclusos os autos antes da sua vigência.

Enunciado n. 341 do FPPC: O prazo para ajuizamento de ação rescisória é estabelecido pela data do trânsito em julgado da decisão rescindenda, de modo que não se aplicam as regras dos §§ 2º e 3º do art. 975 do CPC à coisa julgada constituída antes de sua vigência.

Nos termos do § 2º, permanecem em vigor as disposições especiais dos procedimentos regulados em outras leis, aos quais se aplicará supletivamente este Código. Nesse sentido, seguem alguns enunciados aprovados no 1º Encontro da União dos Fóruns Trabalhistas de Processo:

Enunciado n. 30 da UFTP: Inaplicabilidade do art. 791-A da CLT em caso de sucumbência do autor legitimado, nas ações de caráter coletivo, salvo comprovada má-fé, por força do art. 18 da Lei n. 7.347/1985 e art. 87 do CDC.

Enunciado n. 6 da UFTP: Aplicam-se as normas do CPC sobre convenção processual em procedimento especial das ações de caráter coletivo, não havendo necessidade de aferição do estado de vulnerabilidade, uma vez que se o Ministério Público não atuar como sujeito demandante atuará obrigatoriamente como interveniente, sendo necessária a intimação do MPT, sob pena de nulidade.

Enunciado n. 7 da UFTP: Os legitimados da tutela coletiva e os órgãos judiciais podem convencionar processualmente datas, dias e horários para a realização de audiência judicial, em sede de tutela coletiva, antecipada ou incidentalmente, com vistas a otimizar o atendimento da sociedade, a prestação jurisdicional e ministerial na tutela da ordem jurídica, do regime democrático, dos direitos sociais e individuais indisponíveis.

Outra disposição importante está no § 4º, que dispõe que "as remissões a disposições do Código de Processo Civil revogado, existentes em outras leis, passam a referir-se às que lhes são correspondentes neste Código". Dessa feita, as referências ao antigo CPC constantes da CLT, assim como em Súmulas e Orientações Jurisprudenciais passam a referir-se aos correspondentes dispositivos do CPC/15.

Artigo 1.047

As disposições de direito probatório adotadas neste Código aplicam-se apenas às provas requeridas ou determinadas de ofício a partir da data de início de sua vigência.

Nos exatos termos do dispositivo em comento, no tocante ao direito probatório, aplicar-se-á a legislação vigente à época do requerimento ou determinação da prova, e não a sua efetiva produção. Nesse sentido, será possível que uma instrução posterior à entrada em vigor do CPC/15 seja realizada de acordo com as regras estabelecidas pelo CPC/73.

O **Enunciado n. 569 do FPPC**, contudo, estabelece que o dispositivo em comento não impede convenções processuais em matéria probatória, ainda que relativas a provas requeridas ou determinadas sob vigência do CPC/73. Logicamente essas convenções sobre prova devem ser elaboradas com a finalidade de tornar o processo mais efetivo e justo.

Artigo 1.048

Terão prioridade de tramitação, em qualquer juízo ou tribunal, os procedimentos judiciais:

I – em que figure como parte ou interessado pessoa com idade igual ou superior a 60 (sessenta) anos ou portadora de doença grave, assim compreendida qualquer das enumeradas no art. 6º, inciso XIV, da Lei n. 7.713, de 22 de dezembro de 1988;

II – regulados pela Lei n. 8.069, de 13 de julho de 1990 (Estatuto da Criança e do Adolescente).

III – em que figure como parte a vítima de violência doméstica e familiar, nos termos da Lei n. 11.340, de 7 de agosto de 2006 (Lei Maria da Penha).

§ 1º A pessoa interessada na obtenção do benefício, juntando prova de sua condição, deverá requerê-lo à autoridade judiciária competente para decidir o feito, que determinará ao cartório do juízo as providências a serem cumpridas.

§ 2º Deferida a prioridade, os autos receberão identificação própria que evidencie o regime de tramitação prioritária.

§ 3º Concedida a prioridade, essa não cessará com a morte do beneficiado, estendendo-se em favor do cônjuge supérstite ou do companheiro em união estável.

§ 4º A tramitação prioritária independe de deferimento pelo órgão jurisdicional e deverá ser imediatamente concedida diante da prova da condição de beneficiário.

O artigo em comento diz respeito às hipóteses em que haverá prioridade de tramitação, donde se incluem os processos em que idoso com idade igual ou superior a 60 anos ou portador de doença grave se figure como autor, réu ou interessado, assim como aqueles processos regulados pela Lei ns. 8.069/90 (Estatuto da Criança e do Adolescente) e 11.340/06 (Lei Maria da Penha).

A pessoa interessada na obtenção do benefício deverá requerê-lo à autoridade judiciária competente, juntando prova de sua condição. Concedida a prioridade (que independente de deferimento, bastando a comprovação dos requisitos), o processo será identificado como tal e prosseguirá em regime prioritário, o qual não cessa com a morte do beneficiário, estendendo-se em favor do cônjuge supérstite ou do companheiro em união estável.

Artigo 1.049

Sempre que a lei remeter a procedimento previsto na lei processual sem especificá-lo, será observado o procedimento comum previsto neste Código.

Parágrafo único. Na hipótese de a lei remeter ao procedimento sumário, será observado o procedimento comum previsto neste Código, com as modificações previstas na própria lei especial, se houver.

O dispositivo em questão não se aplica ao Processo do Trabalho, que possui ritos próprios, a saber, ordinário, sumário e sumaríssimo, que não correspondem aos homônimos regulados pelo CPC.

Artigo 1.050

A União, os Estados, o Distrito Federal, os Municípios, suas respectivas entidades da administração indireta, o Ministério Público, a Defensoria Pública e a Advocacia Pública, no prazo de 30 (trinta) dias a contar da data da entrada em vigor deste Código, deverão se cadastrar perante a administração do tribunal no qual atuem para cumprimento do disposto nos arts. 246, § 2º, e 270, parágrafo único.

União, Estados, Distrito Federal, Municípios e suas respectivas entidades da administração indireta, bem como o Ministério Público, a Defensoria Pública e a Advocacia Pública, terão o prazo de 30 (trinta) dias a contar da entrada em vigor do CPC/15 para se cadastrarem perante a administração do Tribunal, o que facilita as notificações e identificação desses nas futuras ações que atuem.

Artigo 1.051

As empresas públicas e privadas devem cumprir o disposto no art. 246, § 1º, no prazo de 30 (trinta) dias, a contar da data de inscrição do ato constitutivo da pessoa jurídica, perante o juízo onde tenham sede ou filial.

Parágrafo único. O disposto no caput não se aplica às microempresas e às empresas de pequeno porte.

As empresas públicas e privadas (a exceção das microempresas e de pequeno porte) também devem se cadastrar, no prazo de 30 (trinta) dias, a contar da data de inscrição do ato constitutivo da pessoa jurídica, perante o juízo onde tenham sede ou filial.

Apesar da exigência legal, não foi determinado qualquer cominação de multa decorrente de eventual descumprimento da imposição legal.

Artigo 1.052

Até a edição de lei específica, as execuções contra devedor insolvente, em curso ou que venham a ser propostas, permanecem reguladas pelo Livro II, Título IV, da Lei n. 5.869, de 11 de janeiro de 1973.

A determinação do art. 1.052 do CPC não se aplica ao Processo do Trabalho, que não prevê a execução de quantia certa em face de devedor insolvente.

No Processo Civil, por sua vez, será aplicado o CPC/73 até que se edite lei especifica sobre o tema.

Artigo 1.053

Os atos processuais praticados por meio eletrônico até a transição definitiva para certificação digital ficam convalidados, ainda que não tenham observado os requisitos mínimos estabelecidos por este Código, desde que tenham atingido sua finalidade e não tenha havido prejuízo à defesa de qualquer das partes.

O dispositivo em comento se refere ao processo de virtualização dos atos processuais e suas eventuais dificuldades, estabelecendo que aqueles atos previstos nos arts. 194 e 195 do CPC serão convalidados, mesmo sem o preenchimento dos seus requisitos mínimos, até a transcrição definitiva para certificação digital.

No Processo do Trabalho todos os novos processos já tramitam no meio virtual, razão pela qual dificilmente um ato processual será praticado sem a devida certificação digital.

Artigo 1.054

O disposto no art. 503, § 1º, somente se aplica aos processos iniciados após a vigência deste Código, aplicando-se aos anteriores o disposto nos arts. 5º, 325 e 470 da Lei n. 5.869, de 11 de janeiro de 1973.

Segundo o dispositivo em comento, o § 1º do art. 503 do CPC(374), que trata da coisa julgada relativa à resolução de questão prejudicial decidida incidentalmente, apenas será aplicado aos processos ajuizados após a vigência do CPC/15.

Nos termos do **Enunciado n. 367 do FPPC**, entende-se como início/ajuizamento do processo a data do protocolo da petição inicial.

Artigo 1.055

Vetado

Artigo 1.056

Considerar-se-á como termo inicial do prazo da prescrição prevista no art. 924, inciso V, inclusive para as execuções em curso, a data de vigência deste Código.

O dispositivo trata do termo inicial da *prescrição intercorrente* prevista no inciso V do art. 924 do CPC, a saber, a data da entrada em vigência do CPC/15.

Artigo 1.057

O disposto no art. 525, §§ 14 e 15, e no art. 535, §§ 7º e 8º, aplica-se às decisões transitadas em julgado após a entrada em vigor deste Código, e, às decisões transitadas em julgado anteriormente, aplica-se o disposto no art. 475-L, § 1º, e no art. 741, parágrafo único, da Lei n. 5.869, de 11 de janeiro de 1973.

Nos termos do dispositivo em comento, os §§ 14 e 15 do art. 525 e §§ 7º e 8º do art. 535 do CPC, que dispõe sobre execução, apenas serão aplicados às decisões de mérito transitadas em julgado após a entrada em vigor do CPC/15.

Artigo 1.058

Em todos os casos em que houver recolhimento de importância em dinheiro, esta será depositada em nome da parte ou do interessado, em conta especial movimentada por ordem do juiz, nos termos do art. 840, inciso I.

Nos termos do dispositivo em comento, em todos os casos em que houver recolhimento de importância em dinheiro, esta será depositada em nome da parte ou do interessado, em conta especial movimentada por ordem do juiz, nos termos do art. 840, inciso I.

No Processo do Trabalho, por sua vez, o art. 881 da CLT estabelece que o pagamento da quantia reclamada será feito perante o escrivão ou secretário, lavrando-se termo de quitação, em 2 (duas) vias, assinadas pelo exequente, pelo

(374) Art. 503. A decisão que julgar total ou parcialmente o mérito tem força de lei nos limites da questão principal expressamente decidida.

§ 1º O disposto no *caput* aplica-se à resolução de questão prejudicial, decidida expressa e incidentemente no processo, se:

I – dessa resolução depender o julgamento do mérito;

II – a seu respeito tiver havido contraditório prévio e efetivo, não se aplicando no caso de revelia;

III – o juízo tiver competência em razão da matéria e da pessoa para resolvê-la como questão principal.

executado e pelo mesmo escrivão ou secretário, entregando-se a segunda via ao executado e juntando-se a outra ao processo. E o parágrafo único determina que não estando presente o exequente, será depositada a importância, mediante guia, no Banco do Brasil ou na Caixa Econômica Federal ou, em falta destes, em estabelecimento bancário idôneo.

Nada obstante, ante a informalidade da Justiça do Trabalho, observa-se reiteradamente o pagamento de valores, a exemplo de acordos judiciais, em contas bancárias de diversas instituições financeiras, inclusive de titularidade dos patronos das partes.

Artigo 1.059

À tutela provisória requerida contra a Fazenda Pública aplica-se o disposto nos arts. 1º a 4º da Lei n. 8.437, de 30 de junho de 1992 e no art. 7º, § 2º, da Lei n. 12.016, de 7 de agosto de 2009.

As disposições das normas apontadas que devem ser observadas na tutela provisória requerida em desfavor da Fazenda Pública são as seguintes:

Lei n. 8.437, de 30 de junho de 1992

Art. 1º Não será cabível medida liminar contra atos do Poder Público, no procedimento

cautelar ou em quaisquer outras ações de natureza cautelar ou preventiva, toda vez que providência semelhante não puder ser concedida em ações de mandado de segurança, em virtude de vedação legal.

§ 1º Não será cabível, no juízo de primeiro grau, medida cautelar inominada ou a sua liminar, quando impugnado ato de autoridade sujeita, na via de mandado de segurança, à competência originária de tribunal.

§ 2º O disposto no parágrafo anterior não se aplica aos processos de ação popular e de ação civil pública.

§ 3º Não será cabível medida liminar que esgote, no todo ou em qualquer parte, o objeto da ação.

§ 4º Nos casos em que cabível medida liminar, sem prejuízo da comunicação ao dirigente do órgão ou entidade, o respectivo representante judicial dela será imediatamente intimado.

§ 5º Não será cabível medida liminar que defira compensação de créditos tributários ou previdenciários. (Incluído pela Medida Provisória n. 2.180-35, de 2001)

Art. 2º No mandado de segurança coletivo e na ação civil pública, a liminar será concedida, quando cabível, após a audiência do representante judicial da pessoa jurídica de direito público, que deverá se pronunciar no prazo de setenta e duas horas.

Art. 3º O recurso voluntário ou *ex officio*, interposto contra sentença em processo cautelar, proferida contra pessoa jurídica de direito público ou seus agentes, que importe em outorga ou adição de vencimentos ou de reclassificação funcional, terá efeito suspensivo.

Art. 4º Compete ao presidente do tribunal, ao qual couber o conhecimento do respectivo recurso, suspender, em despacho fundamentado, a execução da liminar nas ações movidas contra o Poder Público ou seus agentes, a requerimento do Ministério Público ou da pessoa jurídica de direito público interessada, em caso de manifesto interesse público ou de flagrante ilegitimidade, e para evitar grave lesão à ordem, à saúde, à segurança e à economia públicas.

§ 1º Aplica-se o disposto neste artigo à sentença proferida em processo de ação cautelar inominada, no processo de ação popular e na ação civil pública, enquanto não transitada em julgado.

§ 2º O Presidente do Tribunal poderá ouvir o autor e o Ministério Público, em setenta e duas horas.

§ 3º Do despacho que conceder ou negar a suspensão, caberá agravo, no prazo de cinco dias, que será levado a julgamento na sessão seguinte a sua interposição. (Redação dada pela Medida Provisória n. 2.180-35, de 2001)

§ 4º Se do julgamento do agravo de que trata o § 3º resultar a manutenção ou o restabelecimento da decisão que se pretende suspender, caberá novo pedido de suspensão ao Presidente do Tribunal competente para conhecer de eventual recurso especial ou extraordinário.

§ 5º É cabível também o pedido de suspensão a que se refere o § 4º, quando negado provimento a agravo de instrumento interposto contra a liminar a que se refere este artigo.

§ 6º A interposição do agravo de instrumento contra liminar concedida nas ações movidas contra o Poder Público e seus agentes não prejudica nem condiciona o julgamento do pedido de suspensão a que se refere este artigo.

§ 7º O Presidente do Tribunal poderá conferir ao pedido efeito suspensivo liminar, se constatar, em juízo prévio, a plausibilidade do direito invocado e a urgência na concessão da medida.

§ 8º As liminares cujo objeto seja idêntico poderão ser suspensas em uma única decisão, podendo o Presidente do Tribunal estender os efeitos da suspensão a liminares supervenientes, mediante simples aditamento do pedido original.

§ 9º A suspensão deferida pelo Presidente do Tribunal vigorará até o trânsito em julgado da decisão de mérito na ação principal.

Lei n. 12.016, de 7 de agosto de 2009:

Art. 7º Ao despachar a inicial, o juiz ordenará:

§ 2º Não será concedida medida liminar que tenha por objeto a compensação de créditos tributários, a entrega de mercadorias e bens provenientes do exterior, a reclassificação ou equiparação de servidores públicos e a concessão de aumento ou a extensão de vantagens ou pagamento de qualquer natureza.

Artigo 1.060

O inciso II do art. 14 da Lei n. 9.289, de 4 de julho de 1996, passa a vigorar com a seguinte redação: (Vigência)

"Art. 14. (...)

(...)

II – aquele que recorrer da sentença adiantará a outra metade das custas, comprovando o adiantamento no ato de interposição do recurso, sob pena de deserção, observado o disposto nos §§ 1º a 7º do art. 1.007 do Código de Processo Civil;

(...)." (NR)

O dispositivo não se aplica ao Processo do Trabalho, pois diz respeito à Justiça Federal Comum.

Artigo 1.061

O § 3º do art. 33 da Lei n. 9.307, de 23 de setembro de 1996 (Lei de Arbitragem), passa a vigorar com a seguinte redação: (Vigência)

"Art. 33. (...)

§ 3º A decretação da nulidade da sentença arbitral também poderá ser requerida na impugnação ao cumprimento da sentença, nos termos dos arts. 525 e seguintes do Código de Processo Civil, se houver execução judicial." (NR)

A nova redação dada ao art. 33 da Lei de arbitragem permite a alegação de nulidade da Sentença quando da impugnação ao seu cumprimento, nos termos do art. 525 e seguintes do CPC, o que tem aplicação na seara trabalhista diante da possibilidade de utilização do instituto da arbitragem para solução de lides trabalhistas introduzida pela Reforma Trabalhista (Lei n. 13.467/2017) no art. 507 da CLT.

Artigo 1.062

O incidente de desconsideração da personalidade jurídica aplica-se ao processo de competência dos juizados especiais.

O Incidente de Desconsideração da Personalidade Jurídica – IDPJ também se aplica no Processo do Trabalho, o que foi corroborado pelo art. 6º da Instrução Normativa n. 39 do TST, *in verbis:*

Art. 6º Aplica-se ao Processo do Trabalho o incidente de desconsideração da personalidade jurídica regulado no Código de Processo Civil (arts. 133 a 137), assegurada a iniciativa também do juiz do trabalho na fase de execução (CLT, art. 878).

§ 1º Da decisão interlocutória que acolher ou rejeitar o incidente:

I – na fase de cognição, não cabe recurso de imediato, na forma do art. 893, § 1º da CLT;

II – na fase de execução, cabe agravo de petição, independentemente de garantia do juízo;

III – cabe agravo interno se proferida pelo Relator, em incidente instaurado originariamente no tribunal (CPC, art. 932, inciso VI).

§ 2º A instauração do incidente suspenderá o processo, sem prejuízo de concessão da tutela de urgência de natureza cautelar de que trata o art. 301 do CPC.

Apesar de o dispositivo fazer referência apenas ao processo de competência dos juizados especiais, além da Instrução Normativa n. 39, a própria CLT introduziu o art. 855-A no seu texto autorizando expressamente a utilização do instituto no processo do trabalho: "Aplica-se ao processo do trabalho o incidente de desconsideração da personalidade jurídica previsto nos arts. 133 a 137 da Lei n. 13.105, de 16 de março de 2015 — Código de Processo Civil".

Artigo 1.063

Até a edição de lei específica, os juizados especiais cíveis previstos na Lei n. 9.099, de 26 de setembro de 1995, continuam competentes para o processamento e julgamento das causas previstas no art. 275, inciso II, da Lei n. 5.869, de 11 de janeiro de 1973.

O dispositivo não se aplica ao Processo do Trabalho, por tratar especificamente dos Juizados Especiais Cíveis.

Artigo 1.064

O *caput* do art. 48 da Lei n. 9.099, de 26 de setembro de 1995, passa a vigorar com a seguinte redação: (Vigência)

"Art. 48. Caberão embargos de declaração contra sentença ou acórdão nos casos previstos no Código de Processo Civil ..." (NR)

O dispositivo não se aplica ao Processo do Trabalho, por tratar especificamente dos Juizados Especiais Cíveis.

Artigo 1.065

O art. 50 da Lei n. 9.099, de 26 de setembro de 1995, passa a vigorar com a seguinte redação: (Vigência)

"Art. 50. Os embargos de declaração interrompem o prazo para a interposição de recurso." (NR)

O dispositivo não se aplica ao Processo do Trabalho, por tratar especificamente dos Juizados Especiais Cíveis.

Artigo 1.066

O art. 83 da Lei n. 9.099, de 26 de setembro de 1995, passam a vigorar com a seguinte redação: (Vigência)

"Art. 83. Cabem embargos de declaração quando, em sentença ou acórdão, houver obscuridade, contradição ou omissão.

§ 2º Os embargos de declaração interrompem o prazo para a interposição de recurso.

(...)" (NR)

O dispositivo não se aplica ao Processo do Trabalho, por tratar especificamente dos Juizados Especiais Cíveis.

Artigo 1.067

O art. 275 da Lei n. 4.737, de 15 de julho de 1965 (Código Eleitoral) , passa a vigorar com a seguinte redação: (Vigência)

"Art. 275. São admissíveis embargos de declaração nas hipóteses previstas no Código de Processo Civil .

§ 1º Os embargos de declaração serão opostos no prazo de 3 (três) dias, contado da data de publicação da decisão embargada, em petição dirigida ao juiz ou relator, com a indicação do ponto que lhes deu causa.

§ 2º Os embargos de declaração não estão sujeitos a preparo.

§ 3º O juiz julgará os embargos em 5 (cinco) dias.

§ 4º Nos tribunais:

I – o relator apresentará os embargos em mesa na sessão subsequente, proferindo voto;

II – não havendo julgamento na sessão referida no inciso I, será o recurso incluído em pauta;

III – vencido o relator, outro será designado para lavrar o acórdão.

§ 5º Os embargos de declaração interrompem o prazo para a interposição de recurso.

§ 6º Quando manifestamente protelatórios os embargos de declaração, o juiz ou o tribunal, em decisão fundamentada, condenará o embargante a pagar ao embargado multa não excedente a 2 (dois) salários-mínimos.

§ 7º Na reiteração de embargos de declaração manifestamente protelatórios, a multa será elevada a até 10 (dez) salários-mínimos." (NR)

O dispositivo não se aplica ao Processo do Trabalho, pois se refere, especificamente, a alterações no Código Eleitoral.

Artigo 1.068

O art. 274 e o *caput* do art. 2.027 da Lei n. 10.406, de 10 de janeiro de 2002 (Código Civil), passam a vigorar com a seguinte redação: (Vigência)

"Art. 274. O julgamento contrário a um dos credores solidários não atinge os demais, mas o julgamento favorável aproveita-lhes, sem prejuízo de exceção pessoal que o devedor tenha direito de invocar em relação a qualquer deles." (NR)

"Art. 2.027. A partilha é anulável pelos vícios e defeitos que invalidam, em geral, os negócios jurídicos (...)." (NR)

O dispositivo não se aplica diretamente ao Processo do Trabalho, pois se refere, especificamente, a alterações no Código Civil.

Nada obstante, a alteração promovida no art. 274 do Código Civil pode ter repercussão no Processo do Trabalho, uma vez que subsidiariamente pode-se estabelecer que "o julgamento contrário a um dos credores solidários não atinge os demais, ao passo que o favorável aproveita-lhes, sem prejuízo de exceção pessoal que possa ser invocada pelo devedor em face de qualquer um deles".

Quanto ao disposto em relação à anulação de partilha, a alteração é restrita à seara das sucessões.

Artigo 1.069

O Conselho Nacional de Justiça promoverá, periodicamente, pesquisas estatísticas para avaliação da efetividade das normas previstas neste Código.

Nos termos do § 4º do art. 103-B da Constituição Federal, compete ao Conselho Nacional de Justiça — CNJ, o controle da atuação administrativa e financeira do Poder Judiciário e do cumprimento dos deveres funcionais dos juízes, cabendo-lhe, além de outras atribuições que lhe forem conferidas pelo Estatuto da Magistratura.

Como a Justiça do Trabalho é órgão do poder judiciário, o dispositivo em comento deve ser observado na Justiça Especializada.

Artigo 1.070

É de 15 (quinze) dias o prazo para a interposição de qualquer agravo, previsto em lei ou em regimento interno de tribunal, contra decisão de relator ou outra decisão unipessoal proferida em tribunal.

O dispositivo em questão, nos exatos termos de sua redação, não se aplica ao Processo do Trabalho, o que é corroborado pelo inciso XIII do art. 1.070 da Instrução Normativa n. 39 do TST. Mesmo porque, em relação ao agravo de instrumento cabível em face de decisões denegatórias de admissibilidade recursal (art. 897, b da CLT), e o agravo previsto no art. 239 do Regimento Interno do TST, os prazos para interposição são de 8 (oito) dias na Justiça do Trabalho.

Artigo 1.071

O Capítulo III do Título V da Lei n. 6.015, de 31 de dezembro de 1973 (Lei de Registros Públicos), passa a vigorar acrescida do seguinte art. 216-A: (Vigência)

"Art. 216-A. Sem prejuízo da via jurisdicional, é admitido o pedido de reconhecimento extrajudicial de usucapião, que será processado diretamente perante o cartório do registro de imóveis da comarca em que estiver situado o imóvel usucapiendo, a requerimento do interessado, representado por advogado, instruído com:

I – ata notarial lavrada pelo tabelião, atestando o tempo de posse do requerente e seus antecessores, conforme o caso e suas circunstâncias;

II – planta e memorial descritivo assinado por profissional legalmente habilitado, com prova de anotação de responsabilidade técnica no respectivo conselho de fiscalização profissional, e pelos titulares de direitos reais e de outros direitos registrados ou averbados na matrícula do imóvel usucapiendo e na matrícula dos imóveis confinantes;

III – certidões negativas dos distribuidores da comarca da situação do imóvel e do domicílio do requerente;

IV – justo título ou quaisquer outros documentos que demonstrem a origem, a continuidade, a natureza e o tempo da posse, tais como o pagamento dos impostos e das taxas que incidirem sobre o imóvel.

§ 1º O pedido será autuado pelo registrador, prorrogando-se o prazo da prenotação até o acolhimento ou a rejeição do pedido.

§ 2º Se a planta não contiver a assinatura de qualquer um dos titulares de direitos reais e de outros direitos registrados ou averbados na matrícula do imóvel usucapiendo e na matrícula dos imóveis confinantes, esse será notificado pelo registrador competente, pessoalmente ou pelo correio com aviso de recebimento, para manifestar seu consentimento expresso em 15 (quinze) dias, interpretado o seu silêncio como discordância.

§ 3º O oficial de registro de imóveis dará ciência à União, ao Estado, ao Distrito Federal e ao Município, pessoalmente, por intermédio do oficial de registro de títulos e documentos, ou pelo correio com aviso de recebimento, para que se manifestem, em 15 (quinze) dias, sobre o pedido.

§ 4º O oficial de registro de imóveis promoverá a publicação de edital em jornal de grande circulação, onde houver, para a ciência de terceiros eventualmente interessados, que poderão se manifestar em 15 (quinze) dias.

§ 5º Para a elucidação de qualquer ponto de dúvida, poderão ser solicitadas ou realizadas diligências pelo oficial de registro de imóveis.

§ 6º Transcorrido o prazo de que trata o § 4º deste artigo, sem pendência de diligências na forma do § 5º deste artigo e achando-se em ordem a documentação, com inclusão da concordância expressa dos titulares de direitos reais e de outros direitos registrados ou averbados na matrícula do imóvel usucapiendo e na matrícula dos imóveis confinantes, o oficial de registro de imóveis registrará a aquisição do imóvel com as descrições apresentadas, sendo permitida a abertura de matrícula, se for o caso.

§ 7º Em qualquer caso, é lícito ao interessado suscitar o procedimento de dúvida, nos termos desta Lei.

§ 8º Ao final das diligências, se a documentação não estiver em ordem, o oficial de registro de imóveis rejeitará o pedido.

§ 9º A rejeição do pedido extrajudicial não impede o ajuizamento de ação de usucapião.

§ 10. Em caso de impugnação do pedido de reconhecimento extrajudicial de usucapião, apresentada por qualquer um dos titulares de direito reais e de outros direitos registrados ou averbados na matrícula do imóvel usucapiendo e na matrícula dos imóveis confinantes, por algum dos entes públicos ou por algum terceiro interessado, o oficial de registro de imóveis remeterá os autos ao juízo competente da comarca da situação do imóvel, cabendo ao requerente emendar a petição inicial para adequá-la ao procedimento comum."

O dispositivo não se aplica ao Processo do Trabalho, pois se refere, especificamente, a alterações na Lei n. 6.015, de 31 de dezembro de 1973 (Lei de Registros Públicos), cuja matéria não é de competência da Justiça do Trabalho.

Artigo 1.072

Revogam-se: (Vigência)

I – o art. 22 do Deacreto-lei n. 25, de 30 de novembro de 1937;

II – os arts. 227, *caput*, 229, 230, 456, 1.482, 1.483 e 1.768 a 1.773 da Lei n. 10.406, de 10 de janeiro de 2002 (Código Civil);

III – os arts. 2º, 3º, 4º, 6º, 7º, 11, 12 e 17 da Lei n. 1.060, de cinco de fevereiro de 1950;

IV – os arts. 13 a 18, 26 a 29 e 38 da Lei n. 8.038, de 28 de maio de 1990;

V – os arts. 16 a 18 da Lei n. 5.478, de 25 de julho de 1968; e

VI – o art. 98, § 4º, da Lei n. 12.529, de 30 de novembro de 2011.

O dispositivo não se aplica diretamente ao Processo do Trabalho, por ser referir a legislações distintas.

Referências Bibliográficas

ABBOUD, Georges; STRECK, Lenio. O NCPC e os precedentes. 175-182 147-174. In: DIDIER JR., Fredie; CUNHA, Leonardo Carneiro da; ATAÍDE JR., Jaldemiro Rodrigues de; MACÊDO, Lucas Buris de (Coords). *Precedentes.* Coleção Grandes Temas do Novo CPC. Salvador: JusPodivm, 2015.

AMENT, Thiago Henrique. *Recurso de revista repetitivo:* entre os precedentes da *common law* e o julgamento por causa-piloto. São Paulo: LTr, 2018.

ANAMATRA. *2ª Jornada de Direito Material e Processual do Trabalho da ANAMATRA.* 2017, Brasília/DF. Enunciados Aprovados. Disponível em: <http://www.jornadanacional.com.br/listagem-enunciados-aprovados-vis1.asp>. Acesso em: 1º maio 2018.

BARACHO, José Alfredo de Oliveira. *Processo constitucional.* Rio de Janeiro: Revista Forense, 1984.

BARROS, Flaviane de Magalhães. A fundamentação das decisões a partir do modelo constitucional de processo. In: Instituto de Hermenêutica Jurídica. *Revista do Instituto de Hermenêutica Jurídica:* 20 anos de constitucionalismo democrático – e agora? Porto Alegre, v. 1, n. 6, p. 131-148, 2008.

BELMONTE, Alexandre Agra. Breves comentários ao novo sistema recursal (Lei n. 13.015/2014). *In: Revista LTr:* legislação do trabalho, v. 79, n. 1, p. 17-26, jan. 2015.

BRAGA, Paula Sarno; DIDIER JR., Fredie; OLIVEIRA, Rafael Alexandria de. *Curso de Direito Processual Civil:* teoria da prova, direito probatório, decisão, precedente, coisa julgada e tutela provisória. 11. ed. v. 2. Salvador: JusPodivm, 2016.

BRANDÃO, Cláudio. Incidente de julgamento de recurso de revista repetitivos. In: DIDIER JR., Fredie; BRANDÃO, Cláudio; MALLET, Estevão (Coords.). *Processo do trabalho:* coleção repercussões do novo CPC. Salvador: JusPodivm, 2015. p. 617-677.

______. *Reforma do sistema recursal trabalhista:* comentários à Lei n. 13.015/2014. 1. ed. São Paulo: LTr, 2015.

______; MALLET, Estêvão. (Org.) *Processo do trabalho.* Coleção Repercussões do Novo CPC, v. 4. Salvador: JusPodivm, 2015.

______. *Reclamação constitucional no processo do trabalho.* São Paulo: LTr, 2017.

BRASIL. Congresso. Senado. *Anteprojeto do novo Código de Processo Civil.* Exposição de Motivos. Brasília, 2010. Disponível em: <http://www2.senado.leg.br/ bdsf/bitstream/handle/id/496296/000895477.pdf?sequence=1>. Acesso em: 15 abr. 2019.

______. Conselho Nacional de Justiça. *Resolução n. 235 de 13 de julho de 2016.* Dispõe sobre a padronização de procedimentos administrativos decorrentes de julgamentos de Repercussão Geral, de casos repetitivos e de Incidente de assunção de competência previstos na Lei 13.105, de 16 de março de 2015 (Código de Processo Civil), no Superior Tribunal de Justiça, no Tribunal Superior Eleitoral, no Tribunal Superior do Trabalho, no Superior Tribunal Militar, nos Tribunais Regionais Federais, nos Tribunais Regionais do Trabalho e nos Tribunais de Justiça dos Estados e do Distrito Federal, e dá outras providências. 2016. Disponível em: <http://www.cnj.jus.br/busca-atos-adm?documento=3155>. Acesso em: 27 maio 2019.

______. Supremo Tribunal Federal. *ADC 62 - 0019258-43.2019.1.00.0000.* Autuado em: 18 mar. 2019. Relator: Min. Ricardo Lewandowski. Disponível em: <http://portal.stf.jus.br/processos/detalhe.asp?Incidente=5654198>. Acesso em: 20 jun. 2019.

______. Supremo Tribunal Federal. *ADI 6.188 - 7000279-11.2019.1.00.0000.* Distribuído em: 5 jul. 2019. Relator: Ricardo Lewandowski. Disponível em: <http://portal.stf.jus.br/processos/detalhe.asp?Incidente=5731024>. Acesso em: 06 jul. 2019.

______. Supremo Tribunal Federal. *Súmulas.* 2019. Disponível em: <http://www.stf.jus.br/portal/cms/verTexto.asp?servico=jurisprudenciaSumula>. Acesso em: 22 abr. 2019.

______. Tribunal Superior do Trabalho. *Resolução n. 141, de 27 de setembro de 2007.* Instrução Normativa n. 31. Acesso em: <https://juslaboris.tst.jus.br/bitstream/handle/20.500.12178/2107/2007_res0141_in0031_compilado.pdf?sequence=2&isAllowed=y>. Acesso em: 22 jun. 2020.

______. Tribunal Superior do Trabalho. *Resolução Administrativa n. 203 de 15 de março de 2016.* Edita a Instrução Normativa n. 39, que regulamenta o procedimento do Incidente de Julgamento dos Recursos de Revista e de Embargos à SBDI-1 repetitivos. Disponível em: <http://www.trtsp.jus.br/geral/tribunal2/ TST/Instr_Norm/IN_38.html>. Acesso em: 14 maio 2019.

______. Tribunal Superior do Trabalho. *Resolução Administrativa n. 1.937 de 20 de novembro de 2017.* Aprova o Regimento Interno do Tribunal Superior do Trabalho. 2017b. Disponível em: <https://juslaboris.tst.jus.br/bitstream/ handle/20.500.12178/116169/2017_ra1937_ri_tst_rep01.pdf?sequence=10&isAllowed=y>. Acesso em: 15 maio 2019.

______. Tribunal Superior do Trabalho. *Tabela de Incidente de Assunção de Competência.* 2019. Disponível em: <http://www.tst.jus.br/web/guest/tabela-incidente-assuncao-competencia>. Acesso em: 09 maio 2019.

______. Tribunal Superior do Trabalho. *TST considera nula decisão majoritária sem as razões de voto vencido*. Disponível em: <https://www.tst.jus.br/noticias/-/asset_publisher/89Dk/content/tst-considera-nula-decisao-majoritaria-sem-as-razoes-de-voto-vencido>. Acesso em: 13 abr. 2020.

BUENO, Cassio Scarpinella. *A nova etapa da reforma do Código de Processo Civil*. v. 2. São Paulo: Saraiva, 2006.

CABRAL, Antônio do Passo. A técnica do julgamento-alerta na mudança de jurisprudência consolidada. *RePro*, v. 38, n. 221, p. 13-48, jul. 2013.

______; CRAMER, Ronaldo. *Comentários ao novo Código de Processo Civil*. Rio de Janeiro: Forense, 2015.

CÂMARA, Alexandre Freitas. *O novo processo civil brasileiro*. 2. ed. rev. e atual. São Paulo: GenAtlas, 2015.

CAMARA, Alexandre Freitas. Superação da jurisprudência sumulada e a modulação de efeitos no novo Código de Processo Civil. p. 83-118. In: JAYME, Fernando Gonzaga; CASTRO MENDES, Aluísio; NUNES, Dierle (Coords.). *A nova aplicação da jurisprudência e precedentes no CPC/2015*. Estudos em homenagem à professora Teresa Arruda Alvim. São Paulo: Revista dos Tribunais, 2017.

CASTRO MENDES, Aluísio Gonçalves de; RODRIGUES, Roberto de Aragão Ribeiro. Reflexões sobre o incidente de resolução de demandas repetitivas previsto no projeto de novo Código de Processo Civil. *RePro*, v. 211, set./2012.

______. *Ações coletivas e meios de resolução coletiva de conflitos no direito comparado e nacional*. São Paulo: Revista dos Tribunais, 2014.

______; TEMER, Sofia. O incidente de resolução de demandas repetitivas no novo Código de Processo Civil. *RePro*, v. 243/2015, maio 2015.

______. *Incidente de resolução de demandas repetitivas:* sistematização, análise e interpretação do novo instituto processual. Rio de Janeiro: Forense, 2017.

______. Breves considerações sobre o caráter vinculativo da jurisprudência. p. 119-130. In: JAYME, Fernando Gonzaga; MENDES, Aluísio; NUNES, Dierle (Coords.). *A nova aplicação da jurisprudência e precedentes no CPC/2015*. Estudos em homenagem à professora Teresa Arruda Alvim São Paulo: Revista dos Tribunais, 2017. p. 125.

CAMARGO, Luiz Henrique Volpi. O incidente de resolução de demandas repetitivas no projeto de novo CPC: a comparação entre a versão do Senado Federal e a da Câmara dos Deputados. In: FREIRE, Alexandre *et al.* (Org.). *Novas tendências do processo civil:* estudos sobre o projeto do novo Código de Processo Civil. Salvador: JusPodivm, 2014.

CAMBI, Eduardo; FOGAÇA, Mateus Vargas. Sistema dos precedentes judiciais obrigatórios no novo Código de Processo Civil. In: ATAÍDE JR., Jaldemiro Rodrigues de *et al.* (Org.). *Precedentes*. Coleção Grandes Temas do Novo CPC. v. 3, 2. ed. Salvador: JusPodivm, 2016. p. 335-356.

CAMPANTE, Rubens Goyatá; MACIEL JÚNIOR, Vicente de Paula. Litigância habitual e política pública de regulação trabalhista. Belo Horizonte: Globalprint, 2017.

CANOTILHO, José Joaquim Gomes. *Direito Constitucional e Teoria da Constituição*. 3. ed. Coimbra: Almedina, 1998.

CAVALCANTI, Marcos de Araújo. Mecanismos de resolução de demandas repetitivas no direito estrangeiro: um estudo sobre o procedimento alemão e as ordens de litígios em grupo inglesas. *RePro*, v. 238, p. 333, dez./2014.

COSTA, Moacyr Lobo da. Cumulação de juízos da ação rescisória. *Revista de Processo*, n. 43, p. 39, 1986.

CUNHA, Leonardo Carneiro da. Anotações sobre o incidente de resolução de demandas repetitivas previsto no projeto do novo Código de Processo Civil. *RePro*, 193/255-280. 2011.

CUNHA, Natália Xavier; EÇA, Vitor Salino de Moura. Segurança jurídica e jurisprudência trabalhista. *Revista de Direito do Trabalho*. São Paulo: RT, v. 192, p. 45-58, 2018.

______. *Uniformização de jurisprudência trabalhista e o sistema de precedentes vinculantes*. Curitiba: CRV, 2019.

______; EÇA, Vitor Salino de Moura. Sistema de precedentes vinculantes: conceitos e características. In: Cesar Zucatti Pritsch; Fernanda Antunes Marques Junqueira; Flávio Costa Higa; Ney Maranhão. (Orgs.). *Precedentes no processo do trabalho*. 1. ed. São Paulo: Revista dos Tribunais, 2020. p. 73-98.

DALLEGRAVE NETO, Afonso; GOULART, Rodrigo Fortunato (Coord.). *Novo CPC e o processo do trabalho*. São Paulo: LTr, 2016.

DIDIER JR., Fredie; CUNHA, Leonardo Carneiro da. *Curso de direito processual civil*. v. 3, 13. ed. Salvador: 2016.

______. *Curso de direito processual civil:* Introdução ao direito processual civil, parte geral e processo de conhecimento. 19. ed. Salvador: JusPodivm, 2017.

DINAMARCO, Cândido Rangel. *Nova era do processo civil*. 3. ed. São Paulo: Malheiros, 2009.

DÖHRING, Erich. *La prueba:* su prática y apreciación. Trad. Tomás A. Banzahaf. Buenos Aires: EJEA, 1972.

DONIZETTI, Elpídio. A força dos precedentes no novo Código de Processo Civil. *Revista Direito UNIFACS - Debate Virtual*, n. 175, 2015. Disponível em: <https://revistas.unifacs.br/index.php/redu/article/view/3446>. Acesso em: 09 abr. 2019.

ENFAM. *Enunciados*. Disponível em: <https://www.enfam.jus.br/wp-content/uploads/2015/09/ENUNCIADOS-VERS%C3%83O--DEFINITIVA-.pdf>. Acesso em: 28 abr. 2021.

EÇA, Vitor Salino de Moura. *Direito processual do trabalho*. São Paulo: LTr, 2019.

FARIA, Fernanda Nigri; TOSTES, Laura Ferreira Diamantino. A reclamação constitucional como instrumento de estabilização e uniformização da jurisprudência. In: KOURY, Luiz Ronan Neves; ALMEIDA, Wânia Guimarães Rabêllo; ASSUNÇÃO, Carolina Silva Silvino (Coords.). *O direito processual do trabalho na perspectiva do Código de Processo Civil e da reforma trabalhista*. São Paulo: LTr, 2017.

FNPT. *Enunciados*. Disponível em: <http://fnptrabalho.com.br/enunciados-anteriores/>. Acesso em: 03 fev. 2020.

FÓRUM PERMANENTE DE PROCESSUALISTAS CIVIS. *Enunciados*. Disponível em: <http://civileimobiliario.web971.uni5.net/wp-content/uploads/2017/07/Carta-de-Florian%C3%B3polis.pdf>. Acesso em: 31 jan. 2020.

HORTA, André Frederico; NUNES, Dierle. Os precedentes judiciais e sua adequada divulgação: em busca da correta compreensão da publicidade de julgados no CPC/15. *Revista do Tribunal Superior do Trabalho*, Brasília, v. 82, n. 3, p. 77-100, jul./set. 2016.

JUNQUEIRA, Fernanda Antunes Marques; MARANHÃO, Ney; PRITSCH, Cesar Zucatti. Repercussão geral de um tema não pode paralisar processo trabalhista inteiro. *Consultor Jurídico*. 09 jul. 2019. Disponível em: <https://www.conjur.com.br/2019-jul-09/opiniao-repercussao-geral-nao-paralisar-acao-trabalhista-inteira>. Acesso em: 30 ago. 2019.

LEMOS, Vinícius Silva. *O incidente de assunção de competência:* da conceituação à procedimentalidade. Salvador: JusPodivm, 2018.

LOPES FILHO, Juraci Mourão. O novo Código de Processo Civil e a sistematização dos precedentes judiciais. 147-174. In: Coleção Grandes Temas do Novo CPC. DIDIER JR., Fredie; CUNHA, Leonardo Carneiro da; ATAÍDE JR.; Jaldemiro Rodrigues de; MACÊDO, Lucas Buris de (Coords.). *Precedentes*. Salvador: JusPodivm, 2015.

LUNDMARK, Thomas. *Charting the divide between Common and Civil Law*. New York: Oxford University Press, 2012.

MACÊDO, Lucas Buril de. O regime jurídico dos precedentes judiciais no projeto do novo Código de Processo Civil. *Revista de Processo*, v. 237, p. 369-401, nov. 2014.

______. Contributo para definição de *ratio decidendi* na teoria brasileira dos precedentes judiciais. p. 216-238. In: DIDIER JR., Fredie; CUNHA, Leonardo Carneiro da; ATAÍDE JR.; Jaldemiro Rodrigues de; MACÊDO, Lucas Buris de (Coords.). *Precedentes*. Coleção Grandes Temas do Novo CPC. Salvador: JusPodivm, 2015.

______. *Precedentes judiciais e o direito processual civil*. Salvador: JusPodivm, 2019.

MALLET, Estêvão. Os recursos de natureza extraordinária e a ordem dos processos nos tribunais no novo Código de Processo Civil frente ao processo do trabalho. In: BRANDÃO, Cláudio; MALLET, Estêvão. (Orgs.). *Processo do trabalho*. Coleção Repercussões do Novo CPC. v. 4. Salvador: JusPodivm, 2015.

MANCUSO, Rodolfo de Camargo. *Acesso à justiça:* condicionantes legítimas e ilegítimas. São Paulo: Revista dos Tribunais, 2011.

MARINONI, Luiz Guilherme; ARENHART, Sérgio Cruz. *Processo de conhecimento*. 7. ed. São Paulo: Revista dos Tribunais, 2008.

______. *Curso de processo civil*. Vol. 2. São Paulo: RT, 2015.

______. *Precedentes obrigatórios*. 5. ed. São Paulo: Revista dos Tribunais, 2016.

MAXIMILIANO, Carlos. *Hermenêutica e aplicação do direito*. 16. ed. Rio de Janeiro: Forense, 1996.

MAZZEI, Rodrigo Reis; GONÇALVES, Tiago Figueiredo. Primeiras linhas sobre a disciplina da ação rescisória no CPC/15. In: MACÊDO, Lucas Buril de, PEIXOTO, Ravi; FREIRE, Alexandre (Orgs.), DIDIER JR. Fredie (Coord. geral). *Processo nos tribunais e meios de impugnação às decisões judiciais*. Salvador: JusPodivm, 2016.

MIESSA, Élisson. Nova realidade: Teoria dos precedentes judiciais e sua incidência no processo do trabalho. *Revista Eletrônica do Tribunal Regional do Trabalho da 9ª Região*, Curitiba, v. 5, n. 49, p. 9-57, abr. 2016.

MINAS GERAIS. TRT da 3ª REGIÃO. *Súmulas*. 2019. Disponível em: <https://portal.trt3.jus.br/internet/jurisprudencia/uniformizacao-de-jurisprudencia/sumulas>. Acesso em: 27 ago. 2019.

MIRANDA, Pontes de. *Tratado da ação rescisória*. Campinas: Bookseller, 1998. p. 215.

NERY JÚNIOR, Nelson. *Princípios fundamentais*: teoria geral dos recursos. 2. ed. São Paulo: RT, 1993.

______. *Princípios fundamentais*: teoria geral dos recursos. 4. ed. São Paulo: RT, 1997.

______; NERY, Rosa Maria de Andrade. *Comentários ao Código de Processo Civil*. São Paulo: Revista dos Tribunais, 2015.

NEVES, Daniel Amorim Assumpção. *Manual de direito processo civil*. 8. ed. Salvador: JusPodivm, 2016.

NUNES, Dierle. O perigo da utilização estratégica do IRDR por litigantes habituais e a necessidade dos tribunais refletirem sobre sua cooptação: a proibição do incidente preventivo e o caso Samarco. In: LUCON, Paulo Henrique dos Santos; OLIVEIRA, Pedro Miranda de (Coords.). *Panorama atual do novo CPC*. 2. ed. Florianópolis: Empório do Direito, 2017.

NÚÑES NOVO, Benigno. *Análise da figura do* amicus curiae *trazida pelo Código de Processo Civil*. A origem, conceito, a natureza jurídica e quais são os limites e os direitos que o abarcam. 18 mar. 2018. Disponível em: <https://www.direitonet.com.br/artigos/exibir/10419/Amicus-Curiae>. Acesso em: 23 maio 2019.

OLIVEIRA JÚNIOR, Délio Mota de. A formação progressiva da coisa julgada material e o prazo para o ajuizamento da ação rescisória: Contradição do novo Código de Processo Civil. In: MACÊDO, Lucas Buril de, PEIXOTO, Ravi; FREIRE, Alexandre (Orgs.), DIDIER JR. Fredie (Coord. geral). *Processo nos tribunais e meios de impugnação às decisões judiciais*. Salvador: JusPodivm, 2016.

PEIXOTO, Ravi de Medeiros. *Superação do precedente e segurança jurídica*. 3. ed. Salvador: JusPodivm, 2018.

PIMENTA, José Roberto Freire. A reforma do sistema recursal trabalhista pela Lei n. 13.015/2014 e o novo papel dos precedentes judiciais na justiça brasileira: contexto, premissas e desafios. *Revista do Tribunal Superior do Trabalho*, Brasília, v. 81, n. 3, p. 95-164, jul./set. 2015.

______. O sistema de precedentes judiciais obrigatórios e o microssistema de litigiosidade repetitiva no processo do trabalho. *Revista do Tribunal Superior do Trabalho*, Brasília, v. 82, n. 2, p. 176-235, abr./jul. 2016.

PRITSCH, Cesar Zucatti. *Manual de prática dos precedentes no processo civil e do trabalho*. Atualizado conforme o CPC 2015 e reforma trabalhista. São Paulo: LTr, 2018.

______; JUNQUEIRA, Fernanda Antunes Marques; HIGA, Flávio Costa Higa; MARANHÃO, Ney (Orgs.). *Precedentes no processo do trabalho*. 1. ed. v. 1. São Paulo: Revista dos Tribunais, 2020.

REALE, Miguel. *Lições preliminares de direito*. 27. ed. São Paulo: Saraiva, 2006.

SANTOS, Moacyr Amaral. *Primeiras linhas de direito processual civil*. 4. ed. v. III, n. 958. São Paulo: Max Limonad, 1973.

SCHAUER, Frederick. Precedente. In: DIDIER JR., Fredie; CUNHA, Leonardo Carneiro da; ATAÍDE JR., Jaldemiro Rodrigues de; MACÊDO, Lucas Buris de (Coords.). *Precedentes*. Coleção Grandes Temas do Novo CPC. Salvador: JusPodivm, 2015. p. 49-86.

SCHIAVI, Mauro. *Recursos no processo do trabalho*. 2. ed. São Paulo: LTr, 2013.

______. *Manual de direito processual do trabalho*. De acordo com o novo CPC. 12. ed. São Paulo: LTr, 2017.

SCHMITZ, Leonard Ziesemer. Ementa. Função indexadora. (Ab)uso mecanizado. Problema hermenêutico. In: JAYME, Fernando Gonzaga; CASTRO MENDES, Aluísio; NUNES, Dierle (Coords.). *A nova aplicação da jurisprudência e precedentes no CPC/2015*. São Paulo: Revista dos Tribunais, 2017. p. 653-669.

SILVA, Bruno Freire e. Primeiras impressões sobre a exclusão de alguns institutos do novo Código de Processo Civil. *Revista de Informação Legislativa*. Senado Federal, Subsecretaria de Edições Técnicas, abril-junho/2011, ano 48, n. 190, Tomo 1. p. 75-88. Disponível em: <https://www2.senado.leg.br/bdsf/bitstream/handle/id/496922/RIL190_Tomo1.pdf?sequence=1>. Acesso em: 04 ago. 2020.

______. *Ação rescisória* — Possibilidade e forma de suspensão da execução da decisão rescindenda. 2. ed. Curitiba: Juruá, 2012. p. 70/71.

______; KEUNECKE, Manoella Rossi. O incidente de resolução de demandas repetitivas e sua aplicação no processo do trabalho. In: DALLEGRAVE NETO, Afonso; GOULART, Rodrigo Fortunato (Coords.). *Novo CPC e o processo do trabalho*. São Paulo: LTr, 2016.

______. *O novo CPC e o processo do trabalho*. Parte geral. I. São Paulo: LTr, 2019.

______; KEUNECKE, Manoella Rossi. *O novo CPC e o processo do trabalho*. Processo de conhecimento. II. São Paulo: LTr, 2019.

______; KAUFMANN, Marcus de Oliveira. *O novo CPC e o processo do trabalho*. Procedimentos especiais. III. São Paulo: LTr, 2019.

______. *O novo CPC e o processo do trabalho*. Cumprimento de sentença e execução de título extrajudicial. IV. São Paulo: LTr, 2019.

______; PAULA, Carlos Alberto Reis de. *Repercussão geral e suspensão de processos*. Disponível em: <http://valor.globo.com/legislacao/noticia/2019/09/18/repercussao-geral-e-suspensao-de-processos.ghtml>. Acesso em: 27 fev. 2020

SOUTO MAIOR, Jorge Luiz. *O conflito entre o novo CPC e o processo do trabalho.* Disponível em: <https://www.trt7.jus.br/escolajudicial/arquivos/files/busca/2015/O_conflito_entre_o_processo_do_trabalho_e_o_novo_CPC.pdf>. Acesso em: 02 mar. 2020.

TAVARES, André Ramos. *Nova lei da súmula vinculante:* estudos e comentários à Lei n. 11.417 de 19.12.2006. 2. ed. São Paulo: Método, 2007.

TEMER, Sofia. *Incidente de resolução de demandas repetitivas.* Salvador: JusPodivm, 2018.

TEIXEIRA FILHO, Manoel Antonio. *A ação rescisória no processo do trabalho.* 4. ed. São Paulo: LTr, 2005.

______. Perlustrações à Lei n. 13.015/2014 (com destaque para o incidente de recursos de revista repetitivos. *Revista do Tribunal Superior do Trabalho.* Brasília, v. 80, n. 4, p. 311-348, out./dez. 2014.

______. *Comentários ao novo Código de Processo Civil sob a perspectiva do processo do trabalho.* São Paulo: LTr, 2015.

______. *Comentários ao novo Código de Processo Civil sob a perspectiva do processo do trabalho.* São Paulo: LTr, 2016doh.

THEODORO JÚNIOR, Humberto. *As novas reformas do Código de Processo Civil.* Rio de Janeiro: Forense, 2006.

______. *Curso de direito processual civil.* Volume III. 47. ed. Rio de Janeiro: GEN, 2015.

WAMBIER, Tereza Arruda Alvim. *Breves considerações à nova sistemática processual civil 2.* São Paulo: Revista dos Tribunais, 2006.

______. Precedentes e evolução do direito. In: WAMBIER, Teresa Arruda Alvim (Coord.). *Direito jurisprudencial.* São Paulo: Revista dos Tribunais, 2012, p. 11-96.

______. Estabilidade e adaptabilidade como objetivos do direito: *civil law* e *common law. Revista de Processo*, São Paulo, Revista dos Tribunais, v. 172, p. 121, jun. 2009. Disponível em: <http://egov.ufsc.br/portal/ conteudo/estabilidade-e-adaptabilidade-como--objetivos-do-direito-civil-law-e-common-law>. Acesso em: 27 ago. 2019.

______; CONCEIÇÃO, Maria Lúcia Lins; RIBEIRA, Leonardo Ferres da Silva; MELLO, Rogério Licastro Torres de Mello. *Primeiros comentários ao novo Código de Processo Civil* – Artigo por artigo. São Paulo: Revista dos Tribunais, 2015.

ZANETI JR., Hermes. *O valor vinculante dos precedentes:* teoria dos precedentes normativos formalmente vinculantes. 4. ed. Salvador: JusPodivm, 2019.